Martin Zurmühle

Die große
Fotoschule

Bildgestaltung für
Fortgeschrittene

Technik – Gestaltung –
Perfekte Ausdrucke

DATA BECKER

Wichtige Hinweise

Umschlagbild

Model Anuschka, Fotograf: Martin Zurmühle. Das Bild wurde mit einem von der Decke hängenden Standardreflektor mit Wabenfilter realisiert. Dieser Filter verengt den Lichtkegel und wirft ein weiches Licht auf das Model, sodass ein sehr stimmungsvolles Bild entsteht.

Copyright	© DATA BECKER GmbH & Co. KG
	Merowingerstr. 30
	40223 Düsseldorf

Produktmanagement	Hans-Peter Kusserow
Textmanagement	Jutta Brunemann
Layout	Jana Scheve
Umschlaggestaltung	Inhouse-Agentur DATA BECKER
Textbearbeitung und Gestaltung	Astrid Stähr
Produktionsleitung	Claudia Lötschert
Druck	Media-Print, Paderborn
E-Mail	buch@databecker.de

ISBN 978-3-8158-2628-7

6 Mit der Bildgestaltung zu wirkungsvollen Bildern ... **87**

7 Farbecht ausdrucken mit dem richtigen Farbmanagement ... **107**

8 Fine-Art-Printing in Farbe und Schwarz-Weiß ... **135**

9 Fotografieren ist das zweidimensionale Malen mit Licht ... **165**

10 Bessere Bilder beim Fotografieren mit Sonnenlicht 189

11 Fotografieren im Tagesablauf 205

12 Große Kontraste besser bewältigen 225

13 Bessere Bilder mit künstlichen Lichtquellen 253

14 Gekonntes Fotografieren mit Elektronenblitzgeräten 275

15 Entfesseltes Blitzen – arbeiten wie im Fotostudio 299

16 Ein einfaches Fotostudio mit Dauer- und Blitzlicht 317

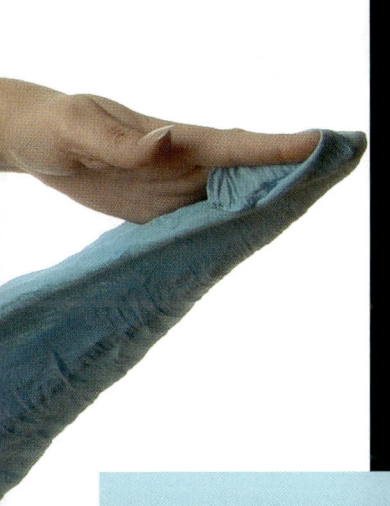

1

Der Weg zu wirkungsvollen Bildern in bester Qualität

Sie besitzen eine digitale Spiegelreflexkamera und haben schon die ersten Grundkenntnisse in der digitalen Fotografie erworben und technisch und gestalterisch gute Bilder gemacht. Jetzt hat Sie das Fotovirus gepackt und Sie möchten Ihre Kenntnisse vertiefen und die Grenzen ausloten. Dann haben Sie das richtige Buch in der Hand. Es zeigt Ihnen, wie Sie Ihre Digitalbilder in bester Fine-Art-Qualität erstellen und drucken, wie Sie besondere Bilder in schwierigsten Lichtsituationen machen und wie Sie perfekte Bilder in Profiqualität in einem einfachen Fotostudio aufnehmen können.

▲ *Das fantastische Nachtbild vom KKL Luzern zeigt die großen Möglichkeiten der digitalen Fotografie, Fotograf: Daniel Rohr.*

1.1 Das Fotovirus hat Sie gepackt!

Sie haben sich eines dieser Wunderwerke der Technik, eine digitale Spiegelreflexkamera (kurz DSLR) gekauft. Sie haben die Bedienungsanleitung gründlich studiert und erste gute Bilder gemacht. Sie beschäftigen sich mit Fragen der Bildbearbeitung und kennen die Hauptfunktionen Ihrer Kamera. Und vielleicht haben Sie sich bereits von meinem Buch „Die große Fotoschule Digitale Fotografie", ebenfalls im DATA BECKER-Verlag erschienen, zu tollen Bildern inspirieren lassen.

Nun ist das Feuer der Fotografie in Ihnen entbrannt und Sie möchten weiter in die Welt der digitalen Fotografie vorstoßen, neue Felder entdecken und an die Grenzen von Kamera und Optik gehen. Sie möchten unter schwierigsten Lichtbedingungen fotografieren und gut gestaltete und wirkungsvolle Bilder in höchster Qualität drucken. Und vielleicht möchten Sie sich auch einen alten Traum erfüllen und lernen, wie die Profis im Studio zu fotografieren. Dann haben Sie das richtige Buch in der Hand.

In meinen Fotokursen stelle ich fest, dass Fotografen und Fotografinnen mit etwas Erfahrung neben den verschiedenen fotografischen Themen wie Reisen, Landschaften, Architektur, Makro, Porträt, Akt sich besonders für folgende Grundfragen der digitalen Fotografie interessieren:

- Wie kann ich Fine-Art-Prints in bester Qualität wie bei den Bildern in Fotoausstellungen selbst herstellen?
- Wie bewältige ich die schwierigsten Lichtsituationen und wo liegen die Grenzen meiner Kamera und Optik?
- Wie erweitere ich meine fotografischen Möglichkeiten mit künstlichen Lichtquellen?
- Wie kann ich auf einfache und kostengünstige Art Bilder in Studioqualität wie bei den Profis aufnehmen?
- Wie gestalte ich meine Bilder so, dass sie beim Betrachter eine große Wirkung und in Fotowettbewerben Erfolg haben und in Ausstellungen gezeigt werden können?

Zu diesen Fragen (und zu noch viel mehr) gibt Ihnen dieses Buch umfassend Auskunft.

1.2 Traumhafte Fine-Art-Prints aus Digitalaufnahmen

Haben Sie auch schon in Museen und bei Fotoausstellungen diese herrlichen Schwarz-Weiß-Bilder von bekannten Fotografen mit den wunderbaren Graustufen und der tiefen Schwärze bewundert? Früher konnten solche Bilder nur im gut eingerichteten Schwarz-Weiß-Labor mit viel Arbeit und Erfahrung hergestellt werden. Es brauchte ein großes Wissen, um Film, Papier und Entwicklung optimal aufeinander abzustimmen. Entsprechend klein war der Kreis der Fotografen, die dazu in der Lage waren.

Durch die digitale Fotografie hat sich das grundlegend geändert. Mit den geeigneten Werkzeugen, einer guten DSLR, einem geeigneten PC mit einer leistungsfähigen Bildbearbeitungssoftware, einem qualitativ hochwertigen Fotodrucker und dem Wissen um den richtigen Workflow kann heute jeder ambitionierte Fotograf solche Bilder selbst herstellen. Wie im klassischen Schwarz-Weiß-Labor sind Sie dann Herr und Meister über den gesamten Herstellungsprozess. Eine ganz neue Welt der Fotografie tut sich Ihnen auf.

Natürlich braucht es dazu sehr viel Wissen und Erfahrung. Ich werde Ihnen im ersten Teil dieses Buches Schritt für Schritt von den Möglichkeiten der Kamera und den Objektiven über die Regeln der Bildgestaltung und Bildbearbeitung bis zum perfekten Druck zeigen, wie Sie dieses Ziel erreichen können. Auch wenn Sie momentan noch nicht über alle notwendigen Werkzeuge verfügen, können Sie sich doch langsam diesem Ziel annähern und machen keine Fehlinvestitionen. Belohnt werden Sie mit traumhaften Bildern, um die Sie jeder beneiden wird.

1.3 Wirkungsvolle Bilder in schwierigen Lichtsituationen

Bei strahlendem Sonnenschein und besten Lichtverhältnissen ist es leicht, schöne Bilder zu machen. Dazu benötigen Sie auch keine moderne und teure DSLR-Kamera. Eine kleine und leichte Kompakt-

▼ *Ein herrliches Schwarz-Weiß-Bild wie geschaffen für den Fine-Art-Print, Fotograf: Roberto Casavecchia.*

▲ *Spezielle Wetterverhältnisse und schwierige Lichtsituationen bieten zusammen mit guten Kenntnissen der Bildbearbeitung Chancen für ausdrucksstarke Bilder, Fotograf: Daniel Rohr.*

oder Bridge-Kamera genügt. Aber diese Bilder wirken trotz der guten Bildqualität oft langweilig. Es fehlt ihnen das Besondere, das Ungewöhnliche, das Spezielle.

Ihre DSLR-Kamera erlaubt es Ihnen, auch bei schwierigen und auf den ersten Blick vielleicht ungünstigen Lichtverhältnissen Bilder zu machen, die stark auf die Betrachter wirken. Gerade ungewöhnliche Tageszeiten, schlechtes Wetter oder ganz spezielle Lichtsituationen bieten große Chancen für tolle Bilder, die wirken und mit denen Sie auch bei Wettbewerben Erfolg haben können. Sie werden erkennen, wo die Möglichkeiten und Grenzen Ihrer Kamera und Ihrer Optik liegen und welche Ausrüstung Sie für solche Aufnahmen benötigen.

Entscheidend für spezielle Bilder sind auch die bewusste und gekonnte Bildgestaltung und gute Kenntnisse in der Bildbearbeitung. Ich zeige Ihnen bei einzelnen Bildern, welche Bearbeitungsschritte mit Photoshop CS, CS2 oder CS3 nötig sind, um diese Wirkungen zu erreichen. Durch den geschick-

ten Einsatz künstlicher Lichtquellen wie Baustrahler oder Elektronenblitzgeräte können Sie die fotografischen Möglichkeiten stark erweitern. Vor allem die modernen Elektronenblitzgeräte bieten heute eine Fülle von Steuerungsmöglichkeiten, die uns allerdings auch sehr verwirren können. In diesem Buch erfahren Sie, wie Sie diese Lichtquellen richtig einsetzen, um schwierige Lichtsituationen zu bewältigen und stimmungsvolle Bilder zu machen.

1.4 Der Traum vom eigenen Fotostudio

Haben Sie auch schon diese perfekt ausgeleuchteten Bilder in Zeitschriften und Büchern bewundert und gedacht, dass Sie so etwas nie machen können? Da irren Sie sich. Dank der digitalen Technik und mit etwas Fantasie und Kreativität können Sie auf einfache Weise ein kleines Fotostudio selbst bauen. Und wenn Sie etwas Platz in Ihrer Wohnung oder im Keller haben, können Sie auch mit ein paar Studioblitzgeräten und den richtigen Einrichtun-

▲ Eine schöne Studioaufnahme, Model Anuschka, Fotograf: Andi Kunar.

drei große Abschnitte eingeteilt. Sie können diese separat lesen. Trotzdem empfehle ich Ihnen, das ganze Buch zu studieren, denn es schadet ja nicht zu wissen, was alles mit Ihrer Kamera möglich ist, auch wenn Sie es im Moment vielleicht nicht gebrauchen.

Das Buch richtet sich an ambitionierte Fotografen und Fotografinnen mit digitalen Spiegelreflexkameras. Es ist eine Fortsetzung und Vertiefung meines Buches „Die große Fotoschule Digitale Fotografie", das ebenfalls im DATA BECKER-Verlag erschienen ist (ISBN 978-3-8158-2610-2). Ich werde deshalb das Grundwissen der digitalen Fotografie hier nicht wiederholen, sondern baue darauf auf.

Nur wo es für das Verständnis notwendig ist, werde ich kurz einige Aspekte des ersten Buches wiederholen. Denken Sie aber daran, dass die Technik nur die Voraussetzung für gute Bilder ist. Erst mit einer gekonnten Bildgestaltung geben Sie Ihren Bildern die notwendige Kraft, die eine starke Wirkung beim Betrachter erzeugt.

gen Bilder in perfekter Studioqualität selbst machen. Ich zeige Ihnen, welche Ausrüstung Sie dazu benötigen und wie das Licht gesteuert werden kann, um die angestrebten Bildwirkungen zu erreichen. Studioeinrichtungen können schnell ins Geld gehen. Es lohnt sich deshalb, gezielt vorzugehen und nur das wirklich Notwendige zu kaufen. Sie erfahren, welche Dinge Sie als Amateur benötigen und auf was Sie gut verzichten können. Dieses Buch ist in

Ich zeige Ihnen deshalb in diesem Buch hervorragende Bilder und gebe dazu auch Hinweise, wie sie aufgenommen und gestaltet wurden. Und nun wünsche ich Ihnen viel Freude beim Eintauchen in die großen Möglichkeiten der digitalen Fotografie.

▼ Mit einem tollen Model, einer guten Studioblitzanlage und einigen Photoshop-Kenntnissen können spannende Bilder gemacht werden, Model Anuschka, Fotograf: Martin Zurmühle.

2

Die digitale Spiegelreflexkamera – das Werkzeug des Fotografen

Die DSLR-Kameras haben sich gegen alle anderen Kameratypen auch in der digitalen Fotografie durchgesetzt. Sie sind das geeignete Werkzeug des ambitionierten Fotografen, um ein möglichst weites Feld in der Fotografie bearbeiten zu können. Der wichtigste Vorteil, neben den größeren Pixeln und den vielen technischen Funktionen der Kameras, sind zahlreiche Wechselobjektive, die in einem großen Brennweitenbereich zur Verfügung stehen. Neue Entwicklungen wie die Live View-Funktion erweitern die Einsatzmöglichkeiten dieser Kameras.

2.1 Die Technik der DSLR im Detail

Als Spiegelreflexkamera (SLR = **S**ingle **L**ens **R**eflex) bezeichnet man die Bauart eines Fotoapparats, bei der das Motiv zur Betrachtung vom Objektiv über einen Spiegel und ein Pentaprisma umgelenkt und auf einer Mattscheibe abgebildet wird.

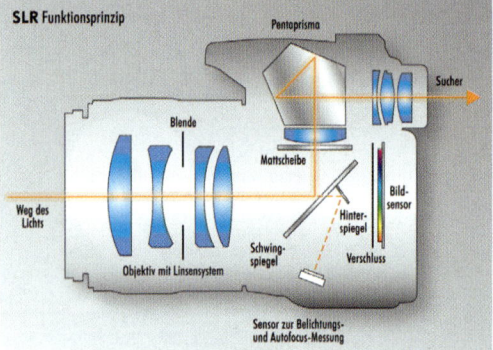

▲ *Schnitt durch eine DSLR-Kamera.*

Das technische Grundprinzip wurde bereits 1686 von Johann Zahn beschrieben. Die ersten, noch großen Spiegelreflexkameras wurden 1861 von Thomas Sutton gebaut. Der Durchbruch kam aber erst 1936, als das Ihagee-Werk in Dresden mit der Kine-Exakta die erste Kleinbild-Spiegelreflexkamera herstellte. Zum ersten Mal war es möglich geworden, mit einer kleinen und handlichen Kamera aufrecht stehend und seitenrichtig genau das durch den Sucher zu sehen, was effektiv aufgenommen wurde. Bei den anderen Kameratypen zu dieser Zeit (Sucherkamera, Fachkamera, zweiäugige Spiegelreflexkamera) war das nicht möglich.

Bei einer SLR wird das durch die Linsen des Objektivs kommende Licht vom Schwingspiegel reflektiert und auf die Mattscheibe projiziert. Mit einer Sammellinse und durch die Reflexion innerhalb des Pentaprismas wird das Bild schließlich im Sucher seitenrichtig und aufrecht sichtbar. Während der Aufnahme klappt der Spiegel nach oben und der Verschluss öffnet sich. So gelangt dann das Licht auf den lichtempfindlichen Bildsensor und wird aufgezeichnet.

Während einer Aufnahme laufen bei der Kamera folgende Prozesse ab:

Einschalten der Kamera	Die Elektronik wird aktiviert, aber nach einer Weile in einen Ruhezustand wieder versetzt.
Druck auf den Auslöser bis zum ersten Druckpunkt	Die Elektronik wird wieder aktiviert, die Belichtung gemessen, Blende und Belichtungszeit eingestellt und die Optik scharf gestellt.
Druck auf den Auslöser bis zum zweiten Druckpunkt	Die Blende am Objektiv schließt sich, der Schwingspiegel klappt auf, der Verschluss öffnet sich und der Sensor wird belichtet.
Nach der Auslösung	Der Verschluss schließt sich, der Schwingspiegel wird wieder heruntergeklappt und die Blende am Objektiv geöffnet. Nach einer Weile setzt sich die Kamera wieder in den Ruhezustand.

Diese Teilschritte geschehen in sehr kurzer Zeitfolge. Sie hören nur ein einzelnes kameratypisches Verschlussgeräusch. Aber schauen wir uns diese einzelnen Schritte kurz an. Nach dem Einschalten der Kamera wird die Elektronik nach kurzer Zeit in einen Ruhezustand versetzt, damit die Batterien geschont werden. Wie bei fast allen Funktionen Ihrer Kamera können Sie die Länge der aktiven Elektronik in den Kameramenüs festlegen. Beim Drücken des Auslösers bis zum ersten Druckpunkt wird nun die Elektronik wieder aus dem Schlaf geweckt. Die Kamera stellt mit dem Autofokus auf das gewünschte Objekt scharf und die Belichtung wird je nach gewählter Einstellung gemessen.

Aufgrund der Belichtungsmessung und der eingestellten Methode der Belichtungssteuerung werden die Werte für die Blende und die Belichtungszeit festgelegt. Mehr zu den verschiedenen Kameraeinstellungen, die einen Einfluss auf die Einstellung der

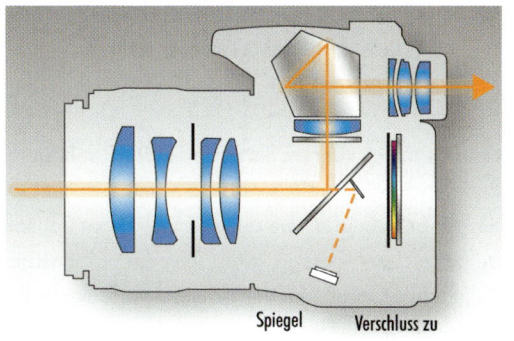
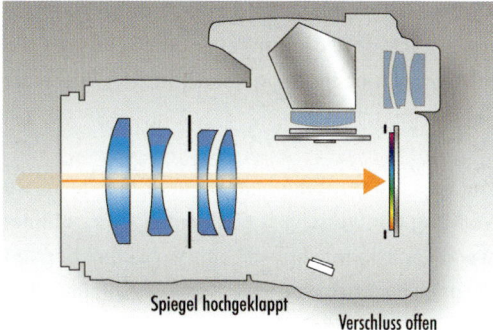

Spiegel   Verschluss zu   Spiegel hochgeklappt   Verschluss offen

▲ *Links: Kamera vor (und nach) der Auslösung, rechts: während der Auslösung.*

Blende und Belichtungszeit haben, erfahren Sie im nächsten Kapitel.

Bis zu diesem Zeitpunkt erfolgen praktisch alle Tätigkeiten in der Kamera rein elektronisch. Drücken Sie nun den Auslöser ganz durch, kommt eine faszinierende Mechanik in Gang. Der Spiegel wird hochgeklappt und gleichzeitig die Blende im Objektiv auf den festgelegten Wert verkleinert. Diese Arbeitsblende wird jeweils nur während der Aufnahme eingestellt.

In der übrigen Zeit bleibt das Objektiv voll geöffnet. Objektive mit großer Lichtstärke sind von Vorteil, weil sie das hellste Sucherbild haben und so am leichtesten auch bei schlechten Lichtverhältnissen fokussiert werden können. Nun wird der Verschluss geöffnet. Die meisten DSLRs besitzen elektronisch gesteuerte vertikal ablaufende Schlitzverschlüsse mit doppeltem Vorhang.

Spiegelvorauslösung

Das Aufklappen des Spiegels kann zu leichten Erschütterungen der Kamera und so zu einer leichten Unschärfe durch Verwacklung führen. Das können Sie bei Stativaufnahmen mit zwei Maßnahmen verhindern:

- Aktivieren Sie bei der Kamera die Aufnahmebetriebsart *Spiegelvorauslösung*. Bei der ersten Auslösung der Kamera wird der Spiegel hochgeklappt. Bei der zweiten Auslösung wird die Aufnahme belichtet.
- Bei einzelnen DSLRs kann im Menü eine Spiegelvorauslösung bei der Aufnahme aktiviert werden. Dann wird der Verschlussvorgang mit einer leichten zeitlichen Verzögerung (bei der Nikon D2X von 0,4 Sekunden) geöffnet. Eventuelle Vibrationen durch das Hochklappen des Spiegels sind dann bereits abgeklungen.

◄ *Das Prinzip des Schlitzverschlusses bei sehr kurzen Belichtungszeiten (< 1/200).*

◄ *Das Prinzip des Schlitzverschlusses bei längeren Belichtungszeiten (> 1/200).*

Dabei wird zuerst eine Lamellenseite geöffnet, dann nach der vorgegebenen Verschlusszeit die zweite Seite nachgezogen und so der Verschluss wieder geschlossen.

Bei sehr kurzen Belichtungszeiten hat der erste Vorhang den Verschluss noch nicht ganz geöffnet, wenn der zweite schon mit dem Schließen beginnt. So streift nur noch eine schlitzförmige Öffnung über den Sensor, sodass dieser als Ganzes nicht völlig sichtbar wird.

Bei Aufnahmen im Freien oder mit Dauerlicht ist das kein Problem. Beim Blitzen mit den Elektronenblitzgeräten verhindert die Kamera zu kurze Belichtungszeiten. Bei Blitzaufnahmen im Fotostudio werden hingegen bei zu kurzen Belichtungszeiten Abschattungen und schwarze Balken im Bild sichtbar.

▲ Der obere Bildteil wird abgeschattet, weil die Belichtungszeit im Studio mit 1/500 Sekunden zu kurz war.

So hat jede Kamera eine kürzeste Belichtungszeit bei Dauerlicht (meistens 1/4000 oder 1/8000) und eine kürzeste Belichtungszeit für Blitzaufnahmen (meistens 1/160 bis 1/250). Ihr Kameramanual gibt Ihnen darüber genaue Auskunft. Sie können die kürzestmögliche Belichtungszeit bei Blitzaufnahmen im Studio aber auch leicht mit Testaufnahmen feststellen. Mehr dazu erfahren Sie in Kapitel 17.

2.2 Die Unterschiede der Kameramodelle und -klassen

Grundsätzlich können Sie mit jeder DSLR sehr gute Bilder machen. Wichtiger als die Kamera ist die Optik, die entscheidet, wie gut das Motiv vom Sensor aufgezeichnet werden kann. Trotzdem gibt es natürlich gute Gründe für den Kauf der verschiedenen Kameramodelle und -klassen.

Ich unterscheide hier folgende drei Klassen:

Einsteiger-modelle	Preisgünstige und leichte Kameras mit kleinerer Auflösung.
Mittelklasse-modelle	Mittelpreisige und etwas schwerere Kameras mit umfangreichem Zubehör und höherer Auflösung.
Profimodelle	Teure, schwere und sehr robuste Kameras mit höchster Auflösung, großer Schnelligkeit und umfangreichem Zubehör.

Heute bieten nur Nikon und Canon Kameras in allen drei Klassen an. Als langjähriger Nikon-Fotograf kenne ich die Modelle von Nikon sehr gut. Meine Ausführungen in diesem Buch beziehen sich deshalb auf diese Kameras. Natürlich bieten die anderen Hersteller vergleichbare Kameras an. Hier eine Zusammenstellung der Modelle von Nikon und Canon:

	Nikon	Canon
Einsteiger	D40x	EOS 350D EOS 400D
Mittelklasse	D80 D200 D300	EOS 30D EOS 40D
Profiklasse	D2Xs D3	EOS 5D EOS-1Ds Mark II EOS-1Ds Mark III

Worin unterscheiden sich aber diese verschiedenen Modelle voneinander. Hier ein direkter Vergleich von drei Modellen:

	Nikon D40	Nikon D200	Nikon D2Xs
Preis Gehäuse	600 Euro	1.400 Euro	3.600 Euro
Größe in mm (B x H x T)	126 x 94 x 64	147 x 113 x 74	158 x 150 x 86
Gewicht ohne Objektiv und Akku	475 g	830 g	1.070 g
Auflösung in Megapixel	6,1	10,2	12,4
ISO	200–1600	100–3200	100–3200
Speichermedien	SD-Karten	Compact-Flash	Compact-Flash
LCD-Monitor	2,5 Zoll	2,5 Zoll	2,5 Zoll
Sensor in mm	23,7 x 15,6	23,6 x 15,8	23,7 x 15,7

Welche für Sie die richtige Kamera ist, entscheidet sich in erster Linie aufgrund des vorgesehenen Einsatzgebietes. Einsteiger- und Mittelklassemodelle besitzen einen integrierten Kamerablitz und verschiedene Motivprogramme. Bei Profimodellen wird darauf verzichtet. Profimodelle haben dafür die schnellsten Verschlüsse und die größten internen Speicher, sodass viele Bilder in bester Qualität in Reihe aufgenommen werden können. Eine Funktion, die aber nur für Sport- und Tierfotografen von Bedeutung ist. Zudem besitzen die teureren Kameras mehr Spezial- und Individualfunktionen, die aber im fotografischen Alltag selten gebraucht werden.

Die kleinen und leichten Einsteigermodelle sind in der Kamerabedienung nicht so ergonomisch wie die größeren Mittelklasse- und vor allem die Profimodelle. Diese haben auch meistens schon einen integrierten Hochformatgriff, der die Kamerabedie-

nung sehr vereinfacht. Ich empfehle Ihnen, solche Hochformatauslöser auch bei Mittelklassekameras (meistens als Zubehör erhältlich) zu erwerben.

Was können teure Kameras besser?

Die großen, schweren und teuren Mittelklasse- und Profimodelle haben gegenüber den Einsteigerkameras folgende Stärken:

- Eine größere Auflösung (und bei Canon oder Nikon evtl. einen Vollformatsensor).
- Extrem schnelle Verschlüsse für sehr kurze Bildfolgen.
- Einen größeren internen Speicher für schnellere Aufnahmefolgen mit mehr Bildern.
- Einzelne Sonderfunktionen wie die Spiegelvorauslösung, Blockierung von Blenden oder Belichtungszeiten oder wechselbare Einstellscheiben.
- Anschlussbuchse für Studioblitzgeräte.
- Viele, zum Teil aber selten gebrauchte Individualfunktionen.
- Ein besseres Handling mit Hochformatauslöser.
- Eine große Zubehörpalette.

Bei den Kameras und den Optiken ist es wie bei vielen technischen Geräten. Für etwas mehr Qualität und Leistungsfähigkeit muss man einen sehr hohen Preis bezahlen.

Sie müssen selbst entscheiden, wie viel Ihnen die größeren Möglichkeiten der Mittelklasse- und Profikameras wert sind. Gute Bilder können Sie mit allen Kameras machen.

2.3 DSLR-Kameras mit Live View-Funktion

Das Grundprinzip der meisten modernen DSLR-Kameras ist noch das gleiche wie in der analogen Zeit. Im Gegensatz zu den Kompakt- oder Bridge-Kameras, bei denen das Display eine Livevorschau der Aufnahme zeigt, können DSLRs (mit wenigen Ausnahmen) nur das aufgenommene Bild am Display anzeigen.

▲ Die Olympus E-330 ist eine DSLR mit Live View-Funktion. (Foto: Olympus)

Einige Anbieter, wie Olympus mit der E-330 oder Panasonic mit der Lumix DMC-L1, haben einen anderen Weg gewählt. Die Olympus E-330 ist die erste DSLR, die eine Nutzung von Wechselobjektiven erlaubt und dabei eine kontinuierliche Livebild-Anzeige auf dem rückwärtigen Kameradisplay bietet. Dies wird entweder über einen sekundären Sensor (Full-Time Live View CCD) anstelle der Mattscheibe oder über ein seitliches Wegklappen des Spiegels mit dem primären Sensor (Live MOS Sensor) realisiert.

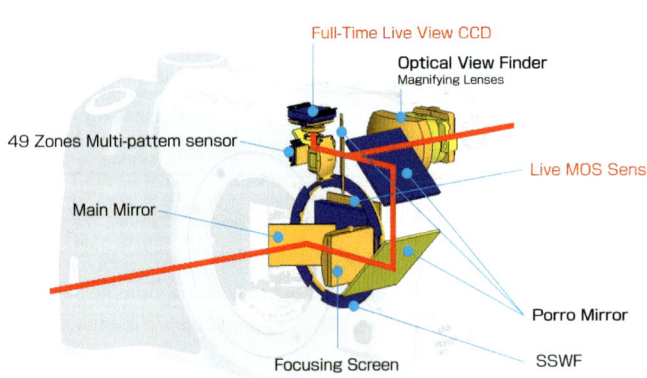

Grafik: Olympus

Ermöglicht wird diese Konstruktion durch eine seitliche Anordnung des Spiegels. Der Kamerasucher ist nun auf der Seite (wie bei den Sucherkameras) angeordnet. Die Konstruktion der Kamera ist deshalb weniger hoch und kompakter als bei anderen

DSLRs. Das Display kann ausgeklappt und gedreht werden. So werden Überkopfaufnahmen und das Fotografieren aus der Froschperspektive zum Kinderspiel. Die Olympus E-330 verfügt über zwei unterschiedliche Live View-Funktionen:

A : m o d e

Foto: Olympus

Beim A-Modus wird der Bildausschnitt mit dem Display festgelegt. Das wird durch den zweiten Bildsensor (Full-Time Live View CCD) ermöglicht. Der CCD (**C**harge-**C**oupled **D**evice) liegt hinter einem halbdurchsichtigen Spiegel. Eine Ansicht ist so auch durch den optischen Sucher möglich.

So können Sie selbst entscheiden, in welcher Situation Sie Live View nutzen möchten. Da der seitlich schwenkbare Spiegel in normaler Position steht, ist auch die volle Autofokus-Funktionalität gewährleistet. Beim B-Modus (Makro Live View) wird der Spiegel in der Up-Position fixiert. Über den Sensor der Kamera (Live MOS Sensor) wird ein 100%iger Bildausschnitt gewährleistet. Dieser Modus ist vor allem für die visuelle Scharfstellung bei Makroaufnahmen hilfreich. Ein gewählter Bildbereich kann auf die 10-fache Größe vergrößert werden. Da der Spiegel hochgeklappt ist, kann der Kamerasucher nicht gleichzeitig verwendet werden.

Foto: Olympus

> **Vor- und Nachteile von Live View**
> Die Live View-Funktion erweitert die Einsatzmöglichkeiten der Kamera und ist insbesondere bei Überkopfaufnahmen und dem Fotografieren aus der Froschperspektive hilfreich.
>
> Auch bei Makroaufnahmen hilft die Funktion bei der visuellen Scharfstellung auf das Motiv.
>
> Die Beurteilung der Schärfe und der Schärfentiefe ist im Spiegelreflexsucher jedoch wesentlich besser als auf dem Display.
>
> Außer bei speziellen Aufnahmesituationen bleibt der Sucher die erste Wahl.

2.4 Sind viele Pixel besser?

Ist eine Digitalkamera mit einer Auflösung von 12 Megapixel besser als eine mit nur 6 Megapixel? Die Verkaufsabteilungen der Kamerahersteller versuchen, uns das weiszumachen. Immer kleinere Kameras mit immer kleineren Sensoren, dafür im-

mer größerer Auflösung werden auf den Markt gebracht. Wieso sollten Sie eine teure und schwere 12-Megapixel-DSLR kaufen, wenn schon eine kleine Kompaktkamera locker die gleiche Auflösung aufweist?

Vergleichen Sie die Qualität der Bilder, dann stellen Sie indessen schnell fest, dass die Anzahl der Pixel kein eigentliches Qualitätszeichen ist. Viel wichtiger ist die Qualität der Bildaufzeichnung, die diese Pixel aufweisen. Und da gibt es eine ganz andere Regel. Je kleiner der Sensor und je größer die Auflösung, desto schlechter wird das Bild. Wieso ist das aber so? Blenden wir kurz zurück.

Für Kodak baute Mitte der 70er-Jahre Steve Sasson die erste Digitalkamera. Das Gerät war indessen mit 4 kg sehr schwer und hatte einen Schwarz-Weiß-Sensor mit einer Auflösung von 0,1 Megapixel (100.000 Pixel). Es dauerte mehrere Sekunden, bis ein Bild auf einer Kassette gesichert war. 1982 kam die Mavica von Sony auf den Markt. Die Mavica speicherte die Bilder auf Diskette. Die Aufnahmen konnten mit einem speziellen Abspielgerät am Fernseher betrachtet werden.

Mit der DCS-100 brachte Kodak 1991 die erste echte DSLR auf den Markt. Es handelte sich um eine Spiegelreflexkamera mit einem CCD-Sensor statt eines Films. Grundlage dieser Kamera war die F3 von Nikon. Dieses Kameramodell hatte neben dem eigentlich unbezahlbaren Preis von heute umgerechnet 25.000 Euro einen weiteren gravierenden Nachteil: Die Elektronik war mit 5 kg sehr schwer, musste daher ausgelagert und extra in einer Tasche transportiert werden. Die Bilder mit einer Auflösung von 1,3 Megapixel konnten allerdings schon auf einem Monitor angesehen werden.

Das Fotoman-Modell von Logitech kam 1992 heraus und war eine der ersten Digitalkameras für den sogenannten Endverbraucher. Man konnte damit Schwarz-Weiß-Aufnahmen machen und 32 Bilder sichern. Auch dieses Kameramodell war noch sehr teuer. Etwas günstiger war da schon die

▲ Links ein Bildausschnitt mit der Mavica FD73, rechts der gleiche Ausschnitt mit der Nikon Coolpix 5000.

QV-10, die Casio 1995 herausbrachte. Die QV-10 war meine erste Digitalkamera. Sie hatte eine VGA-Auflösung (320 x 240 Pixel) und bereits ein Farbdisplay, aber keinen Zoom. Sie war mehr ein Spielzeug als eine brauchbare Kamera und die Bildresultate konnten mich nicht befriedigen. Im Jahr 1999 kaufte ich die Sony Mavica FD73. Die Bilder wurden auf 3 ½-Zoll-Disketten gespeichert und konnten so einfach in jeden PC eingelesen werden. Diese Kamera hatte ein 10-fach-Zoom und war sehr einfach zu bedienen. Sie begleitete mich auf Baustellen, um den Baufortschritt zu dokumentieren. Die Sony Mavica machte Bilder bis maximal 1.024 x 768 Pixel (0,8 Megapixel). Die Auflösung der Bilder war aber noch zu klein, um gute Drucke zu machen. Im Jahr 2002 war die Entwicklung endlich

so weit fortgeschritten, dass günstige Digitalkameras mit einer genügend hohen Auflösung erhältlich waren. Die Kompaktkamera Nikon Coolpix 5000 besitzt eine Auflösung von 5 Megapixel und liefert Bilder in einer ausgezeichneten Qualität. Nun wurde die digitale Fotografie lanciert, und der Wettkampf der Kamerahersteller nach immer größerer Auflösung begann.

Nach verschiedenen Tests sind die Fachleute sich einig, dass 6 Megapixel unter guten Aufnahmebedingungen einer durchschnittlichen Aufnahme auf Kleinbildfilm oder Dia entsprechen. Von da an geht es leider bei den Kompaktkameras mit der Bildqualität bergab. Anfang 2005 erschienen die ersten Kompaktkameras mit 8 Megapixel. Diese

▼ Links der Bildausschnitt mit der Olympus C-300 mit 3 Megapixel, rechts der gleiche Ausschnitt mit der Nikon Coolpix 5000 mit 5 Megapixel, Fotograf: Martin Zurmühle.

zeigten bei schlechten Lichtverhältnissen mit wenig Licht schon starke Bildstörungen, die auch als Rauschen bezeichnet werden. Mit den heutigen 10- und 12-Megapixel-Modellen verstärken sich diese Probleme. Mit einer softwareseitigen Rauschunterdrückung und Korrekturen bei der Bildbearbeitung versucht man, diesen Problemen beizukommen. Leider funktioniert das nur ungenügend. Heute heißt es bei den Kompaktkameras: „Je mehr Pixel, desto schlechter das Bild!".

▲ Die Nikon Coolpix 5000, eine ausgezeichnete Kompaktkamera mit 5 Megapixel. (Foto: Nikon)

Die Bilder meiner neuen Nikon Coolpix P5000 mit 10 Megapixel zum Beispiel sind im Detail klar

schlechter als die Bilder meiner alten Nikon Coolpix 5000. Voran liegt das?

Mit der Pixelzahl wird festgelegt, welche Bildgröße noch mit einer genügend großen Auflösung gedruckt werden kann. Bei 200 ppi reichen 5–6 Megapixel gut aus, um Fotos im Format A4 (20 x 30 cm) oder leicht größer zu drucken.

Druckgröße	150 ppi	200 ppi	300 ppi
10 x 15 cm	0,5 MB	0,9 MB	2,0 MB
13 x 19 cm	0,8 MB	1,5 MB	3,3 MB
20 x 30 cm	2,0 MB	3,6 MB	8,1 MB
30 x 45 cm	4,5 MB	8,1 MB	18,3 MB
50 x 75 cm	12,7 MB	22,6 MB	50,9 MB

Mehr Pixel sind also ein Vorteil, wenn Sie große Drucke machen wollen. Voraussetzung ist allerdings, dass die Pixel auch eine gute Qualität im Detail haben. Für die Qualität der Pixel ist neben der Optik der Kamera auch die Größe der Pixel auf dem Sensor maßgebend. Die Kompaktkameras haben sehr kleine Sensoren (z. B. 7,2 x 5,3 mm oder 5,8 x 4,3 mm). Damit diese Kameras entsprechend viele Pixel liefern, werden die Sensoren immer feiner unterteilt.

▲ Links ein Bildausschnitt mit der neuen Coolpix P5000 bei 400 ISO, rechts mit der alten Nikon Coolpix 5000 bei 800 ISO, Fotograf: Martin Zurmühle.

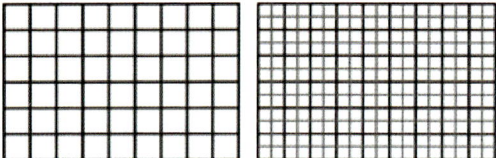

So bleibt für jedes Pixel natürlich immer weniger Licht übrig. Die Lichtempfindlichkeit nimmt deshalb ab und das Rauschen verstärkt sich. Gleichzeitig sollte die größere Auflösung der Sensoren auch zu einer besseren Detailwiedergaben führen. Das setzt aber klar bessere Objektive mit geringeren Abbildungsfehlern voraus. Jedoch sind bessere Objektive in der Regel auch größer. Das steht im Widerspruch zu dem Wunsch, möglichst kleine und kompakte Kameras herzustellen.

Die nun ebenfalls extrem klein werdenden Blendenöffnungen (die Blendenzahl ist das Verhältnis von Brennweite zum Öffnungsdurchmesser der Blende) führen zum Phänomen der Beugung. Schon bei Blendenöffnungen ab 5.6 (teilweise schon ab 4) nimmt deshalb die Detailwiedergabe der Optik stark ab. Lösen lässt sich dieses Problem nur, wenn der Sensor und somit auch die effektive Pixelgröße vergrößert wird.

Bei der DSLR gelten diese Ausführungen nicht, weil der Sensor dieser Kameras, und somit auch jedes Pixel, sehr viel größer ist. Die hochwertigen Objektive liefern die notwendige Detailgenauigkeit. Durch Testaufnahmen wurde festgestellt, dass der beste Kompromiss für eine Kompaktkamera ein Sensor mit 6 Megapixel bei einer Pixelgröße von > 3 μm ist. Detaillierte Informationen dazu finden Sie auf der Internetseite *www.6mpixel.org*.

Schauen wir uns mal an, wie viele Pixel die heutigen Sensoren haben dürften, um die Grenze von 3 μm nicht zu überschreiten:

Die Formel lautet:
- maximale Pixel in der Breite = Sensorbreite x 3 μm
- maximale Pixel in der Höhe = Sensorhöhe x 3 μm
- maximale Breite x maximale Höhe = maximale Auflösung bei 3 μm pro Pixel

Sensorgröße	Max. Pixel bei 3 μm
35 mm (DSLR, Vollformat) 36 x 24 mm	78 Megapixel
APS-C (DSLR, Cropfaktor 1,5) 22 x 15 mm	29 Megapixel
4/3" (DSLR, Cropfaktor 2) 17,3 x 13 mm	20 Megapixel
2/3" (Bridge-Kameras) 8,8 x 6,6 mm	5,2 Megapixel
1/1,8" (Kompaktkameras) 7,2 x 5,3 mm	3,4 Megapixel
1/2,5" (kleine Kompaktkameras) 5,8 x 4,3 mm	2,2 Megapixel

(35 mm Kleinbildfilm zum Größenvergleich)

Sie sehen, die DSLR-Kameras haben bei einem Vollformatsensor das Potenzial auch mit 21 Megapixel wie bei der Canon EOS-1Ds Mark III noch nicht ausgeschöpft. Die neue Nikon D3, ebenfalls mit Vollformatsensor (allerdings mit einer Auflösung von nur 12 Megapixel), bietet dank sehr großer Pixel ein ausgezeichnetes Rauschverhalten bei sehr hohen ISO-Werten. Auch die DSLRs mit APS-C oder 4/3"-Format zeigen eine ausreichend gute Bildqualität.

35mm
24 x 36 mm

Canon EOS 1D
19 x 29 mm

APS-C
15 x 22 mm

2/3"
8,8 x 6,6 mm

1/1,8"
7,2 x 5,3 mm

1/2,5"
5,8 x 4,3 mm

Die kleinen Kompaktkameras sind aber mit 10 oder 12 Megapixel vollkommen überfordert und liefern keine vergleichbare Bildqualität. Nun verstehen Sie auch, wieso meine alte Nikon Coolpix 5000 wesentlich bessere Bilder macht als die neue Coolpix P5000. Hier der Vergleich der Pixelgrößen:

Kamera	Sensorgröße	Pixelanzahl	Pixelgröße
Coolpix 5000	2/3" 8,8 x 6,6 mm	5 Mega-pixel	3,6 µm
Coolpix P5000	1/1,8" 7,2 x 5,3 mm	10 Mega-pixel	1,2 µm

Zusammenhang zwischen Pixelgröße und Bildqualität

Die minimale Pixelgröße sollte 3 µm oder mehr sein.

Sehr kleine Pixel vermindern die Bildqualität und führen bei weniger Licht und höheren ISO-Werten zu starkem Rauschen.

DSLR-Kameras haben eine wesentlich größere Pixelmasse und können deshalb uneingeschränkt empfohlen werden.

DSLRs mit Vollformat haben sehr große Pixel mit entsprechend großen Qualitätsreserven auch bei ungünstigen Lichtverhältnissen und hohen ISO-Werten.

Kompaktkameras mit großen Auflösungen (über 6 Megapixel) und kleinen Sensoren liefern nur bei besten Lichtverhältnissen eine befriedigende Bildqualität und sind somit keine Alternative zur DSLR.

3

Die optimalen Kameraeinstellungen für jede Fotosituation

Die moderne DSLR verfügt über eine große Zahl von Funktionen und Einstellungen. Es ist auch für den geübten Fotografen nicht immer einfach, den Überblick zu bewahren. Dabei geht es grundsätzlich immer nur um die richtige Festlegung der Auslösung, der Scharfstellung und der geeigneten Kombination von Blende und Belichtungszeit. Ich helfe Ihnen, den richtigen Weg durch diesen Dschungel an Bedienungsmöglichkeiten zu finden und Wesentliches von Unwesentlichem zu unterscheiden.

3.1 Die Hauptfunktionen der Kamera verstehen

Mehr als 100 Jahre lang hatten die Kameras nur gerade zwei Funktionen. Der Fotograf stellte am Objektiv die Blende ein und regulierte an der Kamera die Verschlusszeit. Die richtige Belichtungszeit ermittelte er mithilfe eines Handbelichtungsmessers oder hielt sich an bekannte Erfahrungswerte. Auch die ersten Spiegelreflexkameras hatten noch keinen eingebauten Belichtungsmesser. Die F3 war 1980 die erste SLR von Nikon mit einem eingebauten Belichtungsmesser. Nun konnten mit Zeitautomatik und mittenbetonter Belichtungsmessung die ersten Automatikfunktionen eingesetzt werden. Von da an ging es rasant weiter und die heutigen modernen DSLR-Kameras besitzen eine Vielzahl von Knöpfen, Hebeln, Schaltern und Menüs, um die verschiedenen Funktionen zu aktivieren. Bei so vielen Möglichkeiten verliert auch ein geübter Fotograf schnell mal die Übersicht.

▲ Die Nikon D200 ist eine mit Knöpfen, Schaltern und Drehrädern reich bestückte Kamera. (Foto: Nikon)

Die Leistungsfähigkeit Ihrer Kamera lernen Sie am besten kennen, wenn Sie die nun beschriebenen Funktionen direkt mit Ihrer Kamera ausprobieren. Ich gebe Ihnen dazu ein paar Tipps und versuche, Ihnen dabei zu helfen, den Durchblick durch den Dschungel der vielen Kamerafunktionen zu finden. Grundsätzlich dienen die verschiedenen Einstellungsmöglichkeiten an der Kamera dazu, drei Hauptaufgaben zu steuern:

- Die Auslösung und die Bildfolge festzulegen.
- Das gewünschte Motiv scharf zu stellen.
- Die richtige Kombination von Blende und Belichtungszeit zu finden.

Sie sehen, die Sache ist doch gar nicht so schwierig, wie sie auf den ersten Blick erscheint. Die Scharfstellung mit dem Autofokus wurde bereits in der „Fotoschule Digitale Fotografie" aus dem DATA BECKER-Verlag im Detail vorgestellt. Schauen wir am Beispiel der Nikon D200 die anderen Hauptaufgaben an und überlegen uns, welche Bedeutung sie für die fotografische Praxis haben.

3.2 Auslösung und Bildfolge

▲ Der Aufnahmebetriebsartenschalter der Nikon D200.

Der Aufnahmebetriebsartenschalter regelt die Auslösung der Aufnahmen und die Bildfolge. Folgende Möglichkeiten stehen dabei zur Verfügung:

S: Einzelbild (**S**ingle)	Bei jeder Betätigung des Auslösers wird eine einzelne Aufnahme belichtet.
C: Serienaufnahme (**C**ontinous)	Solange der Auslöser gedrückt wird, können mehrere Aufnahmen pro Sekunde belichtet werden. Einzelne Kameras kennen mehrere Modi mit verschiedener Aufnahmegeschwindigkeit (CL und CH bei der Nikon D200)

Selbstauslöser (Uhr)	Die Kamera löst nach Betätigung des Auslösers erst nach einer festgelegten Zeit aus.
M-UP: Spiegelvorauslösung	Beim ersten Druck auf den Auslöser wird der Spiegel hochgeklappt, beim zweiten wird die Aufnahme belichtet.

Die Standardeinstellung ist Einzelbild. Damit haben Sie in den meisten Aufnahmesituationen die beste Kontrolle über die zeitgerechte Auslösung der Aufnahme. Testen Sie aber auch die anderen Funktionen aus. Den Selbstauslöser brauchen Sie für Stativaufnahmen, wenn Sie selbst mit ins Bild wollen oder wenn Sie die Kamera ohne Berührung bei langen Belichtungszeiten auslösen. Mit der Spiegelvorauslösung verhindern Sie, dass die leichte Erschütterung durch das Hochklappen des Spiegels zu einer Unschärfe im Bild führt. Natürlich sollten Sie dann auch die Kamera mit einem Fern- oder dem Selbstauslöser auslösen, denn durch das Berühren der Kamera beim Auslösen mit der Hand können ebenfalls leichte Bewegungen die Bildqualität verschlechtern.

Spannend ist das Arbeiten mit Serienaufnahmen. In der digitalen Welt spielt es ja keine Rolle, wie viele Aufnahmen Sie machen. Sie können diese jederzeit wieder löschen. Im Freien bei genügend Licht (und somit kurzen Belichtungszeiten) können Sie schnell feststellen, wie viele Aufnahmen der Pufferspeicher Ihrer Kamera aufnehmen kann, bevor sich das Aufnahmetempo merklich verringert. Die Zahl der Aufnahmen hängt natürlich stark davon ab, welche Bildqualität Sie eingestellt haben. Bei der D200 sieht das bei einer Belichtungszeit von 1/250 und ISO 100 wie folgt aus:

Bildqualität	Anzahl Bilder im Puffer
RAW + JPEG Fine Large	19 Bilder
RAW	22 Bilder
JPEG Fine Large	37 Bilder

Der ideale Einsatzort für Serienaufnahmen ist überall dort, wo schnelle und unkontrollierte Bewegungen aufgenommen werden sollen. Durch viele Aufnahmen haben Sie eine wesentlich größere Chance, genau den entscheidenden Moment zu erwischen.

▲ Durch Serienaufnahmen genau den richtigen Moment erwischt, Model Warren, Fotograf: Martin Zurmühle.

Serienaufnahmen

Sie können eine schnelle Bildfolge auch mit etwas Übung mit der Einzelbildauslösung machen. So brauchen Sie nur in Ausnahmefällen die Serienaufnahmen. Stellen Sie nach dem Gebrauch jede andere Einstellung wieder zurück auf Einzelbild. Sonst geschieht Ihnen das Gleiche wie mir, dass ich den besten Schnappschuss verpasst habe, weil meine Kamera noch auf Selbstauslöser eingestellt war.

Wenn Sie die Aufnahmen mit Stativ machen, können Sie mehrere Bilder von sich bewegenden Motiven auch leicht in der Bildbearbeitung zusammenbauen. Wollen Sie, dass alle Bilder genau die gleiche Schärfe, Belichtung und Farbe haben, schalten Sie alle Automatikfunktionen aus:

■ Schalten Sie den automatischen Weißabgleich ab und wählen Sie einen geeigneten festen Einstellungswert (z. B. Sonne) oder machen Sie einen manuellen Weißabgleich.

- Arbeiten Sie mit **m**anueller Belichtungssteuerung (M) und messen Sie vorgängig die korrekte Belichtung. Entscheidend ist dabei eine kurze Belichtungszeit, sodass die Bewegungen eingefroren werden.
- Stellen Sie die genaue Aufnahmedistanz am Objektiv ein (oder ermitteln Sie diese mit einer Testaufnahme mit dem Autofokus) und stellen Sie anschließend den Autofokus auf **M**anuell (M).
- Experimentieren Sie mit verschiedenen Einstellungen (langsame und schnelle Serienaufnahme, schnelle Auslösung mit Einzelbildauslösung).

Fügen Sie der oberen Ebene eine Ebenenmaske mit dem Befehl *Ebene/Ebenenmaske hinzufügen/ Alles einblenden* hinzu. Malen Sie anschließend mit einem schwarzen, weichen Pinsel den Bereich der Figur aus.

Dadurch wird das unten liegende Bild der Figur sichtbar und nahtlos ins obere Bild eingefügt. Da die Pixel der Aufnahme genau übereinanderliegen, müssen Sie nicht einmal sehr exakt arbeiten.

Verwenden Sie ein stabiles Dreibeinstativ und lösen Sie die Kamera mit einem Fernauslöser im richtigen Moment aus. Jetzt erhalten Sie Aufnahmen mit genau den gleichen Bedingungen bei jeder Belichtung. In der Bildbearbeitung mit Photoshop bauen Sie diese wie folgt zusammen:

Öffnen Sie das erste Bild, ohne daran Änderungen vorzunehmen.

Öffnen Sie das nächste Bild. Aktivieren Sie das Verschieben-Werkzeug und ziehen Sie mit gedrückter ⏍Umschalt⏎-Taste das Bild in das erste Bild hinüber. Dadurch liegen beide Bilder pixelgenau übereinander.

Mit dem Befehl *Ebene/Sichtbare auf eine Ebene reduzieren* werden nun beide Ebenen in eine verschmolzen.

Öffnen Sie jetzt das dritte Bild. Aktivieren Sie das Verschieben-Werkzeug. Drücken Sie die ⏍Umschalt⏎-Taste und ziehen Sie mit der Maus das Bild mit den beiden Figuren in die dritte Aufnahme hinein. Nun erstellen Sie wie vorher eine leere Maske beim oberen Bild und holen mit einem schwarzen Pinsel die dritte Figur ins Bild.

5

Mit dem Befehl *Ebene/Sichtbare auf eine Ebene reduzieren* werden nun beide Ebenen in eine verschmolzen. Nun können Sie, sofern nötig, die weiteren Bildbearbeitungsschritte (wie Tonwertkorrektur, Gradationskurve, Farbton/Sättigung) vornehmen und das Bild endgültig beschneiden und schärfen.

▲ *Das zusammengebaute Bild mit dem Bewegungsablauf, Model Warren, Fotograf: Martin Zurmühle.*

Sie können beliebig viele Figuren in ein Bild einbauen. Es geht ganz einfach, solange sich die Figuren nicht gegenseitig überlappen. Darauf sollten Sie bei der Planung Ihrer Aufnahme unbedingt achten. Überlappende Aufnahmen machen Sie besser mit Mehrfachbelichtungen oder Stroboskopaufnahmen. Mehr zu Stroboskopaufnahmen erfahren Sie in Kapitel 14.

Einzelne Kameras besitzen die Möglichkeit integrierter Bildmontagen und Mehrfachbelichtungen. Dabei machen Sie mehrere Aufnahmen, die dann von der Kamerasoftware auf ein Bild zusammengerechnet werden. Sie stellen einfach die korrekte Belichtung für eine Aufnahme ein. Die Kamera reduziert dann selbstständig je nach Anzahl der Bilder die Belichtung, sodass das Gesamtbild richtig belichtet wird.

Bei der Bildmontage wird ein Bild aus zwei aufgenommenen Fotos kombiniert und separat gespeichert. Statische Motive werden so ähnlich wie bei einer einzigen Belichtung wiedergegeben. Bewegende Motive erhalten natürlich wesentlich weniger Licht, da sie ja an jedem Standort im Bild nur einmal auftauchen. Zudem scheint der Hintergrund bei den bewegenden Bereichen durch. Der erzielte Effekt wirkt sehr speziell und eignet sich nur für wenige Motive.

▲ *Bildmontage aus zwei Aufnahmen ab Stativ mit einem bewegten Motiv, Model Warren, Fotograf: Martin Zurmühle.*

Noch mehr Bilder (bei meiner Nikon D2X bis zu zehn) können Sie bei Mehrfachbelichtungen zu einem Bild zusammenbauen. Je mehr Fotos Sie aber aufnehmen, desto weniger Licht erhält das bewegte Motiv. Schon bei drei Aufnahmen erscheint Model Warren nur noch als kaum mehr sichtbarer Schatten. Diese beiden Funktionen sind schöne Spielereien, die aber im praktischen Einsatz kaum Bedeutung haben.

▲ *Bei einer Mehrfachbelichtung mit drei Aufnahmen wird das Motiv nur noch schwach wiedergegeben, Model Warren, Fotograf: Martin Zurmühle.*

3.3 Die richtige Belichtungsmessung und -steuerung

Seit Beginn der Fotografie ist es entscheidend, die richtige Kombination von Blende und Belichtungszeit zu finden. Beide Elemente sind von entscheidendem Einfluss auf die Bildwirkung. Auch hier beeinflussen drei verschiedene Faktoren diese Einstellung:

- Die eingestellte Empfindlichkeit (ISO-Wert) des Sensors.
- Die ausgewählte Methode der Belichtungsmessung.
- Die ausgewählte Methode der Belichtungssteuerung.

Die Empfindlichkeit kann bei den digitalen Kameras in einer festgelegten Bandbreite frei gewählt werden. Dabei wird im Gegensatz zum Film nicht die Größe der Pixel verändert, sondern nur die Empfindlichkeit für die elektronischen Signale verstärkt. Das führt bei höheren ISO-Werten zu verstärktem Rauschen. Leider gibt es bei höherer Empfindlichkeit kein schönes Korn wie bei den analogen, hochempfindlichen Filmen.

▲ Die Einstelltasten der Nikon D200 für die Empfindlichkeit (ISO), die Bildqualität (QUAL) und den Weißabgleich (WB).

ISO-Werte
- Wählen Sie im Normalfall einen möglichst tiefen ISO-Wert (z. B. ISO 100) als Standardeinstellung. Die Sensoren sind auf diesen Wert gerechnet und liefern dort die besten Resultate.
- Bei einzelnen Kameras wie der Nikon D3 liegt der optimale ISO-Wert höher (bei ISO 200), der Wert kann aber auf ISO 100 gesenkt werden.
- Erhöhen Sie die Empfindlichkeit nur, wenn Sie damit Verwacklungen bei der Aufnahme verhindern können.
- Empfindlichkeiten von ISO 800 oder höher führen bei allen Kameras zu starkem und unschönem Rauschen und sollten nach Möglichkeit vermieden werden.
- Bei schlechten Lichtverhältnissen und bewegten Motiven (z. B. bei Konzerten) müssen Sie manchmal mit hohen ISO-Werten arbeiten. Stellen Sie nach diesen Aufnahmen die ISO-Werte sofort wieder auf den Standardwert zurück.
- Schalten Sie auf jeden Fall die ISO-Automatik aus. Diese führt sonst zu unkontrollierten Erhöhungen der Empfindlichkeit bei schlechten Lichtverhältnissen.

Es gibt zwei grundsätzlich verschiedene Methoden, die Belichtung zu messen:

Lichtmessung	Misst den Lichtwert des auf das Motiv fallenden Lichts (z. B. mit einem Handbelichtungsmesser).
Objektmessung	Misst den Lichtwert des vom Objekt reflektierten Lichts (z. B. durch das Objektiv der Kamera).

Mit dem Handbelichtungsmesser wird das Licht gemessen, das auf das Motiv fällt (Lichtmessung). Dabei spielt die Helligkeit des Motivs keine Rolle. Bei der TTL-Messung der Kamera wird das vom Motiv reflektierende Licht gemessen (Objektmessung). Weil nun aber die Helligkeit und der Kontrast des Motivs die Messung stark beeinflussen, haben die Kamerahersteller geeignete Messmethoden entwickelt, um mit kontrastreichen Motiven richtig umgehen zu können. Die Lichtmessung spielt heute in der digitalen Fotografie nur noch in der Studiofotografie eine Rolle. Ich erkläre Ihnen den Einsatz und die Funktionsweise des Handbelichtungsmessers in Kapitel 17.

Alle DSLR-Kameras arbeiten mit der Objektmessung. Sie können aus drei oder mehr Methoden zur Belichtungsmessung auswählen. Jede hat dabei klare Stärken und Schwächen, die Sie im täglichen Einsatz kennen sollten.

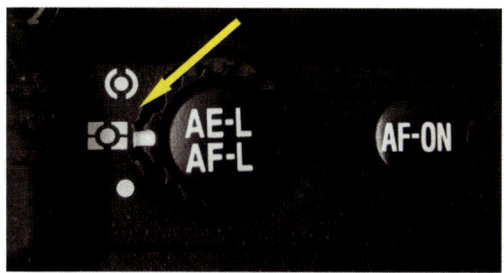

▲ *Einstellung der Methode der Belichtungsmessung bei der Nikon D200.*

Matrix-messung	Die richtige Belichtung wird aufgrund von Informationen aus dem gesamten Bildfeld gewonnen.
Mittenbe-tonte Messung	Die Kamera misst die Lichtverteilung im gesamten Bildfeld, legt aber den Messschwerpunkt auf ein mittleres Kreissegment.
Spotmessung	Die Kamera misst das Licht ausschließlich innerhalb eines kleinen Kreises (bei der Nikon D2X ca. 2 % des Bildfelds) am Standort des aktiven Fokusmessfelds.

Als Standardeinstellung empfehle ich Ihnen die Matrixmessung. Die modernen DSLRs haben sehr intelligente Prozessoren mit einem großen Bildgedächtnis (einprogrammierte Standardlichtsituationen), sodass die meisten Bilder mit der Matrixmessung gut belichtet werden. Die anderen beiden Modi werden in Spezialfällen eingesetzt.

Belichtungsmessung

- Für sehr schwierige Aufnahmesituationen mit großen Helligkeitsunterschieden oder sehr hellen oder sehr dunklen Motiven eignet sich die Spotmessung auf einen neutralgrauen Bereich (Tonwerte im Bereich der Graukarte) am besten.
- Für Porträtaufnahmen (Kopf- oder Brustbild) ist die klassische mittenbetonte Messung noch immer am besten geeignet.
- Bei allen übrigen Motiven kann mit der Matrixmessung gearbeitet werden.
- Mit dem Histogramm erhalten Sie die genausten Angaben über die Belichtung der Aufnahme.
- Kontrollieren Sie das Histogramm regelmäßig und vermeiden Sie blinkende, überbelichtete Bereiche.
- Bei schwierigen Lichtsituationen verwenden Sie eine automatische Belichtungsreihe (z. B. drei Aufnahmen mit Schrittweiten von +/− einer Blende).

Trotz der hoch entwickelten Technik der Belichtungsmessung arbeiten diese noch immer nach dem gleichen Grundprinzip. Die gemessene Fläche wird auf einen mittleren Grauwert (18 % Reflexion) umgerechnet.

Die Kamera weiß ja selbst nicht, ob das Motiv nun schwarz, grau oder weiß ist. Das führt dazu, dass neutrale Flächen (wie beim Bild mit dem Schuhabdruck im Schnee) immer in einem mittleren Grau (Mittelwert in der Nähe von 128 im Histogramm) aufgenommen werden.

Die beste Kontrolle über die Belichtung bei DSLRs haben Sie im Histogramm. In Kapitel 5 zeige ich Ihnen, was das Histogramm über die Belichtung der Aufnahme aussagt und wie Sie damit arbeiten können.

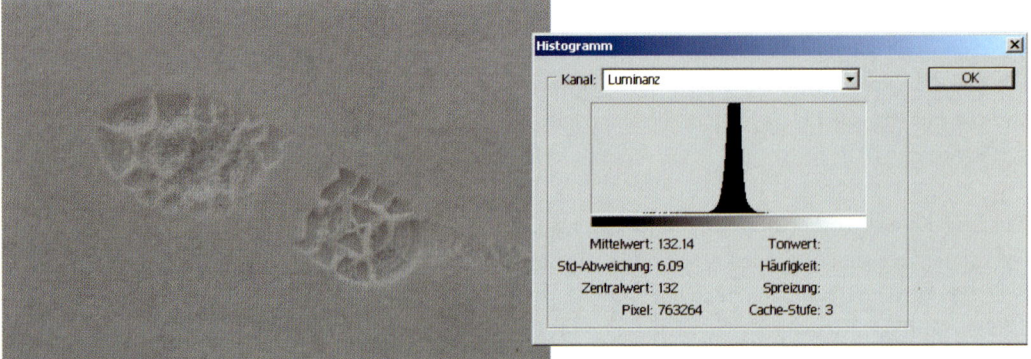

Histogramm

Kanal: Luminanz

OK

Mittelwert: 132.14	Tonwert:
Std-Abweichung: 6.09	Häufigkeit:
Zentralwert: 132	Spreizung:
Pixel: 763264	Cache-Stufe: 3

▲ Dieser Schuhabdruck im Schnee wird bei jeder Methode der Belichtungsmessung zu dunkel.

Haben Sie nun aufgrund der eingestellten Empfindlichkeit und der gewählten Messmethode die Belichtung gemessen, entscheidet die Belichtungssteuerung, wie Blende und Belichtungszeit an der

▲ Die Einstelltaste für die Belichtungssteuerung bei der Nikon D200. (Foto: Nikon)

Einstellung	Wirkung
Auto	Programm**auto**matik ohne Programmshift (nur bei Einsteiger- und einigen Mittelklassekameras)
P	**P**rogrammautomatik mit Programmshift
S (Tv)	Blendenautomatik (**S**hutter Speed Priority)
A (Av)	Zeitautomatik (**A**perture Priority)
M	**M**anuell

Kamera eingestellt werden. Alle DSLRs kennen dabei vier bis fünf verschiedene Methoden:

Bei den meisten Motiven können Sie sich voll und ganz auf die Programmautomatik verlassen. Sie wählt aufgrund der herrschenden Lichtverhältnisse, der eingestellten Empfindlichkeit, der verwendeten Objektive und der eingestellten Brennweite eine geeignete Kombination aus Blende und Belichtungszeit aus.

Die Belichtungszeit wird so kurz eingestellt, dass verwacklungsfreie Bilder möglich werden. Die Blende wird entsprechend korrigiert. Erst wenn der Spielraum der Blende ausgeschöpft ist, wird die Belichtungszeit verlängert.

Mit der Programmverschiebung (Programmshift) können Sie auch bei der Programmautomatik schnell einen gewünschten Blenden- oder Zeitwert einstellen. Das ist eine sehr gute Alternative zu den anderen Steuerungsmethoden. Sie sollten deshalb mit dieser Einstellung arbeiten und auf die grüne Programmautomatik (Auto) verzichten.

Erfahrene Fotografen verzichten indessen meistens auf den Einsatz der Programmautomatik und arbeiten mit den anderen Einstellungen. Als Entscheidungshilfe, welche Methode am besten für eine fotografische Aufgabe geeignet ist, können Sie sich an folgende Regeln halten:

Durch die lange Belichtungszeit von 1/4 Sekunden wird die Bewegung des Wassers beim Wasserfall durch die Verwischung sehr verträumt und stimmungsvoll dargestellt, Model Anuschka, Fotograf: Martin Zurmühle.

Einstellung	Einsatz
Auto	Für Schnappschüsse.
P	Allround-Einstellung, Anpassung der Blende oder Belichtungszeit mit Programmshift.
S (Tv)	Wenn für das Bild die Bewegung wichtig ist (z. B. Einfrieren von schnellen Bewegungen, Verwischen von Wasserfällen).
A (Av)	Wenn für das Bild die Schärfentiefe wichtig ist (z. B. große Schärfentiefe bei Landschaftsaufnahmen, kleine Schärfentiefe bei Porträtaufnahmen).
M	In Spezialfällen (z. B. Stativaufnahmen, Aufnahmen im Fotostudio).

Die gewählte Einstellung und die errechneten Belichtungswerte werden am Display und im Sucher der Kamera angezeigt. Auch die meisten Einstellungen, die Sie am Kameragehäuse vorgenommen haben, werden durch entsprechende Zeichen angezeigt. Es lohnt sich. beim Fotografieren immer diese Display- und Sucheranzeigen im Auge zu behalten. So erkennen Sie leicht, wenn etwas an der Kamera falsch eingestellt ist.

Ein Beispiel für eine solche Aufnahmesituation ist das Wasserfallbild mit Model Anuschka. Hier arbeitete ich mit der Einstellung S (Blendenautomatik) und stellte die Belichtungszeit auf 1/4 Sekunden. Dadurch entstand eine wunderbare Schleierwirkung beim Wasserfall und die Szene wird von vorne bis hinten dank der kleinen Blende scharf wiedergegeben.

EXIF-Daten	
Brennweite	70 mm
Belichtungszeit	1/4 Sek.
Blendenwert	16
Empfindlichkeit	ISO 100

Siehe Bild auf der vorherigen Seite.

3.4 Sinnvolle Grundeinstellungen für jede Fotosituation

Sie haben nun mit der Aufnahmebetriebsart, der Fokussierung und der Belichtungsmessung und -steuerung die wesentlichen Grundeinstellungen Ihrer DSLR kennengelernt. Nun geht es darum, diese je nach Fotosituation richtig einzustellen. Die große Zahl dieser Einstellungsmöglichkeiten verwirrt die Fotografen. Die Kamerahersteller haben das erkannt und verschiedene Motivprogramme entwickelt, die den Fotografen dabei helfen sollen, die richtigen Einstellungen zu wählen. Sie müssen nur noch das geeignete Motivprogramm wählen, die Kamera übernimmt den Rest.

▲ Die Motivprogramme der Nikon D80.

Die Nikon D80 kennt zum Beispiel sechs verschiedene Motivprogramme (siehe Tabelle oben auf der gegenüberliegenden Seite).

Wenn Sie allerdings die Grundeinstellungen der Kamera beherrschen, dann benötigen Sie auch keine Motivprogramme mehr. Sie können die gleichen Effekte direkt mit den richtigen Kameraeinstellungen erreichen. Die höher klassigen Kameras wie die Nikon D200 oder D2X kennen keine Motivprogramme, weil die Hersteller davon ausgehen, dass Profis die Kamerafunktionen verstehen.

Ich habe nie mit Motivprogrammen gearbeitet. Ich möchte selbst der Kamera befehlen, was sie zu

Programm	Wirkung
Porträt	Die Kamera verwendet eine große Blendenöffnung (kleine Blendenzahl). Dadurch wird der Hintergrund unscharf wiedergegeben. Dieser Modus eignet sich vor allem für lichtstarke Objektive mit großen Blendenöffnungen und mit mittleren bis längeren Brennweiten. Die Farbe der Haut wird naturgetreu wiedergegeben.
Landschaft	Hier spielt die Schärfentiefe eine große Rolle. Die Kamera wird so eingestellt, dass eine möglichst große Schärfentiefe erreicht werden kann. Die Farben, Kontraste und Konturen werden verstärkt.
Nahaufnahmen	Bei Nahaufnahmen ist eine genügende Schärfentiefe aufgrund des kurzen Aufnahmeabstands nötig. Der Modus hebt Pflanzen, Insekten und andere kleinere Objekte deutlich vom Hintergrund ab. Die Fokussierung wird auf das mittlere Feld eingestellt.
Sport	Die Kamera stellt eine kurze Belichtungszeit ein, um bewegte Motive scharf wiederzugeben. Je nach Lichtverhältnissen ist die Schärfentiefe entsprechend klein. Der Autofokus wird auf Kontinuierlich eingestellt.
Nachtaufnahmen	Bei Nachtaufnahmen arbeiten wir ab Stativ mit langen Belichtungszeiten. Die Rauschunterdrückung wird ab einer Belichtungszeit von 1 Sekunde oder länger aktiviert, und Farbverschiebungen werden korrigiert. Der Blitz wird deaktiviert.
Nachtporträt	Das Blitzgerät wird bei Nachtaufnahmen ab Stativ so gesteuert, dass der angeblitzte Vordergrund und der Hintergrund in einem ausgewogenen Verhältnis belichtet werden. Die Kamera stellt dafür die Blitzfunktion auf Langzeitsynchronisation ein. Die Rauschunterdrückung wird ab einer Belichtungszeit von 1 Sekunde oder länger aktiviert.

tun hat. Zudem besteht auch das Risiko, dass man vergisst, das Motivprogramm rechtzeitig wieder zu wechseln. Dann sind fehlerhafte Aufnahmen so gut wie sicher. Die folgende Übersichtstabelle zeigt Ihnen, wie ich die Haupteinstellungen Aufnahmebetriebsart, Fokussierung, Belichtungsmessung und -steuerung einstelle, um verschiedene fotografische Standardaufgaben sicher zu bewältigen. Sie können sich für Ihren fotografischen Arbeitsstil eine entsprechende Tabelle selbst anlegen.

Grundeinstellungen der Kamera für verschiedene Aufnahmesituationen

Aufnahme-situation	Betriebs-art	Autofokus	AF/Mess-feldsteue-rung	Belich-tungsmes-sung	Belichtungs-steuerung	Bemerkung
Porträt	S	S	E	M/Z	S	große Blende, kleine Schärfentiefe
Landschaft	S	S/M	E	M	S	kleine Blende, große Schärfentiefe
Nahaufnahmen	S	S	E	M	S	kleine Blende, große Schärfentiefe

Aufnahme-situation	Betriebs-art	Autofokus	AF/Mess-feldsteuerung	Belich-tungsmes-sung	Belichtungs-steuerung	Bemerkung
Tier- und Sportauf-nahmen	C	S/C	D	M	A	kurze Belichtungs-zeit ($\leq 1/1000$)
Wasserfälle	S	S	E	M/S	A	Lange Belich-tungszeit ($\geq 1/15$)
Schneeauf-nahme	S	S	E	M/S	P/M	Belichtungskorrek-tur (bis +2 LW)
Feuerwerke	S	S/M	E	M	A	Belichtungskorrek-tur (bis –3 LW)
Nachtauf-nahmen	S	S/M	E	egal	M	Belichtungskon-trolle mit Histo-gramm
Studioauf-nahmen	S	S	E	egal	M	Belichtungskon-trolle mit Histo-gramm
	S = Einzel-bild	S = Einzel	E = Einzel-feld	M = Matrix	P = Pro-gramm	
	C = Serien-bild	C = Kontinu-ierlich	D = Dyna-misch	Z = Mitten-betont	S = Zeitauto-matik	
		M = Manuell		S = Spot	A = Blenden-automatik	
					M = Manuell	

3.5 Die nützlichsten weiteren Einstellungen und Individualfunktionen

Die Kameragrundeinstellungen sind bei allen Kameramodellen ziemlich ähnlich. Die Unterschiede zwischen den verschiedenen Kameraherstellern und Kameramodellen liegen mehr bei den vielen weiteren Einstellungsmöglichkeiten und den Individualfunktionen. Mit immer neuen Funktionen suchen die Hersteller nach guten Verkaufsargumenten. Leider wird dadurch die Bedienung der Kamera nicht einfacher. Zudem haben die meisten dieser Funktionen in der fotografischen Praxis keine oder nur eine untergeordnete Bedeutung. Bei der Nikon D200 stehen mir – neben den direkt am Kameragehäuse auswählbaren Funktionen – insgesamt 90 Einstellungen in der Menüsteuerung zur Verfügung. Um Ihnen zu helfen, in diesem Dschungel von Funktionen und Auswahlmöglichkeiten den Durchblick zu behalten, gebe ich Ihnen an, welche Einstellungen sich in meiner Praxis bewährt haben.

Ich gehe dabei von den Möglichkeiten der Nikon D200 aus und richte einen Blick auf die anspruchsvolle Fotografie mit dem Ziel, hervorragende Fine-Art-Prints zu machen. Welche dieser Funktionen bei Ihrer Kamera vorhanden sind, können Sie in der

Bedienungsanleitung Ihrer Kamera nachlesen. Ich unterscheide dabei drei verschiedene Bereiche:

- Weitere Einstellungen, die direkt am Kameragehäuse ausgewählt werden können.
- Einstellungen im Kameramenü.
- Individualfunktionen im Kameramenü.

Einstellungen am Kameragehäuse

Neben den verschiedenen Einstellrädern, Menütasten und dem Multifunktionswähler haben bei meiner Nikon D200 folgende Einstellungen am Kameragehäuse eine Bedeutung in der praktischen Fotografie:

Einstellung	Bedeutung
Abblend-taste	Wird die Abblendtaste gedrückt, schließt sich die Blende auf den eingestellten Wert und die Schärfentiefe kann im Sucher visuell überprüft werden. Weil das Sucherbild aber auch stark abdunkelt, hilft diese Funktion nur bei guten Lichtverhältnissen. Ich gebrauche für die Kontrolle der Schärfentiefe die Displayanzeige mit der Lupenfunktion. Arbeiten Sie mit einem modernen Blitzgerät wie dem SB-800, aktiviert die Abblendtaste gleichzeitig auch das Einstelllicht des Blitzes.
Funktions-taste	Die Funktionstaste kann im Individualmenü mit einer Funktion belegt werden. Eine ganz praktische Sache. Ich habe die Spotmessung programmiert, sodass ich schnell für eine Aufnahme von der Matrixmessung umschalten kann, ohne den Drehknopf am Kameragehäuse zu verändern.
AE-L/AF-L	**A**utoexposure-**L**ock/**A**utofokus-**L**ock: Speichert die Belichtungsmessung und/oder den Fokus, sodass der Ausschnitt geändert werden kann, ohne diese Werte zu verändern. Ich brauche diese Funktion nicht, weil ich im Individualmenü die Kamera so eingestellt habe, dass beim Drücken des Auslösers bis zum ersten Druckpunkt neben dem Fokus immer auch die Belichtung gespeichert wird.
AF-ON	**A**utofokus **On**: Das Drücken der AF-On-Taste erfüllt beim Fokussieren die gleiche Funktion wie das Drücken des Suchers bis zum ersten Druckpunkt. Ich brauche diese Funktion deshalb nicht. Sie könnte aber bei Stativaufnahmen hilfreich sein.
Blitz	Taste für die Blitzsynchronisation. Wichtige Funktionen für die Blitzfotografie, die in Kapitel 14 besprochen werden.
BKT	**Brac**keting: Taste für Belichtungsreihen. Eine sehr gute Sache bei schwierigen Lichtverhältnissen, weil so die Chancen für richtig belichtete Bilder steigen. Wählen Sie große Schritte von einer Blendenstufe mit drei oder fünf Aufnahmen.
QUAL	**Qual**ity: Taste für die Wahl der Bildgröße und der Bildqualität. Ich brauche diese Taste praktisch nie, weil ich diese Einstellungen sehr selten ändere (und wenn, dann direkt im einfacher zu bedienenden Kameramenü).
WB	**W**hite **B**alance: Auswahl der verschiedenen Weißabgleicheinstellungen. Sehr wichtige Funktion bei unterschiedlichen Lichtverhältnissen. Mehr dazu in Kapitel 13.
ISO	Einstellung der **ISO**-Empfindlichkeit. Stellen Sie in der Regel die Kamera auf den tiefsten Wert (ISO 100) und erhöhen Sie nur, wenn Sie zu wenig Licht haben und mit kurzen Belichtungszeiten fotografieren wollen.

Einstellung	Bedeutung
Dioptrien-einstellung	Eine gute Sache, wenn Brillenträger ohne Brille fotografieren möchten.
Okularver-schluss	Beim Arbeiten mit automatischer Belichtungsmessung ab Stativ muss der Okularver-schluss geschlossen werden, um die Belichtung korrekt zu messen, sonst kann durch das Okular eintretendes Licht die Messung beeinflussen.
L	**L**ock: Sperrschalter für die Messfeldvorwahl. Verhindert die ungewollte Verschiebung des Messfelds mit dem Multifunktionswähler. Die Funktion kann vor allem bei Porträtauf-nahmen sinnvoll sein.
+/-	Taste für die Belichtungskorrektur: Sehr wichtige Funktion für die Korrektur der automati-schen Belichtungsmessung bei schwierigen Lichtverhältnissen. Mehr dazu in Kapitel 5.
+/- Blitz	Taste für die Blitzsynchronisation und die Blitzleistungskorrektur. Mehr dazu in Kapitel 14.
Display-be-leuchtung	Wichtige Funktion bei Stativaufnahmen und schlechten Lichtverhältnissen.

Alle DSLRs haben Anschlüsse für die Datenübertra-gung (z. B. Audio- und Videoausgang, USB-Schnitt-stelle, Wireless-LAN-Adapter). Am wichtigsten für mich ist der USB-Anschluss, der für die Übertra-gung der Bilder von der Kamera auf den PC be-nötigt wird.

▼ *Bei dieser Nachtaufnahme ab Stativ wurde mit Autofokus, manueller Belichtungssteuerung, einem geschlossenen Okularver-schluss und Displaybeleuchtung gearbeitet, Fotograf: Martin Zurmühle.*

Die DSLRs verfügen über einen Anschluss für Fernauslöser (mit Kabel oder Infrarot), und bei einigen höher klassigen Kameras wie der Nikon D200 oder der Nikon D2X kann auch ein GPS angeschlossen werden. Dann wird der genaue Aufnahmestandort in den EXIF-Daten gespeichert.

Profikameras haben einen Netzadapteranschluss für den Betrieb der Kamera direkt ab dem Stromnetz. Dieser wird in professionellen Studios (z. B. für Werbeaufnahmen) und für die Sensorreinigung benötigt. Sehr praktisch ist ein Blitzsynchronanschluss für ein externes Blitzgerät, den leider nur Mittelklasse- und Profikameras haben. Eine gute Sache für das Arbeiten im Fotostudio, wenn keine anderen Blitzauslösegeräte (Infrarot, Funk) zur Verfügung stehen. Mehr dazu in Kapitel 16.

Die verschiedenen Kameramenüs

Heute unterscheiden sich die verschiedenen Kameraklassen und -marken in erster Linie in den Zusatzfunktionen. Die Hersteller überbieten sich da mit Neuerungen – mit dem unangenehmen Nebeneffekt, dass die Kameramenüs immer umfangreicher werden.

Die verschiedenen Kameras haben ganz unterschiedliche Menüs, die zu umfangreich sind, um hier im Detail erörtert zu werden. Ich gebe Ihnen einige Hinweise aus meiner fotografischen Praxis (anhand der Nikon D200), welche Menüs für mich eine große Bedeutung haben.

Im Menü *Wiedergabe* wird festgelegt, wie das Display funktioniert und was alles angezeigt wird:

Menü Wiedergabe	Bedeutung
Infos bei Wiedergabe	Im Display sollten auf jeden Fall zwei Dinge angezeigt werden: das Histogramm und die Lichter (durch Blinken der überbelichteten Bereiche). Die übrigen Daten (z. B. Aufnahmedaten, RGB-Histogramm und Fokusmessfeld) sind weniger wichtig und können auch die Bedienung durch die vielen Anzeigefenster erschweren.
Bildkontrolle	Wenn eingeschaltet, wird nach jeder Aufnahme das Bild auf dem Display kurz gezeigt. Da ich meine Bilder regelmäßig nach der Aufnahme kontrolliere, habe ich diese Funktion aktiviert, auch wenn sie Strom verbraucht.
Anzeige im Hochformat	Wenn eingeschaltet, wird ein hochformatiges Bild im Display gedreht, sodass alle Bilder in der gleichen Richtung gezeigt werden. Das erleichtert die Kontrolle der Bilder am Display, auch wenn hochformatige Bilder dann kleiner abgebildet werden.

Im Menü *Aufnahme* werden die wesentlichen Aufnahme-
einstellungen festgelegt. Diese beeinflussen die interne Bild-
verarbeitung der Kamera und wirken sich in erster Linie
auf die Dateien im JPEG- oder TIF-Format aus. Bei RAW-
Bildern bleibt die Originalinformation erhalten. Arbeiten
Sie mit einem Nikon-RAW-Konverter (z. B. Nikon Capture
NX), werden diese Einstellungen zum RAW-Konverter übertragen, können dort aber wieder verändert werden. Mehr
zur RAW-Konvertierung erfahren Sie in Kapitel 8.

Menü Aufnahme	Bedeutung
Aufnahme-konfiguration	Eine sehr praktische Sache. So können Sie die Kameraeinstellungen für verschiedene Standardaufgaben speichern und müssen vor einem Shooting nur die gewünschten Einstellungen aktivieren. Das verkleinert das Risiko von Fehleinstellungen. Die verschiedenen Einstellungen können Sie auch mit Namen versehen.
Bildoptimie-rung	Die Bildoptimierung sollten Sie in der Bildbearbeitung durchführen. Diese Einstellungen ergeben nur einen Sinn, wenn Sie die Bilder ohne Weiterbearbeitung direkt ausdrucken oder zeigen möchten. Im JPEG-Format können falsche Bildoptimierungseinstellungen nicht mehr korrigiert werden.
Farbraum	Für Bilder, die im Internet oder am Bildschirm gezeigt werden, eignet sich der kleinere und problemlose sRBG-Farbraum. Für Bilder, die in bester Qualität gedruckt werden, wählen Sie den größeren Adobe RGB-Farbraum.
Bildqualität, Bildgröße, JPEG-Kompri-mierung	Sollen die Bilder in der Bildbearbeitung weiterverarbeitet werden, fotografiere ich mit dem RAW-Format. Bei Bildern, die direkt ohne Bildbearbeitung verwendet werden, nehme ich das einfachere und kleinere JPEG-Format (in bester Qualität und größter Größe). Bei Shootings mit Kunden nehme ich gleich beide Formate auf, damit ich die kleinen JPEGs nach dem Shooting zur Bildauswahl dem Kunden übergeben kann. Diese können dann auch eine kleinere Bildgröße und eine schlechtere Qualität haben. Die Bildqualität kann auch direkt an der Kamera ausgewählt werden.
NEF-Kompri-mierung	NEF ist die Bezeichnung von Nikon für das RAW-Datenformat. Bei älteren Kameramodellen war die NEF-Komprimierung (RAW-Komprimierung) sehr langsam. Das hat sich nun geändert. Ich arbeite trotzdem ohne Komprimierung, da ich mit Komprimierungen nicht immer gute Erfahrungen gemacht habe und genügend große Speicherkarten einsetze.
Weißab-gleich	Eine sehr wichtige Einstellung. Die verschiedenen Möglichkeiten werden in Kapitel 13 im Detail behandelt. Der Weißabgleich kann gleichzeitig auch an der Kamera ausgewählt werden.
Langzeitbe-lichtung	Längere Belichtungszeiten führen zu verstärktem Rauschen. Wird diese Funktion aktiviert, dann wird bei Belichtungszeiten von 8 Sekunden oder länger das Rauschen durch die Kamerasoftware unterdrückt. Eine gute Sache, die Sie einschalten sollten. Die Speicherzeit der Aufnahmen wird allerdings verdoppelt, was aber bei Stativaufnahmen nicht von großer Bedeutung ist.

Menü Aufnahme	Bedeutung
Hohe Emp-findlichkeit	Wenn eingeschaltet, unterdrückt die Kamerasoftware das Rauschen ab ISO 400. Das ist sinnvoll, auch wenn etwas weniger Bilder im Pufferspeicher Platz haben. Testen Sie, welche Einstellung (*NORM*, *LOW*, *HIGH*) die besten Resultate liefert.
ISO-Empfind-lichkeit	Diese kann im Menü wie auch an der Kamera eingestellt werden. Hohe ISO-Werte ab ISO 800 führen zu starkem Rauschen im Bild.
Bildmonta-gen, Mehr-fachbelich-tung	*Bildmontagen* baut aus zwei Bildern ein kombiniertes zusammen. Bei *Mehrfachbelich-tung* werden mehrere Aufnahmen auf das gleiche Bild aufgenommen. Bildbeispiele finden Sie vorn in diesem Kapitel. Diese technischen Spielereien machen Sie besser in der Bildbearbeitung. Die Resulta-te mit diesen Funktionen haben mich nicht überzeugt.
Intervallauf-nahmen	Eine tolle Sache zum Aufnehmen des Tagesablaufs mit einem Stativ. Sie brauchen nur die Startzeit, die Intervalle und die Anzahl der Aufnahmen zu programmieren.

Im Menü *System* werden ein paar allgemeine Systemein-stellungen festgelegt.

Menü System	Bedeutung
Weltzeit	Kontrollieren Sie von Zeit zu Zeit die Datums- und Zeitangaben Ihrer Kamera. Diese werden in die EXIF-Datei gespeichert und können später bei der Zuordnung der Bil-der helfen.
Orientierung	Bei *Ein* wird die Orientierung der Bilder (Hoch- oder Querformat) mit den Bildern gespeichert. Eine sehr sinnvolle Sache, die bei der Bildbearbeitung die Arbeit er-leichtert.
Referenzbild (Staub)	Speichert ein Referenzbild mit den Staubpartikeln des Sensors. In Nikon Capture NX können dann die Staubflecken softwaremäßig automatisch entfernt werden. Aller-dings ist dieser Prozess rechnungsintensiv und langsam.
Bild-Authentifi-kation	Ein digitales Echtheitssiegel, das mit spezieller Software gelesen werden kann. Eine sinnvolle Sache überall dort, wo der Beweis der Echtheit der Aufnahme eine Rolle spielt.

Arbeiten mit den Individualfunktionen

Individualfunktionen sind ein Segen und ein Fluch zugleich. Segen, weil praktisch alle Kamerafunktionen individuell noch verändert und den eigenen Bedürfnissen angepasst werden können. Viele dieser Anpassungen können in der Praxis hilfreich sein. Fluch, weil die große Fülle dieser Anpassungsmöglichkeiten die Bediener überfordern und zu Fehleinstellungen führen kann.

Leider fehlt eine ganz entscheidende Individualfunktion. Es sollte möglich sein, selbst festzulegen, welche Funktionen überhaupt im Menü angezeigt werden. Dann müsste man sich nicht durch (bei der Nikon D200) 45 Auswahlpositionen kämpfen, sondern hätte nur die vielleicht fünf bis zehn wirklich gebrauchten Funktionen im Menü. Das wäre eine große praktische Erleichterung im fotografischen Alltag. Vielleicht hört ja ein Hersteller zu.

> **Individualfunktion**
>
> Sie können viele Bedienungselemente Ihrer Kamera mit Individualfunktionen verändern. Das hat aber nur dann einen Sinn, wenn Sie sicher der Einzige sind, der die Kamera bedient. Sonst ist es besser, Sie belassen die Standardeinstellungen, sodass alle die Kamera problemlos bedienen können. Ändern Sie eine Standardeinstellung nur, wenn Sie den Nutzen der Individualfunktion wirklich verstehen und gebrauchen können. Die Standardeinstellungen sind für die meisten fotografischen Aufgaben sehr gut geeignet. Wie beim Menü *Aufnahme* helfen gespeicherte Aufnahmekonfigurationen zu fotografischen Standardsituationen, Einstellungsfehler zu vermeiden.

Ich gebe Ihnen hier einige Individualfunktionen an, die ich in meiner fotografischen Praxis abweichend von der Standardeinstellung eingestellt habe.

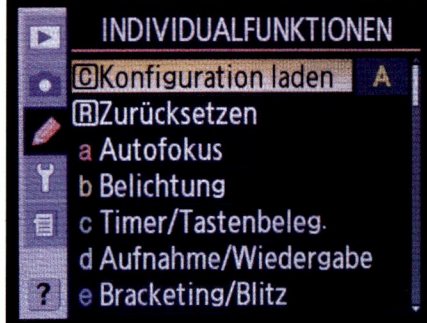

Abgeänderte Einstellungen werden in der Anzeige durch einen Stern markiert.

Funktion	Bedeutung
a5: Lock-On	Lock-On verhindert ein automatisches Nachführen der Schärfe, wenn das Motiv kurzfristig durch ein näheres Objekt verdeckt wird. Bei Sport- und Tieraufnahmen ist jedoch eine schnelle Nachführung des Autofokus bei kontinuierlichem Autofokus wichtig. Schalten Sie dann den Lock-On aus (OFF).
b2: ISO-Schrittweite, b3: Schrittweite für Belichtungswerte, b4: Schrittweite für Belichtungskorrekturen	Die Standardschrittweite von 1/3 LW ist für mich zu fein. Das führt zu vielen Zwischenstufen bei den Blendenreihen. Ich arbeite mit 1/2 LW. Leichte Belichtungskorrekturen können leicht in der Bildbearbeitung vorgenommen werden.
c1: Aktivierung des Bel. Messwertspeichers	Durch die Aktivierung von AE-L/AF-L plus Auslöser legen Sie fest, dass die Belichtung beim Drücken des Auslösers bis zum ersten Druckpunkt gespeichert wird. Vor allem bei Aufnahmen von Menschen ist es sinnvoll, wenn die Schärfe und die Belichtung am gleichen Ort im Bild gemessen werden.

Funktion	Bedeutung
d2: Gitterlinien im Sucher einblenden	Gitterlinien sind vor allem für Brillenträger eine geniale Sache. Sie helfen bei der genauen Ausrichtung der Kamera. Stellen Sie dafür diese Funktion auf ON.
d5: Spiegelvorauslösung	Eine Alternative zur Spiegelvorauslösung mit dem Aufnahmebetriebsartenschalter. Bei ON lässt eine leichte Auslöseverzögerung von 0,4 Sekunden Vibrationen, die durch den Schwingspiegel verursacht werden, ausklingen. Eine gute Sache bei Aufnahmen ab Stativ.
e1: Blitzsynchronisation	Arbeiten Sie mit einem modernen Elektronenblitzgerät (z. B. dem Nikon SB-800), dann stellen Sie die Kamera besser auf 1/250 Sekunden (FP-Kurzzeit) ein. Dann können Sie auch mit Belichtungszeiten kürzer als 1/250 Sekunden blitzen.
e3: Integr. Blitzgerät	Hier können Sie das integrierte Blitzgerät einstellen. Die Einstellung *Manuell* und eine Leistungskorrektur auf 1/128 Leistung ist hilfreich, wenn Sie mit dem integrierten Blitzgerät eine Studioblitzanlage auslösen möchten. Für Stroboskopaufnahmen arbeiten Sie besser mit einem externen Blitzgerät. Hingegen ist es nützlich, dass Sie mit dem eingebauten Blitzgerät mit der Funktion Master-Steuerung andere Slave-Blitzgeräte steuern können.
f1: Belegung der Mitteltaste	Bei der Aufnahme ist es praktisch, wenn Sie durch das Drücken der Mitteltaste des Multifunktionswählers gleich das Histogramm der Aufnahme angezeigt bekommen. Aktivieren Sie dazu *Bei Wiedergabe Histogramm ein/aus*.
f4: Belegung der FUNC-Taste	Ich habe die Spotmessung auf die Funktionstaste gelegt. Dadurch kann ich durch Drücken der Funktionstaste schnell von der Matrix- zur Spotmessung wechseln, ohne den Messsystemwähler an der Kamera zu drehen.

4

Welche Objektive sind für welche Aufnahmesituationen geeignet?

Die Qualität der Objektive ist entscheidend für die Abbildungsleistung. Obwohl es die Hochglanzprospekte versprechen, gibt es kein perfektes Objektiv. Jedes ist immer nur ein bestmöglicher Kompromiss, um die verschiedenen optischen Anforderungen zu erfüllen. Neben den

einfachen Kenngrößen wie Gewicht und Größe, Brennweiten- und Blendenbereich sind die konkreten Abbildungsleistungen ganz entscheidend für die Qualität des Objektivs. Am besten testen Sie Ihre Objektiv-Kamera-Kombination selbst mit einfachen Tests. Ich zeige Ihnen, wie das geht.

4.1 Die wichtigsten optischen Grundregeln und ihre Bedeutung in der Praxis

Die Kamera bestimmt die Aufnahmemöglichkeiten und die technischen Finessen. Die Objektive entscheiden aber über die Qualität der Bildaufzeichnung auf dem Sensor. Auch die beste Kamera wird mit schlechten Objektiven keine perfekten Bilder aufnehmen. Die hohe Auflösung und das oft kleinere Sensorformat der DSLR erfordern Objektive mit der höchsten Abbildungsqualität.

▲ Das Nikkor 18-200mm/1:3.5-5.6 hat einen außerordentlich großen Brennweitenbereich und einen Bildstabilisator. (Foto: Nikon)

Ein Objektiv wie das Nikkor 18-200mm deckt einen außerordentlich großen Brennweitenbereich ab und man könnte denken, dass so ein Objektiv genügt, um praktisch alle Aufnahmesituationen zu bewältigen. Das ist leider ein Trugschluss. Auch wenn es die Hochglanzprospekte oft versprechen, gibt es keine perfekten Objektive. Zu viele verschiedene optische Probleme müssen gelöst werden, sodass jedes Objektiv immer nur ein bestmöglicher Kompromiss ist. Darin liegt aber gerade der große Vorteil der DSLR. Durch das Wechseln der Objektive können Sie das jeweils für die konkrete Aufgabe am besten geeignete auswählen. Bei den Kompakt- und Bridge-Kameras stoßen Sie trotz der manchmal großen Leistungsfähigkeit der fest eingebauten Objektive schnell an Grenzen. Vielfach sind gute Festbrennweiten die bessere Lösung als Zooms mit extremen Brennweitenbereichen, denn diese neigen

zu Abbildungsfehlern. In meinem Buch „Die große Fotoschule Digitale Fotografie" habe ich Ihnen eingehend die verschiedenen optischen Gesetze und die Anforderungen, die moderne Objektive erfüllen müssen, erklärt. Ich wiederhole dieses hier nicht. Ich werde Ihnen aber erklären, welche Regeln einen konkreten Einfluss auf die fotografische Praxis haben.

Schauen wir uns zuerst die Grunddaten eines Objektivs an.

▲ Das Nikkor 18-55mm/1:3.5-5.6 ist ein leichtes und kleines Standardobjektiv. (Foto: Nikon)

Die Bezeichnungen beim AF-S DX Nikkor 18-55mm/1:3.5-5.6 bedeuten Folgendes:

- AF bedeutet, dass das Objektiv – wie praktisch alle heute produzierten Objektive – einen **A**uto**f**okus besitzt.
- S zeigt an, dass dieses Objektiv mit einem **S**ilent-**W**ave-**M**otor (SWM) zum schnellen, präzisen und gleichzeitig leisen Scharfstellen arbeitet.
- DX bedeutet, dass dieses Objektiv speziell für DSLR-Kameras mit kleineren Sensoren gemacht wurde. Diese sind kleiner und kompakter als die Objektive für Vollformatsensoren, weil sie einen kleineren Bildkreis haben. Sie können deshalb nicht mit Vollformatkameras (z. B. analoge SLR, Nikon D3 oder Canon 5D) verwendet werden. Die Randabschattung wäre zu stark.
- Der Brennweitenbereich geht von 18 mm (mit Cropfaktor von 1,5 ein leichtes Weitwinkelobjek-

tiv mit 27 mm) bis 55 mm (mit Cropfaktor 1,5 ein leichtes Teleobjektiv mit 82,5 mm).

- Die größte Blendenöffnung beträgt bei 18 mm 1:3.5 und verkleinert sich dann bis auf 1:5.6 bei 55 mm. Es ist damit ein lichtschwaches Objektiv.
- Dieses Objektiv hat keinen eingebauten Bildstabilisator. Dieser wird bei Nikon mit der Bezeichnung VR gekennzeichnet.

Lichtstarke Objektive

Lichtstarke Objektive haben große Blendenöffnungen (2.8 oder besser) und lassen viel Licht auf den Sensor. Sie eignen sich für Aufnahmen bei schlechten Lichtverhältnissen.

Sie zeigen ein sehr helles und brillantes Sucherbild, was die Fokussierung vor allem bei schlechten Lichtverhältnissen erleichtert.

Sie besitzen bei großen Blenden einen sehr schönen Schärfenverlauf, und Festbrennweiten haben meistens ein sehr schönes Bokeh.

Bei lichtstarken Objektiven können auch Telekonverter zur Verlängerung der Brennweite eingesetzt werden (mit einer Reduktion der Lichtstärke je nach Verlängerungsfaktor des Konverters).

Diese Zahlen geben uns die ersten Eckdaten zur Qualität der Optik. Der Brennweitenbereich des Nikkor 18-55mm zum Beispiel ist als 3-fach-Zoom moderat (verglichen mit dem extremen 11-fach-Zoom des 18-200mm). Normalerweise ist die optische Qualität besser, wenn der Zoombereich nicht zu groß ist. Die Lichtstärke ist mit 1:3.5-5.6 bescheiden und nicht für Aufnahmesituationen mit wenig Licht geeignet. 1:5.6 ist übrigens der unterste Bereich für Objektive, da sonst die Elektronik in der Kamera (z. B. die Fokussierung) nicht mehr sicher arbeiten könnte. Dieses Objektiv ist so ein gutes Standardzoom für DSLR-Kameras mit kleineren Sensoren (Cropfaktor 1,5) bei guten Lichtverhältnissen mit genügend Licht für kurze Belichtungszeiten. Bei allen EXIF-Angaben in diesem Buch sind die Crop-

faktoren der verschiedenen Kameras berücksichtigt und die Brennweitenangaben auf das Kleinbildformat (36 mm x 24 mm) umgerechnet.

▲ Beim AF Nikkor 50mm/1:1.4 sind die Blenden auf dem Blendenring eingraviert. Die kleinste Blende (16) ist zudem rot markiert.

Kleinste Blende

Die kleinste Blende kann bei älteren Objektiven direkt am Blendenring abgelesen werden. Bei neueren Objektiven ohne Blendenring stellen Sie die Kamera auf Zeitautomatik (A oder Av) oder Manuell (M) und drehen das Wählrad für die Blende so lange, bis die Blende sich nicht weiter verkleinern lässt (größter Zahlenwert). Einzelne, meistens günstigere Objektive shiften diese Werte (wie bei der größten Blende) je nach gewählter Brennweite. Testen Sie deshalb die kleinste Blende auch bei verschiedenen Zoomstellungen aus. Notieren Sie sich diese Werte auf einem Datenblatt mit allen Kennwerten zu Ihren Objektiven.

Neben der größten Blende, die die Lichtstärke des Objektivs bestimmt, ist auch die kleinste von Bedeutung. Je größer die Spannweite zwischen größter und kleinster Blende ist, desto mehr Spielraum haben Sie, um auf stark wechselnde Lichtverhältnisse zu reagieren (ohne die Belichtungszeit und/oder den ISO-Wert anzupassen). Gerade dort zeigen die Kompakt- und Bridge-Kameras mit manchmal nur gerade zwei bis drei Blendenstufen zwischen der größten und kleinsten Blende große Schwächen. Deshalb wird die kleinste Blende oft in den Kameraunterlagen nicht erwähnt. Die ursprüngliche Blendenreihe aus der analogen Zeit ist auch in der digitalen Fotografie wichtig. Sie sollten diese Werte auswendig kennen. Jeder Blendensprung nach oben bedeutet dabei eine Halbierung der Lichtmenge (**L**icht**w**ert LW, auch EV = **E**xposure **V**alue genannt).

1	1.4	2	2.8	4	5.6	8	11	16	22	32

Die Displays der DSLR zeigen aber auch die Zwischenwerte an. Dieser Zahlensalat kann ganz schön verwirren, insbesondere wenn Sie die Kamera auf 1/3-Blendenwerte eingestellt haben. Ich empfehle Ihnen, auf 1/2-Blendenstufen zu korrigieren, dann wird das Zahlenwirrwarr etwas kleiner und die Kamerabedienung einfacher, was der unten stehende Vergleich zeigt. Die fetten Zahlen zeigen die Originalblendenstufen aus der analogen Zeit:

Belichtungsreihe mit Sprüngen von 1/3-Blendenstufen						
5.6	6.3	7.1	**8**	9	10	**11**

Belichtungsreihe mit Sprüngen von 1/2-Blendenstufen						
5.6	6.7	**8**	9.5	**11**	13	**16**

Schauen wir bei ein paar Objektiven von Nikon die Blendenreihen an und ermitteln, wie viele Blendenstufen das Objektiv einstellen kann.

Objektiv	Größte Blende	Kleinste Blende	Blendenstufen
12-24mm/1:4	4	22	5
28-105mm/1:3.5-4.5 bei 28mm	3.5	22	5 1/2
28-105mm/1:3.5-4.5 bei 105mm	4.5	27	5
17-35mm/1:2.8 28-70mm/1:2.8 70-200mm/1:2.8	2.8	22	6

Objektiv	Größte Blende	Kleinste Blende	Blendenstufen
50mm/1:1.4	1.4	16	7
105mm/1:2.8 (Makro)	2.8	32	7

Jede Blendenstufe halbiert oder verdoppelt die Lichtmenge, die auf den Sensor trifft. Bei fünf Blendenstufen liegt der Kontrastumfang, der das Objektiv einstellen kann, bei 1:32, mit sechs Blendenstufen bei 1:64 und mit sieben Blendenstufen bei 1:128. Auch hier sind die lichtstarken Festbrennweiten den Zoomobjektiven klar überlegen. Sie können ein bis zwei Blendenstufen mehr einstellen, was der 2- bis 4-fachen Lichtmenge entspricht. Bei den meisten Objektiven liegt die kleinste Blende bei 16 oder 22. Makroobjektive können noch weiter bis auf 32 abgeblendet werden. Allerdings muss schon ab Blende 22 wegen der Beugung mit einer Verschlechterung der Abbildungsleistung gerechnet werden.

Objektivkenndaten

Je größer die maximale Blendenöffnung ist, desto schwerer (viel Glas), lichtstärker (große Blendenöffnung) und teurer (anspruchsvolle Herstellung) sind die Objektive. Festbrennweiten verfügen über mehr einstellbare Blendenstufen und können so besser auf unterschiedliche Lichtsituationen reagieren. Günstigere Zoomobjektive shiften die größte (und manchmal auch die kleinste) Blende je nach eingestellter Brennweite. Die kleinste Brennweite besitzt dabei die größte Blendenöffnung, die größte Brennweite die kleinste. Lichtstarke Zoomobjektive mit durchgängig großen Blenden (z. B. 2.8) sind groß, schwer und teuer, bieten dafür aber eine sehr gute optische Qualität und mehr Belichtungsspielraum als die günstigeren, lichtschwächeren Modelle.

Ein Objektiv sollte im Idealfall einen Gegenstandspunkt absolut scharf abbilden. Der Abbildungsmaßstab sollte dabei im gesamten Bildfeld konstant sein. Bei der Bilderzeugung durch das Objektiv treten aber diverse Fehler auf, die verhindern, dass dieser Idealfall möglich wird.

Durch eine sinnvolle Anordnung verschiedener Linsen aus unterschiedlichen Glassorten lassen sich diese optischen Abbildungsfehler reduzieren, nicht aber ganz verhindern. Hier die bekannten Abbildungsfehler und ihre Bedeutung für die Praxis:

Abbildungsfehler	Beschreibung
Chromatische Aberration	Farbfehler aufgrund unterschiedlicher Brechung der verschiedenen Farben aufgrund ihrer unterschiedlichen Wellenlängen. Führt zu Farbsäumen.
Sphärische Aberration	Abbildungsfehler der Linsen aufgrund der unterschiedlichen Brechung außen und innen. Die Verschiebung der Scharfstellebene beim Abblenden wird aber heute gut auskorrigiert und ist in der Praxis kein Problem.
Koma	Verzerrungen durch sphärische Aberration am Bildrand. Koma tritt heute nur noch sehr selten bei lichtstarken Objektiven bei ganz geöffneter Blende und großen Kontrasten auf.
Astigmatismus	Unschärfe durch verschiedene Brechung der Linse in senkrechter und horizontaler Richtung. Diese Fehler werden durch eine Kombination von konvexen und konkaven Linsen vermieden und spielen heute keine große Rolle mehr.

Folgende weitere Abbildungsfehler treten auch bei modernen Objektiven auf:

Abbildungsfehler	Beschreibung
Bildfeldwölbung	Eine ebene Fläche wird schalenförmig abgebildet. Das kann bei Aufnahmen von flachen Gegenständen und kleiner Schärfentiefe zu Problemen führen. Die Fehler können durch Abblenden vermieden werden.
Verzeichnung	Tonnenförmige oder kissenförmige Verzeichnung (oder Distorsion) an den Bildrändern. Ein vor allem bei starken Weitwinkel- und Zoomobjektiven häufig auftretender Abbildungsfehler.
Vignettierung	Randhelligkeitsabfall (vor allem bei Weitwinkelobjektiven). Vignettierung hat bei DSLR mit Cropfaktor keine große Bedeutung mehr und kann auch schnell und einfach im RAW-Konverter oder in der Bildbearbeitung korrigiert werden.

Dazu gesellen sich noch Fehler, die durch die Sensoren und die Elektronik erzeugt werden:

Probleme	Beschreibung
Blooming	Entsteht beim Überlaufen benachbarter Pixel. Durch die sehr engen Räume und die hohe Anzahl an lichtempfindlichen Elementen kann es gewisse Überstrahlungen geben. Ein violetter Saum entsteht an den Übergängen, und bei starken Gegenlichtaufnahmen (Sonnenuntergänge) gibt es sichtbare Farbsprünge.
Bildrauschen	Von Rauschen spricht man, wenn eine Farbfläche, die an sich homogen sein sollte, mit unregelmäßigen Punkten versehen ist. Die Flächen haben statt eines glatten

Probleme	Beschreibung
	eher ein körniges Aussehen. Bildrauschen tritt vor allem bei hohen ISO-Werten und schlechten Lichtverhältnissen auf.
Moiré	Ein Moiré-Effekt ist ein Interferenzmuster, das entsteht, wenn sich das Muster eines Motivs und das Pixelraster überlagern überlagern (z. B. bei gemusterten Hemden oder Jacken). Typische Motive, bei denen dies mitunter auftritt, sind Schwarz-Weiß-Muster von zum Beispiel Zebras oder Fischgrätsakkos. Moiré ist abhängig vom Motiv und kann manchmal trotz bester Technik nicht ganz vermieden werden.

Sie sehen, Objektive von digitalen Kameras müssen sehr viele Anforderungen erfüllen und die DSLR-Kameras haben mehr optische und elektronische Probleme als die analogen Kameras zu bewältigen. Deshalb sollten Sie nur mit den besten Objektiven arbeiten und diese gut testen. Einige Probleme wie Rauschen, Moiré, chromatische Aberration, Verzeichnung, Vignettierung können in der Bildbearbeitung mit Photoshop CS2/CS3 oder geeigneten Zusatzprogrammen behoben oder verbessert werden. Ich gebe Ihnen in den entsprechenden Kapiteln jeweils die notwendigen Angaben dazu.

4.2 Optische Probleme in der Praxis

In meiner fotografischen Praxis habe ich mit folgenden Abbildungsfehlern oder Anforderungen zu kämpfen:

- Chromatische Aberration und Unschärfe bei Aufnahmen mit starkem Rotanteil.
- Genügende Scharfzeichnung auf den gewählten Fokuspunkt.

- Verzeichnungen (tonnenförmig oder kissenförmig) bei geometrischen Motiven.
- Geisterbilder aufgrund von Reflexionen der Schutzlinsen.

Chromatische Aberration

Wegen der Abhängigkeit der Brechung von der Wellenlänge zeigen Sammellinsen für blaues Licht eine kürzere Brennweite als für rotes Licht. Licht verschiedener Wellenlängen wird so in verschiedenen Punkten fokussiert und es treten Farbsäume auf.

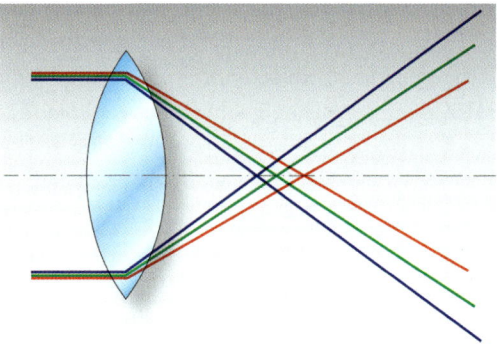

▲ Licht unterschiedlicher Wellenlängen bricht sich unterschiedlich an den Linsen.

Das menschliche Auge kann durch seine veränderliche Linse die Brennweite nur an jeweils eine Wellenlänge des einfallenden Lichts anpassen. Kombinationen von Farben mit sehr weit auseinanderliegenden Wellenlängen sind daher für das Auge unangenehm.

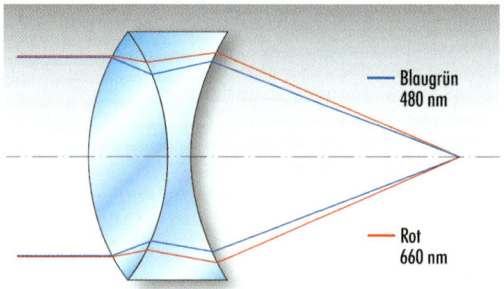

Durch die Kombination von konvexen und konkaven Linsen (sogenannten Achromaten) wird die chromatische Aberration verhindert oder vermindert. Bei lichtstarken Objektiven kann dieser Effekt beim Übergang von weißen zu dunklen Flächen beobachtet werden. Bei Blende 2.8 wird die weiße Schrift unscharf und gelblich wiedergegeben. Der fette Schriftzug wird zudem von einem blauen Farbsaum eingefasst. Bei Blende 4 war dieser Effekt nur noch ganz schwach zu erkennen und bei Blende 5.6 ist die Schärfe und Farbwiedergabe gut. Die unterschiedliche Brechung der Objektive je nach Wellenlänge führt bei besonderen Lichtverhältnissen zu weiteren Problemen. So erlebte ich bei Bildern mit stark farbigen Lichtquellen eine unerwartete Überraschung.

▲ Testaufnahmen bei starker Vergrößerung mit dem AF Nikkor 28-70mm/1:2.8, oben mit Blende 2.8, Mitte mit Blende 4 und unten mit Blende 5.6.

EXIF-Daten	
Brennweite	50 mm
Belichtungszeit	1/30 Sek.
Blendenwert	4
Empfindlichkeit	ISO 200

▲ Drei Aufnahmen nur mit farbigem Neonlicht beleuchtet, Model Anuschka, Fotograf: Martin Zurmühle.

Alle drei Aufnahmen wurden mit dem Nikkor 50mm/1:1.4 ab Stativ aufgenommen. Trotz der Blende 4 und identischen Einstellungen war es nicht möglich, die rote Aufnahme scharf aufzunehmen. Ich habe es mit verschiedenen Objektiven, mit Autofokus und auch mit manueller Fokussierung versucht.

Bei den Augen ist dieser Effekt klar zu erkennen. Die gelbe Aufnahme ist am schärfsten, die blaue noch recht scharf, während die rote ganz unscharf abgebildet wird. Schauen wir uns in Photoshop nun die drei Kanäle Rot, Grün und Blau an, sehen wir sofort, wie unterschiedlich diese zum Gesamtbild beitragen. Beim roten Licht haben vor allem der Rotkanal und etwas wenig noch der Blaukanal Bildinformationen. Beim gelben Licht wirken der Rot- und der Grünkanal, wobei der Grünkanal besonders scharf wirkt. Beim blauen Licht kommen die Informationen vor allem vom Blau- und Grünkanal.

Der Grünkanal hat die größte Informationsfülle (beim Sensor sind zwei Pixel grünempfindlich und je nur einer blau- und rotempfindlich) und zeigt die größte Schärfe. Der Blaukanal neigt am stärksten zum Rauschen.

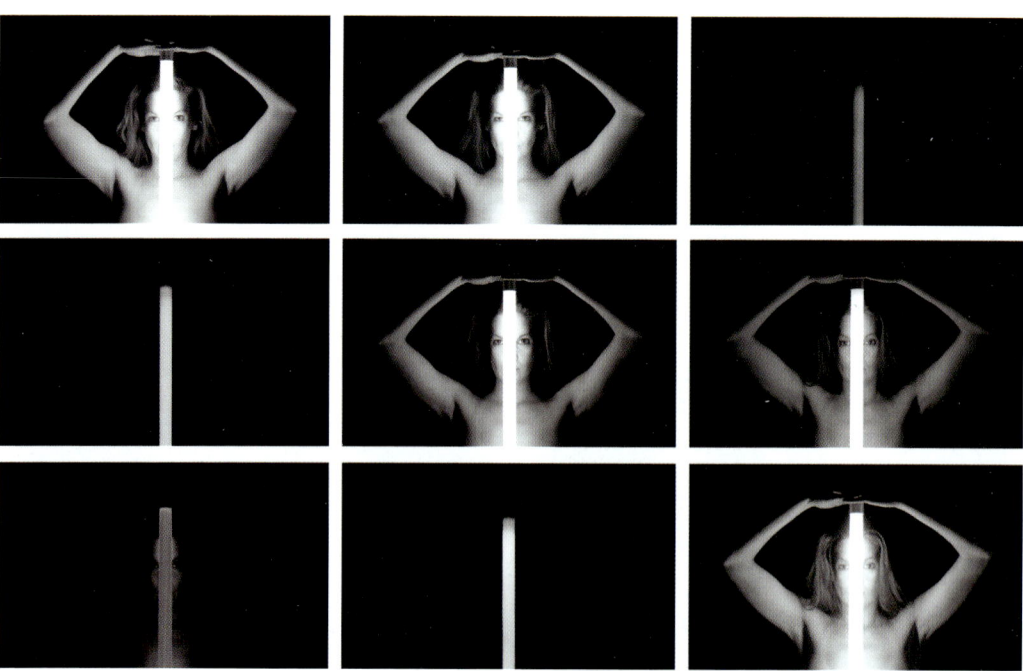

▲ *Die drei Farbkanäle als Graustufenbilder der drei Aufnahmen: links rotes Licht, Mitte gelbes Licht und rechts blaues Licht.*

weise, wie die Kanäle im Kanalmixer gemischt werden sollen.

- Der Rotkanal bringt bei Hauttönen im Schwarz-Weiß-Bild die hellen Töne, ist aber weniger scharf als der Grünkanal.
- Der Grünkanal besitzt die größte und genauste Informationsfülle und hat die beste Schärfe.
- Der Blaukanal bringt im Schwarz-Weiß-Bild die Schatten und Tiefen ins Bild. Er neigt aber am stärksten zum Rauschen.
- Manchmal ist es sinnvoll (z. B. beim Scharfzeichnen oder dem Entfernen des Rauschens), nicht das ganze Bild, sondern nur einen Kanal zu bearbeiten.

EXIF-Daten	
Brennweite	120 mm
Belichtungszeit	1/80 Sek.
Blendenwert	8
Empfindlichkeit	ISO 100

▲ *Aufgrund des vorherrschenden roten und gelben Lichts wirkt das Bild leicht unscharf, Model Anuschka, Fotograf: Martin Zurmühle.*

Die stark unterschiedlichen Wellenlängen des Lichts können von der Optik nicht vollständig ausgeglichen werden. So ist nur das Bild mit dem gelben Licht (mit einer mittleren Wellenlänge bei ca. 590 nm) richtig scharf. Die Bilder mit den extremeren Lichtverhältnissen am Rand des Spektrums werden unschärfer wiedergegeben. Mit blauem Licht (mit einer Wellenlänge von ca. 460 nm) wirken die Bilder noch etwas schärfer als mit dem am Rand des sichtbaren Spektrums liegenden roten Licht (mit einer Wellenlänge von ca. 650 nm). Mehr zu den Farben und dem Farbspektrum erfahren Sie in Kapitel 9.

Solche Effekte wirken sich aber nicht nur bei experimentellen Bildern mit farbigen Lichtquellen im Studio aus. Auch bei Aufnahmen im Freien haben sie einen Einfluss. Das Bild mit Model Anuschka auf dem Steg über dem Wasser habe ich am frühen Morgen gleich nach Sonnenaufgang aufgenommen. Ich habe mit einem

Stativ gearbeitet, und bei Blende 8 und einer Belichtungszeit von 1/80 Sekunde sollte eigentlich alles gestochen scharf sein. Leider wirkte das Bild trotzdem leicht unscharf. Was ist geschehen?

Das warme und goldene Licht der frühen Morgensonne hat einen hohen Rot- und Gelbanteil. Schwächer sind dafür die Grün- und Blauanteile. Bei diesem Licht zeichnet der Rotkanal unschärfer als der Grün- sowie der Blaukanal. Da der Rotkanal aber im Farbbild beim Model dominiert, wirkt das Bild dort leicht unscharf.

Oben: links Farbbild, rechts Rotkanal. ▶ Unten: links Grünkanal, rechts Blaukanal.

▲ Das fertige Bild mit dem geschärften Rotkanal, Model Anuschka, Fotograf: Martin Zurmühle.

Durch ein gezieltes Scharfzeichnen des Rotkanals kann diese Situation verbessert werden. Weil nur ein Kanal geschärft wird, werden die störenden weißen Ränder bei den Übergängen vermieden. Es kann aber zu kleineren Farbveränderungen kommen.

Testen Sie einfach beide Methoden und vergleichen Sie die Resultate.

Und wenn Sie mit der Schärfe noch nicht zufrieden sind, können Sie auch das Bild in Schwarz-Weiß umwandeln.

Sie schärfen nun zusätzlich mit den gleichen Einstellungen den Grünkanal. Beim Kanalmixer nehmen Sie nur wenig vom Rot- und Blaukanal, dafür viel vom Grünkanal.

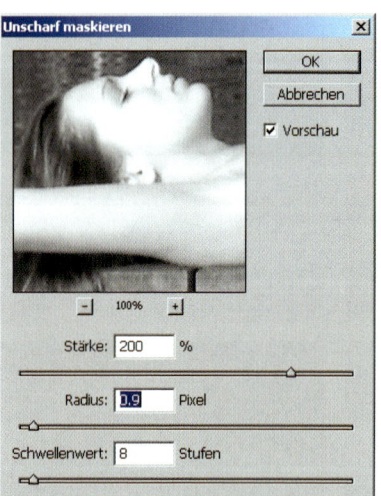

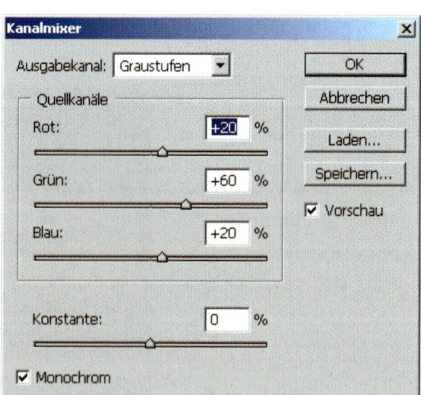

Da nun das Bild etwas dunkel wird, erhöhen Sie mit der Gradationskurve noch die mittleren Töne und fertig ist ein schönes, scharf wirkendes und kontrastreiches Schwarz-Weiß-Bild.

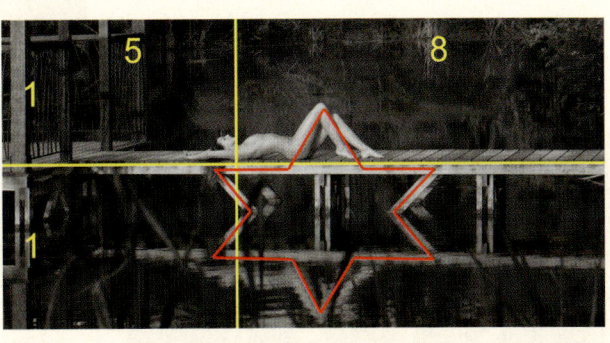

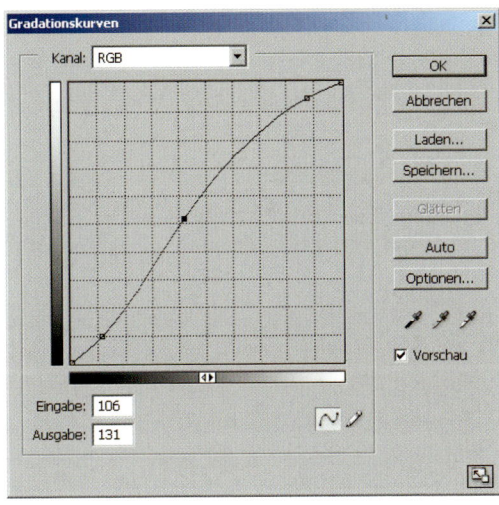

Scharfzeichnung der Objektive

Objektive sind komplexe und aufwendige Konstruktionen. Das Licht wird von verschiedenen Linsen gebrochen mit dem Ziel, die verschiedenen Abbildungsfehler zu beheben und ein Bild möglichst präzise und scharf abzubilden.

Haben wir manuell oder mit dem Autofokus auf unser Motiv scharf gestellt, liegt die optimale Schärfe in einer Ebene senkrecht zur optischen Achse des Objektivs. Unser Auge ist nicht in der Lage, ganz kleine Unschärfen zu erkennen. Vor und hinter der scharf gestellten Ebene erscheint uns deshalb alles noch als scharf, wenn die Unschärfekreise nicht zu groß werden. Die maximale Größe dieser Unschärfekreise für eine scharfe Bildwirkung ist vom

▼ Das fertig bearbeitete, kontrastreiche und scharfe Schwarz-Weiß-Bild, Model Anuschka, Fotograf: Martin Zurmühle.

Aufnahmeformat abhängig. Beim Sensorformat der DSLR liegt diese Grenze bei ca. 0,033 mm. Sind sie größer, erscheinen uns diese Bildbereiche als unscharf.

Bei offener Blende ist der Winkel der Lichtstrahlen und sind die Unschärfekreise am größten und der Schärfebereich am kleinsten. Blenden wir das Objektiv ab, werden der Winkel der Lichtstrahlen und die Unschärfekreise kleiner und somit der Schärfebereich größer.

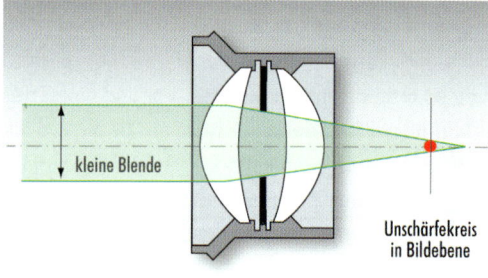

Diese Grundregel der Optik ist Ihnen sicher schon bekannt. Nun würden wir aber erwarten, dass die Motive, wenn sie genau in der anfokussierten Schärfenebene liegen, unabhängig von der eingestellten Blende optimal scharf abgebildet werden. Das ist leider nicht so.

Bei einer großen Blendenöffnung mit dem großen Winkel der Lichtstrahlen ist es für die Optik sehr schwierig, alle Strahlen auf genau einen Punkt zu bündeln. Deshalb zeichnen alle Objektive bei offenen großen Blenden immer weniger scharf als bei geschlossenen kleinen Blenden.

▲ Aufnahmen mit dem AF Nikkor 28-70mm/1:2.8: oben mit Blende 2.8, Mitte mit Blende 8, unten mit Blende 22.

Scharfzeichnung

Nicht nur die Schärfentiefe, sondern auch die Punktschärfe wird durch die Größe der Blende beeinflusst:

- Große Blenden haben eine kleine Schärfentiefe und zeichnen die Punkte auch leicht bis stark unscharf.
- Kleine Blenden haben eine große Schärfentiefe und zeichnen die Punkte optimal scharf.
- Sehr kleine Blenden (ab 22) haben eine sehr große Schärfentiefe, zeichnen aber die Punkte wieder wegen des Beugungseffekts der sehr kleinen Blendenöffnung unschärfer.

Die Stärke dieses Effekts ist von Objektiv zu Objektiv verschieden. Es ist für die Praxis aber sehr wichtig, dass Sie wissen, wie präzise Ihre Objektive aufnehmen und wo der Bereich der besten Scharfzeichnung liegt. Gerade darin unterscheiden sich Spitzenobjektive von den günstigeren Modellen. Im nächsten Abschnitt zeige ich Ihnen eine einfache Methode, wie Sie mit Testaufnahmen die Leistungsfähigkeit Ihrer Objektive prüfen können.

Der Umgang mit Verzeichnungen (tonnenförmig oder kissenförmig) bei geometrischen Motiven wird im nächsten Abschnitt behandelt. Ein ärgerliches Problem, vor allem bei Gegenlichtaufnahmen mit starken Kontrasten, sind Geisterbilder. Beim Bild mit Anuschka vor dem Fenster spiegelt sich zum

Beispiel das helle Fenster an der Wand neben Anuschka wider. Verursacht wird dieser Fehler durch Reflexionen des sehr hellen Fensters am Objektivschutzfilter (UV-Filter), den ich vor das Objektiv montiert habe. Das ist deshalb kein Problem des Objektivs selbst und kann leicht behoben werden. Stellen Sie bei Aufnahmen solche Geisterbilder am Kameradisplay fest, dann entfernen Sie den Schutzfilter und machen die Aufnahmen nur mit einer Sonnenblende.

▲ Oben mit Geisterbild des Fensters beim Model, unten perfektes Bild ohne Objektivschutzfilter, Model Anuschka, Fotograf: Martin Zurmühle

4.3 Eigene Objektivtests geben die beste Antwort

Die sehr detaillierten Testberichte zu den verschiedenen Objektiven in den Fotozeitschriften geben Ihnen einen Anhaltspunkt für die Beurteilung der optischen Qualität. Die sicherste und beste Methode ist aber immer der eigene Objektivtest. Er zeigt Ihnen, wie gut Ihre Kamera-Objektiv-Kombination arbeitet. Ich prüfe meine Objektive hinsichtlich drei verschiedener Fragen:

- Wie gut ist die Schärfe im Bildzentrum je nach eingestellter Blende?
- Wie schön sieht das Bokeh bei den verschiedenen Blendenöffnungen aus?
- Wie stark verzeichnet das Objektiv je nach gewählter Brennweite.

Objektivtest Schärfe

Die Testanordnung ist sehr einfach. Stellen Sie einen geeigneten Gegenstand (z. B. die Rückseite der „großen Fotoschule") auf einen Tisch und fotografieren Sie dann das Motiv so, dass der zentrale Ausschnitt immer gleich groß abgebildet wird. Dazu müssen Sie je nach gewählter Brennweite den Aufnahmestandort variieren.

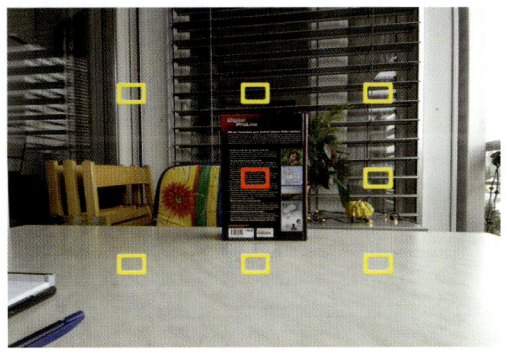

Um Fehler bei der Aufnahme zu verhindern, fotografieren Sie ab Stativ mit dem Kabelfernauslöser und wenn möglich auch mit einer Spiegelvorauslösung. Dadurch schließen Sie Verwacklungen bei der Aufnahme aus. Stellen Sie die Belichtungssteuerung auf Zeitautomatik (A oder Av) und machen Sie Aufnahmen mit jeder ganzen Blendenstufe von der größten bis zur kleinsten Blende. Anschließend vergrößern Sie mit der Lupe die Displayansicht auf die maximale Größe. Nun können Sie mit dem Drehrad die Detailbilder bei allen Blendenstufen miteinander vergleichen. Sie werden staunen, wie groß die Unterschiede sein werden. Falls Ihre Kamera kei-

▲ 1. Reihe: Nikkor 28mm/1:1.4, 2. Reihe: Nikkor 50mm/1:1.4, 3. Reihe: Nikkor 85mm/1:1.8, 4. Reihe: Nikkor 105mm/1:2.8, 5. Reihe: Nikkor 17-35mm/1:2.8 bei 17 mm, 6. Reihe: Nikkor 28-70mm/1:2.8 bei 50 mm, 7. Reihe: Nikkor 28-105mm/1:3.5-5.6 bei 50 mm, 8. Reihe: Nikkor 70-200mm/1:2.8 bei 70 mm. Links größte, rechts kleinste Blendenöffnung.

ne geeignete Lupenfunktion hat, können Sie die Bilder auch auf dem PC miteinander vergleichen. Mit diesem Test erkennen Sie sehr schnell und einfach, wie scharf Ihre Objektive bei welchen Blendeneinstellungen zeichnen. Die Unterschiede von günstigen (z. B. dem Nikkor 28-105mm) zu teuren Objektiven (z. B. dem Nikkor 28-70mm oder dem Nikkor 70-200mm) werden erkennbar. Natürlich können Sie diesen Test auch in den Randzonen des Bildes machen. So erhalten Sie ein noch besseres Bild über die Schärfenleistung Ihrer Objektive. Sie können nun entscheiden, mit welcher Blendeneinstellung Sie bei verschiedenen fotografischen Aufgaben arbeiten wollen. Wenn es auf eine optimale Schärfe ankommt (z. B. bei Landschaftsaufnahmen), nehmen Sie eine Blende aus dem besten Bereich. Dürfen die Bilder durchaus auch etwas weich wir-

ken (wie bei Porträtaufnahmen), dann wählen Sie eine große Blendenöffnung.

Schärfenleistung der Objektive

Die Schärfenleistung der Objektive ist abhängig von der Blendenöffnung. Folgende grobe Aussagen können gemacht werden:

- 1.4 bis 2: sehr stark unscharf.
- 2.8 bis 4: stark bis leicht unscharf.
- 5.6 bis 16: Bereich der besten Schärfe, bei Blende 11 zeichnen fast alle Objektive optimal scharf.
- ab 22: leichte bis sehr starke Unschärfe wegen der Beugung.
- Telekonverter (TC) führen zu einer starken Verschlechterung der Abbildungsleistung.

Ich habe meine Objektive so getestet und ein interessantes Bild erhalten.

Objektivtest Schärfe

Objektiv / Blende	1.4	2.0	2.8	4.0	5.6	8.0	11	16	22	32
12-24mm / 12mm										
12-24mm / 18mm										
12-24mm / 24mm										
17-35mm / 17mm										
17-35mm / 24mm										
17-35mm / 35mm										
28-70mm / 28mm										
28-70mm / 50mm										
28-70mm / 70mm										
28-105mm /28mm										
28-105mm / 50mm										
28-105mm / 105mm										
70-200mm / 70mm										
70-200mm / 105mm										
70-200mm / 200mm										
70-200mm / TC2 140mm										
70-200mm / TC2 210mm										
70-200mm / TC2 280mm										
75-300mm / 75mm										
75-300mm / 130mm										
75-300mm / 300mm										
28mm										
50mm										
85mm Portrait										
105mm Makro										

Legende:
- sehr stark unscharf
- stark unscharf
- leicht unscharf
- scharf

▲ *Objektivtest Schärfe mit Zoomobjektiven und Festbrennweiten.*

Objektivtest Bokeh

Bokeh ist ein japanischer Begriff, der die subjektive, ästhetische Qualität unscharfer Gebiete in einer fotografischen Abbildung kennzeichnet.

Die Schönheit des Bokeh hat vor allem bei großen Blenden einen Einfluss auf die Abbildungsqualität der Optik. Dann werden die Unschärfekreise in der Form der Blendenöffnung wiedergegeben.

▲ *Schöne Unschärfe im Hintergrund mit Unschärfekreisen, Model Jenny, Fotograf: Martin Zurmühle.*

Auch die Qualität des Bokeh Ihrer Objektive können Sie einfach selbst testen. Fotografieren Sie dazu beispielsweise eine Halskette mit kleinen Glassteinen, die zu Spitzlichtern führen. Diese zeigen dann die Schönheit und die Form des Bokeh bei den verschiedenen Blendenstufen. Auch hier sollten Sie die Aufnahmedistanz immer so wählen, dass die Kette bei jeder Brennweite etwa gleich groß abgebildet wird.

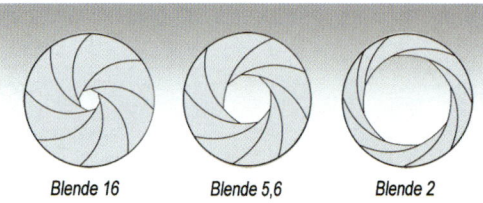

| Blende 16 | Blende 5,6 | Blende 2 |

▲ Unterschiedliche Öffnungsgrößen der Objektive je nach Blendeneinstellung.

Bei der größten Blendenöffnung sind die Unschärfekreise am größten und haben eine vollkommen runde Form. Durch das Schließen der Blende werden die Kreise kleiner und bekommen die Form der Blendenlamellen. So entstehen meistens sieben- oder neuneckige Vielecke, die sehr schön und grafisch wirken.

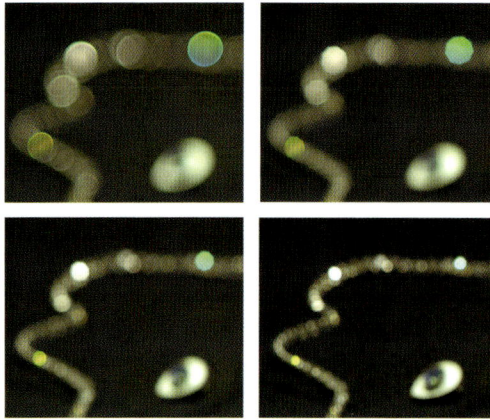

▲ Bokeh des Porträtobjektivs Nikkor 85mm/1:1.8. Oben links Blende 1.8, rechts 2.8. Unten links Blende 4, rechts 5.6.

Nicht nur die Form, sondern auch die Farben der Unschärfekreise variieren von Objektiv zu Objektiv. Schon kleine Veränderungen des Aufnahmestand-

orts können bei den Spitzlichtern ganz andere Farben hervorrufen. Auch bei gleichen Blendenöffnungen sieht das Bokeh bei verschiedenen Objektiven unterschiedlich aus. Das nächste Bild zeigt das Bokeh verschiedener Objektive bei Blende 4.

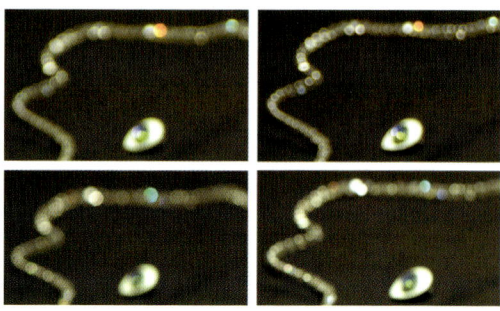

▲ Oben links Nikkor 28-70mm/1:2.8, rechts Nikkor 28-105mm/1:3.5-5.6, unten links Nikkor 105mm/1:2.8, rechts Nikkor 70-200mm/1:2.8

Unschärfekreise

Je größer die Blendenöffnung ist, desto größer werden die Unschärfekreise abgebildet.

Die Unschärfekreise bei Weitwinkelobjektiven sind weniger schön als bei Normal- oder leichten Teleobjektiven (Porträtlinsen).

Lichtstarke Objektive mit Festbrennweite haben die größten und meistens auch die schönsten Unschärfekreise.

Bei der größten Blendenöffnung sind die Unschärfekreise immer rund, erst durch das Abblenden werden sie vieleckig. Bei Zoomobjektiven bleiben sie aber meistens rundlich.

Bei kleineren Blendenöffnungen sind die Unschärfekreise sehr klein und wirken kaum noch. Lichtschwächere Objektive zeigen so meistens kein schönes Bokeh.

Für mich die schönsten Unschärfekreise zeigen sich, wenn Objektive mit Festbrennweiten um ein bis zwei Blendenstufen abgeblendet werden.

Objektivtest Verzeichnung

Einen weiteren großen Einfluss auf die Bildqualität haben tonnenförmige oder kissenförmige Verzeichnungen (oder Distorsionen) an den Bildrändern. Auch das können Sie bei Ihren Objektiven leicht selbst testen. Nehmen Sie dazu einfach ein Gitter senkrecht von oben auf und vergleichen Sie dann die Bilder. Die Blendeneinstellung hat dabei keine Bedeutung. Bei perfekten Objektiven bleiben die Linien vollkommen gerade und rechtwinklig. Bei anderen biegen sich diese Linien häufiger nach außen (kissenförmig) und seltener nach innen (tonnenförmig). Während bei Festbrennweiten die Verzeichnung (außer bei starken Weitwinkelobjektiven) aufgrund der einfachen und symmetrischen Konstruktion der Optik keine große Bedeutung hat, spielt diese bei Zoomobjektiven, vor allem im Weitwinkelbereich, je nach gewählter Einstellung eine große Rolle.

Obere Reihe: Nikkor 12-24mm/1:4 bei 12 mm, 18 mm und 24 mm. Mittlere Reihe: Nikkor 17-35mm/1:2.8 bei 17 mm, 24 mm und 35 mm. Untere Reihe: Nikkor 28-70mm/1:2.8 bei 28 mm, 35 mm und 50 mm.

Verzeichnung

- Festbrennweiten (außer starke Weitwinkelobjektive) haben nur eine sehr geringe oder keine Verzeichnung.
- Starke Weitwinkeleinstellungen führen bei Zoomobjektiven zu stärkeren Verzeichnungen.
- Die mittleren und längeren Brennweiten bei Zoomobjektiven sind in dieser Beziehung am besten.

In der Bildbearbeitung lassen sich Verzeichnungen beheben. So können Aufnahmen mit dem Fisch-augenobjektiv Nikkor 10,5mm/1:2.8 im RAW-Konverter Capture NX automatisch wieder gerade gerichtet werden.

Neben einigen Spezialprogrammen wie DxO Optics Pro lassen sich Verzeichnungen auch mit Photoshop CS2 beheben. Mit der Menüfolge *Filter/Verzerrungsfilter/Blendenkorrektur* können Sie auf einfache und elegante Weise Verzerrungen korrigieren, stürzende Linien transformieren und auch chromatische Aberrationen und Vignettierungen reduzieren oder entfernen.

Die Korrekturen sind nicht immer einfach zu realisieren. Es braucht viel Übung und Sie sollten immer beachten, dass am Ende das Bild noch natürlich aussieht. Deshalb ist es manchmal besser, nicht alle Linien vollkommen horizontal oder vertikal auszurichten, sondern noch ein leichtes Kippen nach hinten oder zur Seite zu zeigen. Das folgende Beispiel zeigt die Korrektur der leichten Verzerrung und der stürzenden Linien anhand der Aufnahme einer Kirche in Cefalù auf Sizilien (siehe Bilder auf der folgenden Seite).

Eingabemenü Blendenkorrektur bei Photoshop CS2.

4.4 Welche Objektive eignen sich für welche Einsatzzwecke?

Nun kennen Sie die wichtigsten Kennwerte Ihrer Objektive und haben sie durchgetestet. Jetzt empfiehlt es sich, zu jedem Objektiv ein Datenblatt anzulegen. Dort sind alle wesentlichen Merkmale aufgeführt. Hier das Blatt für mein Standardobjektiv Nikkor 28-70mm/1:2.8:

Objektiv	AF Nikkor 28-70mm/ 1:2.8
Brennweite	28 – 70 mm
Abmessungen	88,5 mm Durchmesser 121,5 mm Länge
Gewicht	935 g
Blendenbereich	f/2.8 bis f/22 mit total 6 Blendenstufen
Sonnenblende	HB-19
Filterdurchmesser	77 mm
Autofokus	Ja
Bildstabilisator	Nein
Beste Schärfe	28 mm: 11 und 16 50 mm: 4 bis 16 70 mm: 5.6 bis 16
Bokeh	28 mm: 2.8 und 4 rund und schön 70 mm: 2.8 bis 8 rund und schön
Verzeichnung	28-35 mm: leicht kissen- förmig 50-70 mm: keine

Mit diesen Datenblättern können Sie nun entscheiden, welche Objektive sich für welche Einsätze eignen. So können Sie Ihre Kameraausrüstung entsprechend zusammenstellen. Um Ihnen konkrete Anhaltspunkte zu geben, führe ich drei verschiedene Objektivausrüstungen auf.

Die erste verwende ich als leichte Ausrüstung für die Reise. Die zweite ist meine große Ausrüstung, wenn ich mit einem Fahrzeug an leicht erreichbare Shooting-Orte fahre, und die letzte ist die Objektivausrüstung des weltbekannten Tierfotografen Frans Lanting, die er auf seine Fotoreisen mitnimmt.

Neben den Brennweitenbereichen und der optischen Qualität lohnt es sich, auch die Filterdurchmesser der Objektive zu beachten. Die Objektive Nikkor 17-35mm/1:2.8m, 28-70mm/1:2.8 und 70-200mm/1:2.8 haben zum Beispiel alle den gleichen Blendenbereich (2.8 bis 22) und den gleichen Filterdurchmesser von 77 mm. Das erleichtert das Arbeiten und reduziert die Zahl der notwendigen Filter. Leider sind diese Objektive aber auch groß, schwer und teuer. Alles kann man eben nicht haben.

Leichte Reise- ausrüstung	Große Ausrüstung	Objektive von Frans Lanting
12-24mm/1:4	12-24mm/1:4	12-24mm/1:4
28-105mm/ 1:3.5-5.6	17-35mm/ 1:2.8	28-70mm/ 1:2.8
50mm/1:1.4	28-70mm/ 1:2.8	70-200mm/ 1:2.8
	70-200mm/ 1:2.8	200-400mm/ 1:4
	10.5mm/1:2.8	1,4-fach Telekonverter
	50mm/1:1.4	2-fach Telekonverter
	85mm/1:1.8	
	105mm/1:2.8 Makro	
	2-fach Telekonverter	

▲ Aufnahme mit dem Nikkor 12-24mm/1:4 mit Brennweite 20 mm.

▼ Das fertig korrigierte Bild, Fotograf: Martin Zurmühle.

Welche Objektive eignen sich für welche Einsatzzwecke?

5

Die richtige Belichtung in allen Situationen

Seit Beginn der Fotografie ist die Ermittlung der richtigen Belichtung absolut zentral für ein gutes Bild. Mit dem Handbelichtungsmesser und der Lichtmessung

geht es sehr einfach und präzise. Leider müssen die Werte dann manuell zur Kamera übertragen werden. Komfortabler, aber auch wesentlich anspruchsvoller geht es mit der Objektmessung durch die Kamera. Hier müssen Sie manchmal korrigierend eingreifen. Die sicherste Kontrolle über die Belichtung der Aufnahme haben Sie mit dem Histogramm. Dieses Kapitel zeigt Ihnen, wie die Tonwertkurve Ihnen hilft, die richtige Belichtung zu finden.

5.1 So messen Sie die Belichtung richtig

Auch in der digitalen Fotografie ist es von zentraler Bedeutung, die Belichtung richtig zu messen. Aufgrund dieser Messung bestimmen anschließend Sie oder die Kamera die geeignete Kombination von Blende und Belichtungszeit. Wie wird das Licht im Moment der Aufnahme am besten gemessen? Es gibt zwei grundsätzliche Methoden für die Belichtungsmessung:

- **Lichtmessung**: Messung des Lichtwertes mit einem Handbelichtungsmesser des auf das zu fotografierende Objekt fallenden Lichts.
- **Objektmessung**: Gegenteil der Lichtmessung. Bei der Objektmessung peilt der Fotograf mit einem externen oder in die Kamera integrierten Belichtungsmesser das zu fotografierende Motiv an (oder bestimmte Teile davon), um den Lichtwert des vom Objekt reflektierten Lichts zu ermitteln.

Die Lichtmessung hat in der digitalen Fotografie nur noch eine kleine Bedeutung. Sie wird vor allem in der Studiofotografie und bei Aufnahmen in geschlossenen Räumen verwendet. Dazu benötigen Sie einen Handbelichtungsmesser.

▲ *Der Gossen Digipro F, ein kleiner und leichter Handbelichtungsmesser für die Lichtmessung. (Foto: Gossen)*

▼ *Eine sehr schwierige Belichtungssituation für jede Kamera, Fotograf: Daniel Rohr.*

Der Belichtungsmesser wird dabei vor das Motiv in Richtung der Kamera gehalten und das auf das Motiv fallende Licht mit der weißen Kalotte gemessen. Es spielt dabei keine Rolle, welche Farben das Motiv hat. Die Messung bezieht sich nur auf das vorhandene Licht.

Ganz anders bei der Objektmessung. Hier misst der Belichtungsmesser der Kamera oder der Handbelichtungsmesser mit einem speziellen Spotmessvorsatz das vom Motiv reflektierte Licht. Nun spielt es natürlich eine große Rolle, ob das Motiv schwarz, grau oder weiß ist. Eine richtige Belichtungsmessung braucht dann eine entsprechende Korrektur durch die Kameraelektronik oder den Fotografen.

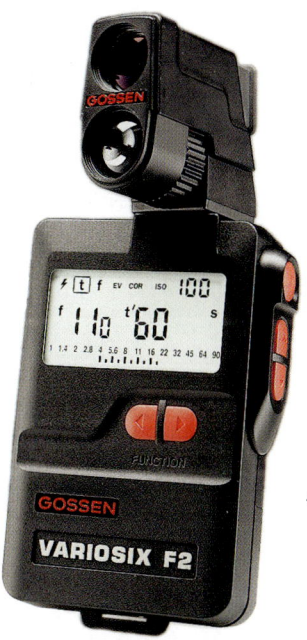

◄ Der Gossen Variosix F2 mit aufgesetztem 5-Grad-Spotmessvorsatz für die Objektmessung.
(Foto: Gossen).

Licht- oder Objektmessung
Die Lichtmessung ist wesentlich einfacher und sicherer als die Objektmessung. Weil dazu aber ein separater Handbelichtungsmesser notwendig ist und die Messwerte zur Kamera übertragen werden müssen, kann diese nur mit der manuellen Belichtungssteuerung arbeiten. Sie wird in der Praxis bei Studioaufnahmen und beim Fotografieren in Räumen angewendet. Die Objektmessung ist anspruchsvoll und kann bei schwierigen Lichtsituationen zu Fehlbelichtungen führen. Durch die vollständige Integration in die Kamera und die ausgeklügelte Software erlaubt sie aber ein schnelles und problemloses Arbeiten und hat sich so in der Praxis durchgesetzt.

Bei der Kamera können Sie drei verschiedene Möglichkeiten der Belichtungsmessung einstellen. Jede hat dabei ihre Stärken und Schwächen:

■ Bei der Matrixmessung wird die richtige Belichtung aufgrund von Informationen aus dem gesamten Bildfeld gewonnen. Eine ausgeklügelte Software mit vielen gespeicherten Lichtsituationen ermittelt den richtigen Lichtwert zur gegebenen Lichtsituation.

■ Bei der mittenbetonten Messung misst die Kamera die Lichtverteilung im gesamten Bildfeld, legt aber den Messschwerpunkt auf ein mittleres Kreissegment. Diese klassische, erste Messmethode aus den 80er-Jahren hat ihre Stärken bei Porträtaufnahmen. Sonst wird sie heute selten eingesetzt.

■ Bei der Spotmessung misst die Kamera das reflektierte Licht ausschließlich innerhalb eines kleinen Kreises (bei der Nikon D2X ca. 2 % des Bildfelds) am Standort des aktiven Fokusmessfelds. Die Wahl des angemessenen Motivs ist so entscheidend für die Messung, und die Resultate müssen durch den Fotografen eventuell noch korrigiert werden.

Referenz sowohl für die Licht- als auch für die Objektmessung ist ein mittlerer Grauwert mit einem Reflexionsvermögen von 18 %. Bei der Lichtmessung wird das durch die weiße Kalotte sichergestellt. Bei der Objektmessung werden alle angemessenen Bereiche auf diesen Grauwert ausgemittelt.

Das klingt jetzt ziemlich abstrakt. Was bedeutet das in der Praxis? Machen Sie dazu einfach mal einige Testaufnahmen auf eine weiße Wand. Stellen Sie dazu die Belichtungssteuerung der Kamera auf eine Automatikposition (Programm-, Zeit- oder Blendenautomatik) und machen Sie Bilder mit der Matrix-, der mittenbetonten und der Spotmessung. Sie werden drei praktisch gleiche Bilder in einem mittelgrauen Ton bekommen – wie bei der folgenden Aufnahme eines Schuhabdrucks im Schnee.

Unabhängig von der eingestellten Belichtungsmessmethode werden alle Bilder viel zu dunkel mit einem Histogramm genau in der Mitte der Tonwertskala wiedergegeben. Ein gleichmäßig weißes, graues oder schwarzes Motiv wird unabhängig von der gewählten Messmethode immer grau wiedergegeben.

Und nun sind die notwendigen Belichtungskorrekturen auch leicht zu verstehen. Wollen Sie ein weißes Motiv, müssen Sie die Belichtung um ein bis zwei **L**ichtwerte (LW oder EV = **E**xposure **V**alue) erhöhen, wollen Sie ein schwarzes Motiv aufnehmen, müssen Sie die Belichtung um ein bis zwei Lichtwerte reduzieren. Sie können den Effekt dann sofort im Histogramm kontrollieren.

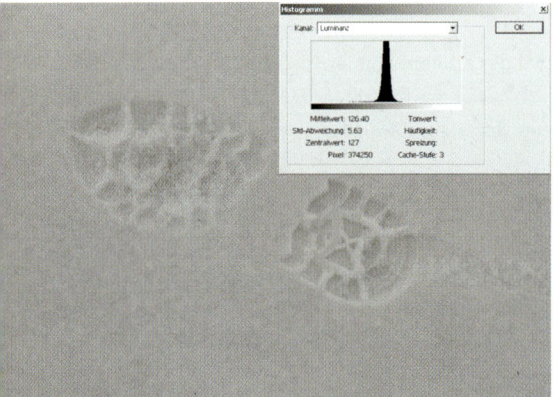

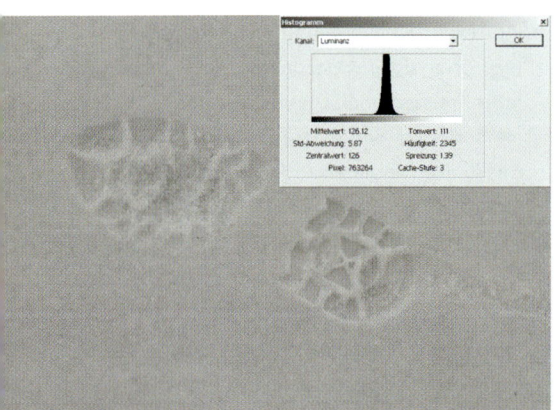

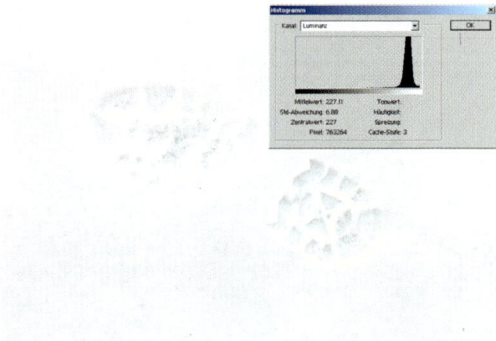

▲ Mit einer Belichtungskorrektur um +2 LW stimmt nun die Belichtung, der Schnee wird weiß gezeigt und das Histogramm verschiebt sich zu den Lichtern.

Sie sehen, die Sache ist eigentlich gar nicht so schwierig zu verstehen. Arbeiten Sie mit der Spotmessung, müssen Sie die Werte immer entsprechend interpretieren.

Nur wenn Sie einen mittelgrauen Bereich oder eine spezielle Graukarte anmessen, erhalten Sie genau die richtigen Lichtwerte. Das Gleiche gilt für Aufnahmen mit der mittenbetonten oder der Matrixmessung, wenn das ganze Sucherbild gleiche oder ähnliche Tonwerte aufweist.

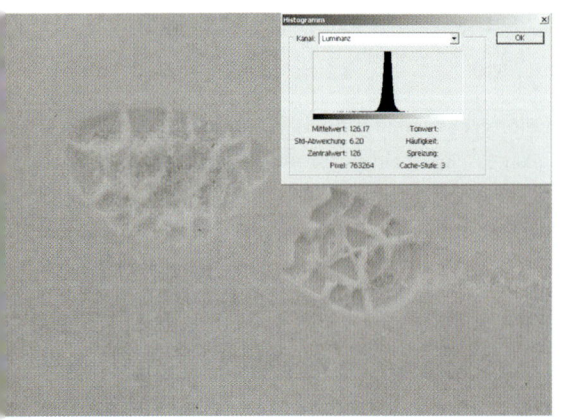

◄ Oben: Matrixmessung, Mitte: mittenbetonte Messung, Unten: Spotmessung.

Sie können sich für die Korrekturen der Lichtwerte an folgende Richtgrößen halten:

Schneelandschaften	+ 2 LW
Helles Gebäude	+ 1 1/2 LW
Beauty-Porträt	+ 1/2 bis 1 LW
Motiv mit starkem Gegenlicht	+ 1 1/2 bis 2 1/2 LW
Gebräunte braune Haut	+/- 0 LW
Schwarze Haut	- 1 bis 1 1/2 LW
Schwarze Katze	- 2 LW

Das Feintuning der Belichtung erfolgt am besten mit dem Histogramm. Die gebräunte Haut des Gesichts oder die Handflächen der offenen Hand (mit einer Korrektur um +1 LW) können Sie auch als Graukartenersatz verwenden. Die Matrixmessung hat ihre Stärken, sobald die Aufnahme stärkere Lichtkontraste aufweist. Dann ermittelt die Kamera aufgrund eines großen Archivs von Standard-

lichtsituationen einen geeigneten Lichtwert. Das funktioniert erstaunlich gut, sodass Sie sich, außer bei sehr schwierigen Lichtsituationen, darauf verlassen können.

5.2 Der Lichtwert und seine Bedeutung

Der Lichtwert (LW) bezeichnet eine Gruppe von Kombinationen aus Blende und Belichtungszeit, die zueinander äquivalent sind. Ein Lichtwert von 0 definiert die Belichtung, die zur Blende f/1 und einer Belichtungszeit von 1 Sekunde rechnerisch gleich ist. Jede Erhöhung des Lichtwertes um 1 entspricht einer Halbierung der Belichtung, jede Verringerung um 1 einer Verdoppelung. Dabei können die Lichtwerte auch negativ werden.

Um vom Lichtwert auf eine Helligkeit zu schließen, ist noch die Angabe der Filmempfindlichkeit notwendig. Zum Beispiel bezeichnet der LW 12 keine

▼ Trotz großer Helligkeitsunterschiede findet die Matrixmessung den richtigen Lichtwert, Fotograf: Martin Zurmühle.

▲ *Zwei Aufnahmen mit dem gleichen Lichtwert 10 mit ganz unterschiedlicher Bildwirkung: links 1/4 Sekunden und Blende 16, rechts 1/500 und Blende 1.4, Model Marie, Fotograf: Martin Zurmühle.*

Helligkeit, LW 12 bei ISO 100 hingegen schon. Sie haben also drei Faktoren, die die Belichtung beeinflussen: Blende, Belichtungszeit und ISO-Wert.

Folgende Kombinationen von Blende und Belichtungszeit haben somit den gleichen Lichtwert:

LW	Blende	Belichtungszeit
10	4	1/60
10	5.6	1/30
10	8	1/15

Zusammen mit der Empfindlichkeit gibt es noch weitere Kombinationen, die die gleiche Helligkeit und somit die gleiche Belichtung beschreiben:

Blende	Belichtungszeit	ISO-Wert
5.6	1/30	100
5.6	1/60	200
8	1/30	200
8	1/60	400

Sie sehen, zu jeder vorgegebenen Lichtsituation gibt es eine sehr große Zahl richtiger Einstellungen von Blende, Belichtungszeit und ISO-Wert. Je lichtstärker Ihre Objektive sind, desto größer ist auch die Zahl der einstellbaren Blendenstufen und somit der Kombinationsmöglichkeiten.

Welche Kombination die richtige für die gewählte Aufnahmesituation ist, hängt ganz von Ihren Ge-

LW	f/1	f/1.4	f/2	f/2.8	f/4	f/5.6	f/8	f/11	f/16	f/22	f/32
1 s	0	1	2	3	4	5	6	7	8	9	10
1/2	1	2	3	4	5	6	7	8	9	10	11
1/4	2	3	4	5	6	7	8	9	10	11	12
1/8	3	4	5	6	7	8	9	10	11	12	13
1/15	4	5	6	7	8	9	10	11	12	13	14
1/30	5	6	7	8	9	10	11	12	13	14	15
1/60	6	7	8	9	10	11	12	13	14	15	16
1/125	7	8	9	10	11	12	13	14	15	16	17
1/250	8	9	10	11	12	13	14	15	16	17	18
1/500	9	10	11	12	13	14	15	16	17	18	19
1/1000	10	11	12	13	14	15	16	17	18	19	20
1/2000	11	12	13	14	15	16	17	18	19	20	21
1/4000	12	13	14	15	16	17	18	19	20	21	22
1/8000	13	14	15	16	17	18	19	20	21	22	23

◀ *Diese Tabelle zeigt die Lichtwerte über den maximalen Bereich der Blendeneinstellungen und den kürzesten Belichtungszeiten bei DSLR-Kameras.*

staltungsabsichten ab. Sie können wählen zwischen großen Blendenöffnungen (und geringer Schärfentiefe) und kürzeren Belichtungszeiten oder langen Belichtungszeiten (für spezielle Bewegungseffekte) und kleinen Blendenöffnungen (mit großer Schärfentiefe). Nutzen Sie diesen großen Gestaltungsspielraum für spannende Aufnahmen.

5.3 Das Histogramm zeigt Helligkeitswerte auf dem Sensor

In der analogen Fotografie musste die Belichtung immer sehr sorgfältig gemessen werden. Es brauchte viel Erfahrung, um je nach Lichtsituation die richtige Messmethode zu finden und die vorgeschlagenen Werte entsprechend unserer Erfahrung zu korrigieren. Auch die Art des Filmmaterials musste dabei mit berücksichtigt werden.

Bei Negativfilmen werden die dunklen und schwarzen Bereiche des Bildes auf dem Film hell oder weiß wiedergegeben. Die Belichtung erfolgt deshalb auf die Tiefen, damit auf dem Negativ die hellsten Bereiche noch Zeichnung haben. Bei Diafilmen ist es umgekehrt. Hier werden die hellen Bereiche auch so auf dem Film abgebildet. Deshalb erfolgt die Belichtungsmessung auf die hellen Bereiche des Bildes, sodass diese im Dia nicht ausfressen. Abgesoffene, reinschwarze Schatten werden als kleineres Übel in Kauf genommen.

Die Belichtungsmessung bei digitalen Bildern verhält sich ähnlich wie bei den Dias. Auch hier ist die Durchzeichnung der Lichter von zentraler Bedeutung. Bei Aufnahmen im Freien verwende ich in der Regel die Matrixmessung und arbeite mit Blenden- oder Zeitautomatik.

Um ungewollte Überbelichtungen der Lichter zu vermeiden, reduziere ich bei meiner Nikon D2X die Belichtungsmessung mit der Taste für Belichtungskorrektur um -0,5 LW. Ich habe damit sehr gute Erfahrungen gemacht. Die hellsten Bereiche behalten

so noch genügend Zeichnung und zu dunkle Stellen kann ich leicht in der Bildbearbeitung aufhellen. Reinweiße Bereiche ohne Zeichnung können hingegen kaum mehr gerettet werden.

Histogramm der Kamera
Stellen Sie Ihre Kamera so ein, dass Sie das Gesamthistogramm der Aufnahme im Display anschauen können. Auf die Anzeige des Histogramms der Farbkanäle (RGB-Histogramm) können Sie in der Regel verzichten. Diese Anzeigen verwirren oft mehr, als sie nützen.

Schalten Sie auf jeden Fall die Anzeige für die Lichter ein, die Sie durch Blinken der weißen Bereiche vor Überbelichtungen warnt. Kontrollieren Sie vor jeder Aufnahmeserie die Belichtung durch einen Kontrollblick auf das Histogramm.

In der digitalen Fotografie haben wir jetzt mit dem Histogramm ein mächtiges Werkzeug zur Seite, das uns hilft, die Belichtung der Aufnahme sofort zu kontrollieren und zu korrigieren.

Das Histogramm ist das wichtigste Werkzeug zur Begutachtung der technischen Qualität einer Aufnahme. Es ist auch nicht schwierig zu interpretieren. Es zeigt uns die Verteilung der Tonwerte auf dem Sensor von schwarz (links – Tiefen) nach weiß (rechts – Lichter). Die Höhe der Balken zeigt die Menge der Tonwerte an, die in diesem Helligkeitsbereich liegen. Sie können neben dem Gesamthistogramm auch die Histogramme der einzelnen Farbkanäle (RGB-Histogramm) anzeigen lassen,

▲ Blinkende Anzeige, rechts werden die überbelichteten Bereiche beim Haar und der Haut schwarz ange-

was im praktischen Einsatz aber selten gebraucht wird. Neben der Darstellung der Verteilung der Helligkeitswerte im Bild hilft das Histogramm auch beim Erkennen überbelichteter Bereiche. Aktivieren Sie dazu im Kameramenü die Anzeige der Lichter. Zu helle Bereiche blinken dann gut sichtbar in der Histogrammanzeige und warnen Sie vor Überbelichtungen.

Grundsätzlich gibt es drei verschiedene Lichtsituationen passend zu den vorhandenen Kontrasten bei der Aufnahme: ausgewogene, kontrastarme und kontrastreiche Motive.

Ausgewogene Motive

Die Belichtungsmessung der Kamera versucht, den vorhandenen Kontrastumfang des Motivs abzubilden. Ein Sensor kann im JPEG-Format einen Kontrastumfang von etwa sechs bis sieben Blendenstufen bewältigen, im RAW-Format sind sogar acht bis zehn Blendenstufen vorhanden, die aber in der Bildbearbeitung optimiert werden müssen. In Kapitel 12 erfahren Sie mehr zum Kontrastumfang von JPEG- und RAW-Bildern. Bewegt sich der Kontrastumfang in diesem

Bereich, liegt also eine durchschnittliche, gut ausgeleuchtete Aufnahmesituation vor, dann zeigt das Histogramm auch eine ausgewogene Helligkeitsverteilung an.

Der dunkle Bereich (Tiefen) auf der linken Seite des Histogramms wird von der Kamera selbst beeinflusst. Der rechte Teil (Lichter) ist abhängig vom eingestellten Lichtwert bei der Aufnahme. Dort können Sie Unter- oder Überbelichtungen leicht erkennen und korrigieren.

Beim richtig belichteten Bild dieser Morgenstimmung im Süden sind die Tonwerte gut über das Bild verteilt. Links beginnt die Tonwertkurve bei 0, d. h., die Tiefen haben noch Zeichnung. Auch rechts sinken die Tonwerte wieder auf 0 zurück, d. h., auch

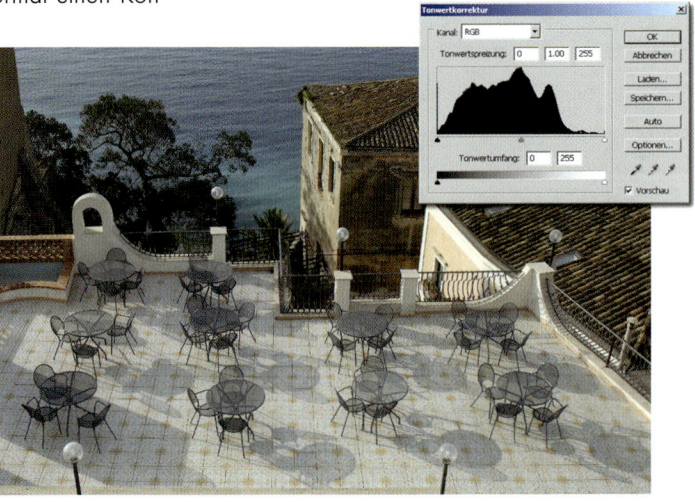

Das richtig belichtete Bild, ▶
Fotograf: Martin Zurmühle.

Die richtige Belichtung in allen Situationen

die Lichter haben noch genügend Zeichnung. Deshalb blinken höchstens ein paar wenige Spitzlichter am Kameradisplay, die aber bei der Aufnahme nicht stören. Der Hauptbereich der Tonwerte liegt in der Mitte bei den Mitteltönen. So ein Histogramm hat eine sehr schöne Tonwertverteilung und muss in der Bildbearbeitung nicht mehr korrigiert werden. Das zweite Bild ist eine Blendenstufe überbelichtet. Links fehlen Werte in den Tiefen. Die Mitteltöne wurden nach rechts zu den Lichtern geschoben und ganz rechts sind schon einige Teile des Bildes mit überstrahlten, reinweißen Werten. Beim Kameradisplay würden diese hellen, ausgefressenen Bereiche blinken. Das Bild wirkt für die Morgenstimmung viel zu hell. Ein solches Bild kann nur noch mit Verlusten an Zeichnung in den hellen Bereichen in der Bildbearbeitung verbessert werden.

zwischen dem Ende der Tonwertkurve und dem rechten Rand klafft eine Lücke, die auf eine Unterbelichtung hinweist. In der Bildbearbeitung könnte dieses Bild mit der Tonwertkorrektur korrigiert werden. Aufgrund der vielen dunklen Bereiche muss

▲ Dieses Bild ist um eine Blende (-1 LW) unterbelichtet.

aber mit Verlusten in den Tiefen und dadurch mit verstärktem Rauschen gerechnet werden. Sie sehen, mit dem Histogramm können Sie auf einfache und schnelle Weise die Belichtung kontrollieren und anpassen. Achten Sie vor allem darauf, dass die Kurve auf der rechten Seite bei den Lichtern sich rechtzeitig auf 0 reduziert.

▲ Dieses Bild ist um eine Blende (+1 LW) überbelichtet.

Ein leichter Abstand zum Rand ist besser, als schon reinweiße Pixel zu riskieren. Kleinere Abweichungen können dann leicht in Photoshop mit der Tonwertkorrektur korrigiert werden.

Das dritte Bild ist um eine Blendenstufe unterbelichtet und wirkt so viel zu dunkel. In den Tiefen sind größere reinschwarze Bereiche vorhanden. Die Mitteltöne wurden nach links verschoben und

Kontrastarme Motive

Kontrastarme Motive haben einen klar kleineren Kontrastumfang, als der Sensor aufnehmen kann. Entsprechend wird nur ein Teil des Histogramms belegt. Die Bilder wirken so flau.

Das Winterbild belegt nur einen Teil des Tonwertspektrums,
Fotograf: Martin Zurmühle.

Mit linkem Schieber auf 70 und rechtem Schieber auf
235 in der Tonwertkorrektur wirkt das Bild kontrastreich
und attraktiver.

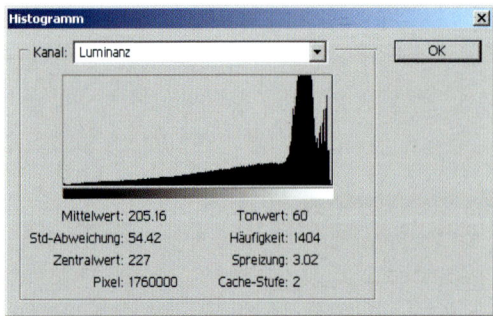

Histogramm nach der Tonwertkorrektur.

Durch das Verengen der Tonwertkurve mit dem Befehl *Bild/
Anpassen/Tonwertkorrektur* in
Photoshop lassen sich die Tonwerte schnell und leicht über
den ganzen möglichen Ton-
wertumfang verteilen. Die meisten Bilder wirken auf uns Betrachter besser, wenn sie das
ganze Tonwertspektrum aus-
nützen.

Low-Key-Aufnahmen haben
den Schwerpunkt der Lichtverteilung im Bereich der Tiefen
auf der linken Seite. Die Bilder
wirken so oft düster und ungewöhnlich.

Das Bergbild wurde ausschließlich unter Mondlicht mit einer
Belichtungszeit von 30 Sekunden aufgenommen. Die dunkle, geheimnisvolle Atmosphäre
passt sehr gut zur angestrebten Bildwirkung. Eine starke
Korrektur der Tonwerte würde
diesen Effekt zerstören.

Es ist allerdings auch bei Low-
Key-Aufnahmen gut und schön,
wenn einzelne Tonwerte im anderen, hellen Spektrum vorhan-
den sind. Low-Key-Aufnahmen sind eine Spezialität
vor allem der Studiofotografie und bei klassischen
Aktaufnahmen, weil hier das Spiel von Licht und
Schatten stark zur Bildwirkung beiträgt (siehe Abbildung unten links auf der gegenüberliegenden
Seite).

Im Gegensatz dazu haben High-Key-Aufnahmen
helle bis weiße Tonwerte im Bereich auf der rechten
Seite des Histogramms. Auch hier können kleinere
Bereiche durchaus im entgegengesetzten Teil bei
den Tiefen liegen, um dem Bild mehr Spannung

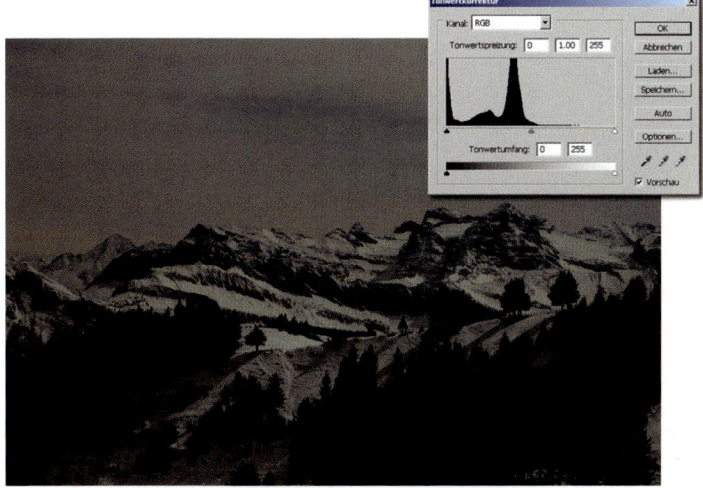

zu verleihen. So wie Low-Key nicht heißt, dass das Bild unterbelichtet ist, bedeutet auch High-Key nicht, dass das Bild einfach überbelichtet wird. Die Begriffe beziehen sich auf die vorwiegende Verteilung der Helligkeitswerte.

▼ Ein Bild mit viel Lichtern und wenig Tiefen, Model Denise, Fotograf: Andi Kunar.

▲ Das Low-Key-Bild hat einen großen Bereich schwarzer Pixel, aber auch einen kleineren Bereich mit helleren Tönen, Model Lynn, Fotograf: Martin Zurmühle.

Kontrastreiche Motive

Während kontrastarme Bilder in der Bildbearbeitung leicht korrigiert und verbessert werden können, sind kontrastreiche Bilder seit Beginn der Fotografie eine Herausforderung. Der Film wie der digitale Sensor können nur einen beschränkten Kontrastumfang von ca. sechs bis zehn Blendenstufen aufnehmen. Der Kontrastumfang bei direktem Sonnenlicht beträgt aber schnell 16 oder mehr Blendenstufen. Auch unsere Augen sind in der Lage, einen Dynamikumfang von bis zu 18 Blendenstufen zu erfassen. Mehr zum Thema Kontrastumfang erfahren Sie in Kapitel 12.

Fotografieren Sie nun ein Motiv mit einem Kontrastumfang, der höher liegt, als der Sensor aufnehmen kann, können Sie zwischen drei Vorgehensweisen wählen:

- Sie orientieren sich bei der Belichtungsmessung an den Lichtern und nehmen reinschwarze Bereiche im Bild in Kauf.
- Sie orientieren sich an den Tiefen und nehmen überstrahlte, reinweiße Bereiche in Kauf.
- Sie suchen einen mittleren Messwert, müssen aber trotzdem mit einem Teil zu dunkler und zu heller Bereiche rechnen.

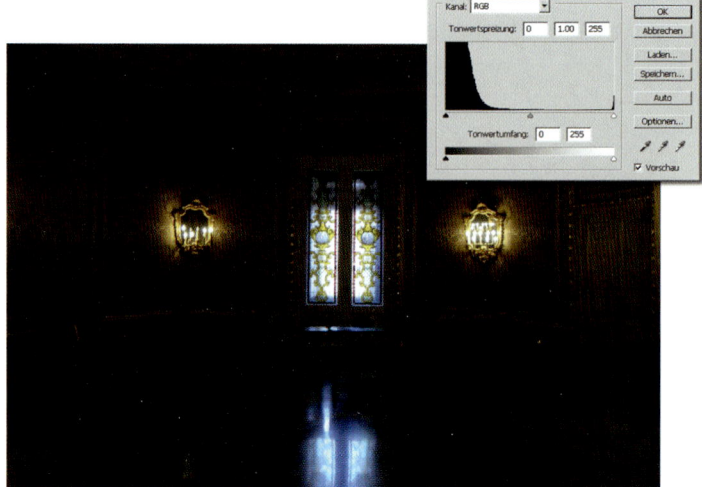

▲ Das Ausrichten der Belichtung an den hellen Fenstern führt zu einer starken Unterbelichtung des Raumes, Fotograf: Martin Zurmühle.

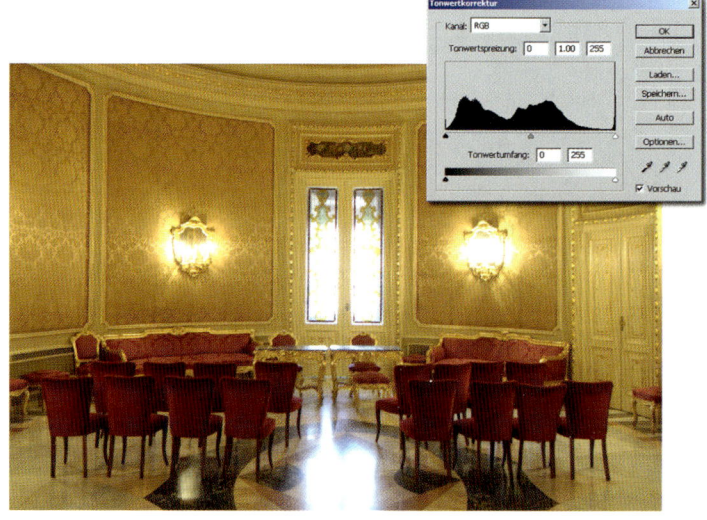

▲ Orientiert sich die Belichtung an der Helligkeit des Raumes, werden die Fenster überstrahlt.

Beim Bild des historischen Raumes besteht das Problem im zu großen Kontrast zwischen dem nur durch Glühlampenlicht beleuchteten Raum und den sehr hellen, vom Tageslicht beleuchteten farbigen Glasscheiben. Möchten Sie die Scheiben in ihrer Farbigkeit aufnehmen und orientieren deshalb die Belichtung daran, wird der Raum viel zu dunkel wiedergegeben. In den Tiefen gibt es große Bereiche mit reinem Schwarz (Abbildung oben). Möchten Sie im Gegensatz dazu den Raum richtig belichten, werden die Fenster so überstrahlt wiedergegeben, dass die schönen farbigen Gläser nicht mehr sichtbar sind.

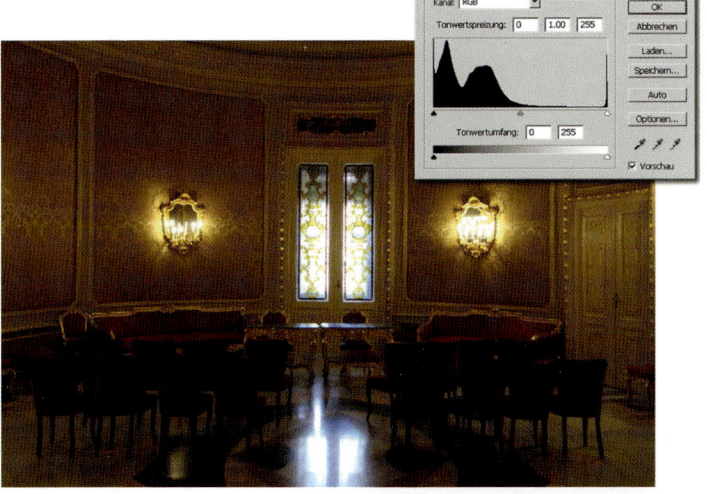

Motivschwerpunkt

Die Kontrolle der Randbereiche (Tiefen und Lichter) ist eine zentrale Aufgabe und Stärke des Histogramms. Aber das allein genügt noch nicht, um eine korrekte Belichtung festzustellen. Die Verteilung der Helligkeitswerte im Histogramm ist ebenfalls für die Bildaussage maßgebend. Und hier ist eine genaue Belichtungsmessung wieder von großer Wichtig-

▲ Auch der Mittelweg hilft wenig, da die Fenster noch immer zu hell sind und auch die Tiefen Verluste zeigen.

Auch die gute Mitte zwischen beiden Extremen hilft jetzt nicht weiter, denn der Raum wird immer noch zu dunkel gezeigt mit Verlusten in den Tiefen, und die Fenster bleiben weiterhin zu hell, wenn auch jetzt nicht mehr so stark überstrahlt. Diese Aufnahme hat einfach zu große Kontraste, die nur mit speziellen Tricks bewältigt werden können.

Dazu machen Sie mehrere Aufnahmen mit unterschiedlichen Belichtungen ab Stativ und bauen sie anschließend in Photoshop zusammen.

Dazu stehen verschiedene sehr leistungsfähige Techniken zur Verfügung. In Kapitel 12 erfahren Sie, wie es geht.

▲ Ein gesamthaft dunkles Motiv einer Blumenwiese, Fotograf: Martin Zurmühle.

▲ Gleiches Bild mit einem Histogramm mit Schwerpunkt bei den Mitteltönen.

keit. Bei einem dunklen Motiv muss der Schwerpunkt des Histogramms bei den Tiefen liegen. Eine übermäßige Korrektur mit dem Histogramm mit dem Ziel, den Schwerpunkt in die Mitte zu legen, würde zu einem überbelichteten und stimmungslosen Bild führen.

Sie sehen, eine korrekte Belichtungsmessung ist auch in der digitalen Welt wichtig. Wie das für die entsprechende Belichtungssituation richtige Histogramm aussehen sollte, können Sie mit der Zeit und Erfahrung schon am Kameradisplay beurteilen. Auf die Darstellung des Bildes im Display dürfen Sie sich aber auf keinen Fall verlassen. Hier stimmen weder die Farben noch die Helligkeit genügend genau für eine korrekte Beurteilung. Zudem wirkt das Bild je nach Umgebungslicht heller oder dunkler.Gerade bei belichtungstechnisch schwierigen Motiven mit spannenden Lichtverhältnissen kann ein Handbelichtungsmesser mit der genauen Lichtmessung auch in der digitalen Welt seine Stärken ausspielen.

5.4 Die Bedeutung des Zonensystems in der digitalen Fotografie

Der amerikanische Fotograf Ansel Adams (1902–1984) entwickelte das Zonensystem. Er steuerte damit die Tonwerte einer Aufnahme durch eine gezielte Festlegung der Belichtungszeit während der Belichtung der Aufnahme. Seine Methode kann heute auch leicht mit einer DSLR und Spotbelichtungsmessung (bei manueller Belichtungssteuerung) angewendet werden.

Das Zonensystem berücksichtigt, dass der Kontrastumfang eines Fotopapiers geringer ist als der Film oder das Motiv. Kontrastreiche Landschaftsaufnahmen haben zu große Schwarz-Weiß-Kontraste, die technisch nicht vom Negativ auf das Papier übertragen werden können. Mit dem Zonensystem wird versucht, die Kontraste durch die Belichtung bei der Aufnahme so zu steuern, dass sie dem Kontrastumfang von Fotopapier optimal gerecht werden.

▼ Das Ziel der Belichtungsmessung sind perfekt ausbalancierte, richtig belichtete Bilder mit einem schönen Tonwertumfang, Fotograf: Heinz Dössegger.

Beispiel	Zone	im Bild	Tonwert im Druck	Textur und Detail	Blendstufen
	X	strahlend weiss	papierweiss	keine	+5
	IX	extrem hell	ungezeichnetes weiss	gerade verschwunden	+4
	VIII	sehr hell	durchgezeichnetes weiss	gerade noch	+3
	VII	hell	sehr helles grau	deutlich	+2
	VI	mittel hell	hellgrau	gute Zeichnung	+1
	V	mittel	neutrales, mittleres grau	volle Zeichnung	0
	IV	mittleres dunkel	dunkelgrau	gute Zeichnung	-1
	III	dunkel	sehr dunkelgrau	deutlich	-2
	II	sehr dunkel	grauschwarz	gerade noch	-3
	I	extrem dunkel	fast schwarz	gerade verschwunden	-4
	0	völlig schwarz	schwarz	keine	-5

Die Überlegungen des Zonensystems gelten in gleicher Weise auch für digitale Aufnahmen, den Computermonitor und das Drucken mit Tintenstrahldruckern. Der Ausdruck (die Papierform des Bildes) hat den kleinsten Kontrastumfang. Die digitale Bildbearbeitung bietet heute aber wesentlich umfangreichere Möglichkeiten zur Anpassung der Grauwerte an als das Zonensystem.

Ein großer Vorteil der Digitalfotografie ist, dass kurz nach der Aufnahme mithilfe eines Histogramms grob beurteilt werden kann, ob Über- oder Unterbelichtung vorliegt. Blende und Zeit können wie bei einer analogen Kamera insbesondere bei unbewegten Motiven so lange verändert werden, bis die beabsichtigten Kontrastverhältnisse erreicht sind. Adams hat den reproduzierbaren Kontrastumfang eines Fotos in elf Bereiche oder Zonen eingeteilt, die er mit 0 bis X bezeichnet hat. Der Abstand zwischen den Zonen entspricht jeweils einer ganzen Blendenstufe (1 LW), dabei bedeutet 0 tiefes Schwarz ohne Zeichnung und X (Zehn) reines Weiß ohne Zeichnung. V (Fünf) entspricht dem Neutralgrau mit 18 % Reflexion. Der im Labor auf Fotopapier kopierfähige Bereich umfasst in der Regel die neun Zonen von I bis IX, wobei der durchgezeichnete Bereich, der noch genügend Details zeigt, die Zonen II bis VIII umfasst.

Wird mit einem Spotbelichtungsmesser (in der Kamera oder als Handbelichtungsmesser) ein Motivteil angemessen, bedeutet dieser Belichtungswert die Zone V (18 % neutrales Grau). Es ist jedoch möglich, diesem Motivteil einen anderen Messwert

bzw. eine andere Zone zuzuordnen. Damit wird die Wirkung auf dem Foto verändert.

Soll eine Zone dunkel, aber noch mit Zeichnung im Bild gezeigt werde, weisen Sie diese der Zone III zu. Zeigt der Belichtungsmesser z. B. 1/60 und Blende 5.6 an, dann stellen Sie bei der Kamera 1/60 und Blende 11 ein. Alle anderen Motivteile des Bildes werden entsprechend der gewählten Belichtung ebenfalls in andere Tonwertbereiche verschoben, in unserem Beispiel abgedunkelt.

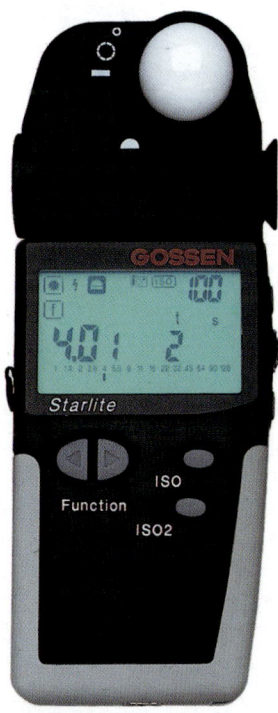

▲ Licht- und Objektmessung und Belichtungsmessung nach dem Zonensystem vereint in einem Gerät beim Starlite von Gossen. (Foto: Gossen)

Ein gutes Werkzeug für das Arbeiten mit dem Zonensystem ist der Belichtungsmesser Starlite von Gossen. Das Arbeiten geht einfach. Mit dem 1-Grad-Spotmesser erfolgt die erste Messung auf die dunkelste Stelle im Motiv, die im Druck noch durchgezeichnet sein soll. Diese wird dann zum Beispiel der Zone III zugeordnet. Dann erfolgt die Anmessung der hellsten, noch durchgezeichneten Stelle. Diese kann dann zum Beispiel der Zone IX zugeordnet werden. Es können auch noch weitere (bis insgesamt neun) Messungen gemacht und Zonenwerten zugeordnet werden. Das Gerät ermittelt zum Schluss den dazu passenden Mittelwert, der dann an die Kamera übertragen wird (mit manueller Belichtungssteuerung). Durch die Zuordnung der Messwerte zu druckbaren Zonen (z. B. von II bis VII oder von III bis VIII) können Sie sicherstellen, dass alle bildwichtigen Teile noch gedruckt werden können.

▲ Bei Schwarz-Weiß-Aufnahmen mit großem Kontrastumfang kann das Zonensystem seine Stärken ausspielen, sodass die Belichtung für den Druck richtig gewählt wird, Fotograf: Roberto Casavecchia

6

Mit der Bildgestaltung
zu wirkungsvollen Bildern

Sie beherrschen nun Ihre Kamera, kennen die Möglichkeiten und Grenzen Ihrer Objektive und wissen, wie Sie die richtige Belichtung finden. Jetzt möchten

Sie gute und wirkungsvolle Bilder machen. Dazu sollten Sie sich intensiv mit Fragen zur Bildgestaltung beschäftigen. Wir knipsen Bilder in erster Linie für uns selbst, wir fotografieren hingegen, um mit unseren Bildern etwas auszusagen und beim unbeteiligten Betrachter etwas zu bewirken. Dabei helfen uns die vielfältigen Möglichkeiten der Bildgestaltung.

6.1 Vom Knipsen zum Fotografieren

Das Festhalten und Dokumentieren wichtiger Ereignisse ist ein Urbedürfnis der Menschen. Bis zur Entdeckung der Fotografie war das nur mithilfe der Malerei möglich und so einer kleinen Gruppe von gut betuchten Menschen vorbehalten. Dank der Fotografie und insbesondere seit der weiten Verbreitung der digitalen Fotografie können nun alle jeden Moment ihres Lebens festhalten.

Bei der Fotografie geht es zuallererst um das Dokumentieren von Ereignissen, das Festhalten von Erinnerungen und das Beweisen von Sachverhalten. Wir fotografieren im Kreis der Familie und Freunde, dokumentieren unsere Reisen, halten Schäden fest. Entscheidend ist dabei nicht, dass die Bilder besonders gut gestaltet sind, sondern dass sie eine spezielle Bildaussage haben. Es genügt, wenn wir das Wichtige darauf, die Menschen oder die Sachverhalte, gut erkennen. Wir knipsen mit den leichten, handlichen und allzeit bereiten Kompaktkameras. Alles geht schnell und einfach und die Bildqualität genügt unseren Anforderungen.

Vom Knipsen zum Fotografieren

Wir knipsen, um für uns und die direkt Beteiligten Situationen, Erlebnisse und Sachverhalte schnell und einfach festzuhalten. Die Bilder müssen deshalb auch nicht speziell gut gestaltet sein oder eine erkennbare Aussage haben. Wir fotografieren mit Einsatz und Aufwand, um gute Bilder zu erzeugen, die eine Aussage haben und auch von unbeteiligten Betrachtern verstanden werden und etwas auslösen können.

Heute wird sicher 1.000-mal mehr geknipst als fotografiert. Beim Fotografieren haben wir einen anderen Ansatz. Wir geben uns Mühe, wir suchen das spannende Licht, den richtigen Standort, den schönen Ausschnitt. Wir wollen mit unseren Bildern etwas aussagen, beim Betrachter etwas auslösen. Aus diesem Grund beginnen wir, unsere Bilder bewusst zu gestalten, immer mit dem Ziel, die angestrebte Bildwirkung zu erreichen. Natürlich können auch beim spontanen Knipsen zwischendurch ganz hervorragende Bilder entstehen. Es sind Ausnahmen, die die Regel bestätigen.

Auf dem Weg vom Knipsen zum Fotografieren gibt es viele Zwischenstufen. Auch ein wildes Drauflosfotografieren, ganz spontan und nach dem eigenen Gefühl, nach dem eigenen Empfinden gibt den

▲ *Bilderstrauß meiner Tochter Sarah, dessen Fotos sie mit acht Jahren aufgenommen hat.*

Bildern einen speziellen Charakter. Der Betrachter erkennt so die individuelle Sehweise des Fotografen. Je spontaner die Bilder gemacht werden, desto genauer wird die Aussage. Mir selbst ist es nicht möglich, so zu fotografieren. Ich habe mich schon zu intensiv mit der Fotografie auseinandergesetzt. Hingegen fotografieren vor allem Kinder sehr spontan und völlig aus dem Gefühl heraus, was die verrückten Aufnahmen meiner Tochter Sarah beweisen, die sie mit acht Jahren in unseren Campingferien gemacht hat.

Die ernsthafte Fotografie wirkt häufig etwas akademisch und steif. Deshalb wird immer wieder versucht, durch spezielle Stilmittel und eigenständige Wege eine spontane und leichte Wirkung der Bilder zu erzeugen. Bekannt dafür sind die Bilder, die mit den speziellen Fixfokuskameras der Marke LOMO aus Russland gemacht wurden. Diese Bilder, die als Lomografie bezeichnet werden, kann man prinzipiell mit jeder billigen Sucherkamera knipsen. Lomografen schwören allerdings auf die von Professor Radinov entwickelten Kameras mit der 32-mm-Weitwinkeloptik. Diese bringen übertrieben farbintensive und kontrastreiche Bilder. Lomografie ist Fotografieren ohne Regeln. Die Bilder werden, ohne viel zu denken und ohne ein konkretes Ziel schnell und aus der Hüfte heraus geschossen. Sie wirken in einer guten Zusammenstellung für uns sehr spontan und spannend. Lomobilder zeichnen sich durch die ungewöhnlichen Perspektiven aus. Sie werden oft auch mit langen Belichtungszeiten gemacht, was zu bunten und verwackelten Bildern führt. Das Resultat zeigt eine ganz andere Sicht alltäglicher Gegenstände und Motive.

In der Lomografie wie auch in der ganzen digitalen Fotografie kommt der sicheren Bildauswahl eine zentrale Bedeutung zu. Es ist gut, wenn Sie viele Bilder machen, nur müssen Sie dann auch in der Lage sein, die besten Bilder herauszufinden. Durch die intensive Auseinandersetzung mit Bildern und stetigem Üben werden Sie sich dabei schnell verbessern und immer sicherer werden.

▲ Zufallsbilder im Stil der Lomografie, Fotograf: Martin Zurmühle.

Gestalten mit Stilmitteln

Durch den Einsatz verschiedener Stilmittel bewegen wir uns vom Knipsen zum Fotografieren. Es gibt dabei Stilmittel, die bei der Aufnahme eingesetzt werden, und Stilmittel, die erst bei der Bildbearbeitung und Bildpräsentation verwendet werden. Beide haben zum Ziel, den Bildern einen eigenständigen Charakter zu geben und die Bildaussage zu verstärken. Es geht nun nicht mehr nur um das Dokumentieren eines vergangenen Zustands, sondern um die Wirkung der Bilder auf den Betrachter. Darin liegt der eigentliche Unterschied zwischen Knipsen und Fotografieren. Bei der Aufnahme können Sie viele verschiedene Stilmittel einsetzen. Hier eine kleine Auswahl dazu:

- Bewusstes starkes Verwackeln der Kamera.
- Mitziehen der Bewegungen (Verwischen des Hintergrunds).
- Bewusste Über- oder Unterbelichtungen.
- Heran- oder Herauszoomen während der Belichtung.
- „Blindes" spontanes Fotografieren (z. B. Lomografie).

Bilder sicher und gezielt auswählen

Warten Sie mit der Bildauswahl einige Tage oder Wochen. Direkt nach dem Shooting fehlt noch die zeitliche und emotionale Distanz, um die Bilder sicher auszuwählen.

Machen Sie bei der Auswahl immer mehrere Runden mit zeitlicher Distanz. Entfernen Sie zuerst die schlechten Bilder und reduzieren Sie dann bei jeder weiteren Runde die Zahl der verbleibenden Bilder, bis Sie bei ca. 5–10 % der Aufnahmen angelangt sind.

Seien Sie sehr kritisch und wählen Sie wirklich nur die besten Bilder aus. 5 % gute Aufnahmen und ein Spitzenbild sind eine sehr gute Tagesausbeute.

Wenn Sie sich nicht sicher sind, ob ein Bild wirklich sehr gut ist, dann hängen Sie es an die Wand, sodass Sie es jeden Tag ansehen müssen. Gefällt es Ihnen noch nach einem Monat, dann ist es eine sehr gute, wirkungsvolle Aufnahme. Schlechte Bilder verlieren schnell ihre Wirkung, gute Bilder können wir immer mit großer Freude anschauen (was die alten Meisterfotografien eines Henry Cartier-Bresson oder eines Ansel Adams beweisen).

▼ Verwischung als Stilmittel, Model Lynn, Fotograf: Martin Zurmühle.

- Verwenden von Spezialkameras (z. B. Panoramakameras) oder Spezialobjektiven (z. B. Fischauge).

Bei der Bildbearbeitung und der Bildpräsentation können Sie zum Beispiel folgende Stilmittel einsetzen:

- Die Bilder in Schwarz-Weiß umwandeln oder eine Monochromtonung verwenden.
- Farben und Schwarz-Weiß in einem Bild mischen.
- Die Farben entsättigen und in leichte Pastelltöne (wie kolloriert) umwandeln.
- Spezielle Filter, Kunst- oder Malfilter anwenden.
- Eine sehr starke Körnung einsetzen.
- Die Bilder auf spezielle Medien (z. B. Leinwand) drucken.
- Die Bilder übergroß präsentieren.
- Kleine Motive übergroß darstellen (Makrofotografie).
- Durch die Bildbearbeitung die Schärfentiefe oder den Kontrastumfang stark vergrößern.

Stilmittel sind sehr effektvoll und deshalb auch verlockend. Sie bergen aber die Gefahr, dass sie sich aufgrund der starken Effekte schnell abnutzen. Gehen Sie deshalb gezielt und sinnvoll damit um.

Gestalten mit der Bildgestaltung

Während die Stilmittel die Art der Aufnahme und der Wiedergabe des Bildes bestimmen, kümmert sich die Bildgestaltung um die Anordnung der Elemente auf dem Bild. Nur das Stilmittel allein genügt noch nicht, um ein Spitzenbild zu erzeugen. Es braucht dazu auch eine klare Bildaussage und eine gute Bildgestaltung.

Grundfragen der Bildgestaltung

Die Basis für gute Bilder ist eine klare, erkennbare Bildaussage. Fotografieren Sie Dinge und Themen, die Ihnen viel bedeuten, zu denen Sie eine spezielle Beziehung haben, und versuchen Sie dann, die Bilder so aufzunehmen, dass auch die Betrachter die Intensität dieser Auseinandersetzung erkennen können.

Suchen Sie aus den vielen Gestaltungsmöglichkeiten diejenigen heraus, die Ihnen bei der Verstärkung der Bildaussage helfen. Experimentieren Sie dabei mit verschiedenen Methoden und finden Sie die am besten geeignete heraus.

Seien Sie bei allem, was Sie machen, konsequent. Klare, konsequent gestaltete Bilder wirken immer besser als unsicher und mutlos gestaltete.

▼ Kombination von Farbe und Schwarz-Weiß, ein beliebtes Stilmittel in der Aktfotografie, Model Anuschka, Fotograf: Martin Zurmühle.

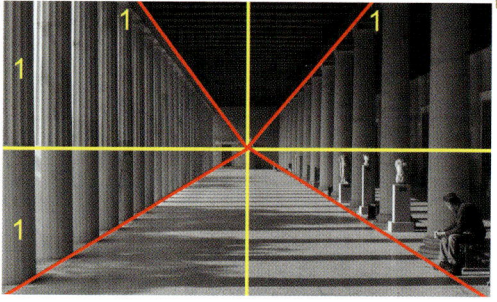

▲ Ein klares und starkes Gestaltungsmittel (Zentralsymmetrie) betont die Mitte und führt in die Tiefe, aber der Mann auf der Seite bricht die Strenge der Bildgestaltung, Fotograf: Martin Zurmühle.

Es gibt sehr viele Möglichkeiten, die Bilder wirkungsvoll zu gestalten. In meinem Buch „Die große Fotoschule Digitale Fotografie", ebenfalls aus dem DATA BECKER-Verlag, haben Sie die Grundlagen der Bildgestaltung kennengelernt. Es ist gut, wenn Sie sehr viele verschiedene Gestaltungsmöglichkeiten kennen und einsetzen können. Bei allem müssen Sie sich aber folgende zwei Grundfragen stellen:

- Was will ich mit meinen Bildern aussagen, was will ich erreichen?
- Welche Stil- und Gestaltungsmittel unterstützen meine angestrebte Bildaussage?

Die erste Frage, was mit den Bildern ausgesagt werden soll, ist sicher die schwierigere. Aber wenn Sie dazu eine klare Antwort haben, dann werden Sie sicher auch bald die geeigneten Gestaltungsmittel finden, um Ihre Bildaussage zu verstärken. Ich gebe Ihnen im Folgenden verschiedene Gestaltungstipps, die Sie bei Ihren Bildern einsetzen und ausprobieren können. Auch hier gilt: Nur Übung macht den Meister.

▲ Konsequent zentralsymmetrische Gestaltung.

6.2 Gestaltungstipps für wirkungsvolle Bilder

An jedem Aufnahmestandort haben Sie sehr viele Möglichkeiten, ein Bild zu gestalten. Bei Landschaftsaufnahmen können Sie zum Beispiel den Horizont in die Mitte nehmen, ihn ganz tief oder ganz hoch platzieren. Die Bildwirkung ist ganz verschieden, was die hier abgebildeten Aufnahmen vom Strand und dem Ort Cefalù auf Sizilien zeigen. Ein Horizont in der Mitte gibt dem Bild Ruhe und Harmonie, wirkt ausgewogen und gleichmäßig, aber auch oft langweilig und spannungslos. Meiden Sie in der Regel die Mitte, außer Sie wollen Ruhe und Harmonie ausdrücken. Ein hoher Horizont betont den Vordergrund, in diesem Beispiel die großen, runden Steine (siehe Bild oben links). Der Himmel verliert an Bedeutung, das Bild hat aber auch

▲ Eine ruhige und ausgewogene Wirkung durch den Horizont in der Bildmitte.

▲ Betonung des Vordergrunds und der räumlichen Tiefe durch einen hohen Horizont.

durch die klare Staffelung von Vordergrund und Hintergrund eine starke Tiefenwirkung (siehe Bild oben rechts). Ein tiefer Horizont wie im nächsten Beispiel betont den Himmel und die Wolkenbilder. Die Tiefenwirkung ist viel kleiner als beim hohen Horizont, dafür wirkt das Licht sehr spannend und die Ortschaft wird stärker betont, weil die Steine nicht ablenken (siehe Bild unten). Welches Bild Ih-

nen am Ende am besten zusagt, müssen Sie selbst entscheiden. Mir persönlich gefällt die Version mit dem tiefen Horizont am besten. Machen Sie einfach immer mehrere Varianten, dann können Sie später zu Hause in aller Ruhe die beste Aufnahme auswählen. Oft sind wir erst mit etwas zeitlicher Distanz in der Lage, das beste Bild, den besten Ausschnitt sicher zu erkennen.

▼ Betonung des spannenden Himmels und der Lichtstimmung durch einen tiefen Horizont, Fotograf: Martin Zurmühle.

Um den verschiedenen Gestaltungsmitteln auf die Spur zu kommen, ist es am besten, wenn Sie die Bilder vereinfachen und abstrahieren. Ich zeige Ih-

▼ *Eine ruhige Landschaftsaufnahme mit einem starken Blickpunkt, Fotograf: Martin Zurmühle.*

nen nun verschiedene grundsätzliche Gestaltungsformen und -mittel mit Beispielaufnahmen. Die Aufzählung ist nicht vollständig, denn die Zahl der Bildgestaltungsmöglichkeiten ist sehr groß.

Der einzelne Punkt

Der Punkt ist das Urelement der Gestaltung. Je nach gewählter Größe und Lage des punktförmigen Motivs wirkt er anders. Ein isoliertes kleines Element

auf dem Bild wirkt als Punkt wie ein Magnet auf den Betrachter. Beim Landschaftsbild mit der Rutschbahn im See wird der Blick durch die Lage, Form und Farbe auf die Rutschbahn gezogen. Verstärkt wird dieser Effekt durch die Diagonale des Waldes, die auch zum Motiv führt. Kombiniert mit einer herrlichen Landschaft und starken Farben entsteht aus diesem einfachen Motiv ein stark wirkendes Bild.

Die Lage in der Mitte ist unbestimmt und wirkt nach allen Seiten, ohne sich festzulegen. Eine Platzierung am Rand wie beim Beispielbild mit Model Warren wirkt spannungsvoller und nimmt automatisch einen Bezug auf den leeren Raum.

Gerade dieser leere Raum gibt dem Bild die besondere Kraft. Lassen Sie deshalb bei der Aufnahme dem Bild genügend Raum und nehmen Sie verschiedene Ausschnitte auf. In der Bildbearbeitung am PC können Sie dann die Wirkung verschiedener Ausschnitte in Ruhe testen. Wird das Bild zu eng aufgenommen, dann fehlt Ihnen der Gestaltungsspielraum. Klassische Diafotografen, die gewohnt sind, Bilder schon bei der Aufnahme perfekt zu komponieren, müssen hier etwas umdenken. Die Überprüfung des Bildausschnitts am PC (mit viel Zeit) ist wesentlich genauer als der Blick durch den Sucher oder die Kontrolle am Kameradisplay.

▲ Ein einzelner Punkt präzise im Bild platziert, Model Warren, Fotografin: Eliane Zwimpfer.

Zwei und drei Punkte

Während ein Punkt alle Aufmerksamkeit auf sich zieht, findet bei zwei oder drei Punkten ein Dialog zwischen diesen Elementen statt. Das Bild erhält dadurch eine Aussage, das Gesamte wirkt so stärker als die Summe der Einzelteile.

Wichtig bei der Gestaltung ist, dass der Betrachter den Bezug der Punkte zueinander auch erkennen

▼ Gleich drei Punktepaare auf einem Bild, Fotograf: Sebastian Kobel.

kann. Beim Beispielbild mit der trüben Winterlandschaft gibt es gleich drei Punktepaare. Das Pärchen in der Bildmitte wird eingerahmt von zwei runden Straßenlampen. Auf der rechten Seite stehen zwei Bäume als Paar nebeneinander und bilden so ein Gegenüber zum Pärchen in der Bildmitte.

Vielleicht sind Ihnen diese Zusammenhänge zuerst gar nicht aufgefallen. Unbewusst geben sie dem Bild aber doch einen ganz speziellen Reiz.

Optische Linien und Flächen

Mehrere Punkte bilden sofort eine imaginäre Linie. Der Betrachter wird von diesen Linien geleitet. Mit Punktereihen können Sie auf einfache Weise den Betrachter zum Motiv der Aufnahme führen. Beim Beispielbild mit den marschierenden griechischen Soldaten in Athen erkennen Sie sofort, dass die Kolonne eine Kurve macht. Sie verbinden automatisch die einzelnen Punkte zu einer imaginären Linie, die hier eine Ecke macht. Folgen Sie mit den Augen dieser Linie, werden Sie zum Hauptmotiv, den beiden vorn marschierenden Männern mit den ernsten Gesichtern, geführt.

Waagerechte und senkrechte Linien

Das Prinzip der waagerechten Raumaufteilung haben Sie bereits bei der Besprechung der Lage des Horizonts im Bild gesehen. Auch in vertikaler Hinsicht kann das Bild klar gegliedert werden. Eine vertikale Schichtung erzeugt den Eindruck von Höhe und Schlankheit und wirkt so elegant.

Im Beispielbild mit Model Markus (siehe die folgende Seite) werden die strenge Gliederung der Fassade und der Rhythmus der Stäbe durch den Menschen gebrochen, der dadurch im Gegenzug eine besondere Betonung erhält. Die kleiner werdenden Metallstäbe geben dem Bild eine zusätzliche Tiefenwirkung.

Diagonale und schräge Linien

Diagonalen wirken sehr dynamisch und kraftvoll. Wenn Sie mit Diagonalen arbeiten, dann sollten Sie konsequent vorgehen. Eine nur angedeutete Diagonale wirkt zu unbestimmt. Jedes Gestaltungselement bekommt mehr Kraft, wenn es mit aller Konsequenz angewandt wird. Im Beispielbild mit dem Treppengeländer sehen Sie perfekt ausgerichtete horizontale Linien gebrochen durch eine starke und konsequent platzierte Diagonale. Hier werden horizontale, vertikale und diagonale Linien miteinander kombiniert.

Solche grafischen Bilder wirken immer sehr eindrücklich. Wenn Sie mit offenen Augen und einem geschulten fotografischen Auge durch das Leben gehen, werden Sie an vielen Orten solche Motive entdecken.

◄ Marschierende griechische Soldaten in Athen, Fotograf: Martin Zurmühle.

▲ *Horizontale Linien mit einer starken Diagonale, Fotograf: Heinz Dössegger.*

Freie Linien

Unsere Umwelt ist voll von freien Linien. Doch auch bei einer Vielzahl von Linien und Richtungen können Sie immer wieder spezielle Muster und Wiederholungen erkennen. Dadurch erhalten die Punkte, Flächen und Linien auf dem Bild plötzlich einen klar

erkennbaren Zusammenhang. Unser Auge sucht immer nach Ordnung im Chaos und wenn wir solche Ordnungssysteme erkennen können, dann wirkt das Bild in der Regel auch stärker. Im Beispielbild mit Model Eva (siehe Bild auf der nächsten Seite) sehen Sie viele Linien, die nicht parallel durch den Raum laufen. Zusammen bilden sie einen Fächer, der durch das Model durchbrochen wird. Das Model selbst befindet sich im imaginären Schnittpunkt dieser Linien. Das scheinbare Chaos der Linien wird so geordnet und beruhigt. Ordnung ist ein Grundgestaltungsprinzip in der Fotografie. Sie erreichen das durch eine Reduktion der Elemente auf dem Bild (zum Beispiel durch eine geschickte Wahl des Ausschnitts) und eine klare Anordnung im Bild.

Natürlich braucht das etwas Übung, aber mit der Zeit werden Sie schnell die Möglichkeiten, die in einem Motiv stecken, erkennen und ausnutzen.

▼ *Präzise Platzierung des Models mit starken vertikalen Linien, Model Markus, Fotografin: Eliane Zwimpfer.*

▲ Verschiedene harte Diagonalen mit runden und freien Formen kombiniert, Model Eva, Fotografin: Eliane Zwimpfer.

▲ Eine rhythmische Anordnung vertikaler Elemente unter einem blauen Himmel, Fotograf: Sebastian Kobel.

Strukturen und Raster

Sich wiederholende Muster und Raster geben dem Bild einen Rhythmus. Auch wenn die einzelnen Elemente verschiedene sind, haben sie doch einen gemeinsamen Nenner. So sind die Hochhäuser am Strand von Vancouver unterschiedlich gestaltet. Trotzdem bilden sie durch die Ähnlichkeit ihrer Formen und der Textur der Fassaden zusammen eine einheitliche Gruppe, die sich von dem blauen Himmel klar abhebt. Rhythmische Wiederholungen und Strukturen sind beliebte fotografische Motive, die Sie überall sowohl im Großen wie auch im Kleinen finden können.

Eckige Formen

In der Natur sind eckige Formen sehr selten. Eckige Elemente werden in der Regel von Menschen erschaffen. Wir finden sie in architektonischen oder technischen Motiven.

Eckige Formen sind streng und klar und sollten deshalb auch sehr präzise aufgenommen und beschnitten werden. Schon kleine Abweichungen werden vom Betrachter als störend empfunden. Das Beispielbild der Hausfassade aus Dänemark wirkt

▼ Ein einfaches Fassadenraster kombiniert mit einer Diagonalen, Fotografin: Eliane Zwimpfer.

▲ *Ein wunderschönes Spiel mit runden Formen, Fotograf: Sebastian Kobel.*

neben dem präzisen symmetrischen Aufbau besonders auch durch den starken Hell-Dunkel-Kontrast zwischen Riegelbau und Fenster/Fassade. Die Wirkung der Rechtecke wird so noch weiter betont und verstärkt.

Runde Formen

Die Natur ist voll von Bögen und Rundungen. Auch präzise Kreise wie bei Blumen können gefunden werden. Kreise und Bögen sind sehr dominante und starke Formen. Sie sollten Kreise immer ganz oder konsequent angeschnitten zeigen.

Ein leichter Anschnitt wirkt unentschlossen und unattraktiv. Sebastian Kobel demonstriert mit seinem Bild, wie effektvoll einfache Motive wie Kaffeebohnen und eine weiße Tasse mit Untersatz präsentiert werden können.

Der Gegensatz der kleinen, dunklen Kaffeebohnen zum strahlenden Weiß der Tasse ist faszinierend und verstärkt die Bildwirkung.

6.3 Gestalten mit Farben und Farbkontrasten

Bei Farbbildern können Sie neben den mehr formorientierten Gestaltungsmitteln natürlich auch die Farben und den Farbkontrast selbst als Gestaltungsmittel einsetzen. In Kapitel 9 erfahren Sie mehr zu den verschiedenen Farbmodellen und wie Sie damit Bilder gestalten können. Es gibt bei Farbbildern zwei grundsätzliche Gestaltungsansätze.

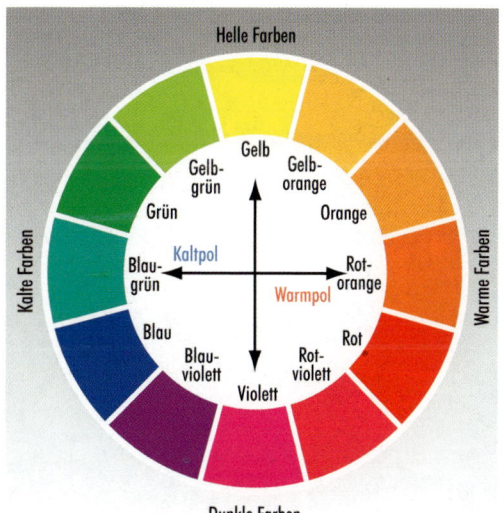

▲ Ein Spiel mit den Komplementärfarben Blau und Gelb, Fotograf: Daniel Rohr.

▼ Ein Spiel mit gezielten Farbeffekten, Fotograf: Daniel Rohr.

Sie können mit klaren Farbkontrasten arbeiten, mit im Farbkreis gegenüberliegenden Farben. Sie können die Farben aber auch eher monochrom und zurückhaltend einsetzen mit Farben aus der direkten Nachbarschaft im Farbkreis. Daniel Rohr hat bei seinem Bild des Goetheanum die Farbe des blauen Nachthimmels und des warmen gelben Lichts der Leuchten in der Bildbearbeitung verstärkt und so diese Bildwirkung erzielt.

Ganz im Gegensatz dazu steht das ruhige, fast farblose Bild der Flechten eines finnischen Waldes. Das Bild wirkt einzig durch die grafischen Strukturen der Flechten, die wie kleine Bäume aussehen. Je nach der Grundfarbe des Bildes ist die Farbwirkung dabei wärmer oder kühler, heller oder dunkler. Zwischen diesen beiden Extrempolen gibt es sehr viele Spielmöglichkeiten, um mit Farben gezielte Effekte im Bild zu erzeugen. Bei seinem Bild vom Bundeshaus in Bern setzt Daniel Rohr die Farben des kunstvollen Wasserspiels gekonnt als starke Akzente in dem sonst ruhigen, zentralsymmetrisch aufgebauten Bild ein. Gerade diese Farbakzente geben diesem Bild den besonderen Reiz.

▼ *Eine monochrome Bildstimmung durch wenige und zurückhaltende Farben, Fotograf: Martin Zurmühle.*

6.4 Gestalten mit Formen und Grautönen bei Schwarz-Weiß-Bildern

Bei Schwarz-Weiß-Bildern fehlen die Farben. Die Bildgestaltung konzentriert sich deshalb mehr auf formale Aspekte und die Schönheit der Graustufen. Alle Aufnahmen mit der DSLR werden in Farbe aufgenommen. Auf die Einstellung eines Schwarz-Weiß- oder Sepiamodus in der Kamera sollten Sie auf jeden Fall verzichten, denn der RAW-Konverter und die Bildbearbeitung in Photoshop bieten viel mehr und bessere Möglichkeiten, die Bilder in Schwarz-Weiß oder Monochrom umzuwandeln. Ob nun ein Bild besser in Farbe oder in Schwarz-Weiß gezeigt werden soll, ist nicht immer einfach zu beantworten. Ich halte mich dabei an folgende Grundregeln:

- Stark grafisch orientierte Bilder mit schöner Helligkeitsverteilung und ohne spezielle Farbeffekte zeige ich in Schwarz-Weiß.
- Bilder, bei denen die Farben für die Bildwirkung wichtig sind, zeige ich in Farbe.
- Wenn ich mir nicht sicher bin, bearbeite ich beide Varianten und entscheide mich erst, wenn ich beide Bilder in Ruhe betrachtet habe.

Bei stark grafisch orientierten Bildern lenkt die Farbe oft von der klaren Bildaussage ab. Dann ist es sehr empfehlenswert, die Bilder auch in Schwarz-Weiß zu zeigen. Dadurch wird die Konzentration des Betrachters auf den formalen Bildaufbau verstärkt. Ein grafisch orientiertes Aktbild ruft geradezu nach einer Umwandlung in Schwarz-Weiß.

In Farbe könnte das Bein- und Rückenbild von Denise seine Kraft nicht richtig entfalten (siehe Bilder Seite 104). Viele klassische Aktaufnahmen werden auch in Schwarz-Weiß gezeigt, um eine kunstvolle und nicht erotische Wirkung zu erzeugen.

Ganz anders sieht die Sache aber bei der Aufnahme mit den drei verschiedenfarbigen Tüchern aus. Dort lebt das Bild gerade vom Farbspiel der Grundfarben der Farbdrucker – Cyan, Magenta, Yellow und Schwarz. Zudem gibt der Hautton des Models eine leichte Erotik ins Bild.

Es gibt aber immer wieder Bilder, die sowohl in Farbe als auch in Schwarz-Weiß gleich gut wir-

dem zerbrechlichen, feinen Körper des Models besser zur Geltung. Die sehr schönen Grauwerte beim Wasserfall und bei den Felsen wirken stark.

Bei solchen Bildern ist man als Fotograf in einem Dilemma – ein schönes Dilemma allerdings, denn man kann sich ja an beiden Versionen erfreuen und jeweils die passende auswählen, je nach dem gewünschten Ausstellungsort.

Es gibt aber noch weitere Gründe für die Darstellung in Schwarz-Weiß oder Monochrom. Diese Bilder wirken auf uns edel und wertvoll, weil wir sie in Verbindung mit den alten Meistern aus den frühen Zeiten der Fotografie bringen. Durch die Entfernung der Farben fehlt der unmittelbare Realitätsbezug und die Bilder wirken dadurch automatisch kunstvoller. Deshalb finde ich es auch schwieriger, ein gutes Farbbild zu machen, denn der unmittelbare Realitätsbezug ist uns oft zu nahe und selbstverständlich.

▲ Ein Spiel mit den Druckfarben Cyan, Magenta, Yellow und Schwarz, Model Anuschka, Fotograf: Martin Zurmühle.

ken. Im Farbbild mit Jenny am Wasserfall (siehe Abbildungen au der gegenüberliegenden Seite) fasziniert neben der starken Form der Gegensatz des warmen, braunen Körpers zum kalten braunen und grauen Fels.

Beim Schwarz-Weiß-Bild kommt indessen die formale Gestaltung mit dem runden, schweren Fels und

Weitere starke Argumente für Schwarz-Weiß-Bilder sind schöne Graustufenverläufe. Ich zeige Ihnen in Kapitel 8, wie Sie damit in der Bildgestaltung umgehen und wie Sie diese verstärken.

Aber schon bei der Aufnahme ist es wichtig, das Potenzial zu erkennen, das im Motiv vorhanden ist. Dann stehen Ihnen in der Bildbearbeitung alle Türen offen.

▲ ▼ *Zwei Varianten des gleichen Bildes, die beide ihre Stärken haben, Model Jenny, Fotograf: Martin Zurmühle.*

▲ Ein sehr grafisch orientiertes Aktbild, Model Denise, Fotograf: Martin Zurmühle.

Mit der Bildgestaltung zu wirkungsvollen Bildern

▲ *Durch die Darstellung in Schwarz-Weiß wird die präzise, kunstvolle Gestaltung verstärkt, Fotograf: Roberto Casavecchia.*

▲ *Ein sehr grafisches Bild mit schönen Grauwerten, Fotograf: Roberto Casavecchia.*

Gestalten mit Formen und Grautönen bei Schwarz-Weiß-Bildern

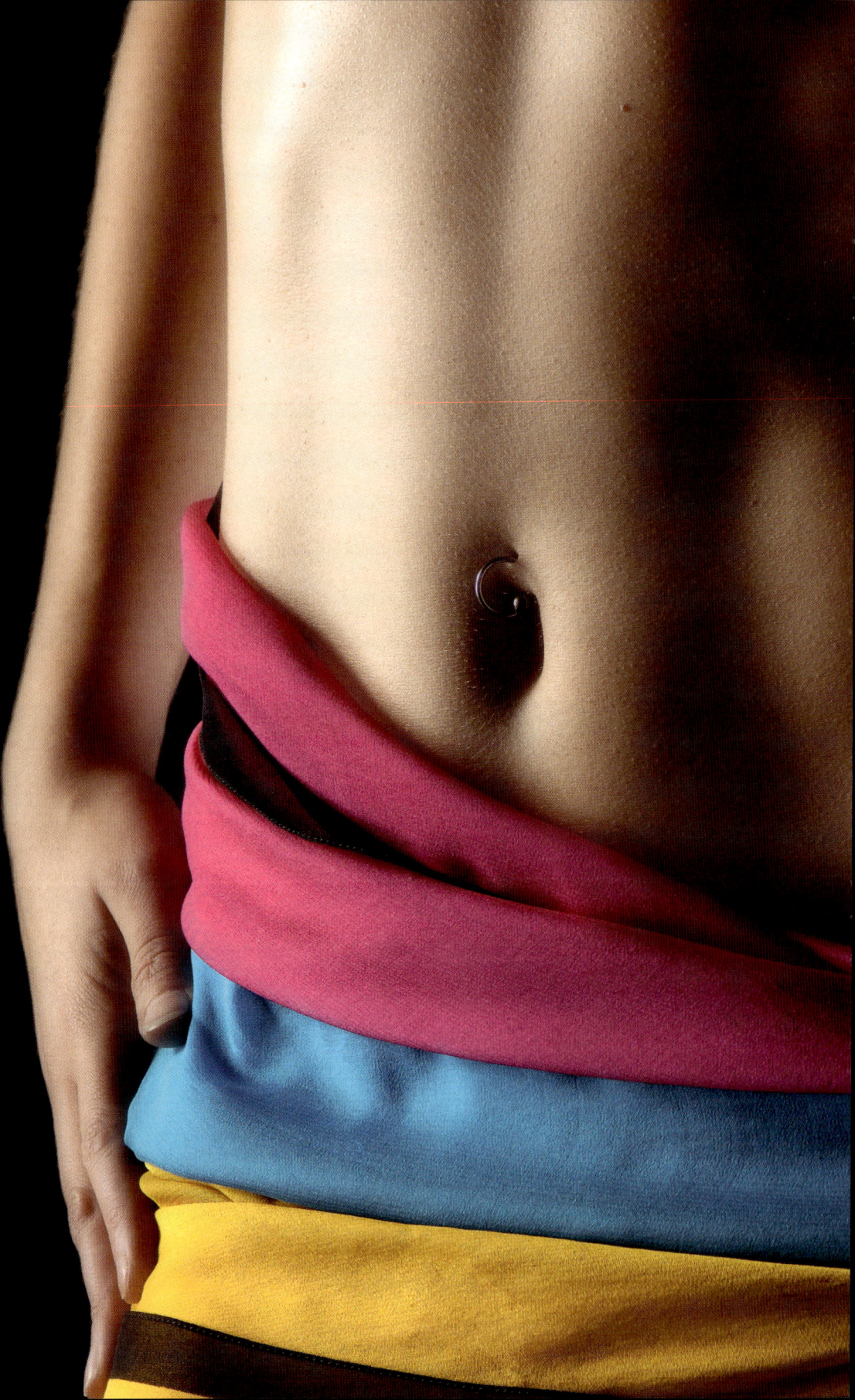

7

Farbecht ausdrucken mit dem richtigen Farbmanagement

Schon in der analogen Zeit war ich oft enttäuscht, wenn ich die gedruckten Bilder vom Labor erhalten habe. Die Farben stimmten oft nicht mit dem Dia überein. Das gleiche Problem stellt sich in der digitalen Fotografie. Ziel des Farbmanagements ist es nun, im ganzen Herstellungsprozess die Farbrichtigkeit der Darstellung auf dem Monitor und beim Ausdruck sicherzustellen. Auch wenn beim Fine-Art-Printing die Farbrichtigkeit oft nicht zentral ist, sollten Sie trotzdem Ihren Monitor und Drucker kalibrieren und profilieren, um die erwünschten Resultate zu erhalten.

7.1 So funktioniert gutes Farbmanagement

Wir können in der Bildbearbeitung Farben sehr genau beschreiben. Liegen die Bilder im RGB-Modus vor, was bei Aufnahmen mit der DSLR immer der Fall ist (unabhängig davon, ob bei der Kamera Adobe RGB oder sRGB eingestellt wurde), dann werden die Primärfarben mit folgenden Zahlenwerten definiert:

Rot	255/0/0
Grün	0/255/0
Blau	0/0/255

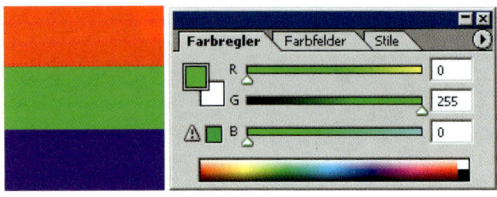

Nun könnten Sie eigentlich erwarten, dass alle Geräte von der Kamera über den Bildschirm bis zum Drucker diese Farben genau gleich darstellen. Leider ist das nicht der Fall. RGB (wie auch die Druckfarben CMYK) beschreibt genau genommen keine Farben, sondern nur die Einstellung eines Gerätes, um eine bestimmte Farbe erzeugen zu können. Wie diese Farbe dann aussieht, hängt zu einem großen Teil von dem Gerät ab, auf dem sie dargestellt wird.

Farbmanagement ist eine ziemlich anspruchsvolle Materie. Ich versuche im Folgenden, die Sachverhalte so einfach wie möglich zu erläutern, sodass Sie alles wissen, was Sie als Fotograf mit einer DSLR, einem Monitor und einem guten Foto-Tintenstrahldrucker benötigen, um die Bilder farbrichtig am Monitor zu sehen und perfekt zu drucken.

Basis für das Farbmanagement ist das Lab-Farbmodell (CIEXYZ- oder CIELab-Farbmodell). Dieses beschreibt die Farben eindeutig und orientiert sich dabei an der menschlichen Wahrnehmung der

Farben. Dadurch können alle Farben beschrieben werden, die der Mensch sehen und von anderen Farben unterscheiden kann. Mehr zum Lab-Modus in der Bildbearbeitung erfahren Sie im nächsten Kapitel.

Das Lab-Farbmodell ist von Geräten unabhängig, deshalb können Monitore oder Drucker nicht mit Lab-Werten angesteuert werden. Die Lab-Werte müssen zuerst in RGB (für Monitore) oder CMYK (Drucker) umgewandelt werden. Hier setzt nun das Farbmanagement an.

Das Farbmanagement funktioniert als Übersetzer zwischen den einzelnen Farbmodellen. Es überträgt Farbwerte aus dem wahrnehmungsspezifischen Lab-Farbmodell in die geräteabhängigen Farbmodelle RGB (Kamera und Monitor) und CMYK (Drucker).

Nicht alle Farben des Lab-Farbmodells lassen sich allerdings auch technisch reproduzieren. Das Farbmanagement beschreibt so zusätzlich auch die technischen Grenzen der Farbwiedergabe auf einem bestimmten Gerät.

Photoshop arbeitet ab Version 5 auch mit geräteunabhängigen RGB-Farbräumen (sRGB, Adobe RGB). Haben die verwendeten Monitore alle individuelle ICC-Profile, werden die Farben auf allen Monitoren praktisch gleich abgebildet. Echtes Farbmanagement in Photoshop wurde durch diese konsequente Trennung von Arbeitsfarbraum und Monitorfarbraum erst möglich. Bei der Bildbearbeitung arbeiten Sie in Ihrem bevorzugten Arbeitsfarbraum. Alle weiteren eingesetzten Geräte wie Kamera, Monitor und Drucker haben alle individuelle Profile, die sicherstellen, dass die Farben richtig gezeigt werden. Das Farbverhalten der Geräte wird durch ein ICC-Profil beschrieben.

Diese haben eine Schlüsselposition im Farbmanagement. In ihnen sind die Informationen zum Farbraum gespeichert. Sie dienen so zur Übersetzung der Farben vom Farbraum eines Gerätes in den

Farbraum eines anderen. In diesem Kapitel erfahren Sie, wo Sie solche Profile benötigen und wie Sie sie erstellen und aktivieren.

Neben den ICC-Profilen gibt es in jedem Farbmanagementsystem eine zweite wichtige Komponente, die jedoch im Verborgenen arbeitet, die CMM. CMM ist die Abkürzung für **C**olor **M**anagement **M**odule. Diese sind direkt in die Betriebssysteme von Windows (ICM = **I**mage **C**olor **M**anagement) und Mac OS (ColorSync) integriert. Photoshop bringt ein eigenes CMM mit (ACE = **A**dobe **C**olor **E**ngine), das sowohl unter Mac als auch unter Windows läuft.

Solange Sie nicht mit verschiedenen Betriebssystemen arbeiten, müssen Sie sich nicht speziell darum kümmern, denn das Betriebssystem übernimmt die Konvertierung der verschiedenen Gerätefarbräume automatisch. Die Art der Konvertierung können Sie aber jeweils selbst festlegen.

7.2 Die Bedeutung der verschiedenen Farbräume

Die gesamten Farben, die auf einem Gerät angezeigt werden können, definieren seinen Farbraum. Es gibt einen Farbraum der Kamera, des Monitors und des Druckers. Ein wichtiger Grundsatz ist es, den einmal gewählten Farbraum nicht unnötig zu wechseln. DSLR-Kameras kennen in der Regel zwei

einstellbare Farbräume: sRGB und Adobe RGB. Der sRGB-Farbraum ist kleiner und eignet sich sehr gut für die Präsentation im Internet, der Adobe RGB-Farbraum ist wesentlich größer und eignet sich für hochwertige Drucke. Behalten Sie den einmal eingestellten Farbraum bei, bis Sie die Bilder drucken. Dann müssen Sie allerdings eine Konvertierung zum CMYK-Farbraum vornehmen.

Die Farbräume RGB und CMYK sind nicht identisch. Eine wichtige Aufgabe im Farbmanagement ist es nun, den einen Farbraum in den anderen zu konvertieren. Dazu gibt es in Photoshop zum Beispiel beim Drucken vier verschiedene Verfahren:

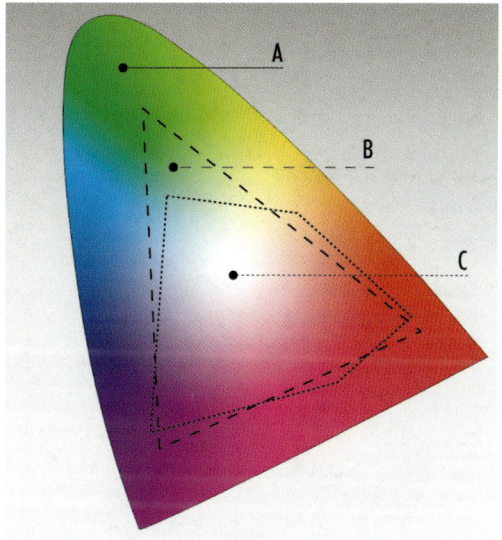

▲ A = Lab-Farbraum (alle wahrnehmbaren Farben), B = Adobe RGB-Farbraum, C = CMYK-Farbraum.

Perzeptiv	Der Quellraum wird, sofern er größer ist als der Zielfarbraum, so weit verkleinert, bis er komplett in den Zielfarbraum hineinpasst. Die Farborte und auch der Weißpunkt werden verschoben, ihr Verhältnis zueinander bleibt aber gleich.
Sättigung	Nur die Sättigung wird erhalten. Der Farbton und die Helligkeit werden verändert. Diese Methode hat in der Fotografie keine Bedeutung.
Relativ farbmetrisch	Alle Farben des Quellfarbraums, die nicht im Zielfarbraum darstellbar sind, werden auf den äußersten Rand des Zielfarbraums verschoben. Die Farben außerhalb des Zielfarbraums werden abgeschnitten. Der Weißpunkt wird an den Zielfarbraum angepasst.
Absolut farbmetrisch	Das Verfahren ist ähnlich wie beim relativ farbmetrischen Rendering, nur wird der Weißpunkt des Quellfarbraums ohne Veränderung übertragen. Dieses Verfahren wird vor allem beim Proofen verwendet.

▲ Oben links: perzeptiv, oben rechts: Sättigung, unten links: relativ farbmetrisch, rechts: absolut farbmetrisch, Fotograf: Martin Zurmühle.

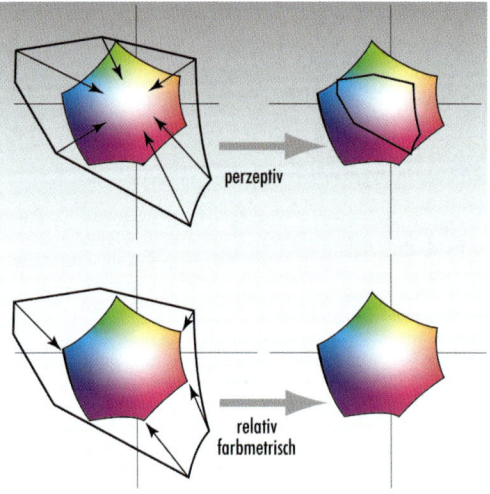
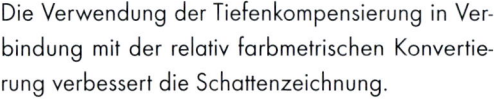

▲ Farbraumkonvertierung, oben: perzeptiv, unten: relativ farbmetrisch.

▲ Oben Farbraumkonvertierung mit Tiefenkompensierung, unten ohne Tiefenkompensierung.

Die Verwendung der Tiefenkompensierung in Verbindung mit der relativ farbmetrischen Konvertierung verbessert die Schattenzeichnung.

Bei Bildern mit vielen Farbtönen an den Rändern des Farbraums führen die verschiedenen Konvertierungsmethoden zu unterschiedlichen Resultaten.

Es lohnt sich, mindestens die beiden Methoden Relativ farbmetrisch und Perzeptiv auszuprobieren und zu vergleichen.

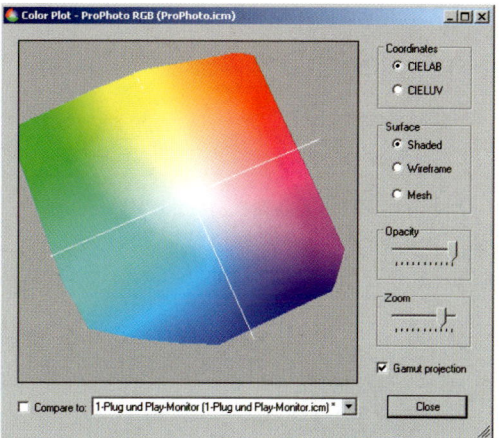

Methoden der Farbraumkonvertierung

Die perzeptive Farbraumkonvertierung komprimiert den Farbraum proportional und behält die Graubalance. Die Originalfarben werden aber verändert. Sie ist so eine gut geeignete Methode zur Konvertierung von großen in kleine Farbräume, z. B. von Adobe RGB (Kamera und Bildbearbeitung) zu CMYK (Drucken auf Tintenstrahldruckern). Die relativ farbmetrische Konvertierung erhält die Farbtöne und die Helligkeit auf Kosten der Sättigung. Die Gesamtzahl der Farben wird reduziert und die Graubalance verändert. Diese Methode eignet sich gut für die Konvertierung ähnlich großer Farbräume und wird häufig beim Offsetdruck eingesetzt. Bei relativ farbmetrischen Konvertierungen sollten Sie die Tiefenkompensierung einschalten, damit die Schatten im Bild besser gezeichnet werden. Welche Methode die besten Resultate liefert, hängt auch vom Motiv und Ihrem Geschmack ab. Testen Sie einfach beide Methoden.

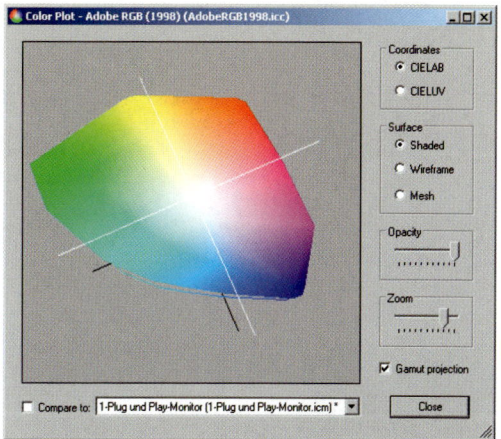

Im additiven RGB-Farbsystem (mit den Primärfarben Rot, Grün, Blau) gibt es viele verschiedene RGB-Farbräume in unterschiedlicher Größe. Hier eine kurze Übersicht dazu (siehe auch Bilder auf der folgenden Seite:

Name	Weißpunkt	Gamma	Größe
ProPhoto RGB	5.000 Kelvin	1,8	Sehr groß
Adobe RGB	6.500 Kelvin	2,2	Groß
ECI RGB	5.000 Kelvin	1,8	Groß
sRGB	6.500 Kelvin	2,2	Klein

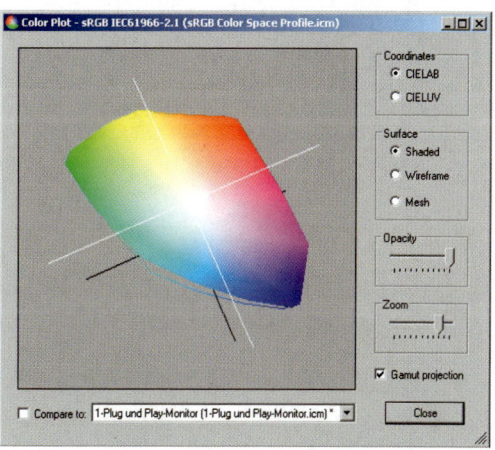

▲ Farbräume, links 1. Bild: ProPhoto RGB, links 2. Bild: Adobe oder ECI RGB (beide sind gleich groß), rechts: sRGB.

▲ Oben der große Adobe RGB-Farbraum, unten mit zugewiesenem kleinerem sRGB-Farbraum. Model Lynn, Fotograf: Martin Zurmühle.

▲ Oben der sehr große ProPhoto RGB-Farbraum, unten mit zugewiesenem kleinem sRGB-Farbraum.

Nun könnten Sie denken, das Beste wäre, wenn die Kamera mit einem möglichst großen Farbraum wie dem ProPhoto RGB arbeiten würde. Dann passen sicher die weiteren Farbräume (z. B. der Druckerfarbraum CMYK) ganz hinein. Das ist aber nicht automatisch die beste Lösung, weil bei der Farbraumkonvertierung von Farbräumen mit sehr unterschiedlichen Größen auch mit stärkeren Bildveränderungen gerechnet werden muss.

Der richtige RGB-Arbeitsfarbraum

Benötigen Sie die Bilder nur für Bildschirmdarstellungen oder arbeiten Sie im JPEG-Format, dann nehmen Sie am besten den kleinen und problemlosen sRGB-Farbraum. Im RAW-Format und für Druckzwecke ist der größere Adobe RGB-Farbraum (oder für Offset-Kunstdrucke der ECI RGB) besser geeignet. 16-Bit-RAW-Bilder können Sie auch im RAW-Konverter dem großen ProPhoto RGB zuweisen und so archivieren. Erst bei der Aufbereitung für einen bestimmten Zweck rechnen Sie dann den Datensatz in einen geeigneten kleineren Arbeitsfarbraum um.

Praktisch alle Monitore arbeiten mit dem kleinen sRGB-Farbraum, einige wenige und teure wie der EIZO CG221 auch mit Adobe RGB. Arbeiten Sie im JPEG-Format oder wollen Sie Ihre Bilder vor allem auf Bildschirmen anzeigen, ist es sinnvoll, bei Ihrer Kamera den sRGB-Modus einzustellen und mit diesem kleinen, aber auch problemlosen Farbraum zu arbeiten. Legen Sie auf eine große Druckqualität Wert, arbeiten Sie besser im RAW-Format mit dem größeren Adobe RGB-Farbraum. Sie sehen allerdings nicht alle Farben der Aufnahme am Bildschirm, weil dieser ja nur den sRGB-Farbraum darstellen kann. Nur einige sehr teure Profibildschirme können den Adobe RGB-Farbraum anzeigen. Hingegen sind die Verluste bei der Farbraumkonvertierung beim Drucken kleiner als mit Bildern mit dem kleinen sRGB-Farbraum. Bilder, die Sie im Internet zeigen wollen, müssen Sie vorgängig in Photoshop

CS2/CS3 mit dem Befehl *Bearbeiten/In Profil kon-vertieren* von Adobe RGB in sRGB konvertieren, sonst werden die Farben nicht richtig angezeigt. Im Internet wird Adobe RGB-Bildern automatisch das Profil des sRGB-Farbraums zugewiesen, was zu unschönen Farbveränderungen führen kann (die Bilder werden blasser und verlieren an Sättigung).

Der Farbraumvergleich zum Profil des Fine-Art-Druckpapiers Hahnemühle Photo Rag zeigt, dass der Adobe RGB-Farbraum den Druckfarbraum des Papiers fast vollständig umfasst und ihn so optimal ausnutzt. Der sRGB-Farbraum kann hingegen die Möglichkeiten des Papiers nicht vollständig aus-schöpfen.

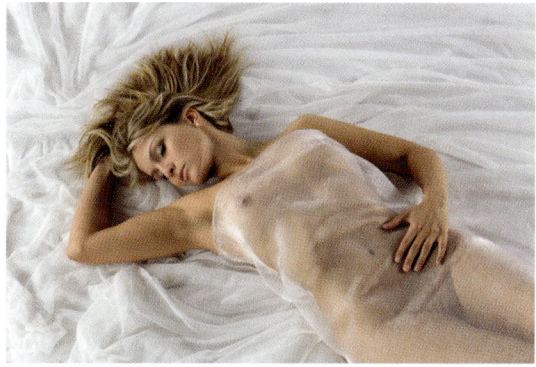

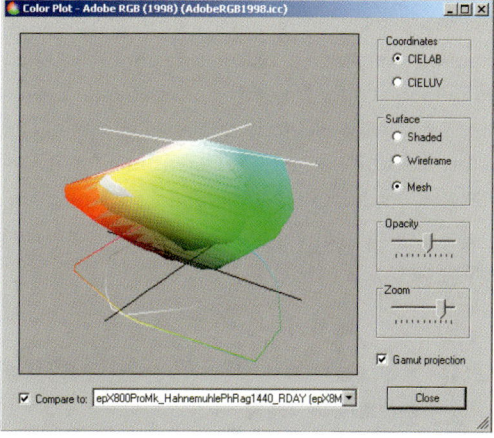

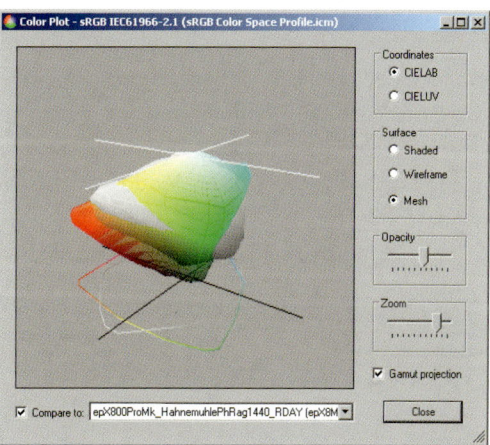

▲ *Vergleich Druckfarbraum des Fine-Art-Papiers Hahnemühle Photo Rag (grau) mit Adobe RGB- (links) und sRGB-Farbraum (rechts).*

▲ *Oben: Original im Adobe RGB-Farbraum, Mitte: mit zuge-wiesenem sRGB-Farbraum, unten: in sRGB-Farbraum kon-vertiert.*

Da die Farbräume der Kamera (Adobe RGB), des Bildschirms (sRGB) und des Drucks (CMYK-Farb-raum des Druckpapiers) unterschiedlich sind, sehen die Bilder auf den verschiedenen Medien auch nicht genau gleich aus. Mit einem guten Farbmana-gement und einigermaßen gleich großen Farbräu-men bleiben diese Unterschiede nach der Konver-tierung allerdings in überschaubaren Grenzen.

Bei den DSLR-Kameras haben Sie in der Regel bei der Aufnahme nur die Auswahl zwischen dem sRGB- und dem Adobe RGB-Farbraum. Im RAW-Format können Sie aber im RAW-Konverter der Aufnahme noch weitere Arbeitsfarbräume wie ProPhoto RGB zuweisen. Für das Fine-Art-Printing empfehle ich Ihnen auf jeden Fall den Adobe RGB-Farbraum.

Sie können auch als Alternative dazu den ECI RGB-Farbraum verwenden. Dieser ist so groß wie Adobe RGB, besitzt aber ein anderes Gamma und einen anderen Weißpunkt. Er ist damit geeigneter für die Weiterbearbeitung im CMYK-Farbraum z. B. bei Offset-Kunstdrucken. Für die Bildarchivierung können Sie auch den sehr großen ProPhoto-Farbraum einsetzen.

7.3 So setzen Sie Farbprofile gezielt ein

Im Betriebssystem Windows erkennen Sie Farbprofile an den Dateiendungen .icc oder .icm. Alle ICC-Profile sind bei Windows in einem zentralen Ordner gespeichert. Dieser unterscheidet sich je nach Windows-Version. Unter Windows XP gilt folgender Pfad:
C:\WINDOWS\system32\spool\divers\color

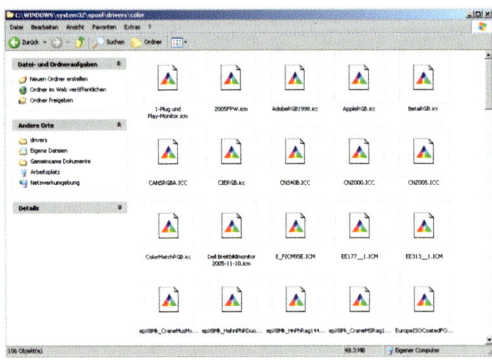

▲ Dateiverzeichnis mit den ICC-Profilen (Windows XP).

Im Laufe der Zeit sammeln sich ziemlich viele ICC-Profile im Profil-Verzeichnis an. Legen Sie einfach

einen Unterordner (z. B. Nicht gebrauchte ICC-Profile) an einem anderen Ort an.

Allerdings müssen Sie dazu einen anderen Datenbaum verwenden, sonst werden die Profile von Photoshop automatisch gefunden. Verschieben Sie alle unnötigen Profile dorthin. Nun haben Sie eine bessere Übersicht und im Notfall können Sie ein Profil wieder zurückholen.

Die Organisation der ICC-Profile und die Einstellung der einzelnen Geräte unter Windows erfolgt dezentral. Die Zuordnung eines ICC-Profils zu einem an den Computer angeschlossenen Gerät erfolgt immer in den Eigenschaften des jeweiligen Gerätes. Ihr Monitor ist dabei das wichtigste Gerät. Diesem müssen Sie auf jeden Fall ein Profil zuweisen, sonst sehen Sie die Farben nie korrekt.

Das Profil erhalten Sie durch die Monitorkalibrierung und -profilierung. Die Zuweisung erfolgt dann meistens direkt durch die Kalibrierungssoftware. Natürlich können Sie das ICC-Profil auch selbst dem Monitor zuweisen. Sie gehen dabei wie folgt vor:

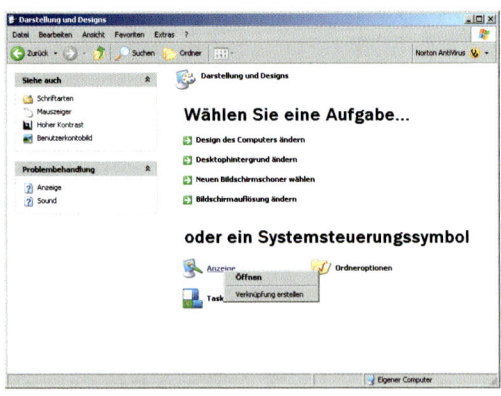

Bildschirmprofil zuweisen

Öffnen Sie dazu in der Windows-Systemsteuerung die Anzeige. Öffnen Sie dann das Register Einstellungen und klicken Sie auf die Schaltfläche Erweitert.

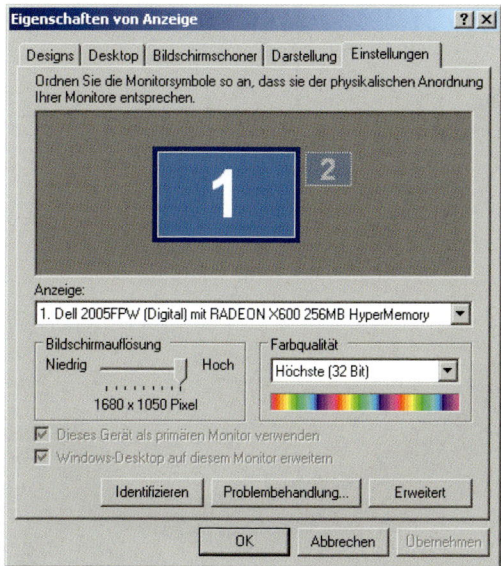

Nun öffnet sich das Eigenschaftsfenster Ihres Monitors und der Grafikkarte. Wählen Sie das Register *Farbverwaltung*. Hier wählen Sie nun das gewünschte Farbprofil aus. Mit der Schaltfläche *Als Standard* definieren Sie dieses Profil als Standardprofil, das beim Starten immer automatisch geladen wird.

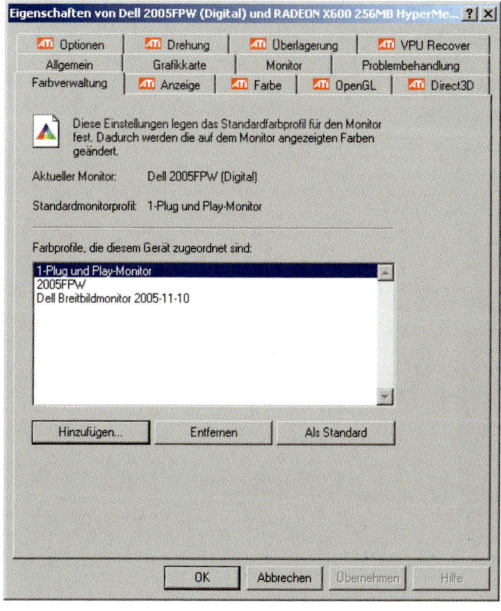

Druckerprofil zuweisen

Auf die gleiche Art können Sie nun Ihrem Drucker auch ein Standardprofil zuweisen. Im Eigenschaftsmenü des Druckers gibt es das Register *Farbverwaltung*. Dort werden alle vorhandenen Profile angezeigt.

Wenn Sie die Option *Automatisch* ausgewählt haben, übernimmt Windows die Auswahl der zum eingestellten Druckmedium passenden ICC-Profile automatisch. Bei Problemen mit der Zuordnung der ICC-Profile können Sie hier dem Drucker auch manuell ein Profil zuweisen.

Eine mögliche Fehlerquelle bei einer falschen Farbdarstellung haben Sie so ausgeschlossen. Arbeiten Sie nur mit einem Drucker, dann können Sie hier *Manuell* gleich das richtige Profil zuweisen.

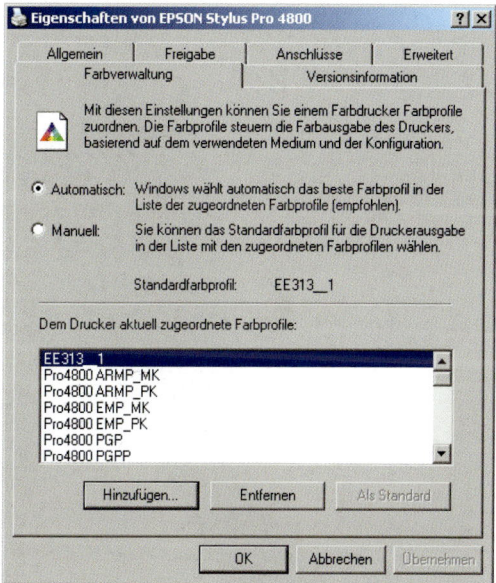

Auf die Zuweisung eines Profils für Ihre Kamera können Sie verzichten, denn Photoshop nimmt bei der Bildbearbeitung nur die Profile, die von der Kamera mit den Bildern geliefert werden. Photoshop greift nicht auf die Einstellungen im Betriebssystem zurück.

Die weiß überstrahlte Rückwand stellt Model Lynn frei, Fotograf: Martin Zurmühle.

Profilverwaltung

Das Zusatzprogramm Color Control Panel für Windows XP kann kostenlos von der Homepage von Microsoft heruntergeladen werden. Leider gibt es dieses Programm nur auf Englisch. Das kleine Programm hilft Ihnen, Farbprofile und Farbeinstellungen unter Windows XP zu verwalten.

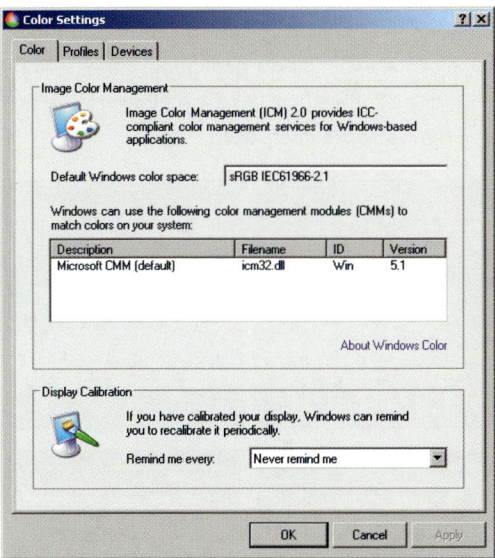

Das Programm rufen Sie nach der Installation direkt aus der Windows-Systemsteuerung (Name Color) auf.

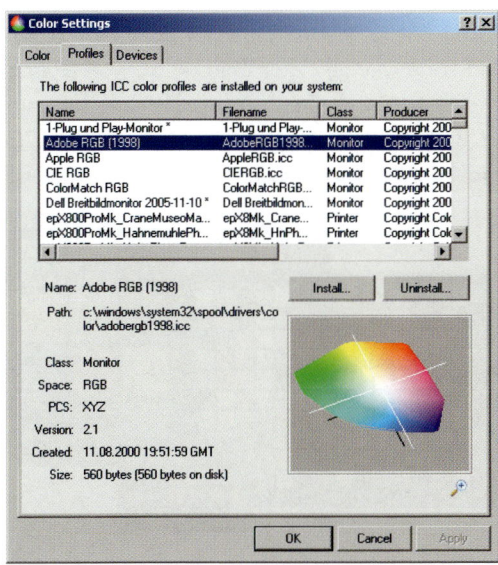

Das Register *Color* informiert über die allgemeinen Farbeinstellungen des Betriebssystems sowie über Name und Version der installierten CMM und das standardmäßig von Windows verwendete ICC-Profil. Sie sehen hier, dass Windows mit dem sRGB-Farbprofil arbeitet. In der Registerkarte *Profiles* sehen Sie Informationen über die installierten ICC-Profile.

Neben dem Profilnamen erkennen Sie, ob es sich um ein Monitor- oder Druckerprofil handelt, und Sie können die Profile installieren und deinstallieren. Besonders spannend ist die Visualisierung der Farbräume, die Sie mit der Lupe unten rechts aktivieren.

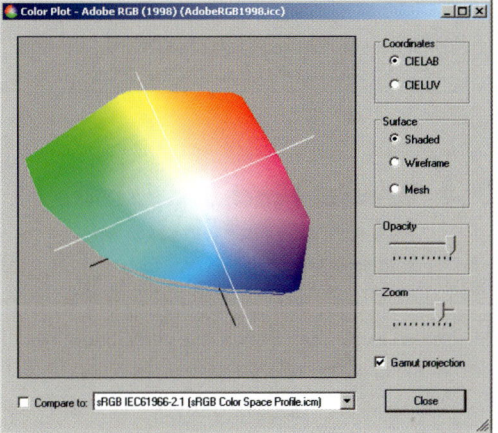

Sie können nicht nur den Farbraum eines ICC-Profils betrachten, sondern diesen auch gleich mit einem anderen Farbraum vergleichen. Die Grafik lässt sich mit der Maus drehen und mit den Optionsfeldern skalieren und verändern. Das ist eine sehr praktische Funktion, um festzustellen, wie groß die Verluste bei einer Farbraumkonvertierung sein werden.

Über das Register *Devices* werden die Farbprofile der an den Computer angeschlossenen Geräte verwaltet. Sie wählen hier die Geräteklasse (Monitor, Drucker oder Scanner) und das verwendete Gerät aus. Das Color Control Panel zeigt dann die dazugehörenden Profile an. Sie können Profile zuweisen und entfernen oder als Standardprofile definieren. Bei der Profilauswahl können Sie auch hier zwischen automatischer und manueller Auswahl wählen.

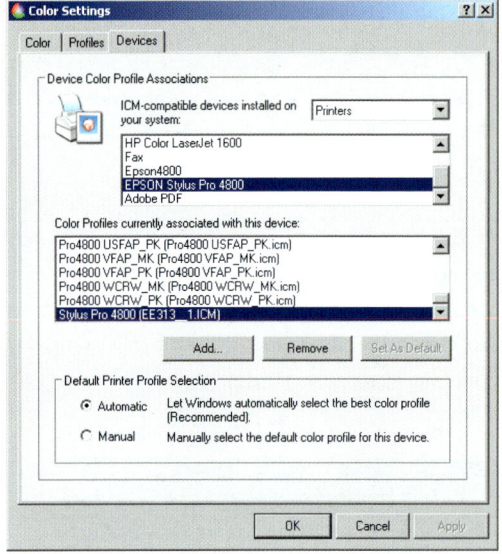

7.4 Braucht man spezielle ICC-Profile für die Kamera?

In der analogen Zeit hatten die verschiedenen Filme einen eigenen Charakter. Einige zeigen schöne Hauttöne und werden deshalb für Porträtaufnahmen eingesetzt. Andere zeigen satte Farben und werden von Naturfotografen bevorzugt. Ich verwendete bei meinen Landschafts- und Naturaufnahmen immer den Fujichrom Velvia wegen der satten Farben und des schönen Grüns.

In der digitalen Welt können Sie so die Farben der Bilder nicht beeinflussen. Die Farbwiedergabe verschiedener DSLRs ist aber nicht identisch. Unterschiedliche Sensoren zeigen die Farben nicht gleich. Auch bei gleichen Sensorfabrikaten gibt es Unterschiede in der Farbwiedergabe aufgrund der Bildbearbeitungssoftware in der Kamera. Welche sind nun aber die richtigen Farben? Mit der Erstellung eines Kamera-ICC-Profils könnten Sie da Klarheit schaffen. Das Grundprinzip bei der Profilierung ist sehr einfach. Sie brauchen dazu

lediglich eine genaue Farbreferenz (im geräteunabhängigen Lab-Farbraum) mit bekannten Farbtönen. Diese werden dann durch eine Software mit den vom Gerät gelieferten geräteabhängigen RGB-Farben verglichen. Die Abweichungen werden in eine Datei (ICC-Profil) geschrieben. Wird dieses Profil für das Gerät aktiviert, dann wird die Darstellung der Farben so geändert, dass sie genau der Referenzvorlage entsprechen. Es braucht für diese Messung eine genügend hohe Zahl an genormten Farbwerten. Die Zwischenwerte werden von der Software interpoliert.

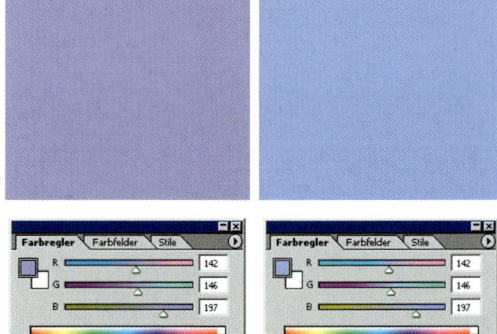

▲ Zwei Farben mit gleichen Farbwerten, aber unterschiedlichem Aussehen, links Farbe in sRGB, rechts gleiche Farbe in ProPhoto RGB.

Die Profilierung der Kamera wäre somit eine einfache Sache. Sie fotografieren dazu eine Normfarbkarte wie die Color Checker SG von GretagMacbeth. Anschließend wird mithilfe einer Software (z. B. ProfileMaker 5, Eye-One-Match 3) das ICC-Profil der Kamera erstellt.

▲ Farbchart von GretagMacbeth. (Foto: GretagMacbeth)

▲ Links eine Aufnahme mit der Nikon D2X mit CMOS-Sensor, rechts mit der Nikon D100 mit CCD-Sensor, Model Jenny, Fotograf: Martin Zurmühle.

Was einfach klingt, ist in der Praxis allerdings sehr schwierig zu realisieren. Einerseits müssen Sie die Farbkarte unter perfekten Lichtbedingungen aufnehmen. Dazu brauchen Sie eine gleichmäßig ausgeleuchtete und spiegelungsfreie Aufnahme.

Auch die Belichtung muss genau stimmen. Da der Weißabgleich die Farben stark beeinflusst, sollten Sie auf jeden Fall vorgängig einen manuellen Weißabgleich machen und diesen dann auch bei den späteren Aufnahmen verwenden. Schon kleinere Abweichungen bei der Aufnahme können zu unbrauchbaren Profilen führen.

Da der Weißabgleich die Farben stark beeinflusst, sollte ein manueller Weißabgleich vor der Aufnahme gemacht und dieser dann auch in der Praxis verwendet werden, was so nur bei Studioaufnahmen praktikabel ist. Schon kleinere Abweichungen bei der Aufnahme können zu unbrauchbaren Profilen führen.

Profilierung der Kamera

Die Profilierung der Kamera ist aufwendig und heikel und gelingt nur unter besten Aufnahmebedingungen. Auch die Einbindung in die RAW-Konverter ist oft schwierig und die Resultate der Profilierung sind häufig unzuverlässig. Eine Kameraprofilierung lohnt sich deshalb nur, wenn absolute Farbtreue gefordert ist.

Die Profilerstellung der verschiedenen Profilierungsprogramme liefert auch bei gleichen Aufnahmen unterschiedliche Resultate.

Die Einbindung des Profils in den RAW-Konverter ist nicht immer gewährleistet. Bei Bibble funktionierte es gut, bei Capture One ist es nicht gerade leicht und bei Camera Raw und Lightroom von Adobe ist es gar nicht möglich.

Insgesamt sollten Sie die Bedeutung der Kamera-profilierung nicht überbewerten. Gerade im Fine-Art-Bereich müssen die Farben meist nicht 100-pro-zentig korrekt wiedergegeben werden. Kameras zu profilieren, ist nur dann sinnvoll, wenn wie zum Beispiel bei der Werbe- oder Produktfotografie die genaue Farbwiedergabe sehr wichtig ist.

7.5 Jeder Bildschirm muss kalibriert und profiliert werden

Während die Profilierung der Kamera nicht zwin-gend ist, muss hingegen jeder Bildschirm kalibriert und profiliert werden. Unter Kalibrieren versteht man das Einrichten der Hardware auf konstante technische Parameter. Diese sorgen dafür, dass das Gerät reproduzierbare gleichmäßige Ergeb-nisse in gewünschter Qualität liefert.

Nach der Kalibrierung kann eine Profilierung durch-geführt werden, um ein für diese Geräte passendes ICC-Profil zu erstellen.

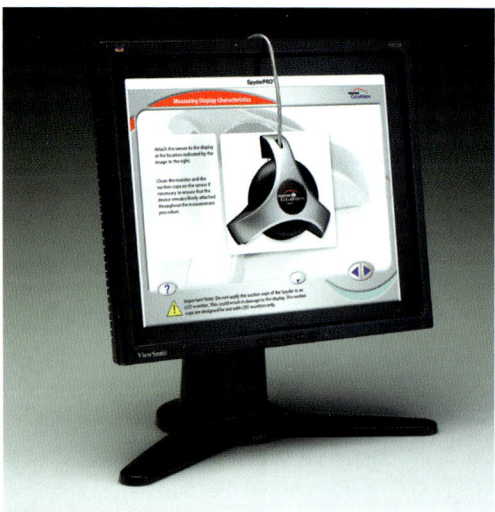

▲ Der Kolorimeter Spyder2 von ColorVision.
(Foto: ColorVision)

Bei der Monitorkalibrierung und -profilierung lie-gen diese beiden Arbeitsschritte nahe beieinander. Die technischen Parameter werden auch ins Mo-nitorprofil geschrieben. Das Vorgehen ist sehr ein-fach. Sie benötigen dazu einen Kolorimeter (z. B. Spyder2 von ColorVision, Eye-One Display 2 von GretagMacbeth).

Nach der Installation und dem Starten der Software wird das Messgerät mit einem USB-Anschluss mit dem Computer verbunden. Sie wählen den Weiß-punkt 6.500 Kelvin und Gamma 2,2 und falls nötig die Luminanz (zwischen 100 und 140, empfehlens-wert für LCD-Monitore ist 120). Anschließend plat-zieren Sie das Messgerät nach den Vorgaben der Software auf dem Bildschirm.

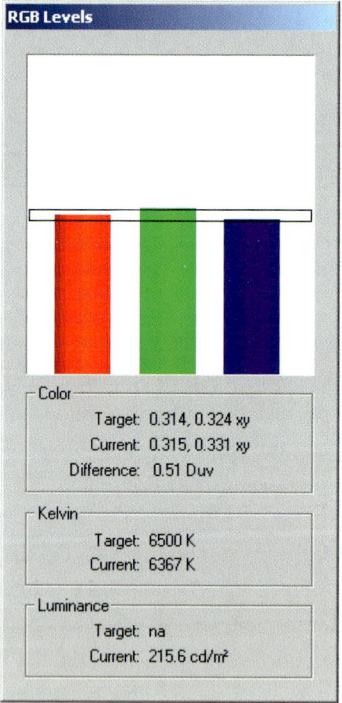

Monitorkalibrierung und -profilierung

Ohne eine präzise Kalibrierung und Profilie-rung Ihres Monitors arbeiten Sie bei der Bild-bearbeitung im Blindflug. Wenn die Farben am Bildschirm nicht korrekt angezeigt werden, können Sie nicht erwarten, dass sie auch rich-tig ausgedruckt werden.

Farbecht ausdrucken mit dem richtigen Farbmanagement

> Kalibrierte und profilierte Monitore sind die Grundvoraussetzung für jede erfolgreiche Bildbearbeitung am PC. Vor der Kalibrierung sollte der Bildschirm schon eine Stunde und das Kalibriergerät fünf Minuten eingeschaltet sein. Schalten Sie eventuell vorhandene Screensaver und das Energiesparmanagement ab.
>
> CRT-Monitore (Röhrenbildschirme) sollten alle drei bis vier Wochen, LCD-Monitore (Flachbildschirme) alle zwei bis drei Monate kalibriert und profiliert werden.

Zuerst kalibriert das Gerät den Bildschirm. Die Monitorhelligkeit und Farbwerte werden kontrolliert und Sie müssen diese eventuell am Bildschirm manuell korrigieren. Anschließend erfolgt selbstständig die Messung der vielen Farbfelder, die auf dem Bildschirm erscheinen. Zum Abschluss wird das errechnete ICC-Profil automatisch an den richtigen Ort im Betriebssystem installiert und für den Monitor aktiviert.

Die Kolorimeter sind heute keine teuren Geräte mehr und die Kalibrierung sowie Profilierung des Monitors dauert nur noch einige Minuten. Nur mit einem richtig eingestellten Bildschirm sehen Sie die Farben richtig und nur so können Sie auch die notwendigen Bildkorrekturen gezielt und farbrichtig vornehmen. Kalibrierte und profilierte Monitore sind ein Muss für jede Weiterbearbeitung am PC.

7.6 ICC-Profile ermöglichen beste Fine-Art-Prints

Die Kalibrierung und Profilierung der Bildschirme ist kostengünstig und einfach zu haben. Schwieriger wird es bei den Druckern. Hier haben Sie die Wahl zwischen vier verschiedenen Methoden zur Druckersteuerung:

- Drucken aus Photoshop nur mit der Papiereinstellung des Druckers.

- Drucken aus Photoshop mit einem Profil des Papier- oder Druckerherstellers.
- Drucken aus Photoshop mit einem selbst erstellten Druckprofil.
- Drucken direkt mit einem RIP und dem passenden Profil zu Drucker und Papier.

Drucken mit Papiereinstellungen

Das Drucken aus Photoshop nur mit der Einstellung des verwendeten Papiers (*Medium*) ist ein Blindflug und gibt, wenn überhaupt, nur einigermaßen korrekte Farbwiedergaben mit den Originalpapieren des Druckerherstellers. Verwenden Sie aber Papiere von Fremdherstellern, sind die Chancen für schöne, farbechte Drucke sehr klein.

Im Druckermenü wählen Sie die richtige Papiergröße und das verwendete Medium aus. Sie können zusätzlich wählen zwischen einem Ausdruck in Farbe oder in Schwarz-Weiß. Diese Methode ist für Fine-Art-Printing absolut ungeeignet.

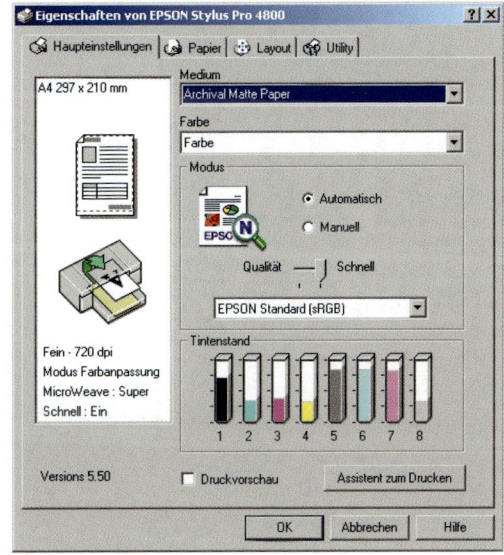

Drucken mit Profilen der Hersteller

Bessere Resultate dürfen Sie erwarten, wenn Sie aus dem Internet die Druckprofile bei den Drucker- oder Papierherstellern herunterladen.

Tiefenwirkung durch gestaffelte Reihen und Größenbezug durch bekannte Objekte
(Menschen im Hintergrund),
Fotograf: Martin Zurmühle.

So bietet der Fine-Art-Papierhersteller Hahnemühle zu einer großen Zahl von Fotodruckern passende Profile zu allen seinen Papieren an.

1

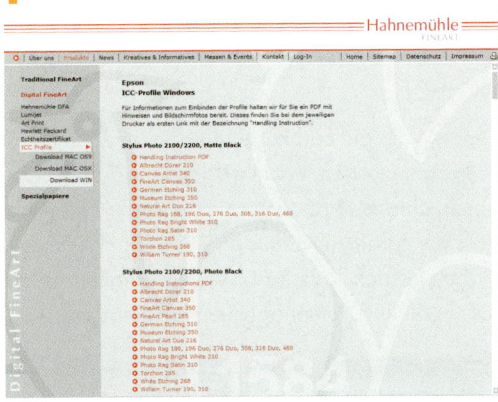

Um ein Profil aus dem Internet herunterzuladen, wählen Sie für Ihren Drucker und das verwendete Papier das ICC-Profil aus und laden es in das Verzeichnis der Druckprofile. Bei Windows XP liegt dieses Verzeichnis hier:
C:\WINDOWS\system32\spool\divers\color

Wenn Sie möchten, können Sie die Namen der Profile auch umbenennen, sodass Sie eine bessere Übersicht haben. Nun drucken Sie aus Photoshop mit diesem Profil.

2

Profil zum Drucken auswählen: In Photoshop drucken Sie mit dem Befehl *Datei/Drucken mit Vorschau*.

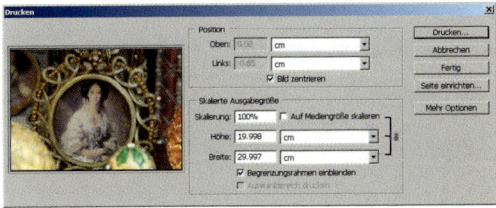

Falls Sie dieses Fenster unter Photoshop CS2 erhalten, klicken Sie auf *Mehr Optionen*. Nun er-

halten Sie die notwendigen Eingabefelder für die Druckprofile.

Hier aktivieren Sie im Auswahlfenster *Farbmanagement* die Farbhandhabung *Photoshop bestimmt Farben*. Anschließend wählen Sie unter *Druckprofil* das gewünschte, zum Drucker und Papier passende ICC-Profil aus, im Beispiel ein Profil von Hahnemühle zur Epson X800-Serie mit Matte-Black-Tinte.

3

Konvertierungsmodus einstellen: Das Feld *Renderpriorität* kennen Sie bereits. Hier wählen Sie für die Konvertierung des Farbraums zwischen *Perzeptiv* oder *Relativ farbmetrisch*, jeweils immer mit aktivierter *Tiefenkompensierung*.

4

Nun sind alle Einstellungen gemacht und nach dem Klicken auf *Drucken* gelangen Sie zum Auswahlmenü der angeschlossenen Drucker. In den Eigenschaften Ihres Drucks sollten Sie noch kontrollieren, ob die richtige Papierqualität und der richtige Modus (Farbe oder Schwarz-Weiß) eingestellt sind, und dann kann es mit dem Druck losgehen. Diese Methode ist einfach und kostengünstig und die Druckresultate sind meistens schon recht gut. Da die gelieferten Profile aber nicht genau auf Ihren individuellen Drucker abgestimmt sind, kann es trotzdem zu Abweichungen kommen. Zwei Drucker vom genau gleichen Typ drucken mit den genau gleichen Profilen nicht 100 % identisch. Es gibt immer größere oder kleinere individuelle Abweichungen. Leider gibt es nicht zu allen Papieren und Druckern im Internet geeignete ICC-Profile. Dann müssen Sie diese selbst herstellen.

Drucken mit selbst erstellten Profilen

Genauer als die Profile der Hersteller sind selbst gemachte Profile. Diese beziehen sich auf Ihre individuelle Drucker-Papier-Kombination und sind so optimal auf Ihr System abgestimmt. Es stehen Ihnen dazu zwei Wege offen.

Sie können einen Testausdruck auf dem gewählten Papier an einen Dienstleister senden, der für Sie dann das Profil erstellt, oder Sie können sich einen recht teuren Spektralfotometer kaufen und selbst Profile erstellen.

Sie müssen für jede Tinte und Papierkombination (und wenn Sie beste Qualität wollen, auch für jede Druckauflösung) ein individuelles Profil erstellen. Auch die Raumtemperatur, das Alter des Papiers und der Druckerfarbe sowie die Luftfeuchte im Raum haben einen Einfluss auf die Farben.

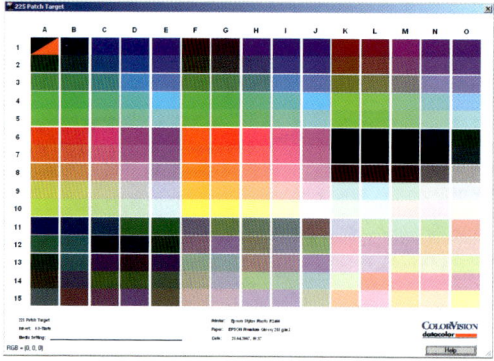

Foto: ColorVision

Wollen Sie auf Nummer sicher gehen (z. B. bei größeren Druckaufträgen), erstellen Sie unmittelbar vor dem Drucken ein neues Profil mit dem geplanten

Papier des Auftrags. Der Weg ist in beiden Fällen ähnlich. Sie brauchen zuerst eine ausgedruckte Musterkarte. Sie bekommen die entsprechenden Bilder von Ihrem Dienstleister oder sie sind beim Spektralfotometer dabei.

1

Drucken Sie die Farbkarte aus, die Sie für die Profilierung benötigen. Wichtig dabei ist, dass Sie beim Ausdruck das Farbmanagement deaktivieren, sodass die Farben unverändert ausgedruckt werden. Haben Sie den Farbchart als Datei erhalten, laden Sie sie ohne Farbmanagement in Photoshop.

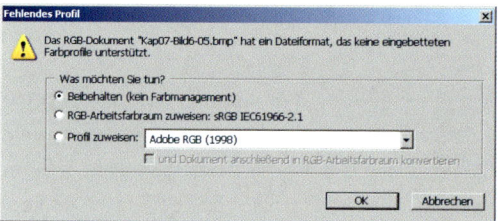

Für den Ausdruck deaktivieren Sie das Farbmanagement. Diese Einstellung finden Sie in Photoshop unter *Datei/Drucken mit Vorschau*. Wählen Sie bei den Optionen und der Rubrik *Farbhandhabung* die Auswahl *Kein Farbmanagement* aus.

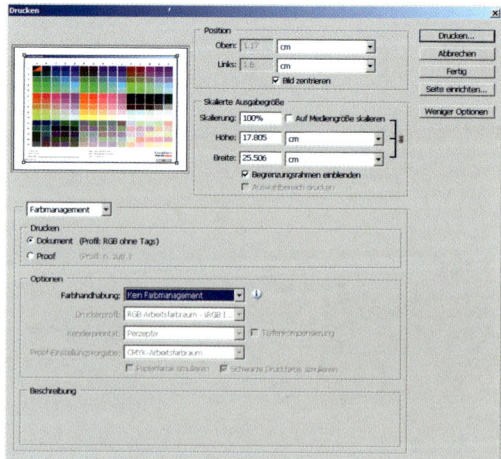

Auch im Druckertreiber müssen Sie eventuell das Farbmanagement noch ausschalten. Nun wird die Farbkarte neutral und unverändert ausgedruckt.

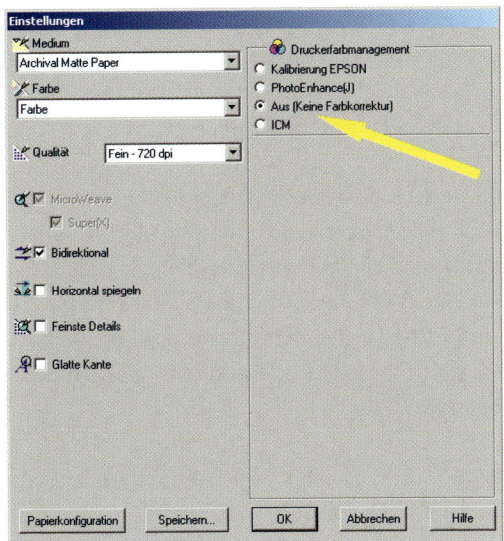

▲ Druckertreiber des Epson Stylus Pro 4800.

▲ Das Spektralfotometer Eye-One von GretagMacbeth. (Foto: GretagMacbeth)

 2

Arbeiten Sie mit einem externen Dienstleister zusammen, müssen Sie nur noch die gedruckte Farbkarte einsenden und erhalten dann wenige Tage später per E-Mail das ICC-Profil zugeschickt. Die gedruckten Farbkarten sollten bei Pigmenttintendruckern mindestens 45 Minuten und bei Farbstofftintendruckern 15 Minuten trocknen, bis die Farben stabil wiedergegeben werden. Zum Ausmessen der Farbkarten gibt es verschiedene Geräte mit großen Preisunterschieden am Markt.

Bei einfachen und preisgünstigen Geräten wie dem PrintFIX PRO von ColorVision müssen Sie die einzelnen Farbfelder einzeln mit dem Spektrokolorimeter anmessen. Das ist recht zeitaufwendig und mühsam und Sie müssen sehr sorgfältig arbeiten. Die Profile sind recht gut, konnten mich aber bei Tests nicht vollständig überzeugen. Bequemer, aber auch teurer geht es mit dem Spektralfotometer Eye-One von GretagMacbeth. Mithilfe eines Lineals können Sie das mausförmige Gerät über die Farbkarte ziehen. Die Software steuert den Vorgang und meldet auch fehlerhafte Messungen. Die Farbwerte werden schnell erfasst und das Profil erstellt. Die Resultate sind sehr gut.

Die Lichtquelle, mit der das Eye-One die Farbfelder während der Messung beleuchtet, entspricht der Normlichtqualität. Als Normlicht bezeichnet man Leuchten, die eine genormte spektrale Strahlungsverteilungskurve besitzen. Es gibt die Normlichtarten D50, D55, D65 und D75 mit Strahlungsverteilung vom Sonnenlicht bei 5.000, 5.500, 6.500 und 7.500 Kelvin. Die mit D beginnenden Normlichtarten beinhalten UV-Anteile, die für den Menschen nicht sichtbar sind. Bei der Arbeit mit selbstfluoreszierenden Oberflächen, wie sie bei bestimmten Papierarten vorkommen, sind sie aber wichtig.

▲ Der Normlichtbetrachter Just Color Match 5000 Duo für Auf- und Durchlicht. (Foto: Just)

Das ICC-Druckerprofil wird bezogen auf die Normlichtart D50 berechnet. Für eine optimale farbliche Übereinstimmung sollten Sie deshalb den Weißpunkt Ihres Bildschirms auf 5.000 Kelvin einstellen.

Die hergestellten Profile binden Sie dann wie bereits beschrieben (sofern das Programm das nicht automatisch tut) ins entsprechende Verzeichnis von Windows ein und verwenden es anschließend zum Drucken Ihrer Bilder. Aber Achtung, das Profil liefert immer nur mit der bei der Erstellung verwendeten Kombination von Tinte und Papier die erwarteten Resultate.

Drucken mit einem RIP

Ein RIP (**R**aster **I**mage **P**rocessor) sind spezielle Prozessoren, eigenständige Rechner oder Software. Sie passen das Druckbild von Farb- oder Laserdruckern an das Farbbild von Druckmaschinen an. Mit einem RIP können Sie den Ausdruck eines Farbdruckers als Proof für Druckmaschinen

benutzen. Die Raster-Image-Prozessoren erstellen ein Rasterbild und passen über die ICC-Profile die unterschiedlichen Farbräume von Farbdrucker und Druckmaschine einander an.

Im Bereich des Fine-Art-Printing können Sie RIPs auch zur optimalen und farbrichtigen Ansteuerung der Tintenstrahldrucker verwenden. Beim Drucken mit einem RIP übernimmt diese Software die gesamte Druckersteuerung, ohne dass dazu Photoshop oder das Druckerprogramm des Druckers benötigt wird.

Beim Fine-Art-Printing steht die absolute Farbrichtigkeit der Wiedergabe im Druck oft nicht im Vordergrund. Die meisten Drucke werden sowieso in Schwarz-Weiß oder Monochrom ausgeführt. Trotzdem ist gerade für eine neutrale Wiedergabe von Graustufenbildern auf einem Tintenstrahldrucker eine Menge Wissen und Erfahrung im Farbmanagement notwendig.

Da die grauen und schwarzen Tinten der meisten Tintenstrahldrucker nicht vollkommen neutral sind, werden geringe Mengen von farbigen Tinten beigemischt, um neutrale Farbwerte zu erzielen. Bei Schwarz-Weiß-Bildern stellt sich oft das Problem der Metamerie ein. Als Metamerie werden Farbveränderungen bei Drucken aufgrund unterschiedlicher Lichtquellen bezeichnet. Immer wenn Sie ein ausgedrucktes Bild betrachten, wirkt sich das Umgebungslicht auf Ihre Farbwahrnehmung aus.

Wenn Sie beispielsweise einen Druck unter einer Büro-Neonröhre betrachten, sehen die Farben oftmals anders aus, als wenn Sie den Druck unter Normlicht oder neutralem Tageslicht betrachten. Diese durch das Umgebungslicht verursachte Farbveränderung bezeichnet man als Metamerie-Effekt. Dieses Phänomen kann Ihnen bei der Beurteilung heikler Motive Probleme bereiten. Bei Farbbildern ist allerdings eine kleine Abweichung meistens weniger dramatisch. Bei Schwarz-Weiß-Bildern fällt hingegen schon ein kleiner Farbstich sehr störend auf.

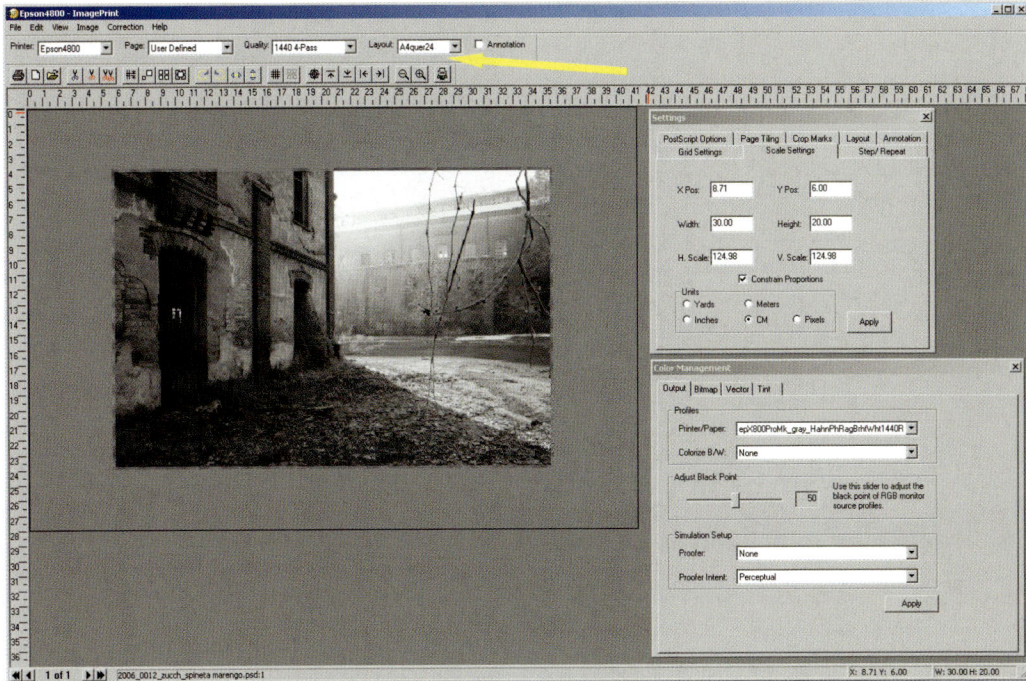

▲ Das Hauptmenü und zwei Befehlsfenster von ImagePrint 6.1. von ColorByte.

Die neuen Tinten bei den Tintenstrahldruckern wie die UltraChrome K3-Tinten von Epson konnten dieses Problem weitgehend lösen. Mit diesen Tinten ist es möglich, tatsächlich neutrale Graustufenbilder zu erzeugen.

Gerade bei solchen Problemen liegt die Stärke des RIPs. Dieser übernimmt die gesamte Druckersteuerung und linearisiert die Geräte. Beim Linearisieren werden die korrekten Tintenwerte und die Tintenmenge festgelegt. Nicht jeder Drucker ist gleich, deshalb muss der Drucker zuerst in einen klar definierten Zustand versetzt werden. Arbeiten Sie mit mehreren Druckern, kommen Sie um den Einsatz eines RIPs kaum herum. Durch die Linearisierung der Geräte sind dann die Ausdrucke bei allen Geräten gleich, was beim Arbeiten nur mit den ICC-Profilen nicht sichergestellt ist.

Beim RIP ImagePrint 6.1 von ColorByte können Sie Bilder im JPEG-, TIF- oder PSD-Format drucken. Bei Bildern im PSD-Format müssen Sie aber eventuell vorgängig alle Ebenen und Masken mit dem Befehl

Ebene/Auf Hintergrundebene reduzieren auf die Hintergrundebene reduzieren. Beim Drucken mit ImagePrint 6.1 gehen Sie wie folgt vor:

1

Grundeinstellungen festlegen: Alle für den Druck notwendigen Angaben machen Sie nun direkt in der Software. Leider ist dieses ausgezeichnete Programm nur in Englisch erhältlich. In der oberen Leiste wählen Sie den Drucker (*Printer*) aus, bestimmen die Papiergröße (*Page*) und die Druckqualität (*Quality*) und legen das Layout fest.

Im Fenster *Settings* haben Sie verschiedene Optionen zum Festlegen der Größe der Bilder, wobei Sie einfach auch mehrere verschiedene Bilder auf das gleiche Papier drucken können.

2

ICC-Profil des Papiers zuordnen: Im Fenster *Color Management* wählen Sie im Register *Output*

unter *Profiles* das gewünschte zum Drucker und Papier passende Profil aus. Auch hier können Sie die Konvertierungsmethode unter *Simulation Setup* im Auswahlfeld *Proofer Intent* auswählen.

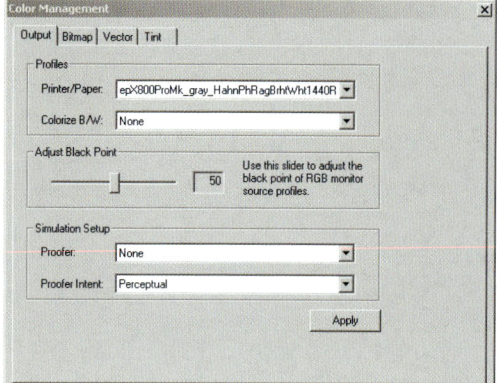

3

Papiertyp auswählen: Nach einem Klick auf das Drucker-Symbol wählen Sie *Options* und unter *Media Type* den gewünschten Papiertyp aus. Hier können Sie auch festlegen, ob der Ausdruck randlos (*Borderless*) erfolgen soll. Und nun kann das Bild gedruckt werden.

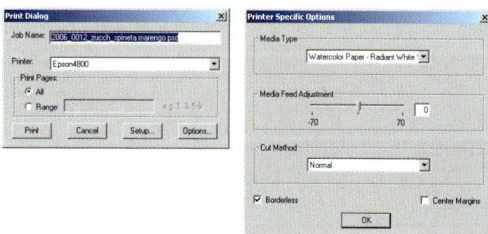

4

Bild einfärben: Mit ImagePrint können Sie die Bilder nicht nur sehr gut und maßgenau ausdrucken, sondern auch noch gezielt einfärben. Das geht ganz einfach im Fenster *Color Management* unter der Rubrik *Tint*.

Sie können dabei die Farbtöne für die Tiefen und Lichter separat auswählen und sehen nach dem Klicken auf *Apply* sofort die Wirkung im Bild.

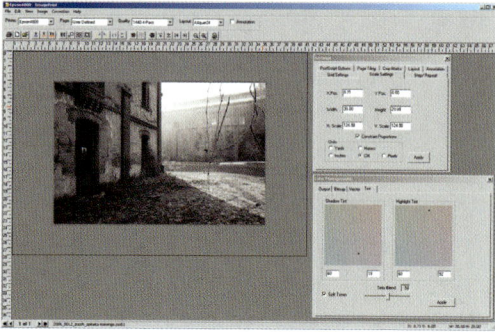

▲ *Ein leicht getöntes Schwarz-Weiß-Bild.*

Auf den ersten Blick scheint das Arbeiten mit einem RIP schwieriger zu sein als das Drucken mit Photoshop und einem ICC-Profil. Für Fine-Art-Printer ist es aber genial einfach, denn Sie benötigen kein teures Spektralfotometer, um die Profile zu den verschiedenen Fine-Art-Papieren zu erstellen. Perfekt auf den Drucker und das verwendete Papier abgestimmte Profile laden Sie schnell und einfach direkt vom Internet ins entsprechende Verzeichnis auf Ihren PC herunter.

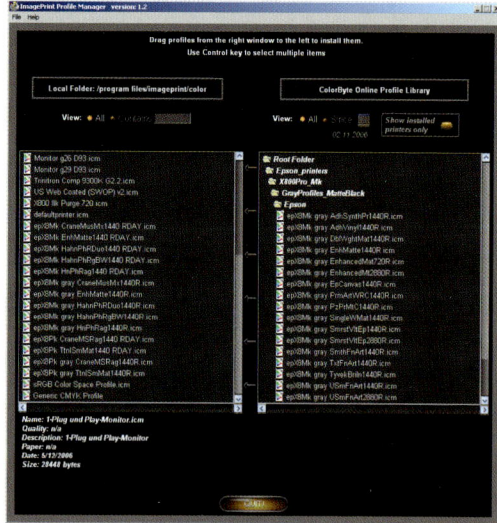

Eine riesige Profilbibliothek steht Ihnen so immer aktuell zur Verfügung. Leider werden nur Mittelklasse- und Profidrucker von ImagePrint unterstützt. Für mich ist es die einfachste und beste Lösung für Fine-Art-Drucke in bester Qualität.

Eine weitere Möglichkeit für reine Graustufenbilder ist der Umbau eines Tintenstrahldruckers auf monochrome Tintensätze von Fremdherstellern. So gibt es einen Tintensatz mit Carbonpigment-Tinten, mit dem Sie mit älteren Epson-Druckern wie dem Epson Stylus 2100 perfekte Schwarz-Weiß-Drucke mit höchster Lichtbeständigkeit machen können. Diese Tinten werden aber nicht mehr über Photoshop oder das Druckermenü angesteuert.

Dazu brauchen Sie auch einen RIP wie zum Beispiel das Programm StudioPrint oder QuadToneRIP. Diese Tinten können Sie nun aber nicht mehr über Photoshop oder das Druckermenü ansteuern. Dazu brauchen Sie auch einen RIP wie zum Beispiel das Programm StudioPrint oder QuadToneRIP.

Sie sehen, das Drucken mit Tintenstrahldruckern in bester Fine-Art-Qualität ist nicht ganz einfach, und Sie werden auf jeden Fall einiges an Lehrgeld zu bezahlen haben. Belohnt werden Sie aber am Schluss mit wunderbar ausgedruckten Bildern in der Qualität der Baryt-Abzüge der analogen Fotografie.

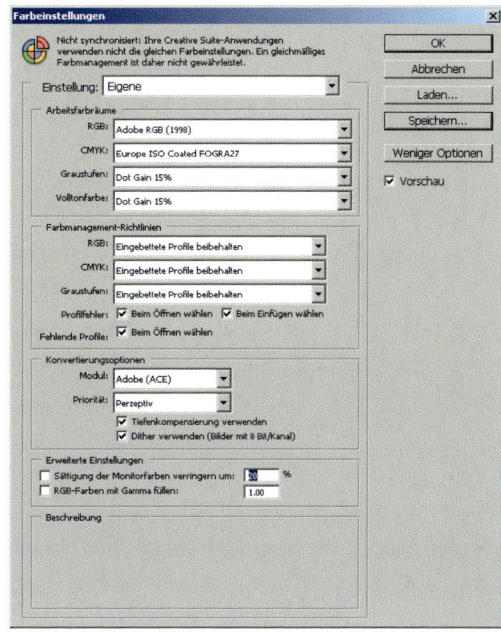

7.7 Die richtigen Farbmanagementeinstellungen in Photoshop

Um mit Photoshop gut arbeiten zu können, ist die korrekte Farbeinstellung wichtig. Sie finden die Einstellmaske unter dem Menü *Bearbeiten/Farbeinstellungen*.

Unter *Arbeitsfarbräume* habe ich hier Adobe RGB (sRGB oder ECI RGB wären natürlich auch möglich) angegeben. Der hier angewählte Arbeitsfarbraum sollte gleich sein wie der Arbeitsfarbraum Ihrer Kamera, sonst bekommen Sie beim Öffnen jedes Bildes eine Warnmeldung angezeigt. Unter *CMYK* wurde hier ein generisches Profil wie *ISO Coated* für den Offset-Kunstdruck angegeben. Unter *Graustufen* und *Volltonfarbe* gibt man einen Druckpunktzuwachs von 15 % ein.

Bei *Farbmanagement-Richtlinien* sollten Sie die Felder für die Warnungen bei Profilfehlern aktivieren. Sie können dann entscheiden, wie Sie bei solchen Fehlern vorgehen wollen. Unter *Konvertierungsoptionen* habe ich *Perzeptiv* als Vorgabe ausgewählt, weil diese bei fotografischen Arbeiten meistens die besseren Resultate liefert. Die übrigen Einstellungen können Sie so lassen, wie sie standardmäßig vorgegeben werden. Sie speichern dann diese Einstellungen unter einem eigenen Namen ab. Wird nun in Photoshop ein Bild mit einem abweichenden Arbeitsfarbraum geöffnet, sehen Sie folgende Fehlermeldung:

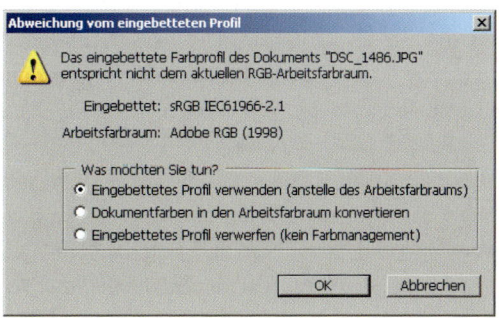

Hier wurde ein Bild mit dem eingebetteten Arbeitsfarbraum sRGB geöffnet. Sie haben nun die Wahl unter drei Optionen:

Eingebettetes Profil verwenden (anstelle des Arbeitsfarbraums)	Diese Option ist in der Regel die beste, da Farbräume möglichst nicht konvertiert werden sollten.
Dokumentfarben in den Arbeitsfarbraum konvertieren	Hier findet eine Konvertierung der Farben statt, was zu Informationsverlusten führen kann.
Eingebettetes Profil verwerfen (kein Farbmanagement)	Kann ich Ihnen nicht empfehlen, da Sie so keine Kontrolle über die Farbdarstellung mehr haben.

An verschiedenen Stellen in Photoshop stehen Sie vor der Entscheidung, ob Sie einem Bild ein anderes Profil zuweisen oder es in ein anderes Profil konvertieren wollen. Was ist aber der Unterschied zwischen diesen beiden Methoden?

Profil zuweisen

Mit dem Befehl *Bearbeiten/Profil zuweisen* können Sie einem Bild ein anderes Profil geben. Es steht Ihnen dazu die Profilbibliothek von Photoshop zur Verfügung.

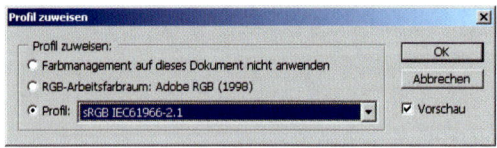

Im Beispiel wird einem Bild mit dem RGB-Arbeitsfarbraum Adobe RGB der sRGB-Farbraum zugewiesen. Da der sRGB-Farbraum wesentlich kleiner ist als der Adobe RGB-Farbraum, sehen die Farben unterschiedlich aus.

Das Bild wirkt nun flauer und die Farben sind weniger gesättigt (siehe Bilder oben auf der gegenüberliegenden Seite). Trotzdem sind die RGB-Werte der einzelnen Pixel unverändert geblieben. Das heißt, Sie können einem Bild beliebig oft ein Profil zuweisen, ohne dass die Originalinformation verloren geht (siehe Abbildungen oben auf der gegenüberliegenden Seite).

Das Gleiche geschieht, wenn Sie ein Bild mit einem Adobe RGB-Farbraum ins Internet hochladen. Dann wird ihm oft automatisch der sRGB-Farbraum zugewiesen und das Bild hat plötzlich ganz andere, flauere Farben. Verhindern können Sie diesen ungewollten Effekt, wenn Sie das Bild vorgängig in sRGB konvertieren.

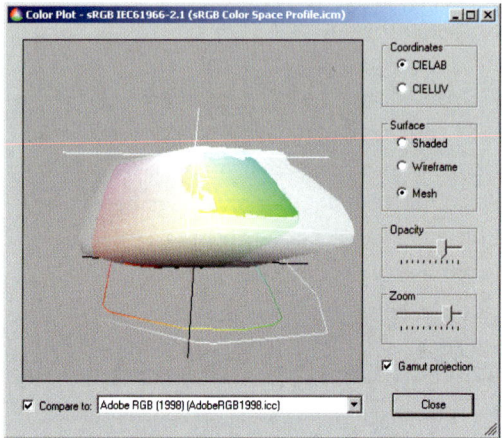

▲ *Farbig der kleine sRGB-Farbraum, grau der viel größere Adobe RGB-Farbraum.*

Profil konvertieren

Beim Zuweisen eines Profils bleiben die Farbwerte unverändert, durch das neue Profil kann sich jedoch das Erscheinungsbild der auf dem Monitor angezeigten Farben deutlich verändern (siehe Bilder unten auf der gegenüberliegenden Seite).

Beim Konvertieren werden die Farben hingegen in den Farbraum eines anderen Profils umgerechnet. Die Farbwerte werden verändert, um das ursprüngliche Erscheinungsbild der Farben zu erhalten. Konvertierungen führen zu Informationsverlusten. Machen Sie diese Konvertierung deshalb nur für Bilder, die Sie ausschließlich im Internet verwenden. Belassen Sie aber die Originalbilder so lange wie möglich im Originalfarbraum.

Softproof erstellen

Mit einem Softproof können Sie am Bildschirm die Druckresultate simulieren. Mit dem Befehl *Ansicht/ Proof einrichten/Eigene* wird das entsprechende Einstellungsfenster geöffnet.

▲ Links Originalbild im Adobe RGB-Farbraum, rechts mit einem zugewiesenen sRGB-Profil.

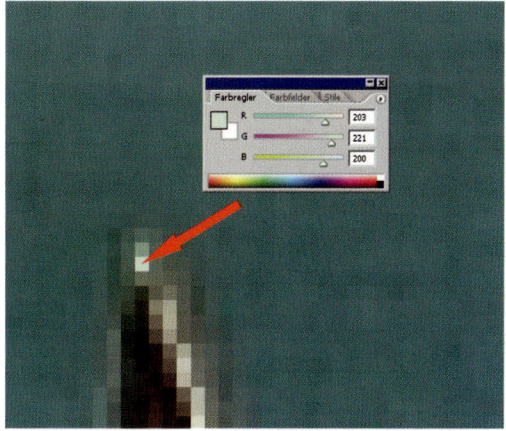
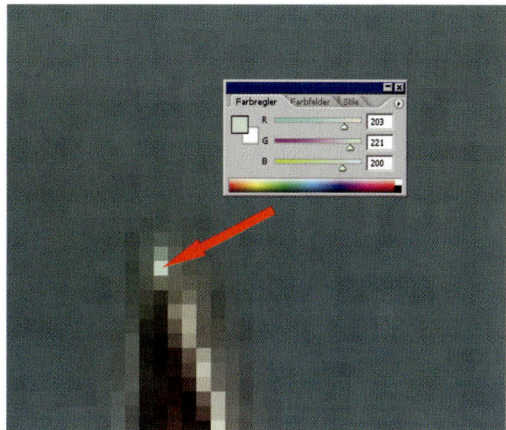

▲ Links Adobe RGB, rechts mit zugewiesenem sRGB-Profil.

Beim zu simulierenden Gerät wird der CMYK-Arbeitsfarbraum angezeigt, den Sie über den Befehl *Bearbeiten/Farbeinstellungen* ausgewählt haben. Einmal berechnete Druckprofile können nicht erst im Druck beurteilt werden. Wie die CMYK-Umwand-

lung von RGB-Daten können Sie im Softproof auch Ihre Druckerprofile im Voraus beurteilen. Hier testen Sie auch die unterschiedliche Wirkung der Farbraumkonvertierung (Rendering Intents). Das Softproof ist so ein Probedruck auf dem Bildschirm. Eine

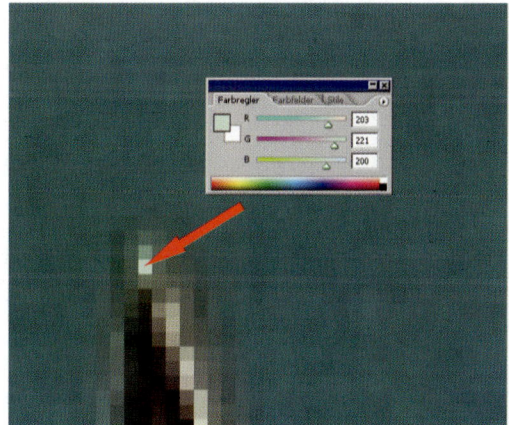
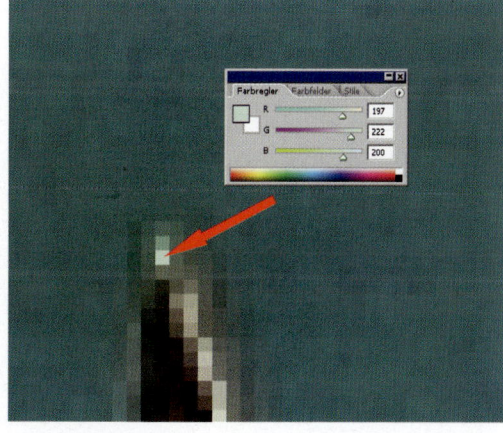

▲ Links Originalbild im Adobe RGB-Farbraum, rechts konvertiert in den sRGB-Farbraum.

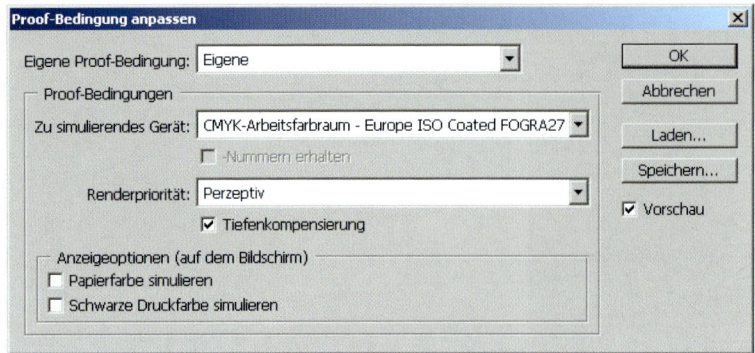

Drucken Sie den Proof aus, simulieren Sie die Endausgabe nach dem Ausdruck mit einem ausgewählten Papier. Auch hier werden die Pixelwerte nicht verändert, sondern nur die Darstellung der Farben am Bildschirm und im Ausdruck. Sie benötigen diese Funktion allerdings beim Drucken auf Ihrem Tintenstrahldrucker nicht, sondern nur dann, wenn Sie mit Ihrem Drucker den Ausdruck auf einem anderen Druckmedium überprüfen möchten.

gute Funktion ist die Farbumfang-Warnung, die mit dem Befehl *Ansicht/Farbumfang-Warnung* aktiviert wird. Nun zeigt das Bild mit grauer Farbe die Bereiche an, die außerhalb des druckbaren Bereichs des Profils liegen.

▼ *Farbumfang-Warnung markiert als graue Bereiche.*

Farbecht ausdrucken mit dem richtigen Farbmanagement

▲ ▼ *Oben Softproof mit Papier Hahnemühle Photo Rag mit relativ farbmetrischer Konvertierung, unten mit der Konvertierungs-methode Perzeptiv, Fotograf: Martin Zurmühle.*

8

Fine-Art-Printing in Farbe und Schwarz-Weiß

Das Fine-Art-Printing setzt sich zum Ziel, die Bilder in höchster Qualität auszudrucken. Heute können Sie Ihre digitalen Bilder so perfekt auf Ihrem Tintenstrahldrucker ausdrucken wie die Profis der analogen Zeit

mit ihren Schwarz-Weiß-Labors. Wichtig ist aber, dass Sie einen gezielten Workflow von der Aufnahme bis zum Ausdruck einhalten. Mit dem richtigen Drucker, den geeigneten Tinten und Fine-Art-Papieren, den passenden ICC-Profilen und gut nachbearbeiteten Bildern können Sie traumhafte Drucke erstellen, die auch in Fotogalerien bestehen.

8.1 Im digitalen Labor haben Sie alles im Griff

In der analogen Fotografie wurde ich sehr oft enttäuscht, wenn ich die Bilder aus dem Labor zurückerhielt. Die Farben entsprachen häufig nicht meinen Vorstellungen. Auch die Bildkontraste waren oft unbefriedigend. Ich habe deshalb in erster Linie mit Diafilmen gearbeitet, weil dort die Resultate besser kontrollierbar waren. Sobald ich aber Abzüge von den Dias machen ließ, war ich wieder mit dem gleichen Problem konfrontiert.

Ich habe die Fotografen beneidet, die ihre Schwarz-Weiß-Bilder mit viel Geduld, Erfahrung und Können im chemischen Schwarz-Weiß-Labor entwickelten. Ich bewunderte die fantastischen Werke von Ansel Adams, Edward Weston, Jeanloup Sieff oder Henri Cartier-Bresson. Diese herrlichen, kontrastreichen Schwarz-Weiß-Bilder mit der tiefen Schwärze waren ein Traum für mich. Leider fehlten mir die Zeit und die Geduld, mich in diese Welt einzuarbeiten.

Mit der digitalen Fotografie habe ich nun endlich auch die Möglichkeit, Bilder in gleicher Qualität wie im klassischen Schwarz-Weiß-Labor zu erzeugen. Für das digitale Fine-Art-Printing benötigen Sie keine Chemie, dafür gute Kenntnisse in der Bildbearbeitung und einen gezielten und durchdachten Workflow, der Sie Schritt für Schritt ans Ziel bringt. Die wichtigsten Arbeitsschritte sind:

■ Richtige Kameraeinstellungen,
■ RAW-Konvertierung,
■ Veredelung der Bilder,
■ gezielte Bildbearbeitung,
■ Druckvorbereitung und Druck.

Schauen wir uns diese Arbeitsschritte im Einzelnen kurz an:

Kameraeinstellungen

Für das Fine-Art-Printing arbeiten Sie immer mit der bestmöglichen Bildqualität. Stellen Sie deshalb die Kamera auf folgende Grundeinstellungen:

▼ Ein Spiel mit starken Kontrasten und feinen Grauwerten, Fotograf: Roberto Casavecchia.

Bildqualität	RAW oder RAW + JPEG
Farbraum	Adobe RGB
Empfindlichkeit	Tiefe Werte (z. B. ISO 100)
Scharfzeichnen	Kein Scharfzeichnen (eventuell auch leichtes oder automatisches Scharfzeichnen)

Das RAW-Format arbeitet im Gegensatz zum 8-Bit-JPEG-Format mit 10-, 12- oder 16-Bit-Bilddaten und hat so die wesentlich größere Informationsfülle und Flexibilität. Der Adobe RGB-Farbraum ist bedeutend größer als der sRGB-Farbraum. Bei tiefen ISO-Werten ist die Bildqualität am besten mit dem wenigsten Bildrauschen. Die Scharfzeichnung machen Sie besser in der Bildbearbeitung, weil Sie dort mehr und feinere Möglichkeiten haben.

Solange Sie im RAW-Format arbeiten, können Sie auch abweichende Einstellungen bei der Aufnahme haben. Im RAW-Konverter können Sie diese dann bei Bedarf wieder korrigieren. Ich arbeite bei meiner Nikon D2X meistens mit automatischer Scharfzeichnung in der Kamera, weil diese sehr fein arbeitet. Falls nötig kann ich die Scharfzeichnung der Kamera im RAW-Konverter von Nikon (Nikon Capture NX) wieder ausschalten und das Bild ohne Scharfzeichnung in Photoshop öffnen.

▲ Einstellungsmöglichkeiten beim RAW-Konverter Capture NX.

Dabei bedeutet *Nicht geändert* die Einstellung gemäß Kameramenü, die dann mit anderen Einstellungen überschrieben werden kann.

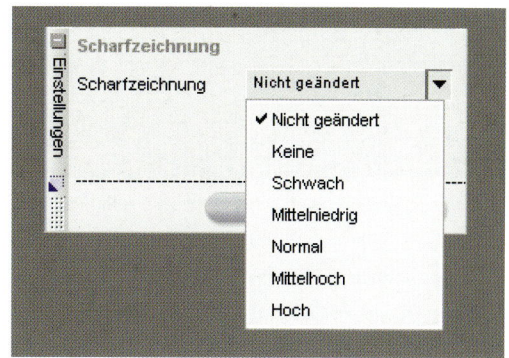

RAW-Konvertierung

Es gibt heute sehr viele verschiedene RAW-Konverter am Markt, die Bilder der verschiedenen Kameramodelle öffnen können. Allein über dieses Thema kann man ein Buch schreiben. Welcher ist nun der beste für Sie? Grundsätzlich haben Sie drei Möglichkeiten:

- Sie arbeiten mit dem zur Kamera gelieferten oder erhältlichen RAW-Konverter (z. B. Capture NX von Nikon).
- Sie arbeiten mit dem RAW-Konverter von Photoshop (Adobe Camera Raw).
- Sie arbeiten mit einem spezialisierten RAW-Konverter (z. B. Capture One von Phase One, Lightroom von Adobe, Aperture von Apple).

Die RAW-Konverter werden immer leistungsfähiger und nähern sich von der Funktionalität her der Bildbearbeitung mit Photoshop an, ohne aber die gleiche Flexibilität und Steuerbarkeit zu haben. Für mich stellt sich die Frage, wie der RAW-Konverter mit den mitgelieferten Kameradaten umgeht.

Dazu können Sie einen einfachen Test machen. Öffnen Sie einfach ein Bild, ohne eine Anpassung vorzunehmen, mit verschiedenen RAW-Konvertern und speichern Sie es dann in Photoshop ab. Vergleichen Sie nun die Resultate miteinander. Beim Beispiel der Blumenwiese wirkt das Bild mit Capture NX etwas

▲ Links Konvertierung mit Nikon Capture NX, rechts mit Adobe Camera Raw.

weniger kontrastreich als mit Adobe Camera Raw (beachten Sie vor allem den Hell-Dunkel-Verlauf beim Baumstamm). Wenn Sie bei starker Vergrößerung die Pixelstrukturen vergleichen, sehen Sie klare Unterschiede zwischen den verschiedenen Programmen.

Die genau gleichen Rohdaten des Sensors werden unterschiedlich von den verschiedenen RAW-Konvertern interpretiert und verarbeitet. Entscheiden Sie deshalb aufgrund Ihrer eigenen Präferenzen und Ihrer Arbeitsweise, welches Programm Ihnen die besten Resultate liefert.

Veredelung der Bilder

Haben Sie die Bilder mit dem RAW-Konverter bearbeitet und in Photoshop geöffnet, geht es an die Grundbearbeitung der Dateien. Folgende Bereiche werden „veredelt":

- Leichtes Schärfen.
- Entfernen von Staubflecken und unschönen Bildelementen.
- Entfernen des Bildrauschens.
- Eventuelles Zuschneiden.

Haben Sie bei der Aufnahme ohne Scharfzeichnung gearbeitet, wirkt das Bild sehr flau und un-

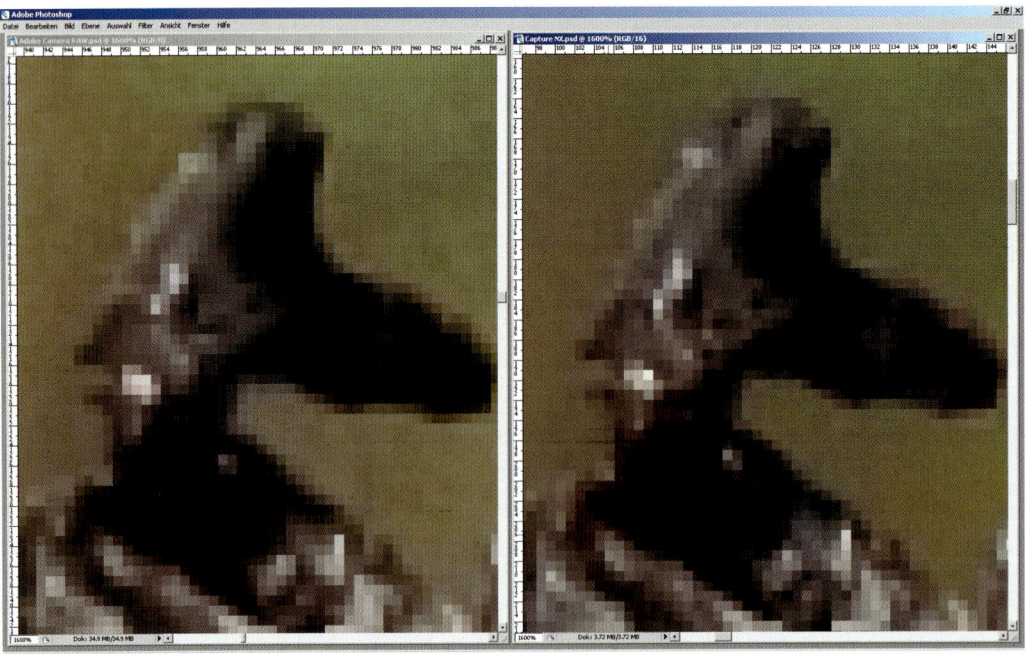

▲ Links Capture NX, rechts Adobe Camera Raw.

scharf. Sie können nun die Datei leicht vorschärfen. Neben dem bekannten Befehl in Photoshop *Filter/Scharfzeichnungsfilter/Unscharf maskieren* eignet sich dazu vor allem die Software Nik Sharpener 2 (*http://www.nikmultimedia.com*).

Für das Entfernen von Staubflecken und die Bereinigung unschöner Bildbereiche eignen sich in Photoshop folgende Werkzeuge:

- Das Kopierstempel-Werkzeug kopiert Pixel von einem anderen Bereich. Achten Sie darauf, dass der Quellbereich die gleichen Farb- und Strukturwerte hat wie der Zielbereich.
- Das Reparatur-Pinsel-Werkzeug eignet sich zum Flicken linienförmiger Fehler. Es nimmt die Strukturen vom Quellbereich und passt diese an den Zielbereich an. Die Farben werden nur wenig verändert.
- Das Ausbessern-Werkzeug ersetzt die Strukturen des Zielbereichs durch Strukturen des Quell-

bereichs. Die Farben werden nur wenig verändert.

Auch wenn Sie mit einer möglichst tiefen Empfindlichkeit arbeiten, müssen Sie mit Bildrauschen vor allem in den dunklen Bildbereichen rechnen. Die Rauschentfernung in Photoshop mit dem Befehl *Filter/Störungsfilter/Störungen entfernen* ist leider ungenügend. Die Stärke des Effekts lässt sich nicht beeinflussen. Bessere Resultate erhalten Sie auch hier mit Spezialsoftware wie Noise Ninja (*http://www.picturecode.com*) oder NeatImage (*http://www.neatimage.com*). Beide Programme funktionieren als Photoshop-Plug-ins und die Rauschunterdrückung kann fein reguliert werden.

Haben Sie die Bilder so „veredelt", dann erstellen Sie in Photoshop mit dem Befehl *Ebene/Ebene duplizieren* eine Kopie der Hintergrundebene. Von nun an arbeiten Sie mit dieser Kopie, sodass Sie, wenn Sie bei der Weiterbearbeitung Fehler ma-

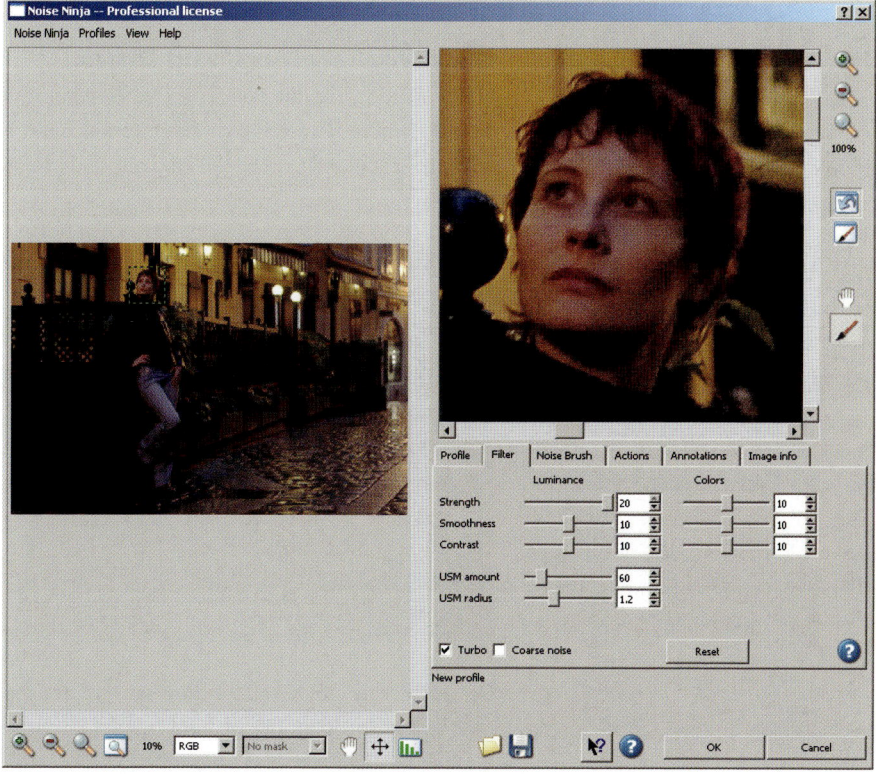

◀ Rauschreduktion mit dem Programm Noise Ninja von Picture-Code.

chen, immer wieder auf das veredelte Originalbild zurückgreifen können.

Je nach Ihrer Arbeitsweise können Sie schon jetzt die Bilder zuschneiden (wenn Sie sicher sind, welches der optimale Zuschnitt ist) – oder erst am Ende des ganzen Bearbeitungsprozesses. Ein falsches Zuschneiden kann nach dem Abspeichern nicht mehr rückgängig gemacht werden.

Gezielte Bildbearbeitung

Mit dem gereinigten und veredelten Originalbild beginnt nun die eigentliche Bildbearbeitung. Die einzelnen Arbeitsschritte erfahren Sie anhand von Beispielbildern in diesem Kapitel. Ich gebe Ihnen hier aber ein paar Angaben zu meiner Arbeitsweise.

Ich halte mich da an einen immer gleichen, festen Ablauf. Zuerst bearbeite ich das ganze Bild. Anschließend wähle ich Teilbereiche aus, um diese gezielt zu verändern. Dabei halte ich mich an den Grundsatz, möglichst zerstörungsfrei zu arbeiten. In Photoshop ist das einfach möglich mit einem konsequenten Arbeiten mit Ebenen und Masken.

Ich möchte meine Arbeitsschritte auch später noch erkennen. Deshalb setze ich die meisten Photoshop-Befehle nicht direkt auf der Ebene ein, sondern arbeite konsequent mit Einstellungsebenen. Diese können später beliebig oft angepasst werden, ohne dass die Pixelwerte des Originalbildes verändert werden.

Ich lasse die verschiedenen Ebenen, Einstellungsebenen und Masken in meiner Datei, ohne sie am Ende der Bearbeitung mit dem Befehl *Ebenen/Auf Hintergrund reduzieren* auf die Hintergrundebene zusammenzupacken. Diese Methode benötigt zwar sehr viel Platz auf dem PC, aber der Speicherplatz ist sehr billig geworden und mit dieser Methode spare ich Zeit, wenn ich später am Bild Anpassungen vornehmen möchte.

> ### Tipps zur Bildbearbeitung
>
> Arbeiten Sie mit Ebenen und Masken so weit wie möglich zerstörungsfrei (ohne Veränderung der Pixelstrukturen des Originalbildes).
>
> Arbeiten Sie mit Einstellungsebenen, damit Sie später die Befehle noch zurückverfolgen und anpassen können.
>
> Arbeiten Sie mit einer Kopie der Ebene, wenn Sie zerstörerische Befehle (z. B. Scharf- oder Weichzeichnen) auf die Ebene anwenden müssen. Lassen Sie beim Speichern die Ebenen, Einstellungsebenen und Masken im Bild (ohne sie auf die Hintergrundebene zu reduzieren).

Druckvorbereitung und Druck

Nun wird das Bild für den Druck vorbereitet. Bei einigen Druckern sollten die Bilder vorher auf die richtige Größe und Druckauflösung angepasst werden.

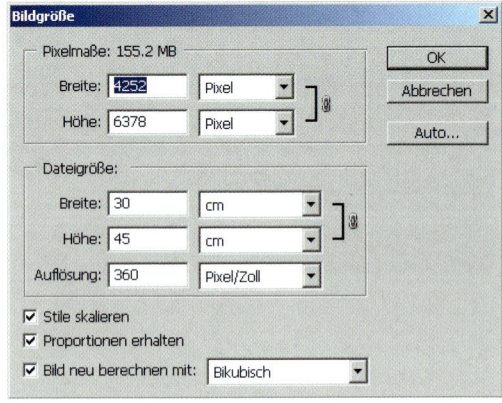

Da das Bild in der Größe verändert und neu berechnet wird, sollten Sie es unter einem anderen Namen abspeichern. Das Originalbild sollte in der

Größe nicht verändert werden, um die Pixelqualität nicht zu verschlechtern. Verwenden Sie dabei eine Auflösung, die gut zum Drucker passt. Die Epson-Tintenstrahldrucker haben eine native Auflösung von 720 ppi, die HP- und die meisten Canon-Drucker eine von 600 ppi. Deshalb empfiehlt sich für Epson-Drucker eine Auflösung von 720 ppi oder 360 ppi (auch 180 oder 240 ppi wären möglich), für HP- oder Canon-Drucker eine von 600 ppi oder 300 ppi.

Sie sollten allerdings vor dem Skalieren die Ebenen auf die Hintergrundebene reduzieren, denn sonst werden die Dateien je nach gewählter Auflösung sehr groß. Sie können bei der Neuberechnung mehrere Methoden anwenden. Am besten eignen sich *Bikubisch*, *Bikubisch schärfer* (besser bei Verkleinerungen) und *Bikubisch weicher* (besser bei Vergrößerungen). Ich verwende in der Regel *Bikubisch* und schärfe das Bild dann selbst noch nach. Natürlich könnten Sie das Skalieren auch dem Druckertreiber überlassen. Sie wissen dann aber nicht, welches Interpolationsverfahren eingesetzt wird.

Für das Scharfzeichnen eignet sich neben dem *Unscharf maskieren*-Filter von Photoshop auch der Nik Sharpener 2 sehr gut. Sie können hier die Scharfzeichnung ganz gezielt auf die gewünschte Bildgröße ausrichten.

Entscheidend für das endgültige Aussehen des Bildes ist die Wahl des geeigneten Papiers. Hier wurden in den letzten Jahren sehr große Fortschritte erzielt und ein großes Angebot an Papieren ist am Markt erhältlich. Die glänzenden (gloss) und halbglänzenden (semigloss oder satin) Papiere ermöglichen Ausdrucke, die ähnlich aussehen wie die Papierbilder der Fotolabore. Es gibt keine Norm, die festlegt, was unter Fine-Art-Papieren zu verstehen ist. Sie sind meistens wesentlich schwerer, teurer und auf eine sehr lange Haltbarkeit ausgerichtet. Fine-Art-Papiere sind Naturprodukte, besitzen eine schöne Haptik und eine lange Haltbarkeit. Fine-Art-Papiere kann man in zwei Gruppen aufteilen,

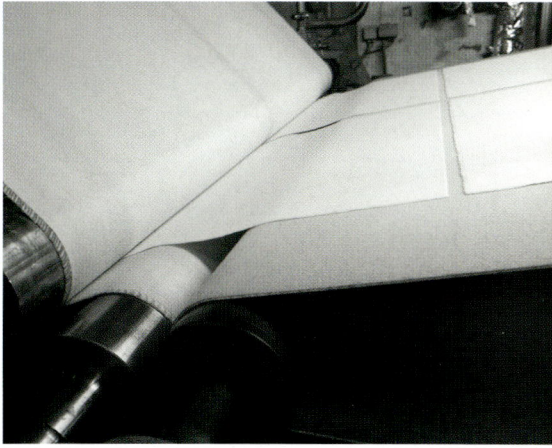

▲ *Papierherstellung bei der Firma Hahnemühle. (Foto: Hahnemühle)*

in Papiere mit und ohne optische Aufheller. Optische Aufheller werden beigefügt, um die Oberfläche des Papiers weißer erscheinen zu lassen. Billige Papiere verlieren dieses strahlende Weiß schon nach ein paar Tagen am Sonnenlicht, gute Papiere haben eine wesentlich bessere optische Stabilität. Papiere ohne optische Aufheller wirken gebrochen weiß (Eierschalenton). Sie verändern ihren Farbton aber nicht mehr (siehe Abbildung auf der nächsten Seite).

Papierwahl

Gloss- und Semigloss-Papiere wirken wie Prints aus dem Labor. Im Fine-Art-Bereich werden vor allem matte und Semigloss-Papiere verwendet.

Semigloss-Papiere ohne optische Aufheller eignen sich für kontrastreiche Schwarz-Weiß-Bilder.

Matte Papiere mit optischem Aufheller zeigen die Farben sehr schön an.

Stark strukturierte Oberflächen eignen sich nur für ausgewählte Motive, bei denen diese Oberflächen zur Bildaussage passen.

Neben den optischen Aufhellern ist auch die Qualität der Beschichtung entscheidend für den Aus-

▲ Verschiedene Fine-Art-Papiere von Hahnemühle mit unterschiedlichen Oberflächenstrukturen. (Foto: Hahnemühle)

druck. Auch die strukturierte Oberfläche der Fine-Art-Papiere kann den Bildeindruck beeinflussen. Bei stark strukturierten Oberflächen wie dem William Turner oder dem Canvas Artist sollte das Motiv zum gewählten Papier passen, sodass die Struktur die Bildaussage verstärkt.

Es gibt kein Papier, das sich für alle Zwecke gleich gut eignet. Die neuen Fine-Art-Papiere ohne optische Aufheller und mit halbglänzender Oberfläche sind herrliche Papiere für barytähnliche Schwarz-Weiß-Drucke, ihr leicht gelblicher Ton wirkt aber bei Farbdrucken bei bestimmten Farben störend. Hier eignen sich die matten und aufgehellten Papiere besser.

Wichtig für die Qualität des Drucks ist auch die richtige Wahl der Schwarztinte. So werden die matten Papiere mit der Matte-Black-Tinte bedruckt, die glänzenden (gloss, semigloss, satin) in der Regel mit der Photo-Black-Tinte. Die Wahl der falschen Tinte führt zu kleinen Tintenpfützen, die eintrocknen und ein unschönes Broncing hinterlassen. Bei hochglänzenden Papieren können bei größeren, hellen Flächen, die sich in einem dunklen Umfeld mit hohem Tintenauftrag befinden, starke Reflexionen entstehen.

Papiere gibt es in unterschiedlichen Größen. Hier eine Zusammenstellung einiger Fine-Art-Papiere:

Oberfläche	Canson	Crane	Hahnemühle	Monoprint
Matt	Arches Fine Art	Museo Max	Photo Rag	Arles plus
Semigloss Satin	Arches Photo Satin	Museo Silver Rag	Photo Rag Pearl	Tokio Pictran
Gloss	Arches Photo gloss	–	–	Rochester plus
Gewicht	240-260 g/m²	250-365 g/m²	188-308 g/m²	318-330 g/m²

Die Oberfläche und die Beschichtung bestimmen das Kontrastverhalten des Papiers. Der Dmax-Wert beschreibt die optische Dichte der Papier-Tinten-Kombination.

In der Regel weisen matte Papiere einen niedrigeren Dmax-Wert auf als Semigloss- und Gloss-Papiere, die eine tiefere Schwärze zeigen. Allerdings laufen bei solchen Papieren wegen des starken Kontrastverhaltens oft die Schatten zu. Wünschen Sie eine weichere Bildwiedergabe, arbeiten Sie besser mit matten Papieren und einem niedrigeren Dmax-Wert. Letztlich entscheidet Ihr persönlicher Geschmack, welche Papiere Sie für welche Zwecke einsetzen.

Der Druck erfolgt entsprechend der von Ihnen gewünschten Methode, die Sie bereits in Kapitel 7 kennengelernt haben. Wichtig ist, dass Sie das richtige ICC-Profil für die verwendete Papiersorte auswählen und auch die richtige Papierqualität einstellen. Lassen Sie die Drucke auch genügend lang (am besten einen Tag lang) trocknen, bevor Sie sie weiterbearbeiten.

8.2 Anpassung der Bilder in der RAW-Konvertierung

Öffnen Sie ein RAW-Bild in Photoshop, wird (sofern Photoshop das RAW-Format kennt) automatisch der RAW-Konverter Adobe Camera Raw geöffnet. Sie können nun viele Einstellungen am Bild vornehmen und die Effekte gleich kontrollieren. Dabei brauchen Sie keine Angst um das Bild zu haben. Alle Änderungen werden nur in eine Befehlsdatei geschrieben. Das Originalbild bleibt immer unverändert. Im unteren Feld finden Sie die Workflow-Optionen. Hier sehen Sie den von der Kamera mitgelieferten Farbraum, den Sie hier noch wechseln können. RAW-Bilder bekommen den Arbeitsfarbraum erst definitiv nach der Konvertierung zugeordnet. Zur Auswahl stehen:

Adobe RGB (1998)	Großer Farbraum, Weißpunkt 6.500 Kelvin, 2,2 Gamma, geeignet für Fine-Art-Printing.
Color-Match RGB	Kleiner Farbraum, Weißpunkt 5.000 Kelvin, Gamma 1,8, geeignet für Bildschirmdarstellung (Mac).

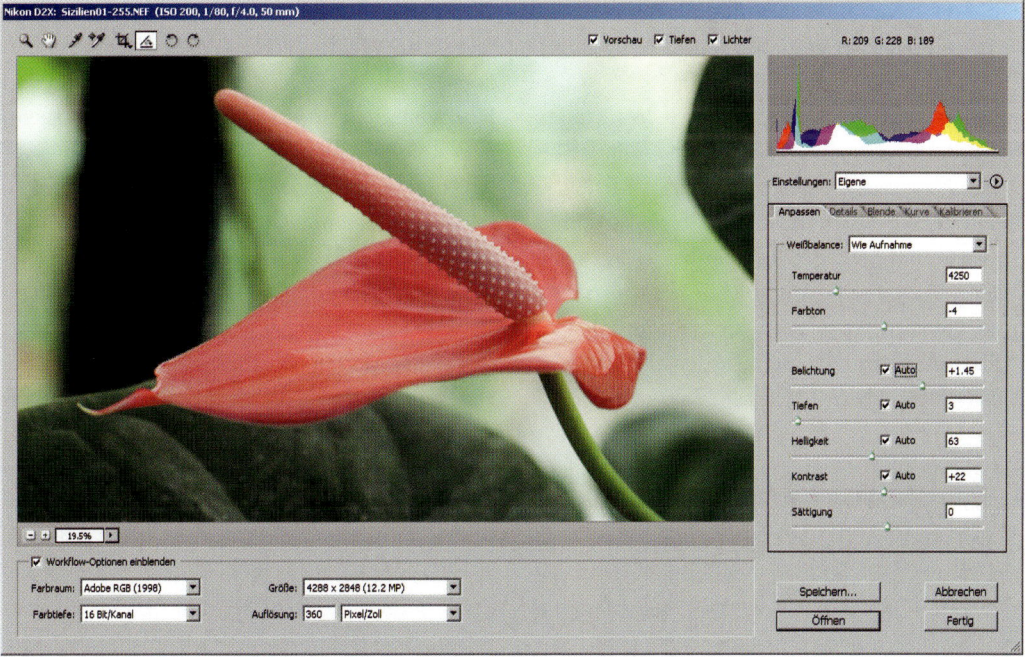

▲ Der Hauptbildschirm von Adobe Camera Raw.

ProPhoto RGB	Sehr großer Farbraum, Weißpunkt 5.000 Kelvin, Gamma 1,8, geeignet als Archivierungsfarbraum.
sRGB IEC 61966-1	Kleiner Farbraum, Weißpunkt 6.500 Kelvin, Gamma 2,2, geeignet für Bildschirmdarstellung (Windows).

Die Farbtiefe stellen Sie auf 16 Bit/Kanal. Bei 8 Bit/Kanal wird schon bei der Konvertierung die Informationsfülle der Datei verkleinert. Bei der Auflösung können Sie schon den gewünschten Druckwert angeben.

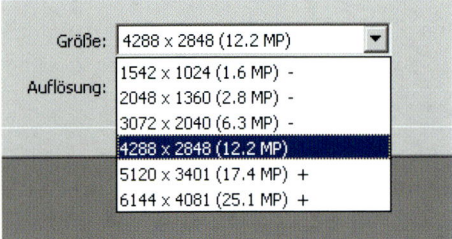

Beim Feld *Größe* wird die aktuelle Bildgröße in Pixeln angegeben. Sofern Sie sicher sind, dass Sie das Bild vergrößern wollen, können Sie das schon im RAW-Konverter tun. Die Bildqualität ist etwas besser als bei einer Vergrößerung in Photoshop.

In der oberen Befehlszeile sind einige Werkzeuge zum Beschneiden und Drehen des Bildes angeführt. Diese wirken sich erst nach dem Laden des Bildes aus. Das Original wird dadurch nicht verändert. Aktivieren Sie auf jeden Fall die Felder *Vorschau*, *Tiefen* und *Lichter*. Nun sehen Sie in der Vorschau auch, wenn Bereiche des Bildes in den Tiefen zulaufen (blaue Farbe) oder die Lichter ausfressen (rote Farbe).

Auf der rechten Seite unterhalb des Histogramms liegen die einzelnen Einstellungen in den verschiedenen Registern. Das Wichtigste davon ist *Anpassen*. Hier können Sie den Weißabgleich und die wichtigsten Grundeinstellungen wie *Belichtung*, *Tiefen*, *Helligkeit*, *Kontrast* und *Sättigung* beeinflussen. Mit den Feldern *Auto* lassen Sie die Einstellungen

vom Programm automatisch berechnen. Die Resultate sind aber meistens nicht zufriedenstellend. Arbeiten Sie deshalb besser ohne diese Automatikfunktionen.

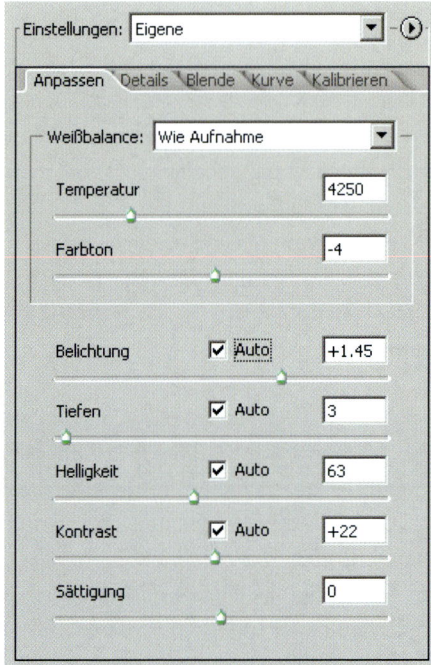

Ich passe bei meinen Bildern im RAW-Konverter vor allem den Weißabgleich (*Weißbalance*) an und korrigiere falls notwendig *Belichtung*, *Tiefen* und *Helligkeit*. Die übrigen Einstellungen wie *Kontrast* und *Sättigung* nehme ich in der Bildbearbeitung vor, weil dort mit den Einstellungsebenen und Masken feinere Anpassungen möglich sind. Bei *Belichtung* (Standardwert 0.00) wird eine Gesamtverschiebung des Histogramms vorgenommen.

Achten Sie darauf, dass keine ungewollten Bereiche in den Lichtern die Zeichnung verlieren (das wird sichtbar durch rote Farbmarkierungen). Bei *Tiefen* können Sie die Werte (Standard ist 5) so weit reduzieren, bis Sie auch in den Tiefen noch Zeichnung haben (die blau markierten Bereiche verschwinden dann im Bild). Mit dem Schieber *Helligkeit* (Standardwert 50) können Sie die Bildhelligkeit anpassen, ohne dass die Tiefen absaufen oder die Lichter ausfressen.

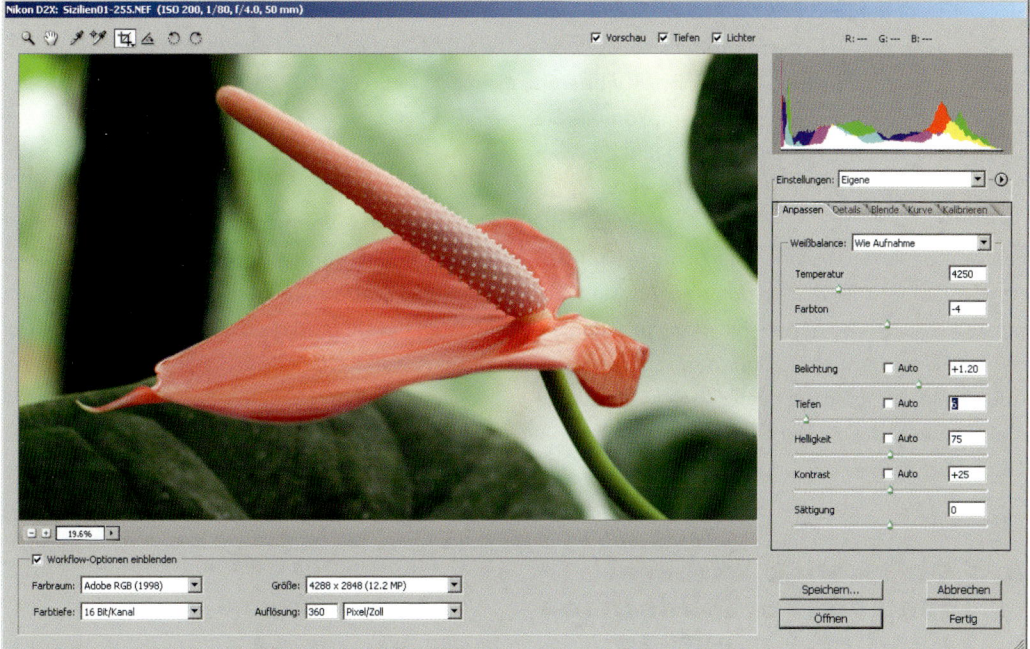

▲ Bild nach individuellen Korrekturen der Belichtung, der Tiefen und der Lichter. Eine leichte Tiefenwarnung ist bei der Blattspitze erkennbar (blauer Saum).

In den Registern *Details*, *Blende* und *Kurve* können weitere Anpassungen vorgenommen werden, die aber seltener verwendet werden. Spannend ist hin-gegen das Register *Kalibrieren*. Dieses ist eigentlich zur Feineinstellung der Farbkanäle gedacht, kann aber auch ganz anders verwendet werden. Wenn

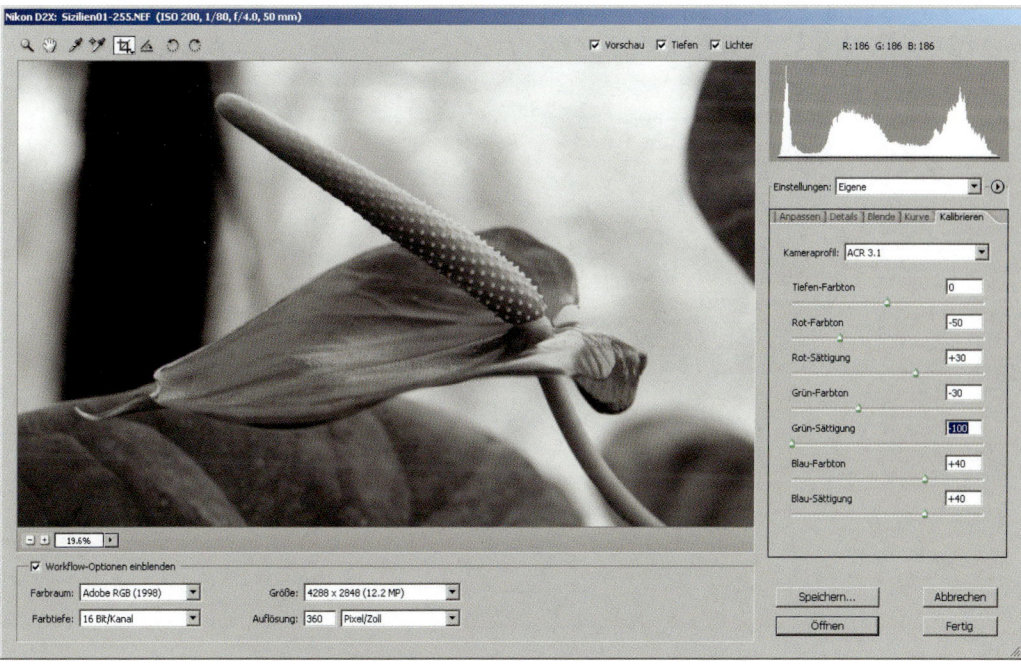

Sie zuerst im Register *Anpassen* den Schieberegler *Sättigung* auf -100 setzen (ergibt ein Graustufenbild) und anschließend im Register *Kalibrieren* die Farbwerte der Kanäle verändern, können Sie ein fein abgestimmtes Schwarz-Weiß-Bild direkt im RAW-Konverter erstellen.

Für die Konvertierung einzelner Bilder eignet sich Adobe Camera Raw sehr gut. Wollen Sie aber ganze Verzeichnisse bearbeiten, dann arbeiten Sie besser mit dem Programm Lightroom, ebenfalls von Adobe. Der Motor, die eigentliche RAW-Konvertierung, ist der gleiche, aber Sie haben mehr Bearbeitungs- und Automatisierungsmöglichkeiten.

8.3 Die richtige Vorbereitung von Farbbildern in der Bildbearbeitung

Als Aktfotograf ist es für mich sehr wichtig, meine besten Bilder optimal für den Druck und die Präsentation in Galerien vorzubereiten. Ich zeige Ihnen nun an zwei Beispielen, wie ich die Bilder von der Aufnahme bis zum Druck bearbeite. Hier zuerst ein Bild, das aufgrund des Motivs als Farbbild gedruckt werden soll.

1 Aufnahme

Die Aufnahme wurde im RAW-Format mit dem Adobe RGB-Farbraum gemacht. Die Belichtungssteuerung war auf Zeitautomatik gestellt mit einer leichten Belichtungskorrektur von -0,5 Lichtwerten. Diese Korrektur mache ich bei Outdoor-Aufnahmen häufig, damit in keinem Bereich des Bildes die Lichter ausfressen. An diesem Tag sorgte ein leicht bewölkter Himmel für eine perfekt ausgewogene Beleuchtung. Deshalb habe ich diese Belichtungskorrektur im RAW-Konverter wieder ausgeglichen.

EXIF-Einstellungen	
Brennweite	56 mm
Verschlusszeit	1/5 Sek.
Blendenwert	16
Empfindlichkeit	ISO 100

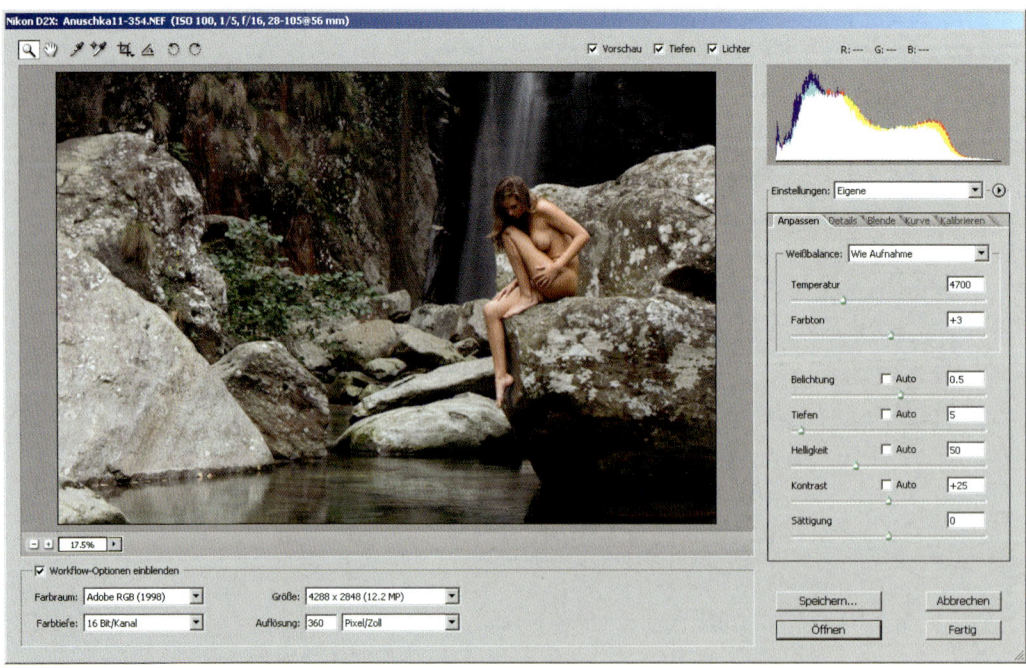

▲ Die Aufnahme im Adobe Camera Raw-Konverter, Model Anuschka, Fotograf: Martin Zurmühle.

Nur ein paar unbedeutende Schattenbereiche zeigen zugelaufene Bereiche in den Tiefen.

Die Belichtungszeit war bei Blende 16 und ISO 100 mit 1/5 Sekunden genügend lange, um einen schönen weichen Wasserschleier im Hintergrund zu erzeugen, der den Kopf von Anuschka schön einfasst. Anuschka als erfahrenes Model wusste, dass sie in solchen Situationen absolut ruhig sein musste, was ihr bei dieser Aufnahme optimal gelungen ist. Natürlich wurde die Aufnahme wegen der langen Belichtungszeit von einem stabilen Stativ mit Spiegelvorauslösung und Kabelfernauslöser gemacht, um eine optimale Schärfe zu erzielen.

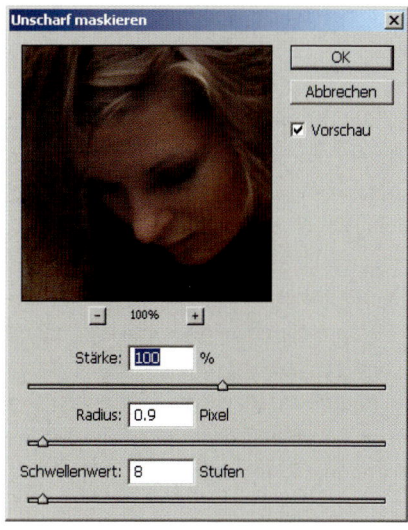

2 Vorschärfen

Da Adobe Camera Raw im Gegensatz zu Capture NX von Nikon eventuelle Schärfeeinstellungen der Kamera nicht berücksichtigt, muss ich das Bild leicht vorschärfen. Perfekt geht das mit dem RAW-Presharpener Nik Sharpener 2. Sie können aber auch eine leichte Schärfung in Photoshop durchführen (Befehl *Filter/Scharfzeichnungsfilter/Unscharf maskieren*).

Eine kleine Stärke und ein kleiner Radius ergeben eine dezente Schärfung. Der Schwellenwert von 8 verhindert das Scharfzeichnen der Haut.

3 Veredeln des Bildes

Bei diesem Motiv treten eventuelle Staubflecken des Sensors oder ein leichtes Rauschen nicht in Erscheinung. Auf den Einsatz eines Rauschfilters kann verzichtet werden. Hingegen stört eine große Bauchfalte beim Model. Bei Aktaufnahmen geht es mir nicht um die Darstellung der Realität, son-

▲ *Links das Originalbild, rechts nach der Korrektur.*

dern darum, ein möglichst schönes, perfektes Bild zu erzielen.

Die Bauchfalte lässt sich am einfachsten mit den drei bekannten Werkzeugen Kopierstempel, Reparatur-Pinsel und Ausbessern entfernen. Es braucht dazu allerdings auch etwas Übung und Geduld.

Wenn ich mir sicher bin, wie der endgültige Bildausschnitt werden soll, schneide ich das Bild schon jetzt zu. In anderen Fällen warte ich damit bis zum Ende der Bildbearbeitung und speichere die fertig bearbeitete und noch nicht zugeschnittene Version unter einem anderen Namen ab.

Bei diesem Bild war ich mir aber sicher, wie der Ausschnitt zu wählen ist. Ich wähle ein festes Verhältnis von 2:3, das zu diesem Motiv sehr gut passt.

4 Grundkorrekturen

Mit dem Befehl *Ebene/Ebene duplizieren* erstelle ich eine Kopie der Hintergrundebene. Die weiteren Bearbeitungsschritte wie das Schärfen erfolgen auf dieser Kopie. Dadurch kann ich jederzeit wieder auf die originale, veredelte Ebene zurückgreifen.

Bei allen meinen Bildern überprüfe und korrigiere ich die Werte von *Tonwertkorrektur, Farbton/Sättigung* und *Gradationskurve*. Damit diese Einstellungen jederzeit wieder korrigiert und angepasst werden können, arbeite ich konsequent mit Einstellungsebenen.

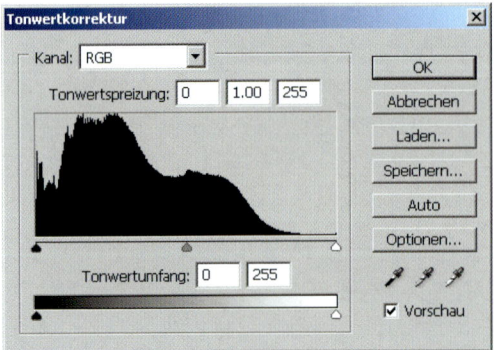

Die Tonwertkurve ist gut und muss nicht korrigiert werden.

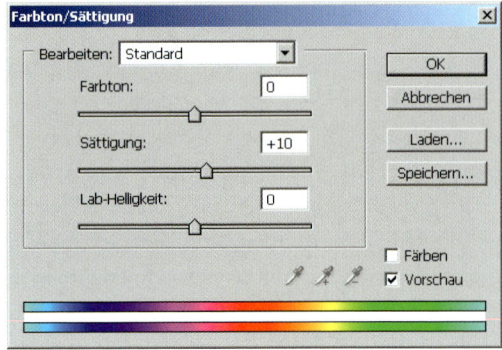

Meine Nikon D2X zeichnet im RAW-Format immer etwas flau und kontrastarm. Ich erhöhe deshalb meistens die Sättigung um 5–10. Bei diesem Bild bringen +10 einen wesentlich wärmeren Hautton und verstärken die Grün- und Brauntöne des Hintergrunds.

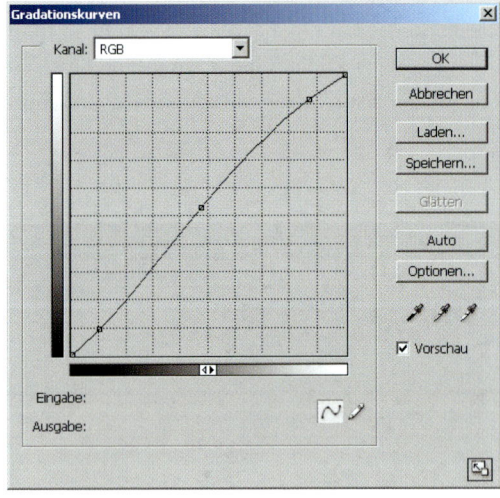

Mit einer leicht angehobenen S-Gradationskurve helle ich die Mitteltöne auf und verstärke den Gesamtkontrast. Jetzt sieht das Bild schon ganz ordentlich aus.

▲ Das Bild nach den Grundkorrekturen.

5 Anpassung der Helligkeit

Noch ist das Bild aber nicht perfekt. Die Helligkeitsverteilung ist ungünstig. Der helle Fels auf der
linken Seite dominiert zu stark. Das Zentrum des
Bildes sollte stärker betont und das Gesicht von
Anuschka leicht aufgehellt werden. Hier helfen
mir Einstellungsebenen und Masken. Aber alles
der Reihe nach. Zuerst korrigiere ich den zu hellen Felsen links.

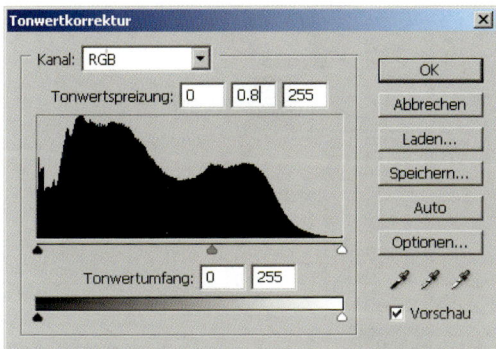

Der Mittelschieber der Tonwertkorrektur wird nach
rechts auf 0.8 verschoben. Damit sich diese Abdunklung nur auf den Felsen auswirkt, lege ich einen Verlauf von Schwarz nach Weiß auf die Maske
der Einstellungsebene.

Durch die geschickte Platzierung des Verlaufs bleibt
dieser im Bild unsichtbar.

▲ Bild nach dem Abdunkeln der Felsen auf der linken Seite.

Jetzt sollte noch das Bildzentrum leicht aufgehellt
und betont werden. Dafür nehme ich wieder die
Gradationskurve.

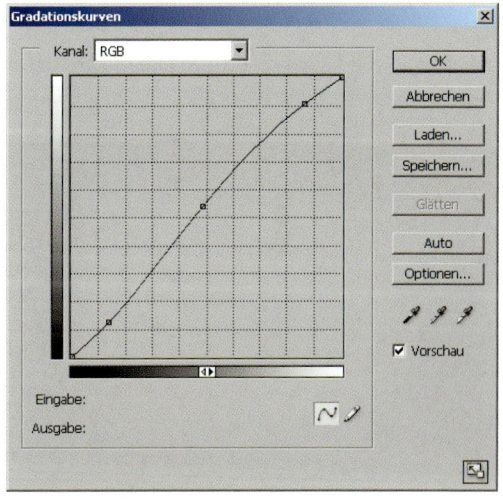

Solche Gradationskurven führen auch zu leichten
Farbverschiebungen und zur Erhöhung der Sättigung. Ich verhindere dies bei diesem Beispiel durch
die Wahl der Füllmethode Luminanz.

Nun werden nur noch die Helligkeitswerte gemäß
der Gradationskurve verändert. Die Farben und die
Sättigung bleiben unverändert.

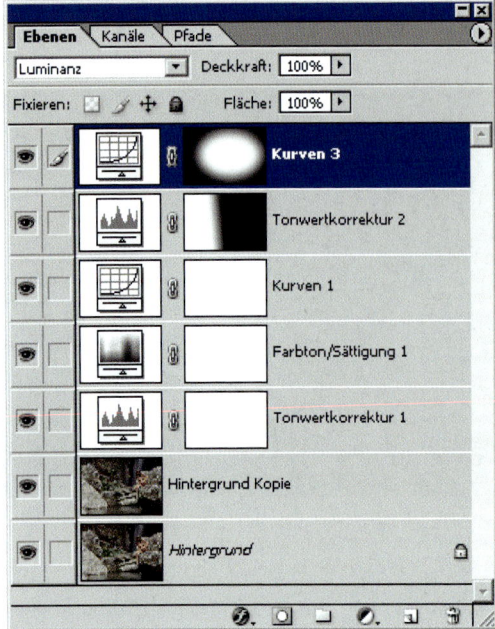

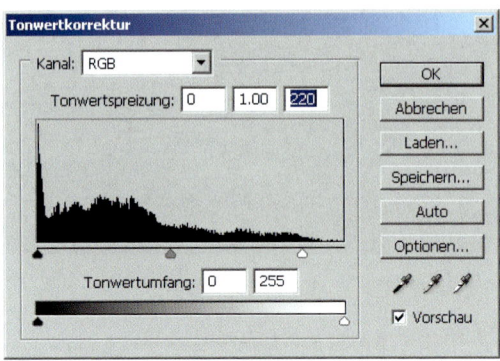

Die Füllmethode *Luminanz* verhindert eine Farbveränderung des Gesichts. Der Ebenenstapel sieht nun schon ganz beeindruckend aus.

Damit sich dieser Effekt nur auf die Bildmitte auswirkt, mache ich vorgängig eine elliptische Auswahl, kehre sie um und zeichne sie anschließend mit dem Gaußschen Weichzeichner (mit 250 Pixel) weich.

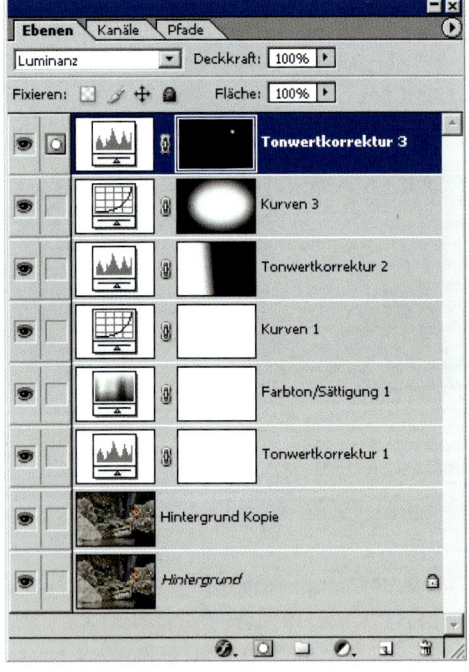

Als letzten Schritt erstelle ich eine Auswahl um das Gesicht des Models. Mit dem Befehl *Ebene/Neue Einstellungsebene/Tonwertkorrektur* kann nun die Tonwertkorrektur des Gesichts erstellt werden.

Auch hier zeichne ich die Maske mit dem Gaußschen Weichzeichner wieder mit einem Radius von 50 Pixeln weich.

Der große Vorteil dieser Methode liegt in der Flexibilität. Sie können die Werte der Einstellungsebenen und auch die Masken so oft ändern, wie Sie wollen, ohne dass die Originalebene verändert wird.

6 Scharfzeichnen

Vor dem Scharfzeichnen skalieren Sie das Bild wie schon gesehen auf eine sinnvolle Auflösung (z. B.

360, 240 oder 180 dpi). Für den Druck wird die fertige Datei nun endgültig geschärft. Falls Sie mit der *Unscharf maskieren*-Funktion von Photoshop schärfen, dann schärfen Sie nun etwas stärker wie zu Beginn.

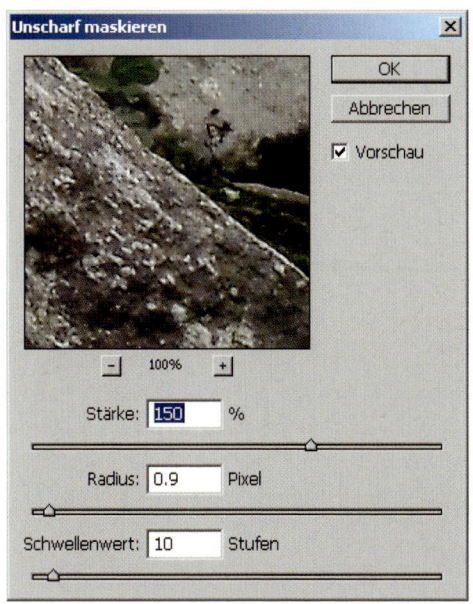

Sie können den Schärfeffekt auch nur auf die Kanten beschränken. Dazu benötigen Sie eine Flächenschutzmaske, die Sie wie folgt erstellen können:

- Ganzes Bild auswählen mit *Auswahl/Alles auswählen* und in einen Alpha-Kanal kopieren.
- *Filter/Stilisierungsfilter/Konturen finden* einsetzen.
- *Bild/Anpassen/Umkehren* wählen.
- *Filter/Störungsfilter/Helligkeit interpolieren* mit Radius 2 anwenden.
- *Filter/Sonstige Filter/Helle Bereiche vergrößern* mit Radius 4 einsetzen.
- Gaußschen Weichzeichner auf den Alpha-Kanal mit Radius 4 legen.
- Maske als Auswahl laden (mit Befehl *Auswahl/ Auswahl laden*) und nach Eindruck mit *Unscharf maskieren* scharfzeichnen.

Durch diese Maske werden die Flächen vor dem Scharfzeichnen geschützt und die Scharfzeichnung etwas feiner und gezielter ausgeführt. Speichern Sie die für den Druck fertig gestellte Datei unter ei-

▼ Das fertig bearbeitete Bild, Model Anuschka, Fotograf: Martin Zurmühle.

nem anderen Namen als Druckdatei ab. Die Originaldatei sollte nie skaliert werden.

Noch präziser auf das Ausgabemedium und -format bezogen schärfen Sie mit dem Programm Nik Sharpener 2. Zuerst reduzieren Sie die Ebenen mit dem Befehl *Ebenen/Auf Hintergrundebene reduzieren*.

Dann wählen Sie im Filtermenü von Nik Sharpener 2 Ihre Druckermarke aus (im Beispiel Epson). Nun können Sie die Bildgröße (*Bildbreite* und *Bildhöhe*), den *Betrachtungsabstand*, den *Papiertyp* und die *Druckerauflösung* festlegen.

Das Bild wird dann entsprechend dieser Werte geschärft. Speichern Sie anschließend diese Datei (im

PSD- oder TIF-Format 8 oder 16 Bit) als separate Druckdatei ab.

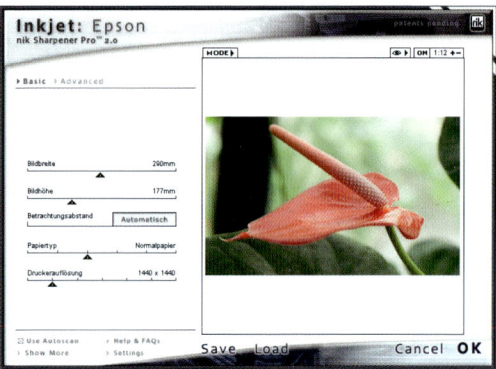

7 Druck

Für Farbbilder bevorzuge ich das Papier Photo Rag Bright White von Hahnemühle mit einem Papiergewicht von 310 g/m2. Der reinweiße Ton des Papiers bringt die Farben sehr gut zur Geltung.

Das Papier lässt sich gut mit der Matte-Black-Tinte bedrucken. Sie sehen die Druckereinstellungen beim Drucken mit ImagePrint.

Ich habe das Original-ICC-Profil von ImagePrint für das Papier von Hahnemühle ausgewählt. Als Papiertyp (*Media Type*) ist *Water Color – Radiant White* festgelegt.

Die etwas sibyllinische Bezeichnung des Profils *epX800ProMK_HahnPhRagBtWht1440_RDAY* bedeutet Folgendes:

- *ep* = Epson
- *X800Pro* = Professionelle 800er-Druckerserie (4800, 7800, 9800)
- *MK_* = Matte-Black-Tinte
- *Hahn* = Hahnemühle
- *PhRag* = Photo-Rag-Papier
- *BtWht* = Bright White
- *1400_* = Druckauflösung 1.440
- *RDAY* = Druckprofil ausgerichtet für die Betrachtung der Bilder unter Tageslicht

▲ Die Druckeinstellungen beim Drucken mit ImagePrint 6.1 auf einem Epson 4800.

8.4 Perfekte Kontraste und Grauwerte bei Schwarz-Weiß-Bildern

Beim nächsten Beispiel war von Anfang an klar, dass dieses Motiv aufgrund des wunderbaren Helligkeitsverlaufs und der ruhigen, harmonischen Gestaltung in Schwarz-Weiß gedruckt werden sollte. Der Workflow sieht nun etwas anders aus.

1 Aufnahme

Auch dieses Bild wurde bei überzogenem Himmel unter perfekt ausgewogenen Lichtbedingungen aufgenommen. Weil jetzt bewusst der Hintergrund unscharf wiedergegeben werden sollte, konnte aus der Hand mit einer großen Blendenöffnung und einer kurzen Belichtungszeit gearbeitet werden.

In solchen Situationen bewährt es sich, eine lichtstarke Festbrennweite wie das Nikkor 50mm/1:1.4 mit in der Kameratasche zu haben.

EXIF-Einstellungen	
Brennweite	50 mm
Verschlusszeit	1/400 Sek.
Blendenwert	2
Empfindlichkeit	ISO 100

Natürlich wurde auch diese Aufnahme im RAW-Format mit dem Adobe RGB-Arbeitsfarbraum aufgenommen.

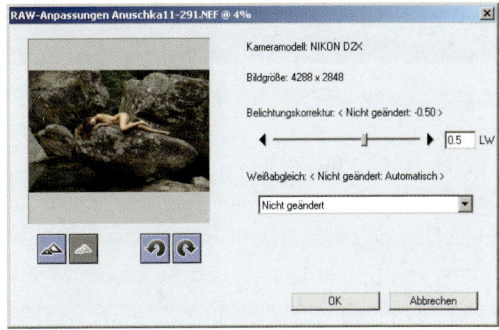

Perfekte Kontraste und Grauwerte bei Schwarz-Weiß-Bildern | **153**

Da der Weißabgleich bei Schwarz-Weiß-Aufnahmen keine Rolle spielt, habe ich das Bild direkt mit dem RAW-Konverter von Nikon in Photoshop geladen und nur die Belichtung um +0.5 Blenden erhöht.

2 Vorschärfen

Bei diesem Bild war ein Vorschärfen nicht nötig, da der RAW-Konverter von Nikon die Schärfung der Kamera übernimmt. Die automatische Schärfung meiner Nikon D2X ist sehr fein eingestellt und eignet sich bei den meisten Bildern gut für die Weiterbearbeitung.

3 Veredeln des Bildes

Auch bei diesem Bild liegen die leichten Korrekturen beim Model. Die Bikinistreifen am Rücken und das Piercing am Bauch passen nicht zu dieser traumhaften Szenerie und lenken ab.

▲ Unten vor, oben nach der Veredelung.

Während die Bikinistreifen sich leicht mit dem Ausbessern-Werkzeug entfernen lassen, brauchen Sie beim Piercing schon etwas Übung und eine Kombination von Kopierstempel- und Ausbessern-Werkzeug. Bei diesem Bild müssen keine Staubflecken entfernt oder das Rauschen reduziert werden. Beim Zuschneiden bringe ich das Motiv ganz in die Mitte.

Eine bekannte Gestaltungsregel besagt, dass man die Mitte meiden soll. Aber Regeln sind ja dazu da, gebrochen zu werden.

Bei diesem Bild, das Ruhe und Harmonie ausstrahlt, passt die mittige Lage perfekt zur Bildaussage. Das klassische Format von 3:4 betont diese Ausgewogenheit und wirkt viel ruhiger als das 2:3-Format.

4 Grundkorrekturen

Mit dem Befehl *Ebene/Ebene duplizieren* erstelle ich nun eine Kopie der Hintergrundebene. Die weiteren Bearbeitungsschritte wie das Schärfen erfolgen auf dieser Kopie.

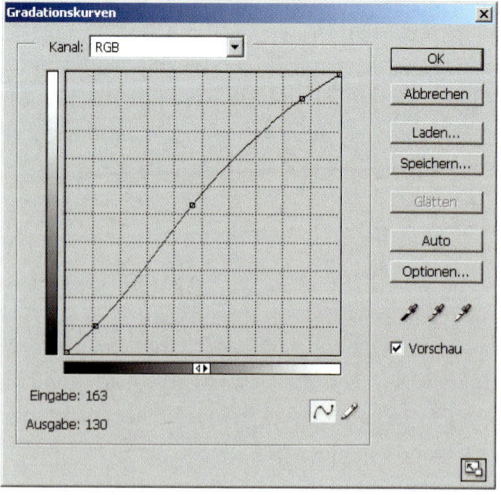

Die Grundkorrekturen beschränken sich bei einem Schwarz-Weiß-Bild auf die Tonwertkorrektur und die Gradationskurve. Die Tonwertkurve ist in Ordnung, bei der Gradationskurve helle ich die Mitteltöne leicht auf und verstärke den Kontrast mit einer S-Kurve.

5 Umwandlung in Schwarz-Weiß

Es gibt viele Methoden, ein Bild in Schwarz-Weiß umzuwandeln. Wie Sie bereits gesehen haben, können Sie das bereits im RAW-Konverter tun. Es gibt auch eine Vielzahl von guten Plug-ins wie BW Conversion von The Image Factory (*http://www.theimage factory.com*), Nik Color Efex von Nik Software (*http://www.nikmultimedia.com*) und BW Workflow von Fred Mirada (*http://www.fredmiranda. com*). Aber auch Photoshop kennt viele verschiedene Methoden:

Methode	Befehle	Bewertung
Sättigung verringern	*Bild/Anpassen/Sättigung verringern*	Schlecht
Graustufen	*Bild/Modus/Graustufen*	Genügend
L-Kanal im Lab-Modus	*Bild/Modus/Lab-Farbe* Dann nur den Kanal *Lab-Helligkeit* auswählen (a- und b-Kanal löschen) und Bild wieder in RGB umwandeln.	Gut
RAW-Konverter	In Adobe Camera Raw die Sättigung auf -100 stellen und mit den Farbreglern der Kanäle die Grauwerte anpassen.	Sehr gut
Kanalmixer	*Bild/Anpassen/Kanalmixer* Option Monochrom aktivieren und die Kanäle Rot, Grün und Blau so einstellen, dass die Summe ca. 100 % ergibt.	Sehr gut

Methode	Befehle	Bewertung
Kanäle als Ebenen	Jeder Kanal wird in eine Ebene kopiert und mit der Deckkraft und dem Füllmodus miteinander verrechnet.	Sehr gut

Ich arbeite sehr gern mit dem Kanalmixer. Zuerst schaue ich mir die drei Farbkanäle separat an:

▲ Oben: Rotkanal, Mitte: Grünkanal, unten: Blaukanal.

Der Rotkanal bringt die hellen Töne beim Model, der Grünkanal hat die beste Detailzeichnung und der Blaukanal bringt Tiefe ins Bild.

Aufgrund dieser Analyse verteile ich nun die Anteile der Kanäle im Kanalmixer (unter Aktivierung der Option Monochrom mit einer Gesamtsumme von insgesamt ca. 100 %).

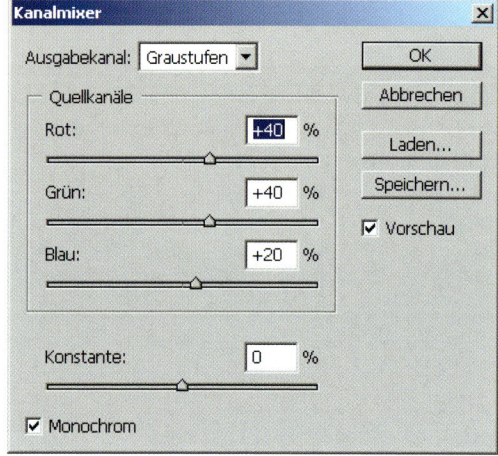

Zusammen mit den Grundeinstellungen haben wir nun schon ein ganz schönes Schwarz-Weiß-Bild erstellt.

▲ Das Bild nach der Umwandlung in Schwarz-Weiß.

Der Ebenenstapel sieht jetzt so aus:

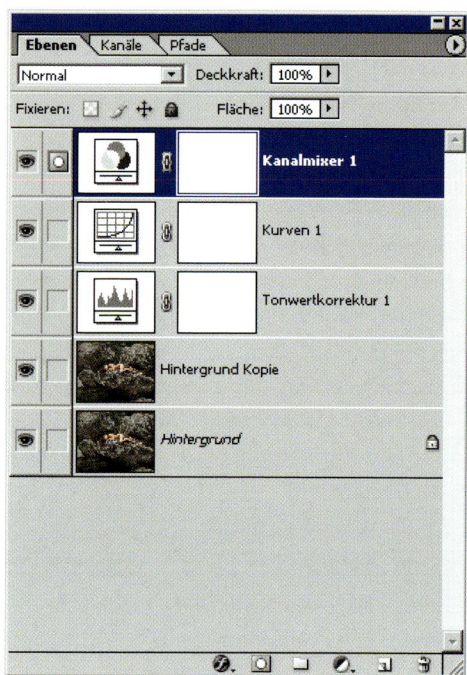

6 Kontrastverstärkung

Nun möchte ich noch zwei Korrekturen anbringen. Ich dunkle den Randbereich etwas ab, um den Blick zur Mitte zu betonen und dem Bild einen besseren Halt zu geben. Diese Abdunklung soll so stark sein, dass man sie spürt, aber gleichzeitig so schwach, dass man sie nicht sieht.

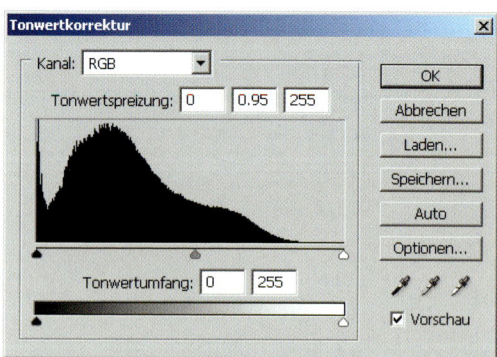

Durch die Verschiebung des Mittelreglers nach rechts auf 0.95 wird das Bild leicht abgedunkelt. Mit einer weichgezeichneten rechteckigen Maske beschränke ich diesen Effekt nur auf die Randzone.

Zu sehen ist diese Abdunklung nur, wenn Sie mit dem Auge die Einstellungsebene ein- und ausschalten. Der Effekt ist im Bild aber spürbar.

Als letzten Schritt verstärke ich die Kontraste im Bild, um im Druck einen herrlichen Grauverlauf in der Bildmitte zu erzeugen. Dazu kopiere ich die Ebene *Hintergrund Kopie* nochmals, stelle den Füllmodus der oberen Ebene auf *Weiches Licht* und die Deckkraft auf 30 %.

Vor dem Scharfzeichnen skaliere ich das Bild wie schon gesehen auf eine sinnvolle Auflösung (z. B. 360, 240 oder 180 dpi). Für den Druck wird die fertige Datei wie beim letzten Beispiel geschärft.

Beim Drucken habe ich zwei verschiedene Möglichkeiten. Ich kann auf einem matten Papier mit Matte-Black-Tinte drucken. Dann wirkt das Bild heller und die Tonwerte in den Schattenbereichen sind noch gut sichtbar. Als Papier eignet sich für dieses Bild nach meinen Tests vor allem das Crane Museo Max. Eine andere Variante ist das Semigloss-Papier von Crane Silver Rag. Mit seinem großen Dmax-Wert und einer Oberfläche, die dem Barytpapier der analogen Drucke gleicht, können herrliche Schwarz-Weiß-Bilder mit wunderbar kontrastreichen Grauverläufen und einer satten Schwärze erzielt werden. Dieses Papier wird mit der Photo-Black-Tinte bedruckt.

Drucken Sie die Bilder zuerst zu Testzwecken auf verschiedenen Papieren. Sie sehen dann sofort die Unterschiede. Entscheiden Sie sich dann für eine beschränkte Zahl von Papieren, die Sie regelmäßig einsetzen. So bleiben der Lernaufwand und die Fehlerquote in Grenzen.

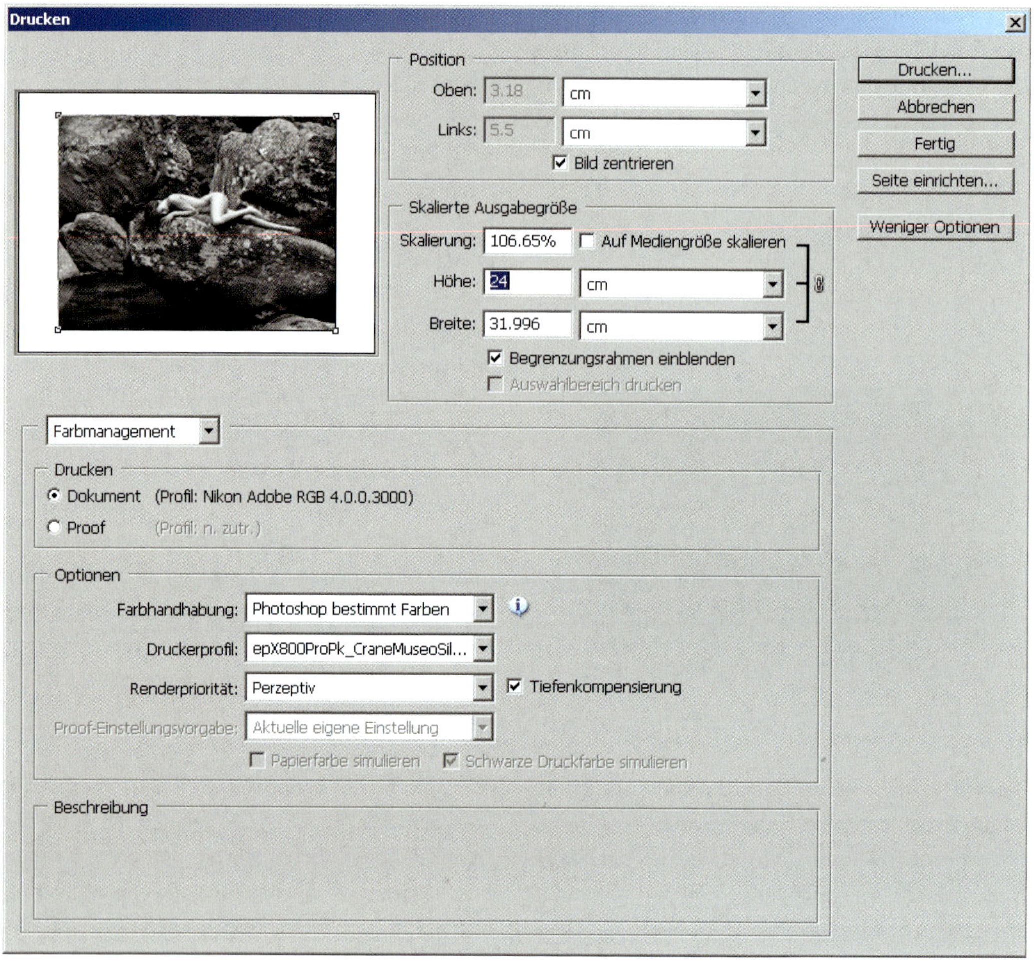

Drucken ✕

Position

Oben: 3.18   cm

Links: 5.5   cm

☑ Bild zentrieren

Drucken...

Abbrechen

Fertig

Seite einrichten...

Weniger Optionen

Skalierte Ausgabegröße

Skalierung: 106.65%   ☐ Auf Mediengröße skalieren

Höhe: 24   cm

Breite: 31.996   cm

☑ Begrenzungsrahmen einblenden

☐ Auswahlbereich drucken

Farbmanagement ▼

Drucken

⦿ Dokument (Profil: Nikon Adobe RGB 4.0.0.3000)

○ Proof   (Profil: n. zutr.)

Optionen

Farbhandhabung: Photoshop bestimmt Farben   ⓘ

Druckerprofil: epX800ProPk_CraneMuseoSil...

Renderpriorität: Perzeptiv   ☑ Tiefenkompensierung

Proof-Einstellungsvorgabe: Aktuelle eigene Einstellung

☐ Papierfarbe simulieren   ☑ Schwarze Druckfarbe simulieren

Beschreibung

▲ Drucken mit Photoshop mit dem ICC-Profil für das Papier Crane Silver Rag.

Gestaltungshinweise

Eine Gestaltungsregel besagt, dass die Mitte gemieden werden soll, weil die Bilder so meistens langweilig wirken. Wollen Sie aber wie in diesem Beispiel Ruhe, Geborgenheit und Harmonie ausdrücken, kann eine Platzierung in der Bildmitte genau richtig sein. Den Kopf des Models habe ich im Goldenen Schnitt platziert. Dieses Bild lebt von den feinen Grautönen, dem Formenspiel der mächtigen Felsen und der Zerbrechlichkeit des feinen Frauenkörpers.

▲ *Das fertig bearbeitete Bild mit starken Kontrasten für den Fine-Art-Print, Model Anuschka, Fotograf: Martin Zurmühle.*

Belohnt wird dieser Aufwand mit traumhaften Schwarz-Weiß-Bildern, die früher nur beste Schwarz-Weiß-Labore herstellen konnten.

Der Druck erfolgte in diesem Beispiel mit Photoshop und dem ICC-Profil von Crane Silver Rag mit dem Befehl *Datei/Drucken mit Vorschau*.

Beim Schwarz-Weiß-Druck von RGB-Bildern mit der Druckersoftware können leichte Farbstiche auftreten. Wandeln Sie dann die Datei vor dem Drucken in ein 16-Bit-Graustufenbild um.

Beim Drucken mit ImagePrint 6.1 ist das nicht notwendig, weil ImagePrint den Drucker direkt steuert und linearisiert.

8.5 Geeignete Drucker für das Fine-Art-Printing

Nun haben Sie Ihren Bildschirm kalibriert und profiliert, die Bilder perfekt für den Druck vorbereitet und das Papier ausgewählt. Nun brauchen Sie natürlich noch einen geeigneten Drucker, damit Sie die richtigen ICC-Profile auswählen oder erstellen können. Am besten geeignet für Fotodrucke sind Tintenstrahldrucker. Diese gibt es mit zwei unterschiedlichen Tintensystemen.

Pigmentierte Tinte	Pigmentierte Tinte hat eine sehr lange Lebensdauer (über 50 Jahre), aber auch einen kleineren Farbraum und weniger Farbsättigung und Leuchtkraft.

Dye-Tinte	Dye-Tinte hat einen größeren Farbraum und eine hohe Farbsättigung und Leuchtkraft, allerdings verblassen die Bilder schneller als mit pigmentierter Tinte.

Möchten Sie sehr leuchtende Bilder mit großem Farbraum, wählen Sie einen Drucker mit Dye-Tinte. Ist Ihnen die Lebensdauer Ihrer Prints wichtiger, nehmen Sie einen Drucker mit Pigmenttinte.

Es gibt heute Drucker-Papier-Kombinationen, die auch mit Dye-Tinte eine lange Haltbarkeit versprechen. Allerdings ist die Papierauswahl klein. Die meisten Fine-Art-Fotografen verwenden wegen der besseren Haltbarkeit pigmentierte Tinten.

Es gibt im Bereich der Tintenstrahldrucker ein sehr großes Angebot an Druckern mit den verschiedensten Druckgrößen.

Schauen wir uns stellvertretend die Fotodrucker der Firma Epson bei der X800er-Serie an:

Alle Drucker der X800er-Serie arbeiten mit den pigmentierten UltraChrome-Tinten, die eine lange Haltbarkeit garantieren und wenig Metamerie oder Broncing zeigen. Die beiden Geräte Epson Stylus Photo R800 und R1800 sind für kleine Druckformate und Glanzdrucke ausgelegt.

▲ Der kleine und preisgünstige Epson Stylus Photo R800 druckt bis zu einer Größe von A4. (Foto: Epson)

Drucker	Druckgröße	Bemerkungen
Epson Stylus Photo R800	A4	UltraChrome Hi-Gloss-Pigmenttinten 8 Tinten, separate Tinten für Photo-Black und Matte-Black
Epson Stylus Photo R1800	A3+	UltraChrome Hi-Gloss-Pigmenttinten 8 Tinten, separate Tinten für Photo-Black und Matte-Black
Epson Stylus Pro 3800	A2+	UltraChrome K3-Pigmenttinten 8 Tinten mit 9 Steckplätzen, separate Tinten für Photo-Black und Matte-Black, 80 ml pro Tintenpatrone, nur Einzelblatteinzug
Epson Stylus Pro 4800	A2+	UltraChrome K3-Pigmenttinten 8 Tinten, Tinten Photo-Black und Matte-Black müssen gewechselt werden, 110 ml oder 220 ml pro Tintenpatrone
Epson Stylus Pro 7800	A1 24 Zoll (61 cm)	UltraChrome K3-Pigmenttinten 8 Tinten, Tinten Photo-Black und Matte-Black müssen gewechselt werden, 110 ml oder 220 ml pro Tintenpatrone
Epson Stylus Pro 9800	B0+ 44 Zoll (112 cm)	UltraChrome K3-Pigmenttinten 8 Tinten, Tinten Photo-Black und Matte-Black müssen gewechselt werden, 110 ml oder 220 ml pro Tintenpatrone

Sie eignen sich aufgrund des Papierformats und der leichten Bauweise nicht für den Druck von dickeren Fine-Art-Papieren.

▲ Der Epson Stylus Photo R1800 druckt bis zur maximalen Größe A3+. (Foto: Epson)

Die professionellen Geräte ab dem Epson Stylus Pro 3800 sind für das Fine-Art-Printing optimal. Die UltraChrome K3-Tinten haben eine ausgezeichnete Lichtbeständigkeit.

Die Größe von A2+ reicht für wunderschöne Prints in noch genügender Auflösung für die DSLR. Der Epson Stylus Pro 3800 hat neun Steckplätze und es kann so mit beiden Schwarztinten (Photo-Black und Matte-Black) ohne Patronenwechsel gedruckt werden. Papiere bis zur Dicke von 1,5 mm können bedruckt werden. Der Nachteil dieses Gerätes ist das Fehlen eines Rolleneinzugs. Dieser Nachteil fällt aber kaum ins Gewicht.

▲ Der Epson Stylus Pro 3800 druckt Fine-Art-Prints bis zur Größe A2+. (Foto: Epson)

Drucken Sie viel, lohnt sich die Anschaffung des sehr robusten und leistungsfähigen Epson Stylus Pro 4800 mit den größeren Tintenpatronen und den kleineren Betriebskosten.

Photo-Black- oder Matte-Black-Tinten

Photo-Black-Tinten werden für den Druck auf glänzenden (gloss) oder halbglänzenden (semigloss) Papieren eingesetzt. Sie haben einen höheren Dmax-Wert als Matte-Black-Tinten und bieten so eine stärkere Schwärzung. Kombiniert mit geeigneten Fine-Art-Papieren sind barytähnliche Drucke möglich. Matte-Black-Tinten werden für matte Fine-Art-Papiere eingesetzt. Sie haben einen niedrigen Dmax-Wert, bieten aber sehr schöne Graustufen. Sie eignen sich auch für Farbdrucke auf geeigneten Fine-Art-Papieren.

Er verfügt auch über einen Rolleneinzug. Leider muss beim 4800er beim Wechsel von glänzenden zu matten Papieren auch die Tinte gewechselt werden, was immer zu beträchtlichen Tintenverlusten führt.

▲ Der robuste und leistungsfähige Epson Stylus Pro 4800 druckt ebenfalls bis A2+. (Foto: Epson)

Die noch größeren Drucker (Epson Stylus Pro 7800 und 9800) sind teure, professionelle Geräte für kommerzielle Fotostudios mit großem Druckvolumen.

Die Druckqualität entspricht den kleineren Geräten, einzig die Druckgröße (und insbesondere die Druckbreite) ist wesentlich größer. Für den ambitionierten Fine-Art-Fotografen eignen sich die speziellen Tintenstrahldrucker mit einer maximalen Druckgröße von A2+, den langlebigen und qualitativ hochwertigen UltraChrome K3-Tinten und der maximalen Papierdicke von 1,5 mm am besten. Die kleineren Geräte können für den Fine-Art-Druck nur beschränkt (mit dünneren und leichteren Papieren) eingesetzt werden.

▲ Der Epson Stylus Pro 9800 kann bis zu einer Breite von 112 cm drucken. (Foto: Epson)

▲ Der Epson Stylus Pro 7800 kann bis zu einer Breite von 66 cm (oder A1) drucken. (Foto: Epson)

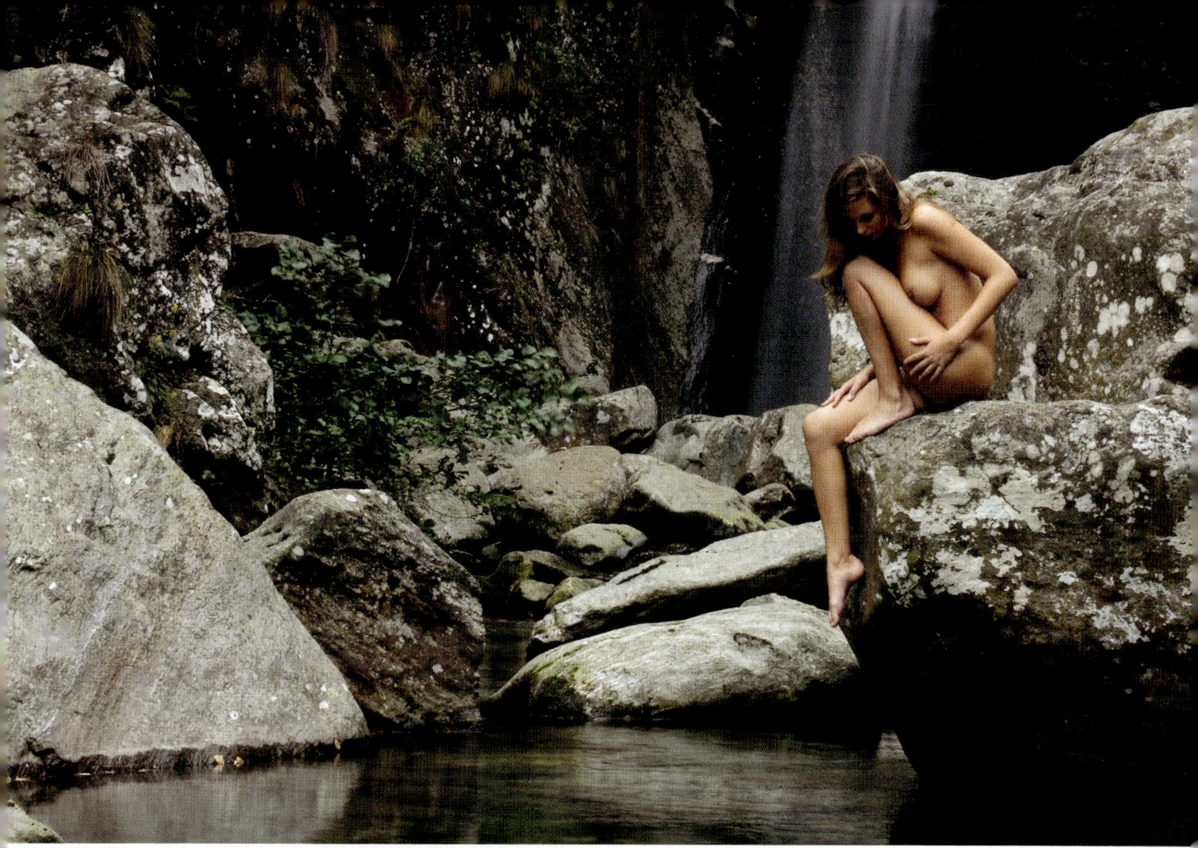

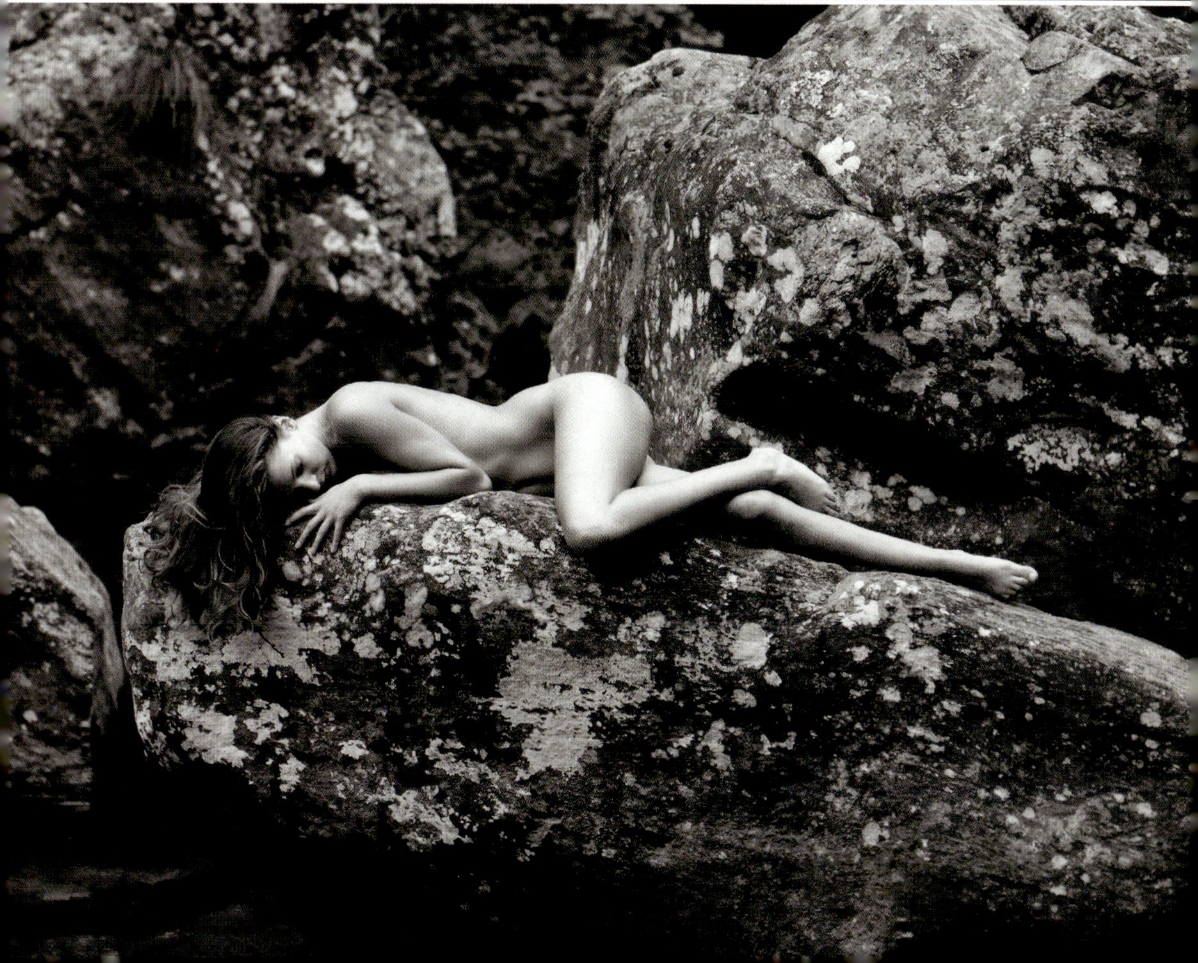

9

Fotografieren ist das zweidimensionale Malen mit Licht

In den ersten Kapiteln haben Sie die technischen Voraussetzungen kennengelernt, wie perfekte Bilder mit DSLR-Kameras gemacht werden. Nun beschäftigen wir uns mit der Grundsubstanz jedes Bildes, dem

Licht. Als Fotografen ist das Licht unser Werkzeug zur Erzeugung der gesuchten Bildstimmung. Wir malen mit Licht und sollten deshalb das Wesen unseres Hauptwerkzeugs gut kennen sowie die Unterschiede des Sehens zwischen unseren Augen und unserer Kamera verstehen. Und Sie lernen, wie Sie mit der geschickten Wahl der richtigen Farben Ihren Bildern eine besondere Wirkung verleihen.

9.1 Die besonderen Eigenschaften des Lichts

Im Jahr 1666 schickte Isaac Newton einen weißen Sonnenstrahl durch ein gläsernes Prisma und fing das dabei entstehende Farbspektrum mit einem Schirm auf. Durch verschiedene Versuche entdeckte Newton, dass alle Farben des Spektrums im weißen Sonnenlicht enthalten sind. In Anlehnung an die Musik charakterisierte Newton sieben farbliche Grundtöne: Violett, Indigo, Blau, Grün, Gelb, Orange und Rot.

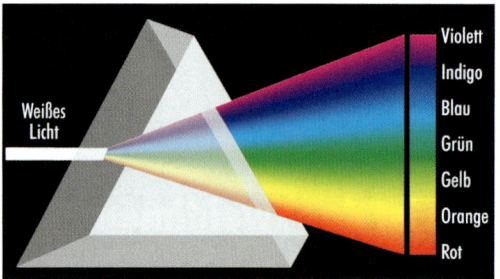

Bei Sonne und Regen sehen wir Regenbogen, die ebenfalls das Farbspektrum des weißen Lichts zeigen. Blenden wir eine Farbe des Spektrums aus, entsteht ein Lichtstrahl mit der entsprechenden Komplementärfarbe. Die Oberflächen absorbieren und reflektieren die Lichtstrahlen. Wir sehen nur jeweils die reflektierten Farben.

Heute können wir das Licht physikalisch mit zwei verschiedenen Modellen beschreiben: der Wellentheorie und der Teilchentheorie. Die Wellentheorie ist einfacher zu verstehen, aber einzelne Phänomene des Lichts lassen sich nur mithilfe der Teilchentheorie beschreiben.

Die elektromagnetischen Schwingungen erstrecken sich von Gammastrahlen über das sichtbare Licht bis zu den Radiowellen. Die einzelne Strahlungsart wird über die Wellenlänge in Meter oder über die Anzahl der Schwingungen pro Sekunde, also der Frequenz in Hertz charakterisiert. Der technisch relevante Bereich der elektromagnetischen Strahlung reicht von 10^{-13} m der Gammastrahlung über 10^{-6}

bei Infrarotlicht bis zu 10^{-3} für Radiowellen. Je kurzwelliger eine Strahlungsart, desto energiereicher ist sie. Deshalb haben Gammastrahlen eine hohe Gefährdung, das Tageslicht (außer dem kurzwelligen UV-Anteil) hingegen ist relativ harmlos.

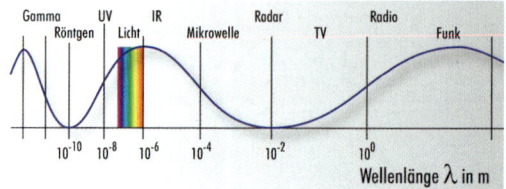

Die Beschreibung der einzelnen Bestandteile des Lichts erfolgt anhand der Wellenlänge in nm (1 Nanometer = 10^{-9} m). Nur ein winziger Teil des elektromagnetischen Spektrums ist für unser Auge wahrnehmbar. Dieser Bereich liegt bei Wellenlängen zwischen 380 und 760 nm.

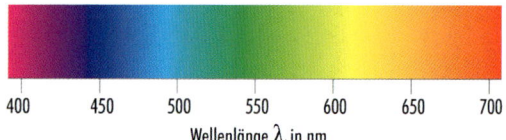

Außerhalb des sichtbaren Bereichs liegen das kurzwelligere UV-Licht und das langwelligere Infrarotlicht. Obwohl wir dieses Licht nicht sehen können, hat es für uns Fotografen eine Bedeutung. Bekannt sind die beeindruckenden Bilder, die mit infrarotempfindlichen Schwarz-Weiß-Filmen aufgenommen wurden. Die Fokussierung muss dabei aber geändert werden, weil die Optik nicht auf diese Wellenlängen gerechnet wurde. Bei älteren Objektiven ist eine entsprechende Markierung am Objektivring eingraviert.

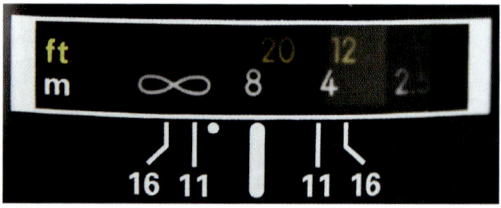

▲ *Schärfenskala des Nikkor 85mm/1:1.8 mit einem Punkt für die Fokussierung mit Infrarotfilmen.*

Auch mit vielen Digitalkameras sind Infrarotaufnahmen möglich. Die fast schwarzen Infrarotfilter wie der Kodak Wratten 87 oder der Heliopan RG 780 lassen nur Licht mit einer Wellenlänge von mehr als 780 nm passieren. Vor allem bei Sonnenschein sind tolle Aufnahmen möglich. Da die Filter sehr viel Licht absorbieren und Sie wegen der schwierigen Scharfstellung mit kleinen Blenden arbeiten müssen, wird die Belichtungszeit sehr lang. Entsprechend müssen Sie mit starkem Rauschen und Hotpixel-Effekten rechnen.

Voraussetzung ist allerdings, dass der Sensor Ihrer Kamera keinen infrarotabsorbierenden Filter besitzt, was bei den DSLRs leider meistens der Fall ist. Ob Ihre Kamera infrarotempfindlich ist, können Sie leicht selbst testen. Machen Sie einfach eine Aufnahme der Leuchtdioden einer Infrarotfernbedienung. Wenn Sie kein Licht sehen, dann hat Ihre Kamera einen Infrarotfilter.

Auffallend bei allen Infrarotaufnahmen ist der Himmel, der fast schwarz wiedergegeben wird. Typisch

für Schwarz-Weiß-Infrarotfotos sind auch die grünen Blätter und Gräser, die fast weiß erscheinen. Zudem wird Dunst und Staub reduziert und so die Fernsicht verbessert. Überstrahlungen oder Lichthöfe gehören ebenfalls zur bekannten Erscheinung von Infrarotaufnahmen.

Einfacher als mit den Filtern erlaubt die Bildbearbeitung, Infrarotbilder zu simulieren. In Photoshop CS3 ist ein Schwarz-Weiß-Tool mit einem speziellen Infrarotfilter integriert. Fremdhersteller wie Nik Software bieten Photoshop-Plug-ins für Infrarotaufnahmen in Schwarz-Weiß und Farbe an (*http:// www.niksoftware.com*). In Englisch offeriert die Firma Cybia (*http://www.cybia.co.uk/pseudoir.htm*) das kostenlose Plug-in Pseudo-IR, bei dem mit sieben Schiebereglern Infrarotbilder simuliert werden können. Leider funktioniert dieser Filter nur im 8-Bit-Modus.

Auch das nicht sichtbare UV-Licht hat einen Einfluss auf unsere Wahrnehmung. Viele Farbstoffe und optische Aufheller reagieren auf die Beleuchtung

▼ *Ein Infrarotbild mit dem Plug-in Pseudo-IR von Cybia.*

mit UV-Licht. Deshalb gibt es auch viele Fotohintergründe ohne optische Aufheller. Unser Auge nimmt bei vielen Farbstoffen und optischen Aufhellern eine andere Farbe als der Sensor wahr.

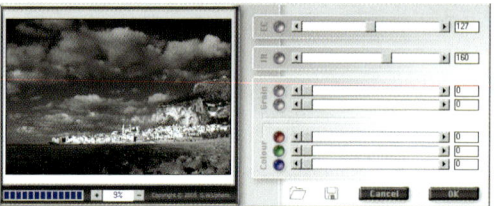

▲ Das Infrarot-Plug-in Pseudo-IR von Cybia.

Wollen Sie die Farben der ausgedruckten Bilder exakt beurteilen können, dann benötigen Sie eine Normlichtbeleuchtung, wie sie zum Beispiel der Normlichtbetrachter Color Match 5000 von Just bietet.

▲ Normlichtbetrachter Color Match 5000 von Just. (Foto: Just)

9.2 Grundlagen der Lichttechnik

Licht können wir als Energie verstehen, die durch elektromagnetische Schwingungen erzeugt wird und sich in alle Richtungen ausbreitet. Ein kleiner Teil dieser Schwingungen (von ca. 380 bis 760 nm) kann von unseren Augen gesehen werden. Sichtbar gemacht wird das Licht aber nicht nur durch die Wellenlänge (Abstand zwischen zwei Wellen-

bergen), die dem Licht seine Farbe verleiht, sondern auch durch die Amplitude oder Wellenhöhe, die für die Helligkeit des Lichts verantwortlich ist.

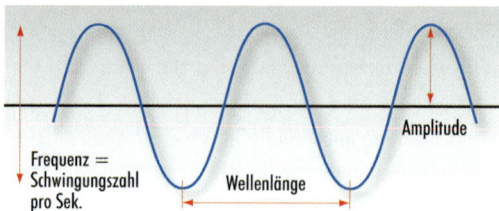

Die kürzeste Wellenlänge (380 nm) sehen wir als ultraviolettes Licht, die längste (760 nm) als dunkelrotes Licht. Dazwischen liegt das ganze Farbspektrum, das wir auch beim Regenbogen sehen können. Neben den Farben sind aber in der Fotografie noch andere Eigenschaften des Lichts von Bedeutung. Ist die Lichtquelle im Vergleich zum beleuchteten Objekt sehr klein, nimmt das Licht (oder die durch die Amplitude bestimmte Helligkeit) im Quadrat zur Entfernung der Lichtquelle ab.

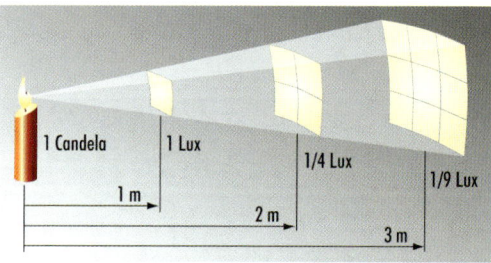

Bei Tageslicht spielt das keine Rolle, da der Abstand zur Sonne extrem groß ist. Einige Meter mehr oder weniger sind unbedeutend. Arbeiten Sie aber mit künstlichen Lichtquellen, müssen Sie diese Distanz bei der Beurteilung der fotografischen Möglichkeiten beachten. Die meisten Elektronenblitzgeräte reichen nur einige Meter weit. Auch starke Studioblitzgeräte können kaum mehr als 10 – 15 m gut ausleuchten. Verdoppelt sich der Blitzabstand, wird die 4-fache Blitzleistung benötigt (oder eine Vergrößerung der Blendenöffnung um zwei Stufen). Mehr dazu erfahren Sie in Kapitel 13.

Die Lichtstärke wird in **C**an**d**ela (cd) angegeben. Candela gibt die Lichtstärke an, die von einer Lichtquelle in eine bestimmte Richtung emittiert wird. Der Lichtstrom, der die abgestrahlte Gesamtlichtmenge beziffert, wird in Lumen angegeben.

Trifft der Lichtstrom auf eine Fläche, wird dieser die Fläche mehr oder weniger stark erhellen. Die auf diesen Körper auftreffende Lichtenergie und die dadurch entstehende Reflexion bezeichnet man als Belichtungsstärke, die mit der Maßeinheit Lux definiert wird. 1 Lux wird erreicht, wenn eine Fläche von 1 m² mit einem Lichtstrom von 1 Lumen beleuchtet wird.

Aus der Sicht des Betrachters wirft ein Körper einen ganz bestimmten Teil der Beleuchtung wieder zurück. Dieser vom menschlichen Auge und der Kamera wieder aufgefangene Lichtstrom wird als Leuchtdichte (in cd/m²) bezeichnet. Eine völlig reflektierende Fläche (100 % Reflexion), die pro m² eine Beleuchtungsstärke von 1 Lux aufweist, besitzt eine Leuchtdichte von 1 Candela pro m².

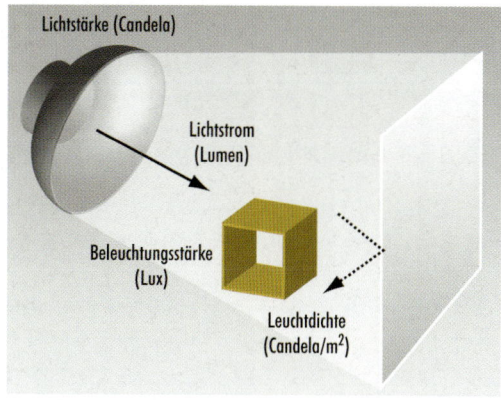

Die Leuchtdichten typischer Strahler betragen:

Strahler	cd/m²
Sonne	Bis 150.000 x 10⁴
Glühlampe klar	100 x 10⁴ bis 2.000 x 10⁴
Glühlampe matt	5 x 10⁴ bis 50 x 10⁴
Leuchtstofflampe	3.000 bis 14.000
Kerze	6.000 bis 7.000
Klarer Himmel	2.000 bis 12.000
Bewölkter Himmel	1.000 bis 6.000

Bei der Verwendung von Handbelichtungsmessern misst man bei der Objektmessung nur die Leuchtdichte (Reflexion), während bei der Lichtmessung die Beleuchtungsstärke gemessen wird. Das Gerät rechnet dann die Messwerte je nach eingestellter Empfindlichkeit in die entsprechenden Kombinationen von Blenden und Belichtungszeit um.

Die Lichtmenge, die sich fotografisch nutzen lässt, ist von zwei Faktoren abhängig; vom Lichtstrom und der zeitlichen Dauer, während der das Licht abgegeben wird. Sie regulieren diese Faktoren bei der Aufnahme, wie Sie bereits in Kapitel 5 gesehen haben, mit den drei Funktionen Blende, Belichtungszeit und Empfindlichkeit (ISO-Wert).

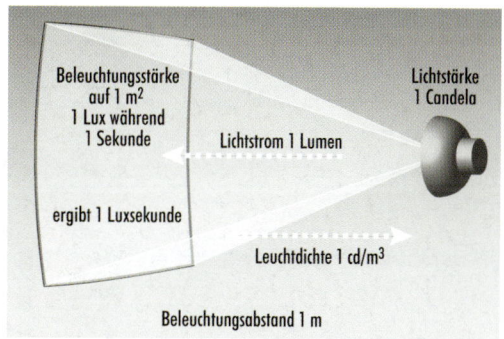

Die Beleuchtungsstärke, die auf den Sensor trifft, ist aber nicht nur von der Distanz, sondern auch vom Einfallwinkel abhängig. Je schräger das Licht auf eine Fläche trifft (d. h. je größer der Winkel von 90° abweicht), desto geringer wird die Reflexion ausfallen und desto weniger hell erscheint das Mo-

Die Reflexionen der verschiedenen Flächen geben dem Bild Raum und Tiefe, Fotograf: Sebastian Kobel.

tiv. Diesen Effekt nutzen wir in der Fotografie, um unseren Bildern eine dreidimensionale Wirkung zu verleihen.

9.3 Der Aufbau des digitalen Bildes

Das auf den Sensor auftreffende Licht wird in der Kamera in digitale Signale umgewandelt. Die verschiedenen Sensortypen verwenden dabei unterschiedliche Verfahren. Bei den meisten ist jeder Pixel des Sensors nur für eine der Grundfarben Rot, Grün oder Blau empfindlich. Dabei sind nach dem Bayermuster 50 % grünempfindlich und je 25 % rot- und blauempfindlich. Die anderen Pixel werden durch Interpolation ermittelt. Das entspricht übrigens auch unserem Auge, das auch eine Präferenz für Grüntöne aufweist.

Bei Sensoren nach dem Foveon-Prinzip sind alle Pixel, ähnlich wie beim analogen Film, für alle Grundfarben empfindlich.

Dadurch können bei wesentlich kleineren Pixelzahlen mehr und genauere Informationen gewonnen werden. So besitzt die Sigma SD14 nur gerade eine Bildgröße von 2.652 x 1.768 Pixel (was ca. 4,7 Megapixeln entspricht). Verdreifacht man diesen Wert aber, weil jeder Pixel drei Farbschichten enthält, vergrößert sich die vergleichbare Bildgröße auf ca. 14 Megapixel. Es gibt allerdings kein gesichertes Verfahren, wie man die Bildgröße zwischen diesen unterschiedlichen Sensoren genau vergleichen kann. Die Sigma SD14 vergrößert die Bilder zur Weiterverarbeitung automatisch auf 14 Megapixel.

Die Bilder mit Foveon-Vollfarbensensoren sind praktisch frei von Farbartefakten und haben eine gute Farbsättigung und Farbbrillanz. Es treten aber bei feinen schrägen Strukturen deutliche Moiré- und Aliasing-Artefakte auf. Unabhängig davon, wie Ihr Sensor die Farben aufnimmt, werden diese in der Bildbearbeitung in mehreren Farbkanälen wiedergegeben. Dabei gibt es verschiedene Farbmodelle mit unterschiedlichen Kanälen wie z. B. RGB, Lab

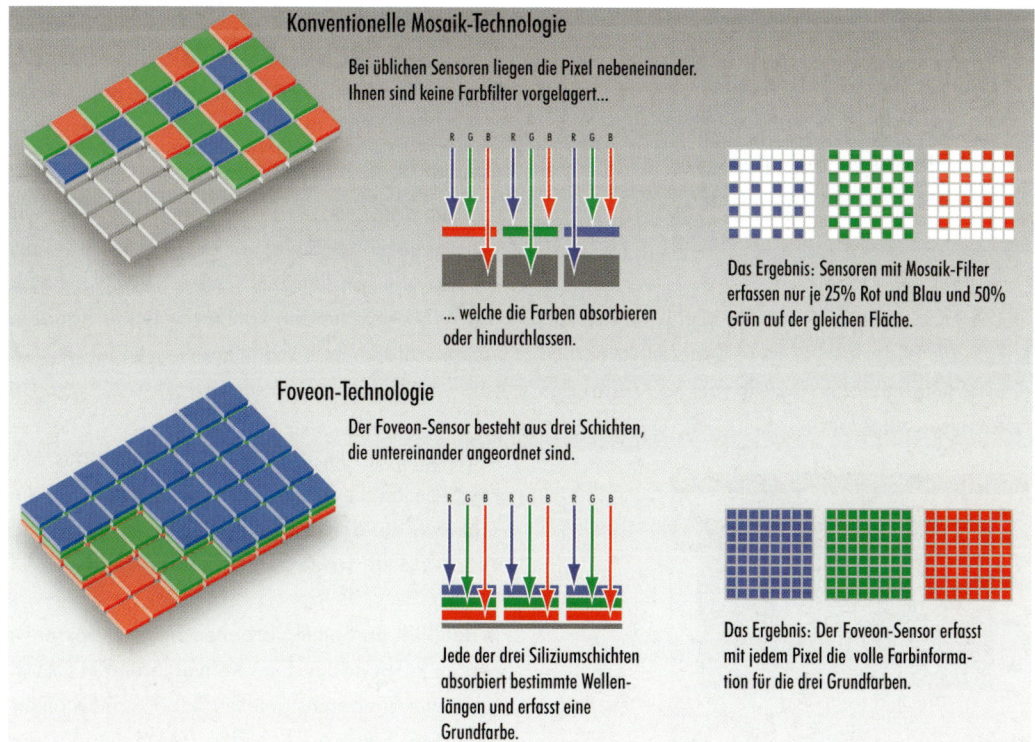

Konventionelle Mosaik-Technologie

Bei üblichen Sensoren liegen die Pixel nebeneinander. Ihnen sind keine Farbfilter vorgelagert...

... welche die Farben absorbieren oder hindurchlassen.

Das Ergebnis: Sensoren mit Mosaik-Filter erfassen nur je 25% Rot und Blau und 50% Grün auf der gleichen Fläche.

Foveon-Technologie

Der Foveon-Sensor besteht aus drei Schichten, die untereinander angeordnet sind.

Jede der drei Siliziumschichten absorbiert bestimmte Wellenlängen und erfasst eine Grundfarbe.

Das Ergebnis: Der Foveon-Sensor erfasst mit jedem Pixel die volle Farbinformation für die drei Grundfarben.

und CMYK. Im RGB-Modus werden die drei Grundfarben **R**ot, **G**rün und **B**lau nach ihrer Intensität in drei Kanälen aufgeführt. Sie können diese Kanäle je nach Grundeinstellung in Schwarz-Weiß oder in Farbe sehen. Für Farbauszüge aktivieren Sie mit dem Befehl *Bearbeiten/Voreinstellungen* im Fenster *Bildschirm- und Zeigerdarstellung* das Feld *Farbauszüge in Farbe*.

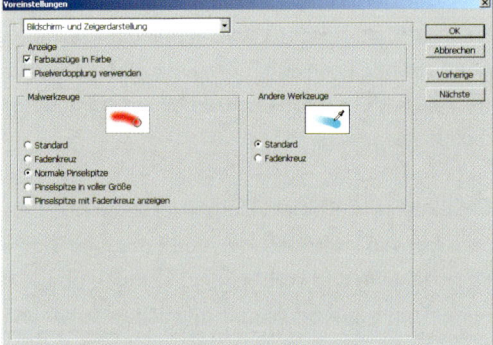

Bei RGB-Bildern sollten Sie die Kanäle in Schwarz-Weiß anzeigen lassen. Die Farbinformation ist eher verwirrend und erlaubt keine klare Helligkeitsinformation der Kanäle.

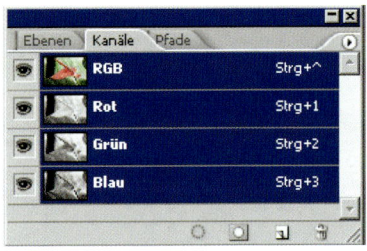

Im Lab-Modus werden in einem Kanal die Lab-Helligkeit des Bildes und in zwei Kanälen (a und b) die Farbinformationen jeweils von 180 Grad des Farbkreises aufgeführt.

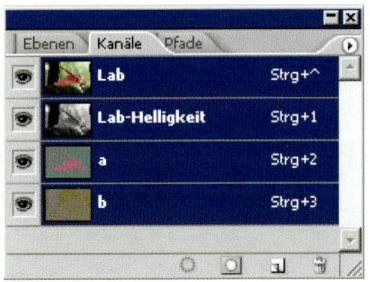

Im Gegensatz zum RGB-Modell sollten hier die Kanäle in Farbe gezeigt werden, da sie die Farbverteilung innerhalb der Halbkugeln anzeigen.

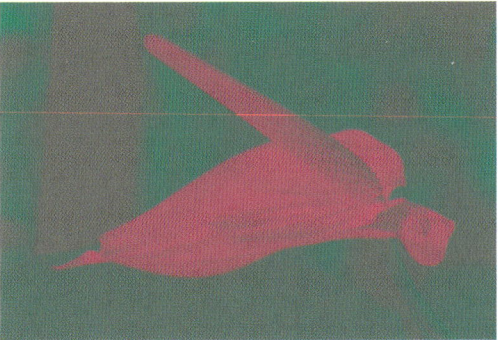

▲ *Der a-Kanal unseres Beispielbildes zeigt die Grün-Rot-Achse.*

▲ *Der b-Kanal unseres Beispielbildes zeigt die Blau-Gelb-Achse.*

Im RGB-Modus wird das fertige Farbbild additiv aus den drei Kanälen zusammengesetzt. Die Beurteilung dieser Kanäle ist vor allem im RGB-Modus bei der Umwandlung in Schwarz-Weiß hilfreich, da Sie so entscheiden können, welcher Kanal in welcher Stärke im Kanalmixer verwendet werden soll.

Anders sehen die Kanäle im CMYK-Modus aus. Hier werden die Farben nach dem Druckverfahren subtraktiv aus den drei Farben **C**yan, **M**agenta und **Y**ellow (Gelb) sowie Schwarz (**K**ey) gemischt.

In der Bildbearbeitung arbeiten Sie aber besser immer im RGB-Modus. Eine Konvertierung in CMYK führt, wie Sie bereits gelesen haben, zu Qualitätsverlusten. Sie brauchen den CMYK-Modus nur, wenn Sie Bilder gezielt für den Druck vorbereiten wollen.

Die Farbtiefe kann in Photoshop zwischen 8, 16 und 32 Bit gewählt werden. Haben Sie die Aufnahme im RAW-Format gemacht, bleiben Sie während der ganzen Bildbearbeitung im 16-Bit-Modus. RAW-Bilder besitzen eine Farbtiefe von 12 oder mehr Bit.

Haben Sie bei 8 Bit pro Farbkanal 256 Helligkeitsabstufungen (2^8), verfügen Sie im 12-Bit-RAW-Format über 4.096 Helligkeitsabstufungen (2^{12}). Bei 16 Bit hätten Sie sogar satte 65.536 Helligkeitsstufen.

Sie können die Wirkung dieser Helligkeitsstufen einfach selbst testen. Machen Sie dazu einen Grauverlauf von Weiß nach Schwarz und trennen Sie diesen dann mit dem Befehl *Bild/Anpassen/Tontrennung*.

Haben Sie die Aufnahme im 8-Bit-JPEG-Modus gemacht, bringt Ihnen eine Erhöhung auf 16 Bit in der Bildbearbeitung keine Verbesserung der Qualität, weil diese nur durch eine Interpolation der 8-Bit-Datenmenge erfolgt.

Im Endprodukt können Sie den Unterschied zwischen 8-Bit- und 16-Bit-Bildern außer bei sehr starken Vergrößerungen praktisch nicht erkennen. Deshalb können Bilder, die nach der Bildbearbeitung fertig für den Druck geschärft sind, auch mit 8 Bit abgespeichert werden.

Farbtiefe und Farbmodus
Arbeiten Sie in der Bildbearbeitung so lange wie möglich im 16-Bit-Modus. Fertig bearbeitete Dateien für den Druck können auch im 8-Bit-Modus separat abgespeichert werden.

Wechseln Sie den Farbmodus während der Bildbearbeitung nicht. Falls Sie für den Druck den CMYK-Modus benötigen, speichern Sie diese Datei unter einem anderen Namen separat ab. Der Lab-Modus bietet ein sehr gutes Graustufenbild, das für Schwarz-Weiß-Aufnahmen verwendet werden kann.

Während der Bildbearbeitung sollten Sie immer mit 16 Bit arbeiten. Hier zahlen sich die feineren Abstufungen bei Bildveränderungen wie der Tonwertkorrektur oder der Gradationskurve aus. Es kommt so zu weniger Lücken im Histogramm und somit zu weniger Farb- oder Graustufenabrissen im Druck.

Der größte Nachteil von Bildern im 16-Bit-Modus liegt in den wesentlich größeren Dateien. 16-Bit-Dateien sind rund doppelt so groß wie 8-Bit-Dateien. Qualität hat auch hier ihren Preis.

▲ Vergleich der Farbkanäle: links RGB mit Farbbild und Rot-, Grün- und Blaukanal, rechts Lab mit Farbbild und Lab-Helligkeit und a- und b-Kanal.

Fotografieren ist das zweidimensionale Malen mit Licht

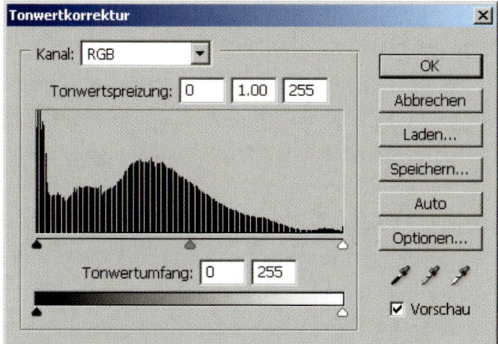

▲ Histogramm bei 8 Bit.

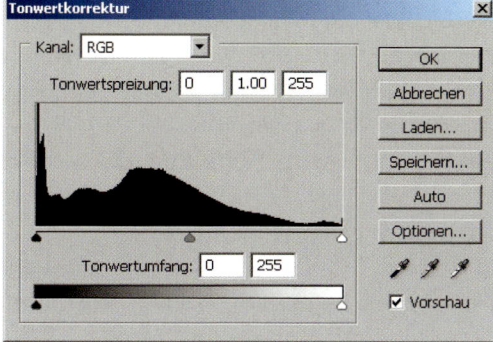

▲ Gleiches Histogramm bei 16 Bit.

9.4 So sehen wir Bilder – Wahrnehmung Auge vs. Sensor

Der Aufbau des menschlichen Auges gleicht einer einer Kamera. Die Lichtstrahlen fallen durch die Pupille ins Auge. Die Pupille ist eine kreisförmige Öffnung, deren Durchmesser von der Iris je nach Lichtverhältnissen verändert werden kann. Anschließend werden sie von der Linse gebrochen und auf die Netzhaut projiziert. Dort entsteht dann das eigentliche Bild. Wir fokussieren durch die Verformung der elastischen Linsen mithilfe der Ziliarmuskeln unseres Auges. Die Netzhaut enthält ca. 130 Millionen lichtempfindliche Sinneszellen. 95 % davon sind helligkeitsempfindliche Stäbchen und nur 5 % sind farbempfindliche Zapfen. Aufgrund ihrer unterschiedlichen Sensibilisierung für Licht bestimmter Wellenlängen werden die Zapfen nochmals in unterschiedliche Typen unterteilt. Es gibt rot-, grün- und blauempfindliche Zapfen. Die Stäbchen registrieren nur Helligkeitswerte. Sie sind 1.000-mal empfindlicher als die Zapfen. Ihr Empfindlichkeitsmaximum liegt bei ca. 500 nm (Farbe Blaugrün).

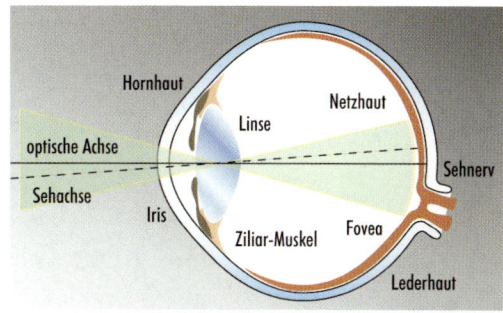

Die Verteilung der Stäbchen und Zapfen auf der Netzhaut ist nicht gleichmäßig. In der Nähe der optischen Achse, gegenüber der Linse, liegt auf der Netzhaut die sogenannte Sehgrube oder Fovea. Sie enthält ausschließlich Zapfen in sehr hoher Dichte (ca. 300.000 pro mm²). Dort ist gleichzeitig die Stelle mit dem schärfsten Sehen. Von hier aus nimmt die Zahl der Zapfen nach außen stark ab. Schon bei einer Entfernung von nur 3 mm liegt die Dichte nur noch bei ca. 7.000 pro mm². Am Rande der Netzhaut existieren nur noch Stäbchen.

Unser Auge in der Fotopraxis

Die Konstruktion unseres Auges hat konkrete Auswirkungen auf unsere Fotopraxis. Schauen wir durch den Sucher, sehen wir immer nur einen kleinen Teil des Bildes optimal scharf. Unser Blick wandert über das Bild, ohne es wirklich als Ganzes zu erfassen. Es ist sehr schwierig, schnell und sicher den besten Bildausschnitt zu wählen. In der Bildbearbeitung am Bildschirm haben wir eine größere Distanz zum Bild und können es in Ruhe beurteilen. Jetzt ist es uns möglich, das ganze Bild zu erfassen und sicher zu beurteilen. Machen Sie deshalb die Aufnahmen immer etwas größer als nötig, sodass Sie keine Aufnahmefehler wie abgeschnittene Füße oder Hände machen.

▲ *Eine zu schnelle und enge Wahl des Ausschnitts führte zu unschön abgeschnittenen Fingern, Model Jenny, Fotograf: Martin Zurmühle.*

Vor der Weiterleitung der Reize der Sinneszellen ans Gehirn werden diese auf der Netzhaut weiterbearbeitet. In der Fovea, dem Bereich des schärfsten Sehens, besitzt jeder Zapfen eine weiterleitende Ganglienzelle. In den außen liegenden Bereichen der Netzhaut sind es ca. 130 Stäbchen auf eine weiterleitende Ganglienzelle. In diesem Außenbereich unseres Sehkreises geht es nur noch um die bessere Orientierung in der Dunkelheit. Damit wird eine schnelle Weiterleitung der Informationen ans Gehirn ermöglicht.

Die Informationen werden aber interessanterweise nicht getrennt nach den drei Farben weitergeleitet. Innerhalb der Netzhaut wird zuerst eine Verrechnung der Signale aus den unterschiedlichen Zapfen vorgenommen. Die daraus resultierenden Informationen werden dann ans Gehirn weitergeleitet. Direkt als Rot-Grün-Anteile werden die Signale aus den rot- und grünempfindlichen Zapfen verrechnet. Anders bei den Signalen aus den blauempfindlichen Zapfen: Diese werden zunächst allein mit den Signalen der grünempfindlichen und allein mit den Signalen der rotempfindlichen Zapfen verrechnet. Diese beiden resultierenden Werte ergeben zusammen den Blau-Gelb-Anteil, der dann mit dem Rot-Grün-Anteil verrechnet wird. Zusammen bilden sich daraus die Informationen über den Farbton und die Sättigung der Farbe. Zusätzlich werden Informationen über die Helligkeit der Farben ans Gehirn weitergeleitet.

Die Aufteilung der Farbinformation in einen Wert für Farbton und Sättigung einerseits und einen Wert für die Helligkeit andererseits spielt auch bei verschiedenen Farbmodellen wie z. B. das Lab- oder HSB-Modell (**H**ue = Farbton, **S**aturation = Sättigung und **B**rightness = Helligkeit) eine wichtige Rolle. Diese werden in der digitalen Bildbearbeitung verwendet. So sind diese Farbmodelle sehr präzise in der Beschreibung der Farben, weil sie das Schema der Farbverarbeitung des menschlichen Wahrnehmungsapparats nachahmen und die Farben so beschreiben, wie unser menschliches Auge sie sieht.

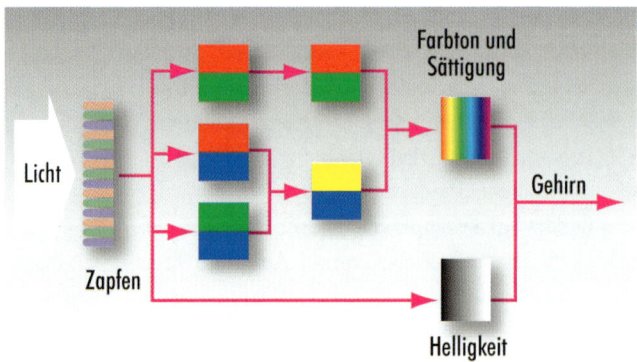

Der Begriff Helligkeit ist klar. Der Farbton beschreibt die Farbart, die Sie sehen, also zum Beispiel Rot, Gelb oder Blau. Mit Sättigung ist die Reinheit der Farbe gemeint. Je höher die Sättigung, desto reiner ist die Farbe und desto weniger wird sie durch ihre Komplementärfarbe vergraut.

Die Funktionsweise unseres Auges hat einen Einfluss auf die Art, wie wir Farben und Kontraste erkennen. Bei starken Farbkontrasten nehmen wir die Farben unterschiedlich wahr. So erscheint der rote Stern im blauen Feld wesentlich heller als im gelben.

Bei starken Helligkeitskontrasten hemmen sich die Sinneszellen gegenseitig bei der Signalweitergabe. Stoßen helle und dunkle Flächen aneinander, führt der Kontrast zu einer leichten optischen Schärfung. Dieses Prinzip wird auch in der Bildbearbeitung zur Schärfung verwendet.

Unsere Augen sind allerdings keine präzisen Messinstrumente. Unsere Zahl an Sinneszellen ist verglichen mit den Augen von Tieren eher klein. Die Konzentration auf die drei Teilbereiche Rot, Grün und Blau des sichtbaren Spektrums ermöglicht trotz der kleineren Zahl an Sinneszellen eine gute Wahrnehmung. Mit einer schnellen Informationsverarbeitung. Sie erschwert aber die präzise Farbbestimmung im gesamten Farbspektrum. So können unsere Augen die dünnen spektralen Spitzen der Leuchtstoffröhren im grünen Bereich im Gegensatz zum Sensor nicht erkennen. In der digitalen Fotografie korrigieren wir diese dann mit dem Weißabgleich.

Wir können mit unseren Augen nicht erkennen, ob eine Farbe aus verschiedenen Wellenlängen gemischt wurde oder nur aus einer Wellenlänge erzeugt wird. Deshalb können Farben bei unterschiedlichen Belichtungen für uns verschieden aussehen. Dieser Effekt wird als Metamerie bezeichnet. Nur unter Normlicht können wir die Farben richtig beurteilen. Auch die Farben von Tintenstrahldruckern reagieren auf unterschiedliche Beleuchtung und neigen oft zur Metamerie.

Das menschliche Auge kann also nur gerade im Sehzentrum, bei der Sehgrube der Netzhaut scharf und farbrichtig sehen. Der Rest des Gesichtsfeldes bleibt mehr oder weniger grau und unscharf. Das ist ein wesentlicher Unterschied zur Kamera, die das ganze Bild scharf und farbrichtig aufnehmen kann.

▲ Unsere Augen sehen nur in einem kleinen Bereich scharf und farbrichtig.

Wir können Farben sehr gut miteinander vergleichen. Wir können aber nicht genau die Farbe erfassen, weil diese auch vom Umgebungslicht abhängig ist. Unser Auge passt sich automatisch an das Umgebungslicht an, d. h., unser Auge macht einen permanenten Weißabgleich. Unser Farbgedächtnis ist deshalb wenig ausgeprägt und wir sehen Farben eher im Vergleich zueinander als absolut.

Unsere Augen können eingefrorene Wasser-
tropfen nicht sehen, Model Warren,
Fotograf: Martin Zurmühle.

Unser Auge reagiert am stärksten auf Helligkeitsunterschiede zwischen einzelnen Farben. Im Lab-Farbraum werden deshalb die Farbinformationen (im a- und b-Kanal) von den Helligkeitsinformationen (Lab-Helligkeit) getrennt. In den Farbkanälen sind die Motive oft kaum zu erkennen. Damit wir Farben unterscheiden können, muss der Helligkeitsunterschied zwischen ihnen ca. 1–2 % betragen.

Aber es gibt noch weitere Unterschiede zwischen unseren Augen und der Kamera. Unsere Augen sehen die Welt dreidimensional. Die Kamera reduziert alles auf eine zweidimensionale Darstellung. Ein weiterer Unterschied liegt in der Erfassung von Bewegungen. Unsere Augen können Bewegungen nicht einfrieren, sondern sehen sie fließend. So erscheint uns ein total eingefrorener Wasserfall im Gegensatz zu einem mit einem weichen Strahl als unnatürlich (siehe Abbildung auf der gegenüberliegenden Seite). Die folgende Tabelle zeigt eine Gegenüberstellung von Auge und Kamera:

Augen	Kamera
Zweiäugig	Einäugig
Dreidimensionales Sehen	Zweidimensionales Sehen
Automatische Adaption an Lichtstärke	Anpassung durch Wahl von Blende, Belichtungszeit und Empfindlichkeit
Große Kontrastbewältigung (über 16 LW)	Kleine Kontrastbewältigung (unter 10 LW)
Dauerndes Sehen (Multivision)	Momentaufnahme (Einzelbild)
Kontinuierliches Bewegungssehen	Fixiertes Bild
Gesamtbild	Detailausschnitte
Kleines scharfes und farbechtes Sehzentrum	Gleichmäßig scharfes und farbechtes Bild
Unendlicher Sehraum	Ausschnitte
Automatischer Weißabgleich	Automatischer oder manueller Weißabgleich möglich

Der größte Unterschied zwischen Augen und Kamera liegt sicher darin, dass wir mit zwei Augen den Raum dreidimensional sehen können. Wir wissen so immer, was vorn und hinten ist, wir können die Tiefe des Raumes abschätzen und den Zusammenhang sofort verstehen. Mit dem zweidimensionalen Bild unserer Kamera ist das wesentlich schwieriger. Wir benötigen verschiedene gestalterische Mittel, um den Raum richtig zu zeigen:

- In die Tiefe führende Linien.
- Staffelung der Motive mit Vordergrund, Mittelgrund und Hintergrund.
- Größenvergleiche mit bekannten Motiven (z. B. Mensch).
- Einsatz von Licht und Schatten zur Modellierung.
- Einsatz von Schärfe und Unschärfe zur Betonung der Tiefe.

▲ Tiefenwirkung durch gestaffelte Reihen und Größenbezug durch bekannte Objekte (Menschen im Hintergrund), Fotograf: Martin Zurmühle.

9.5 Gestalten mit Farben

Viele Künstler, Physiker, Chemiker, Biologen, Psychologen und Philosophen haben Interessantes und Wichtiges zu diesem Thema gesagt. Farben wirken auf uns auf vielfältige Weise. Vor allem Farbkreise und das Mischen von Farben haben uns schon immer fasziniert. Farbkreise spielten vor allem in der Kunst schon immer eine große Rolle. Maler wie Paul Klee oder auch Schriftsteller wie Goethe beschäftigten sich intensiv mit Farben, Farbkreisen und Farbwirkungen. In der Schule mischten wir die Farben mit dem Malkasten aus den Grundfarben Rot, Gelb und Blau. Blau und Gelb ergab zum Beispiel Grün. Unser Mischen entsprach dem Farbkreis nach Johannes Itten (1961).

In der Mitte liegen die Primärfarben Rot, Gelb, Blau. Flächengleich werden sie umgeben von daraus gemischten Farben Orange, Grün, Violett. Auf dem Kreis werden diese ergänzt durch jeweils eine Zwischenstufe. In der digitalen Fotografie arbeiten wir mit leicht abweichenden Grundfarben Rot, Grün und Blau. Ergänzt werden diese durch die Druckfarben Cyan, Magenta und Yellow. Ein an unser digitales Farbmodell angepasster Farbkreis besteht aus zwei Dreiecken mit den Farben Rot, Grün und Blau sowie Cyan, Magenta und Yellow.

Diese beiden Dreiecke sind um 60° gegeneinander verdreht. Es bilden sich Paare mit Komplementärfarben: Rot und Cyan, Grün und Magenta sowie Blau und Yellow. Komplementärfarben liegen sich im Farbkreis genau gegenüber. Mischen Sie zwei Komplementärfarben miteinander, entsteht ein Grauton. Diese sechs Farben werden in der Bildbearbeitung mit Photoshop bei verschiedenen Funktionen wie etwa der Farbbalance angewendet.

Für uns als Fotografen ist aber nicht die genaue Beschreibung der Farbe von Bedeutung, sondern ihre Wirkung auf den Betrachter. Schauen wir uns die Wirkung der verschiedenen Farben kurz an:

Weiß

Eine unbunte Farbe. Assoziiert Reinheit, Leichtigkeit und lässt Motive sauber und strahlend erscheinen. Mit Mischung anderer Farben wird eine wärmere (z. B. mit Gelb) oder eine kältere (z. B. mit Blau) Stimmung erreicht. Interessante Effekte ergeben monochrome Bilder. Dabei zeigt sich die Farbe Weiß in verschiedenen Nuancen wie bei einem High-Key-Schwarz-Weiß-Bild. Als Kontrast bietet sich ein kleiner, aber starker farblicher Akzent an.

▲ Eine Winteraufnahme mit Weiß- und Grautönen, Fotograf: Martin Zurmühle.

Rot

Rot ist die Signalfarbe. Sie wirkt auf uns lebhaft, auffällig und anregend. Rot gilt als Symbol für Feuer, Hitze oder als Warnung vor Gefahren. Wir verbinden die Farbe Rot auch mit Blut und Tod. Als reiner Farbton wirkt Rot aber auch sehr aggressiv und erzwingt die Aufmerksamkeit. Deshalb setzen die Hersteller von Warnschildern und die Werbewirtschaft auf diese Farbe. Als kleine Fläche kann Rot im Bild einen starken Akzent setzen.

Gelb

Kinder malen die Sonne immer gelb. Gelb ist die Farbe der Wärme, des Lichts und des Lebens, sie stimmt uns heiter und beschwingt. Gelb ist das Licht früh am Morgen. Gelb erscheint uns heller als andere Farbtöne. Gelb erinnert uns an Ferien, an Sommer und Sandstrand. Stark abgedunkelt erscheint uns Gelb als schmutzig.

▲ Die Wärme der Sonne reflektiert in der Sonnenblume, Fotograf: Sebastian Kobel.

◀ Rot wie eine Tomate, hier kombiniert mit dem Grün der Stängel, Fotograf: Sebastian Kobel.

▲ Das hellblaue Wasser und das dunkelblaue Boot dominieren die Bildwirkung, das gelbe Paddel bildet einen kleinen Kontrastpunkt dazu, Fotograf: Heinz Dössegger.

Blau

Im Gegensatz zu Gelb wirkt Blau oft kalt, wird mit Wasser, Glas und Himmel in Verbindung gebracht (siehe Abbildung oben). Ein helles Blau wirkt leicht, während ein dunkles Blau ruhig und gelassen erscheint. Blautöne lassen schnell Urlaubsstimmung aufkommen. Blau ist aber auch Klarheit und Weite und symbolisiert eiskaltes Winterwetter und klare Luft. Aufnahmen in der Dämmerung (blaue Stunde) nach Sonnenuntergang vermitteln den Eindruck von Einsamkeit und Leere.

Grün

Grün ist die Farbe der Natur. Landschafts- und Naturaufnahmen zeigen eine Vielfalt von Grüntönen, die in Blättern, Pflanzen und Gräsern zu finden sind. Grün bringt dem Auge Ruhe und Geborgenheit. Das reine Grün wirkt zurückhaltend, weder warm noch kalt. Grün wirkt als ausgleichende Farbe und so weder besonders aktiv noch passiv. Schrille Grüntöne erheischen indessen große Aufmerksamkeit (Leuchtstiftfarbe).

▲ Das beruhigende Grün des Waldes, Fotograf: Sebastian Kobel.

Braun

Braun ist erdverbunden und ein Symbol für Wärme und Geborgenheit. Braun wirkt sehr ruhig und harmonisch, aber auch manchmal langweilig. Braun

wirkt oft auch schwer und zurückhaltend und ist so keine Farbe für besondere Effekte. Sie eignet sich eher als Hintergrund. Als Tönung für monochrome Bilder (z. B. Sepia) vermittelt Braun einen altmodischen Charakter.

Schwarz

Schwarz ist der Gegenpol zu Weiß. Schwarz wirkt schwer, bedrohlich und geheimnisvoll. Wir verbinden Schwarz mit Dunkelheit, Schatten und Kriminalität.

Die klassische Schwarz-Weiß-Fotografie lebt vom feinen Spiel der Grauwerte. Diese können ausgeglichen in der Mitte liegen oder sich eher Richtung Weiß oder Schwarz orientieren. Die Bildwirkung verändert sich dadurch stark. Je dunkler das Bild wird, desto schwerer und bedrückender wirkt es.

Oft ist es für die Bildwirkung besser, auf ein ausgeglichenes Histogramm zu verzichten und das Bild bewusst dunkel zu halten. Es erhält dadurch große Kraft und einen geheimnisvollen Ausdruck.

▲ *Die fein abgestuften Brauntöne geben diesem Bild den besonderen warmen und ruhigen Charakter, Model Irene, Fotograf: Andi Kunar.*

wird zudem eine negative Bedeutung zugeschrieben aufgrund geschichtlicher Ereignisse. Die Farbe

▼ *Bei Mondlicht wirkt auch ein Farbbild praktisch nur noch schwarz-weiß, Fotograf: Martin Zurmühle.*

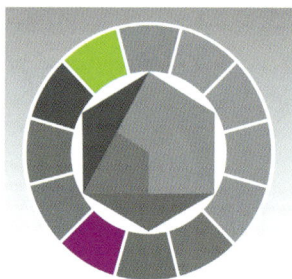

▲ Das Bild lebt vom Kontrast zwischen dem kühlen Blau der Blumen und dem ruhigen Grün des Hintergrunds, Fotograf: Daniel Rohr.

Kontraste

Neben den dominierenden Farben im Bild spielen die Kontraste zwischen den Farben eine entscheidende Rolle für die Bildwirkung. Große Farbkontraste ergeben sich, wenn die Farben im Farbspektrum weit auseinanderliegen (siehe Abbildung oben).

Am stärksten kontrastieren Komplementärfarben, die sich im Farbkreis gegenüberstehen. Dagegen wirken Farben, die nahe beieinanderliegen, ruhig und harmonisch.

Monochrome Farben

Ganz anders sieht die Bildwirkung aus, wenn das Motiv nur aus einer Farbe besteht. Hier variiert das Bild nur durch Helligkeit und Sättigung der Farben.

Es gelten die gleichen Regeln wie bei der Schwarz-Weiß-Fotografie.

Die Bilder wirken neben der Farbe dann vor allem durch die Formen und die Verteilung der Helligkeitswerte im Bild. Eine weitere Möglichkeit für monochrome Farben besteht darin, ein Schwarz-Weiß-Bild mit einem Farbton einzufärben. Dazu stehen Ihnen in der Bildbearbeitung viele verschiedene Wege zur Verfügung (siehe Tabelle auf der nächsten Seite).

Sie sehen, die Möglichkeiten, mit Farben Bildwirkungen zu erzielen, sind groß. Sie entscheiden, ob Sie mit harten Farbkontrasten oder mit feinen monochromen und harmonischen Farbwirkungen arbeiten möchten. Entscheidend ist dabei immer die Bildwirkung, die Sie anstreben.

Die Farben sollten die Bildaussage unterstützen und verstärken. Experimentieren Sie dabei ruhig auch mit verfremdeten Farben bei der Aufnahme (z. B. durch Farbfilter oder farbiges Licht) oder in

Farbton/Sättigung	Durch das Aktivieren des Feldes *Färben* kann mit dem Befehl *Bild/Anpassen/Farbton/Sättigung* ein monochromes Bild erstellt werden. Die Farbe kann mit den Reglern eingestellt (oder vor dem Befehl als Vordergrundfarbe mit der Pipette ausgewählt) werden. Dabei wird der Farbkreis des HSB-Modells verwendet. Beim Färben wird die Sättigung automatisch auf den Wert 25 gesetzt. Der dann noch weiter angepasst werden kann. Für eine braune Sepiatönung stellen Sie den Farbton auf ca. 35, die Sättigung auf 25 und die Lab-Helligkeit auf 0.
Duplex-Modus	Nach der Umwandlung in ein Graustufenbild (*Bild/Modus/Graustufen*) kann eine weitere Umwandlung in ein Duplexbild erfolgen (*Bild/Modus/Duplex*). Dabei wird neben der Druckfarbe Schwarz (für die Tiefen) eine Druckfarbe für den Farbton gewählt. Die Druckfarben können mit separaten Gradationskurven angepasst werden. Zur Weiterbearbeitung müssen die Duplexbilder wieder in den RGB-Modus umgewandelt werden. Dank der schwarzen Druckfarbe haben Duplexbilder eine gute Tiefenwirkung.
Volltonfarben-Ebene	Mit der Ebenentechnik können ebenfalls Bilder eingefärbt werden. Dazu erstellen Sie eine neue Ebene mit dem Befehl Ebene/Neue Füllebene/Volltonfarbe und wählen mit dem Farbwähler eine geeignete Farbe aus. Das Basisbild wird vorgängig mit dem Kanalmixer in ein Schwarz-Weiß-Bild umgewandelt. Bei der Füllebene wird die Füllmethode *Farbe* gewählt und mit dem Deckkraftschieber die Wirkung kontrolliert (allerdings ist nur bei 100 % ein reines Monochrombild sichtbar).
Verlaufsumsetzung	Auf einem Schwarz-Weiß-Bild wird mit dem Befehl *Bild/Anpassen/Verlaufsumsetzung* ein Farbverlauf erzeugt. Die Farben des Verlaufs entsprechen der Vordergrundfarbe zur Hintergrundfarbe. Die Art des Verlaufs kann aus der Liste ausgewählt werden. Klicken Sie dazu einfach auf das Verlaufsfenster.
Gradationskurve Tonwertkorrektur	Ein Graustufenbild im RGB-Modus (z. B. durch Einsatz des Kanalmixers) kann mit der Gradationskurve oder der Tonwertkorrektur durch Veränderungen der Farbkanäle eingefärbt werden. Diese Effekte lassen sich sehr fein steuern. Sie wählen einen Farbkanal aus und verschieben in der Tonwertkorrektur den Mittelwertschieber nach links oder rechts. Entsprechend ändern sich die Farben. In der Gradationskurve verschieben Sie den Mittelwert nach oben links oder unten rechts. Gleichzeitig wird im Bild der Kontrast erhöht.
Variationen	Mit dem Befehl *Bild/Anpassen/Variationen* können 8-Bit-Schwarz-Weiß-Bilder leicht eingefärbt werden. Es wird ein einfacher Farbkreis mit allen Primär- und Sekundärfarben angezeigt. Durch Klicken auf die Farben wird das Grundbild verändert. Die Tiefen, Mittelwerte und Lichter können getrennt bearbeitet werden. Durch den Klick auf die Komplementärfarbe wird eine Farbveränderung wieder rückgängig gemacht. Gute Varianten können auch als Aktionen gespeichert werden.

◀ Ein monochromes, aber
kontrastreiches Bild,
Fotograf: Sebastian Kobel.

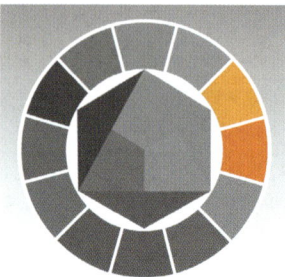

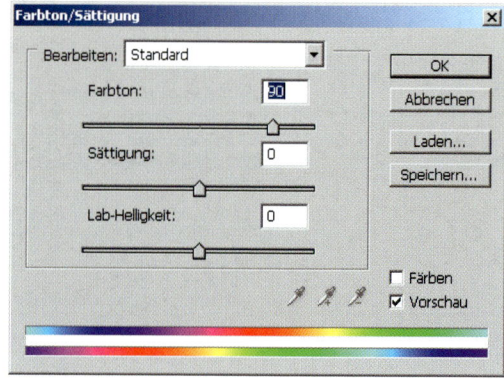

der Bildbearbeitung (mit Farbwechseln). Entscheidend ist einzig die Qualität des Resultats.

Lassen Sie Ihrer Kreativität viel Raum. Beim letzten Bildbeispiel habe ich im Fenster des Befehls *Bild/Anpassen/Farbton/Sättigung* einfach den Schieber *Farbton* benutzt, um verschiedene neue Farbkombinationen zu testen.

Sie sehen im Fenster *Farbton/Sättigung* unten bei den beiden Farbskalen, wie sich die Farbtöne verschieben. Beim Farbton 90 werden die grünen Farben des Hintergrunds zu Blau und die hellblaue Blüte rot umgefärbt.

◀ Die monochrome Tönung passt gut zu dieser speziellen Location, Model Jenny, Fotograf: Martin Zurmühle.

▲ Oben links: das Originalbild, oben rechts: Farbton auf 90, unten links: Farbton auf 142, unten rechts: auf -100.

10

Bessere Bilder beim Fotografieren mit Sonnenlicht

Die Sonne bietet eine unendliche Fülle verschiedener Lichtsituationen. Für den Fotografen ist es wichtig zu wissen, wie sich das Sonnenlicht am jeweiligen Aufnahmestandort auf das Bild auswirkt. Strahlend

blauer Himmel ist meistens langweilig, dafür bieten spezielle Wettersituationen gute Gelegenheiten für besondere Bilder. Das direkte Sonnenlicht wirkt hart und zu kontrastreich. Mit Reflektoren können Sie gezielt die Schatten aufhellen. Mit Gegenlichtaufnahmen erzielen Sie besondere Lichteffekte und im Schatten haben Sie den ganzen Tag lang gute Aufnahmemöglichkeiten.

10.1 Lichtqualität in Abhängigkeit von der geografischen Lage

Neben dem Wetter hat die geografische Lage einen entscheidenden Einfluss auf die Qualität des Sonnenlichts und somit auf die Möglichkeiten des Fotografen. Schauen wir zuerst, wie die geografische Lage definiert wird. Für die Orts- oder Positionsangabe verwenden wir die Begriffe Länge und Breite. Vom Äquator zu den Polen wird ein Netz über die Erde gelegt und in 90 Grade eingeteilt. Die entsprechenden Kreise sind parallel zum Äquator und werden deshalb Parallel- oder Breitenkreise genannt. Ein Grad entspricht dabei ca. 111 km.

Die Linien von Pol zu Pol sind Meridiane oder Längenkreise. Ausgehend von einem Nullmeridian wird die Erde in eine Ost- und eine Westhälfte zu je 180 Grad eingeteilt. Als Nullmeridian wurde die Linie durch das Observatorium in Greenwich bei London festgelegt.

Schauen wir zuerst, welche Bedeutung der Breitengrad unseres Aufnahmestandorts auf den Sonnenstand hat. Aufgrund der Verschiebung der Erdachse über das Jahr ändert sich die Lage der Erde zur Sonne. Die Neigung (oder Schiefe) dieser Ekliptik beträgt 23° und 27 Minuten. Dort, wo die Sonne

einen Tag im Jahr genau senkrecht steht, befindet sich der nördliche oder südliche Wendekreis (jeweils auf 23° und 27 Minuten). Dort, wo die Sonne einen Tag im Jahr dauernd scheint, liegen die Polarkreise (jeweils auf 66° und 33 Minuten).

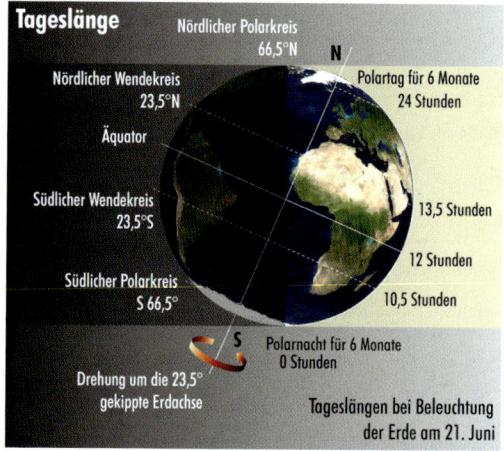

▲ Tageslängen am 21. Juni in Abhängigkeit von der geografischen Lage.

Befinden Sie sich nun auf dem Äquator, bewegt sich der höchste Sonnenstand zwischen ca. 66,5° und 113,5°. Die Sonne steht hier immer sehr hoch am Himmel und die Jahreszeiten spielen daher in der Äquatorgegend keine große Rolle. Ganz anders ist die Situation weiter nördlich. Auf dem nördlichen Wendekreis steht die Sonne am 21. Juni genau

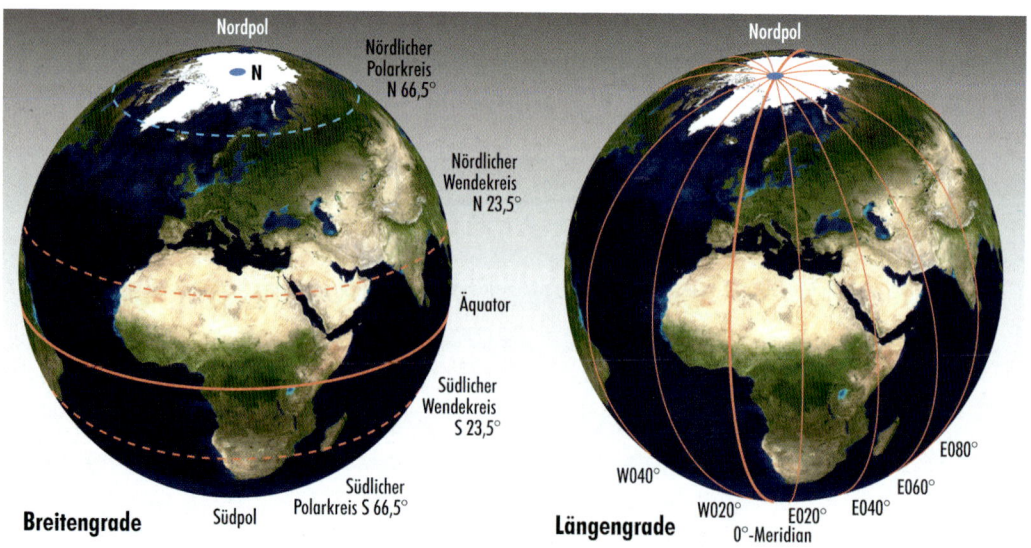

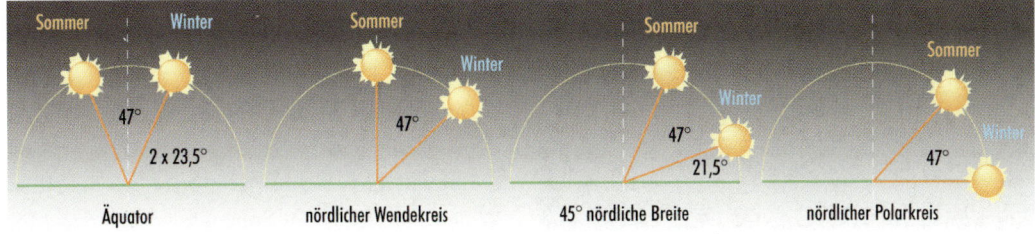

| Äquator | nördlicher Wendekreis | 45° nördliche Breite | nördlicher Polarkreis |

senkrecht über Ihnen (90°). Am 21. Dezember reduziert sich die Steilheit des Sonnenhöchststands auf 43°. In unseren Breitengraden (bei ca. 45°) steht die Sonne im Sommer bei maximal 68,5° am Himmel und im Winter am 21. Dezember nur noch bei 21,5°. Am nördlichen Polarkreis bewegt sich dieser Winkel von 47° am 21. Juni auf 0° am 21. Dezember. Für den Fotografen hat der Sonnenstand folgende Bedeutung:

- Ein hoher Sonnenstand bedeutet eine kurze Dämmerung sowie kurze und harte Schatten.
- Ein tiefer Sonnenstand bringt eine lange Dämmerung sowie lange und weiche Schatten.

Die Folge davon ist, dass Sie im Norden praktisch während des ganzen Tages gute Lichtverhältnisse für spannende Bilder haben. Im Süden ist das Licht im Sommer wegen des grellen und dunstigen Lichts und der harten kurzen Schatten fotografisch meist uninteressant. Hier sind die fotografisch interessanten Zeiten vor, während und nach dem Sonnenauf- und -untergang relativ kurz. In nördlichen Breitengraden wirken sich die Jahreszeiten auch viel stärker auf das Klima und das Wetter aus, während Sie im Süden weniger starke Wechsel haben und mit gleichbleibenden Lichtverhältnissen rechnen können.

Neben dem Sonnenhöchststand ist es für den Fotografen auch wichtig zu wissen, wann die Sonne unter- und aufgeht. Sie können das in Tageszeitungen nachlesen oder mit einem GPS ermitteln. Mit etwas geografischen Kenntnissen können Sie diese Zeiten überall auf der Erde auch leicht abschätzen. Die Erde ist in Zeitzonen eingeteilt. Ausgehend vom Nullmeridian bei Greenwich in London verschiebt sich die Zeit alle 15 Längengrade um eine Stunde. In Anlehnung an diese Zeiten wurden entsprechende Zeitzonen festgelegt.

▼ Im hohen Norden haben Sie während des ganzen Tages gute Lichtverhältnisse, Fotograf: Martin Zurmühle.

▲ In Granada mussten wir im April bis nach 20 Uhr auf das schöne Abendlicht warten, Fotograf: Martin Zurmühle.

Die Weltzeit (UTC) liegt bei 0°. Unsere Mitteleuropäische Zeit (MEZ) liegt bei 15° östlicher Länge und ist eine Stunde verschieden von der UTC. Im Sommer ist der Zeitmeridian um eine Zeitzone (15°) ostwärts verschoben.

Für die MEZ bedeutet das plus zwei Stunden zur UTC, d. h., der Sonnenhöchststand ist im Sommer nicht mehr um 12 Uhr, sondern um 13 Uhr. Diese Zeiten gelten aber nur für Standorte im Bereich des 15. Längengrads. Liegt Ihr Aufnahmestandort westlicher oder östlicher davon, verschiebt sich der Zeitpunkt jeweils um plus oder minus vier Minuten pro Grad.

Die Koordinaten Ihres Standorts können Sie auf den meisten Landkarten lesen. Sie werden in Grad, Minuten und Sekunden angegeben. Zuerst schreibt man die Breite, dann die Länge. Hier die Koordinaten meines Wohnorts Luzern (Schweiz):
47° 3 Minuten 0 Sekunden N (nördliche Breite)
8° 18 Minuten 30 Sekunden E (östliche Länge)

Luzern liegt also fast 7° westlicher als der 15. Längengrad. Den Sonnenhöchststand erreicht die Sonne somit um ca. 12:20 (oder 13:20 im Sommer). Ausgehend vom Sonnenhöchststand wird die Tageslänge verteilt. Beim Frühlings- und Herbstbeginn beträgt die Tageslänge 12 Stunden. Der Sonnenaufgang ist somit um 6:20 und der Sonnenuntergang um 18:20 (bei Sommerzeit eine Stunde später). Richtung Sommer verlängert sich die Tageszeit, Richtung Winter verkürzt sie sich täglich um ein paar Minuten.

Die Mitteleuropäische Zeit reicht sehr weit nach Westen. Fotografieren Sie zum Beispiel in Galizien in Spanien, haben Sie noch die gleiche Zeit wie in Deutschland. Sie befinden sich aber bereits auf dem neunten Grad westlicher Länge. Hier erreicht die Sonne ihren Höchststand erst nach 13:30 im Winter und 14:30 im Sommer. Das schöne Morgenlicht kommt so viel später als gewohnt, und am Abend müssen Sie sehr lange auf den Sonnenuntergang warten.

Kennen Sie den Zeitpunkt des Sonnenhöchststands an einem Standort, dann wissen Sie auch immer sofort, wo Süden liegt. Richten Sie dazu einfach den kleinen Zeiger Ihrer Uhr auf die Sonne. Die Mitte zwischen dem kleinen Zeiger und der Zeit des Sonnenhöchststands zeigt genau nach Süden.

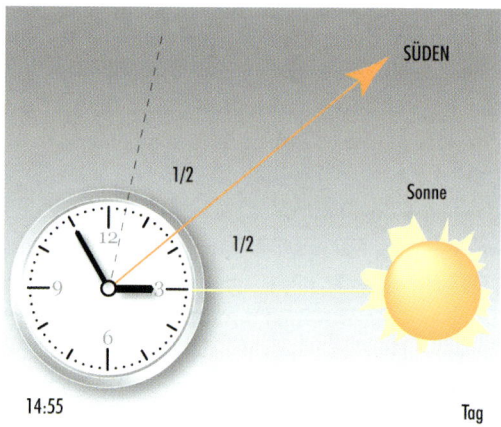

Noch einfacher und präziser geht es natürlich mit einem modernen GPS-Gerät. Dort können Sie Ihren Standort mithilfe der Satellitennavigation auf wenige Meter genau feststellen. Zusätzlich besitzen die Geräte einen Kompass.

Moderne Geräte geben zum jeweiligen Standort auch gleich die genauen Zeiten für den Sonnen- und Mondauf- und -untergang minutengenau an und zeigen die Mondphase des entsprechenden Tages. Bequemer geht es nicht mehr. So ist ein GPS auch für den Fotografen ein sehr nützliches Werkzeug.

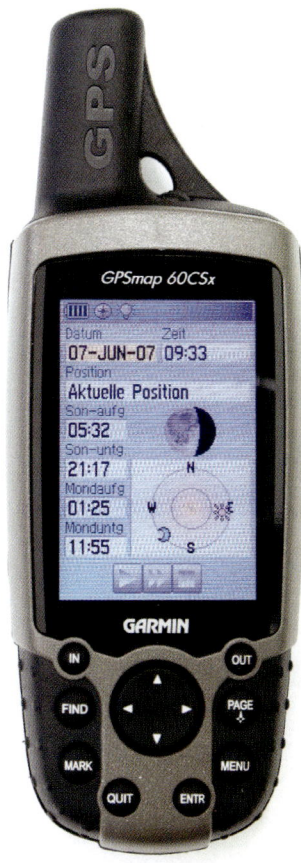

▲ Das GPSmap 60CSx von Garmin zeigt die Sonnen- und Mondauf- und -untergangszeiten sowie die Mondphase für den gewählten Standort und das Datum. (Foto: Garmin)

Als Fotograf müssen Sie den Sonnenlauf immer bei der Beurteilung der fotografischen Möglichkeiten berücksichtigen. Die Sonne wandert bei uns immer nach rechts, entsprechend bewegen sich die Schatten nach links. Am Morgen werden die Schatten kürzer, am Nachmittag länger.

Sie erkennen schnell, wann an einem bestimmten Standort die beste Aufnahmezeit sein wird. Der Wasserfall in der Schlucht im Tessin zum Beispiel ist Richtung Westen ausgerichtet und sehr eng und steil.

Außer am frühen Morgen kann praktisch den ganzen Tag dort im Schatten fotografiert werden. Be-

sonders gut ist das Licht, wenn zusätzlich der Himmel leicht bewölkt ist und so wie eine große Softbox wirkt. Dann kommen die Felsstrukturen und die Farben besonders gut zur Geltung.

10.2 Spannende Bilder in jeder Wettersituation

Von unzähligen Postkarten her glauben wir, dass strahlender Sonnenschein die beste Bedingung für gute Bilder darstellt. Das ist aber ein Trugschluss. Natürlich können Sie, vor allem im Norden oder im Winterhalbjahr bei flachem Sonnenstand, auch bei strahlendem Wetter herrliche Bilder machen. Im Sommer und in den südlicheren Zonen müssen Sie aber meistens warten, bis die Sonne nicht mehr so hoch am Himmel steht.

Wollen Sie aber spezielle und sehr wirkungsvolle Aufnahmen machen, lohnt es sich, bei jedem Wetter mit der Kamera unterwegs zu sein und die verschiedenen Wetter- und Lichtstimmungen festzuhalten.

Nebel wirkt nicht nur als Nebeldecke spannend, auch feine Nebelschwaden geben den Bildern eine verträumte Stimmung. Wichtig ist nicht, alles optimal klar zu sehen, sondern den Bildern eine gezielte Bildwirkung zu geben.

▲ Eine Aufnahme im Herbst bei klarer Sicht und Morgennebel, Fotograf: Daniel Rohr.

▼ Feine Nebelschwaden tauchen die Landschaft in eine verträumte Stimmung, Fotograf: Daniel Rohr.

▲ Regentage bieten dank kleiner Kontraste und eines milden, durch die Wolkendecke gedämpften Lichts sehr schöne Aufnahme-gelegenheiten, Model Anuschka, Fotograf: Martin Zurmühle.

Das Bild mit Anuschka vor der Holzwand wurde bei strömendem Regen aufgenommen. Dadurch werden die Kontraste zwischen der Holzwand und dem grünen Wald klein. Das Grün der Blätter wird so sehr satt wiedergegeben. Es entsteht eine spannende Balance zwischen dem grünen Wald, der braunen Holzwand und dem zarten Körper der Frau. So ein Bild wäre bei strahlendem Sonnenschein unmöglich zu realisieren.

Klare Luft und gute Sicht

Sie haben gute Chancen auf klare Luft und eine gute Fernsicht bei folgenden Voraussetzungen:

- bei niedriger Luftfeuchtigkeit,
- im Winterhalbjahr,
- in nördlichen Breitengraden,
- am Morgen und bei kühleren Temperaturen,
- in der Höhe,
- nach Gewittern und in den Bergen bei Föhnlagen.

Schlechtes Wetter bietet oft ein besseres und spannenderes Aufnahmelicht als strahlender Sonnenschein. Nehmen Sie deshalb ruhig die Kamera in die Hand, wenn es stürmt und regnet, wenn der Himmel bedeckt ist oder große Wolken immer wieder wechselnde Motive zeigen. Sie werden durch ungewohnte und deshalb besonders stark wirkende Bilder belohnt.

▼ Eine Gewitterfront zieht über die Stadt, Fotograf: Daniel Rohr.

Bilder bei stark bedecktem Himmel wirken auf den ersten Blick oft sehr farblos und kontrastarm. Der Himmel wirkt dabei wie ein sehr starker Diffusor und reduziert die Kontraste zwischen Licht und Schatten.

▲ Stadtansicht von Frankfurt bei bedecktem Himmel, Fotograf: Daniel Rohr.

Während starke Kontraste in der Bildbearbeitung nur teilweise wieder reduziert werden können, ist es leicht, schwache Kontraste zu verstärken. Die kontrastarme Stadtansicht von Frankfurt hat Daniel Rohr in Photoshop weiterbearbeitet. Er hat eine Maske des Himmels erstellt und diesen dramatisch braun eingefärbt. Bei den Häusern verstärkte er die Kontraste mithilfe von Tonwertkorrektur und Gradationskurve. Das Resultat ist ein sehr kraftvolles und beeindruckendes Bild, das so bei schönem Wetter nie möglich gewesen wäre.

10.3 Gezielte Aufhellung der Schatten

Bei Sonnenlicht sind die Kontraste nur kurz nach Sonnenaufgang und kurz vor Sonnenuntergang klein genug für ausgewogene Bilder. Während des Tages sind die Helligkeitsunterschiede zwischen den von der Sonne beschienenen Flächen und den Schatten zu groß, sodass entweder die Schatten reinschwarz werden oder die Lichter ausfressen.

Da ausgefressene Lichter in der digitalen Fotografie möglichst vermieden werden sollten (reinweiße Bereiche können in der Bildbearbeitung nicht mehr korrigiert werden), müssen Sie deshalb die Belichtungsmessung auf die Lichter ausrichten.

▼ Die Stadtansicht von Frankfurt nach der Bildbearbeitung, Fotograf: Daniel Rohr.

Wollen Sie nun die Kontraste im Bild verkleinern, müssen Sie in erster Linie die Schatten aufhellen. Dazu stehen Ihnen drei verschiedene Lösungen zur Verfügung:

- Einsatz heller Reflektoren.
- Aufhellen der Schatten mit einem Elektronenblitzgerät.
- Reduktion der Kontraste in der Bildbearbeitung.

Die Aufhellung der Schatten mit dem Elektronenblitzgerät wird in Kapitel 14 im Detail behandelt. In Kapitel 12 erfahren Sie, wie Sie in der Bildbearbeitung mit starken Kontrasten umgehen können.

Eine einfache und sehr effektive Methode zur Aufhellung der Schatten ist der Einsatz von Reflektoren. Dabei wird mit einer hellen Oberfläche das Sonnenlicht eingefangen und auf das Motiv reflektiert. Sie können dazu jede helle Oberfläche nehmen. Für Kopfporträts eignen sich einfache Styroporplatten aus dem Baumarkt sehr gut, weil durch die raue Oberfläche das Licht sehr schön und weich gestreut wird.

Praktischer sind allerdings die zusammenfaltbaren Reflektoren aus Stoff mit einem Metallreifen. Diese sind in verschiedensten Größen und Ausführungen erhältlich. Entscheidend für die Qualität des Lichts sind die Größe der Reflexionsfläche und die Qualität der Oberfläche. Je größer der Reflektorbereich,

desto großflächiger ist auch das Fülllicht. Die Intensität der Schattenaufhellung wird durch die Oberfläche des Reflektors beeinflusst. Ein sehr starkes Reflexionsvermögen haben metallische Oberflächen wie zum Beispiel Aluminiumfolien. Hier lässt sich das Licht aber kaum steuern, es wirkt sehr hart und verursacht oft Lichtflecken. Reinweiße Stoffe haben weniger Reflexionsvermögen, das Licht wirkt aber weich und gleichmäßig.

▲ *Verschieden große Reflektoren mit unterschiedlichen Oberflächen von Lastolite. (Bild: Lastolite)*

Da bei hellem Sonnenlicht und blauem Himmel die Farbtemperatur im Schatten sehr hoch ist, kann ein goldfarbener Reflektor die Farbtemperatur absenken und einen schönen warmen Farbton ins Bild bringen. Gestreifte Reflektoren mit weißen, silbernen und goldenen Streifen bieten eine sehr gute Lösung, die nicht so warm wie rein goldene Reflektoren wirken, aber mit den Aluminiumstreifen ein großes Reflexionsvermögen haben, ohne Lichtflecken zu erzeugen.

▼ *Aufhellung des Gesichts mit einem Goldreflektor, Model Martin, Fotograf: Martin Zurmühle.*

Die Sonne scheint von rechts, mit einem großen Goldreflektor wird die linke Seite stark aufgehellt und in ein warmes Licht getaucht, Model Anuschka, Fotograf: Martin Zurmühle.

Durch den Einsatz eines Reflektors können Sie das Licht wie im Fotostudio gezielt steuern. Bedingung ist einzig, dass Sie genügend Licht zum Reflektieren haben. Mit direktem Sonnenlicht erzielen Sie die stärkste Wirkung und können die Schattenbereiche perfekt aufhellen. Beim Porträtbild mit Model Martin wurde der Reflektor zur Schattenaufhellung des Gesichts verwendet. Bei längeren Haaren können Sie mit dem Reflektor auch einen goldenen Glanz erzeugen. Dazu reflektieren Sie das Sonnenlicht von seitlich hinten ins Haar. Das Arbeiten mit Reflektoren geht am besten im Team. Der Fotograf konzentriert sich dabei auf das Model und die Lichtwirkung, der Assistent dreht den Reflektor so, dass die Reflexion

Goldenes Licht im Haar dank eines Goldreflektors von links, Model Lynn, Fotograf: Martin Zurmühle.

des Sonnenlichts das Model optimal trifft. Reflektoren sind einfache, aber sehr effiziente Mittel zur Kontrastverkleinerung und Schattenaufhellung. Sie brauchen dazu nicht einmal direktes Sonnenlicht. Allein die Reflexion des hellen Himmels kann schon genügend Licht bringen.

Beim Bild von Anuschka habe ich mit einem sehr großen Goldreflektor (Größe 200 x 100 cm) die Schattenseite aufgehellt und in ein goldenes Licht getaucht. Durch die große Lichtfülle wird das Model freigestellt, da der Hintergrund wesentlich dunkler wiedergegeben wird.

10.4 Weiche Aufnahmen erzielen

Fotografieren Sie im direkten Sonnenlicht, hellen Sie die Schatten mit Reflektoren auf. Weiches Licht

erhalten Sie aber auch, wenn Sie das Sonnenlicht mit Tüchern abdecken. Auch hier bietet der Fachhandel raffinierte Konstruktionen für Beauty-Fotografen an. Der Himmel mit seinen Wolken ist selbst ein hervorragender Diffusor. Ein leicht bedeckter Himmel bietet den ganzen Tag ein wunderbar weiches Licht für Beauty- und Aktaufnahmen. Wichtig dabei ist allerdings, dass der Himmel nicht bildwichtig aufgenommen wird. Ein strahlend blauer Himmel wirkt für uns immer sehr schön, ein gleichmäßig bedeckter Himmel dagegen meistens flach und langweilig.

▲ Bei bedecktem Himmel ist das Licht sehr mild und die Kontraste sind klein, Model Jenny, Fotograf: Martin Zurmühle.

Ein stark bedeckter Himmel ist weniger ideal, weil die Lichtmenge sehr stark reduziert wird und Sie oft auch am Tag wegen der langen Belichtungszeit mit einem Stativ arbeiten müssen. Bei Innenraumaufnahmen mit Sonnenlicht können Sie die Wände als große Reflektoren ansehen. Je nach Stand der Sonne und des Lichteinfalls wird das Licht unterschiedlich gebrochen. So ändert sich die Lichtstimmung im Raum von Minute zu Minute. Beobachten Sie das Licht und nutzen Sie gute Momente für besondere Aufnahmen aus. Beim Bild mit Model Jenny wurde das Sonnenlicht durch die langen Wände eines Korridors reflektiert und erzeugte durch die Weichheit der Schatten und die Farben der Tapeten eine ganz verzauberte Lichtstimmung. Diese hielt

◄ Ein großer Diffusor schirmt das direkte Sonnenlicht ab, und mit einem Reflektor werden die Models aufgehellt. (Bild: Lastolite)

▲ *Das Sonnenlicht wird an den Wänden gebrochen und dadurch sehr weich, Model Jenny, Fotograf: Heinz Dössegger.*

nur ein paar Minuten an und Fotograf Heinz Dössegger nutzte die sich bietende Chance geschickt aus. Sie brauchen für die Reduktion der Kontraste nicht immer technische Hilfsmittel. Beobachten Sie einfach aufmerksam die Qualität des Lichts und Sie werden an vielen Orten geeignete Stellen finden, die gute Aufnahmeverhältnisse bieten. Reflektoren können auf vielfältige Weise improvisiert werden. Weiße Wände, Leinentücher, helle Kleider und anderes sind gute Reflektoren und leisten nützliche Dienste, um auch bei schwierigen Lichtverhältnissen gute Aufnahmen zu machen.

10.5 Gegenlichtaufnahmen und Aufnahmen im Schatten

Die größten Kontraste müssen Sie bei Gegenlichtaufnahmen bewältigen. Hier werden Sie nicht ohne ausgefressene Lichter auskommen. Die Kamera ist

– anders als unser Auge – nicht in der Lage, so große Helligkeitsunterschiede abzubilden. Bei Gegenlichtaufnahmen geben aber gerade diese hellen Lichtsäume dem Bild den besonderen Charakter. Bei der Belichtungsmessung müssen Sie sich entscheiden, was Ihnen wichtiger ist, das Motiv oder der Hintergrund. Orientieren Sie sich an der Helligkeit des Hintergrunds (mit Spotmessung), wird das Motiv silhouettenhaft dunkel abgebildet (siehe folgende Seite). Orientieren Sie sich bei der Belichtungsmessung (Spotmessung auf den Kopf des Models) aber am Motiv, wird der Hintergrund zu hell und überstrahlt wiedergegeben.

Auch hier haben Sie die Möglichkeit, mit einem Reflektor oder einem Aufhellblitz das Motiv aufzuhellen und so die Helligkeitsunterschiede zum Hintergrund zu verkleinern. Dann wird es möglich, Hintergrund und Motiv richtig belichtet abzubilden. Die Qualität des Lichts wird durch viele verschiedene Faktoren beeinflusst: Luftfeuchtigkeit, Grad der

◀ *Spotbelichtungsmessung auf den Himmel im Hintergrund.*

▼ *Matrixmessung mit Aufhellblitz, Model Anuschka, Fotograf: Martin Zurmühle.*

▲ *Spotbelichtungsmessung auf das Gesicht.*

Luftverschmutzung, Temperatur, Wind und Sonnenstand. Durch UV-Filter wird leichter Dunst im Bild eliminiert und die Aufnahmen wirken so etwas klarer. Die Luft ist bei uns in der Regel am frühen Morgen und im Winterhalbjahr am klarsten. Nutzen Sie dann spannende Licht- und Wetterverhältnisse für eindrucksvolle Aufnahmen aus. Besonders spannende Lichtwirkungen erzielen Sie, wenn Sie gegen das Licht bei einer dunstigen oder sehr feuchten Luft

fotografieren. Dadurch reflektieren die Lichtstrahlen an den Luftbestandteilen und es werden fantastische Lichtstrahlen sichtbar. Heinz Dössegger nutzte diesen Effekt bei seiner Höhlenaufnahme (siehe Abbildung auf der nächsten Seite oben) sehr geschickt aus.

Gleiche Effekte können Sie auch in Kirchen erzielen, wenn das Licht durch ein Fenster in den dunklen Kirchenraum strahlt. Bei Landschaftsaufnahmen wirken Gegenlichtaufnahmen durch die Luftperspektive. Das Licht wird am feinen Dunst der Luft reflektiert. Je nach Entfernung vom Aufnahmestandort werden diese Reflexionen stärker oder schwächer, sodass eine räumliche Tiefen-

◀ *Eine ganz spezielle Lichtsituation gibt diesem Bild den besonderen Reiz, Fotograf: Heinz Dössegger.*

Lichts müssen Sie aber mit offenen Blenden, lichtstarken Objektiven und einem guten Stativ arbeiten. Unser Auge gewöhnt sich schnell an das wenige Licht im Schatten und wir sehen alles klar und gut, für die Kamera hingegen sind die Lichtmengen schnell sehr knapp und lange Belichtungszeiten werden benötigt. Auch im Schatten wird

wirkung entsteht. Dunstiges Licht ist am Morgen sowie im Frühling und Herbst am stärksten sichtbar. Genau umgekehrt ist die Situation bei Aufnahmen im Schatten. Hier sind die Helligkeitsunterschiede gering. Trotzdem sind die Schatten ausgebildet, weil der Himmel als großer Reflektor das Licht auch von einer Richtung her auf das Motiv wirft. Aufgrund der enormen Größe dieses Reflektors werden die Schatten aber sehr weich wiedergegeben. Im Schatten können Sie den ganzen Tag lang problemlos fotografieren. Aufgrund des mangelnden

die Bildqualität durch das Wetter beeinflusst. Ein leicht bedeckter Himmel wirft ein gleichmäßigeres und weicheres Licht auf das Motiv als ein strahlend blauer Himmel.

Aufgrund der kleineren Kontraste im Bild werden die Farben sehr satt wiedergegeben. Sie werden staunen, wie viele Farben im Schatten vorhanden sind, viel mehr, als Ihr Auge selbst wahrnehmen kann. In der Bildbearbeitung können Sie diese Farben dann noch stärker hervorholen und betonen.

▼ Eine Gegenlichtaufnahme in dunstigem Licht vermittelt eine verträumte und entrückte Bildstimmung, Fotograf: Martin Zurmühle.

Eine Aufnahme im Schatten mit einer Fülle von Farbtönen und weichen Schatten, Fotograf: Martin Zurmühle.

11

Fotografieren im Tagesablauf

Sie können während des ganzen Tages und auch in der Nacht hervorragende Aufnahmen machen. Jede Tageszeit hat dabei besondere Bedingungen und Möglichkeiten. Das Licht ändert sich von Stunde zu Stunde mit dem Lauf der Sonne. Nutzen Sie vor allem die Randzeiten

des Tages bei Sonnenauf- und -untergang und die Magie der blauen Stunde aus, um wirkungsvolle, beeindruckende Bilder zu machen. Auch die Nacht bietet viel mehr fotografische Möglichkeiten, als Sie vielleicht denken. Der Mond und künstliche Lichter beleuchten Ihre Motive, Sie können aber auch mit beweglichen Lichtquellen herrliche farbige Linien in den dunklen Nachthimmel zeichnen.

▲ *Die richtige Lichtrichtung kombiniert mit klarer Luft und einem spannenden Wolkenbild ergibt eine eindrucksvolle Aufnahme, Fotograf: Martin Zurmühle.*

11.1 Das Sonnenlicht im Tagesablauf

Im letzten Kapitel haben Sie gesehen, wie die Qualität des Lichts von der geografischen Lage des Aufnahmestandorts und vom Wetter beeinflusst wird. Nun schauen wir uns an, wie sich das Licht im Tagesablauf ändert und wann Sie die besten Voraussetzungen für gute Aufnahmen haben.

Von meinem Balkon aus habe ich im Winter mithilfe einer Zeitschaltung während 24 Stunden im Intervall von einer Stunde das Wahrzeichen von Luzern, den Berg Pilatus, aufgenommen. Sie erkennen sofort, dass sich die Qualität des Lichts und die Plastizität des Bergs mit dem Lauf der Sonne dauernd ändern.

Die Bildserie wurde am 11. März bei Winterzeit aufgenommen. Die erste Aufnahme erfolgte um

7 Uhr, die letzte um 20 Uhr. Die Blickrichtung ist Südwest. Das GPS zeigt für dieses Datum folgende Angaben:

- Sonnenaufgang 07:50
- Sonnenuntergang 19:23
- Mondaufgang 02:41 (Dreiviertelvollmond)
- Monduntergang 10:32

Am frühen Morgen um 7 Uhr taucht die Morgendämmerung den Berg in ein tiefblaues Licht. Die Aufnahme benötigte die maximale automatische Belichtungszeit der Kamera von 30 Sekunden bei Blende 8 und ISO 100.

Zehn Minuten nach dem Sonnenaufgang um 8 Uhr zeigt sich der Berg in einem wunderschönen, sehr plastischen Licht. Zuerst ist das Licht noch gelblich, dann ändert sich die Farbe schnell zu einem kühlen Winterblau.

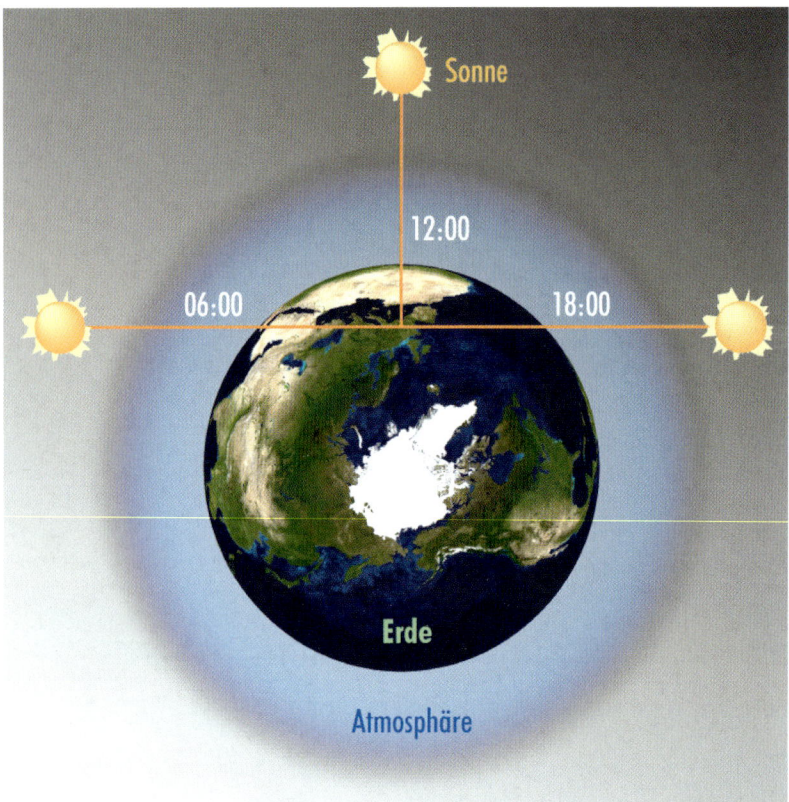

◄ Die Farbtemperatur des Lichts ist abhängig von der Länge des Weges der Lichtstrahlen durch die Atmosphäre.

Die vielleicht schönste Aufnahme erfolgte um 9 Uhr, gut eine Stunde nach dem Sonnenaufgang. Die steigende Sonne führt indessen schon ab 11 Uhr zu dunstigen und überstrahlten Bildern. Aufgrund der veränderten Lage der Sonne verlieren die Bilder ihre plastische Wirkung und der Berg wird – je später, je stärker – nur noch als Silhouette gezeigt. Erst kurz vor Sonnenuntergang um 19 Uhr und in der nach dem Sonnenuntergang folgenden blauen Stunde werden die Bilder wieder interessanter und das Licht spannender.

Solche Intervallaufnahmen machen Sie ab Stativ ohne Autofokus mit Blenden- oder Zeitautomatik und automatischem Weißabgleich. Eine leichte Unterbelichtung (z. B. -0,5 LW) ist dabei empfehlenswert, um eine Überbelichtung der Lichter zu vermeiden. Sie sehen, es lohnt sich, das Licht im Tagesablauf zu beobachten. Gute Fotografen sind vor Sonnenaufgang vor Ort und fotografieren bis zur Eindunkelung.

Dafür dürfen sie sich einen langen Mittagsschlaf gönnen, denn das Licht ist dann meistens uninteressant.

Die Farbtemperatur ändert sich im Tagesablauf. Vor Sonnenaufgang dominiert das tiefe Blau des Himmels. Die Sonne bringt aufgrund der tiefen Lage am Horizont (und somit dem langen Weg der Lichtstrahlen durch die Atmosphäre) zuerst ein rotes, dann ein gelbes Licht. Bei höherem Sonnenstand sind die Wege des Lichts durch die Atmosphäre kurz, die Farbtemperatur wird höher und das Licht blauer. Bei Sonnenuntergang wiederholt sich die Situation des Sonnenaufgangs, nur jetzt zuerst nach dem blauen Licht des Tages mit einem gelben, dann je nach Wetterlage mit einem roten Licht. Nach Sonnenuntergang dominiert wieder das tiefe Blau des Himmels.

Schauen wir uns nun die verschiedenen Tageszeiten im Detail an.

11.2 Vor und nach Sonnenaufgang zarte und schöne Bilder

Nach einer ruhigen, kühlen Nacht ist die Luft und somit auch das Licht meistens sehr klar. Durch die flache Lage und die tiefe Farbtemperatur der Morgensonne werden der Himmel und die hohen Berge in ein wunderbares gelbes Licht getaucht.

Bei der Morgenaufnahme auf der Rigi sind die Wolken bereits durch die Strahlen der frühen Sonne gelb eingefärbt, die Täler liegen noch im kalten, blauen Licht des Himmels. Das Licht ändert sich dabei jede Minute, und es lohnt sich, in kurzen Abständen Aufnahmen zu machen, um dann zu Hause am PC die beste Lichtstimmung auszuwählen.

Durch die hohen Kontraste zwischen dem Himmel und den meistens noch im Schatten liegenden Motiven ist es nicht einfach, die richtige Belichtung zu wählen. Im nächsten Kapitel erfahren Sie, wie Sie

solche oder ähnliche Aufnahmesituationen gut bewältigen können.

Morgenbilder wirken oft durch das gelbliche Licht und die weichen Schatten sehr zart und verträumt. Fotografen, die Bilder mit einem solchen für Langschläfer eher ungewöhnlichen Licht machen möchten, sind deshalb Frühaufsteher. Sie sollten schon eine Stunde vor Sonnenaufgang vor Ort sein. Dann können Sie sich vom kommenden Licht überraschen lassen.

Je nach Wetter, Wolkenbildern, Luftfeuchtigkeit und anderen Faktoren wird das Licht andere Farben entwickeln. So ist nicht vorhersehbar, wie die Bildwirkung sein wird. Gerade das macht für mich das

EXIF-Daten	
Brennweite	165 mm
Belichtungszeit	1/125 Sek.
Blendenwert	8
Empfindlichkeit	ISO 100

▼ *Die frühe Morgensonne taucht den Himmel schon in ein gelbes Licht, die Berge liegen noch im blauen Licht der Nacht, Fotograf: Martin Zurmühle.*

Spezielle dieser Aufnahmen aus, denn es handelt sich immer um Unikate, die sich so kaum je wiederholen lassen. Jeder Morgen ist anders und Sie brauchen neben Ihren fotografischen Fähigkeiten immer auch eine gute Portion Glück, das richtige Wetter mit dem schönsten Licht zu erwischen.

Morgenlicht

Eine Stunde vor bis eine Stunde nach Sonnenaufgang ist das Licht außerordentlich interessant. Es wechselt vom tiefen Blau der Nacht über ein starkes Rot bis zu einem sanften Gelb. Nutzen Sie die Gunst dieser Stunde für ungewöhnliche Aufnahmen.

Im Winterhalbjahr ist die Luft und so auch das Licht am Morgen meistens klarer als im Sommerhalbjahr. Aufgrund des tieferen Sonnenstands dauert die Dämmerung länger und Sie müssen nicht so früh aufstehen, um das beste Licht zu erwischen. Diese Jahreszeit eignet sich daher sehr gut für wirkungsvolle Morgenaufnahmen.

Am Morgen bei Sonnenaufgang sind die Städte und Strände noch menschenleer. So können Sie auch an den beliebtesten Ferienstränden Aufnahmen ohne Menschen und Fußspuren (außer den eigenen) machen.

Zu dieser frühen Tageszeit können wir beim Fotografieren ganz spezielle Lichtsituationen und Bildmöglichkeiten ausnutzen und erleben zudem, wie die Natur und der Tag langsam erwachen. Das Licht ändert sich schnell, die Landschaft, die Stadt erscheinen aus dem Dunkel der Nacht. Die fantastische Morgenstimmung mit dem tiefroten Wolkenhimmel erlebte ich auf der Fahrt zur Arbeit. Zum

▼ Eine wunderbare Lichtstimmung früh am Morgen, Fotograf: Martin Zurmühle.

▲ *Ein zartes Morgenlicht und ein menschenleerer Strand vor Sonnenaufgang, Model Irene, Fotograf: Martin Zurmühle.*

Glück hatte ich eine Kamera dabei, sodass ich diesen speziellen Moment festhalten konnte. Sie sehen, es lohnt sich, immer eine kleine Kamera in der Tasche zu haben.

11.3 Vormittag – Mittag – Nachmittag: die problemlose, aber langweilige Zeit

Suchen Sie ein Licht, das farblich neutral, trotzdem noch weich ist und das Motiv sehr schön mit Licht und Schatten modelliert, dann fotografieren Sie

in den ersten Morgenstunden (1–3 Stunden nach Sonnenaufgang) und am späten Nachmittag (1–3 Stunden vor Sonnenuntergang). Das sind gute Stunden für Landschafts- und Architekturaufnahmen.

> ### Fotografieren am Tag
> Über die Mittagsstunden sind die Lichtverhältnisse vor allem im Sommerhalbjahr und im Süden zu ungünstig, um gute Architektur- und Landschaftsaufnahmen zu machen. Die Kontraste sind hoch und die Luft dunstig. Konzentrieren Sie sich auf Aufnahmen im Schatten oder machen Sie Porträt-, Detail- und Makroaufnahmen mit Reflektoren und Elektronenblitzgeräten. Für Landschafts- und Architekturaufnahmen eignen sich die Randstunden am Morgen und Abend.

Über die Mittagszeit ist die Lichttemperatur hoch, die Bilder wirken bläulich (vor allem im Schatten) und die Kontraste zwischen Licht und Schatten sind zu groß. Durch die höheren Temperaturen, den Staub sowie die Luftverschmutzung verschlechtert

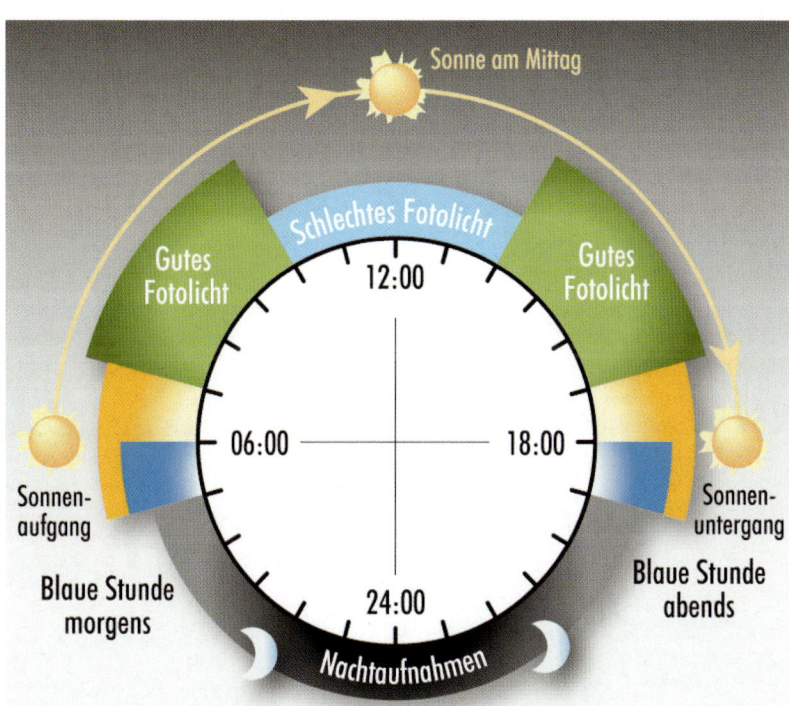

◀ *Die Uhr des Fotografen richtet sich nach der Qualität des Lichts.*

◀ Gegenlichtaufnahme bei dunstiger Luft am frühen Morgen, Fotograf: Daniel Rohr.

zeichnen sich die Lichtstrahlen im Gegenlicht wunderbar ab. So können Sie herrliche Lichtstimmungen in Wäldern aufnehmen.

Im Winterhalbjahr sowie in nördlichen Breitengraden können Sie auch über Mittag fotografieren, weil die Sonne nicht sehr hoch am Himmel steht und so die Kontraste klein bleiben. Im Sommer und im Süden ist das Licht für viele Motive um die Mittagszeit oft zu dunstig und die Kontraste sind zu hart. Dann bleiben Ihnen noch Motive, die vollständig im Schatten liegen, oder Sie verbessern die Lichtqualität mit Reflektoren oder Aufhellblitzen. Das

sich die Luftqualität. Dunstige Bilder mit harten Schatten sind die Folge. Trotzdem werden sicher 90 % aller Bilder in dieser fotografisch ungünstigen Zeit gemacht. Das liegt daran, dass wir vor allem in den Ferien zu dieser Zeit aktiv sind und die Sehenswürdigkeiten anschauen und den Tag genießen. Im frühen Morgenlicht, vor allem bei leichtem Dunst,

▼ Im Winter in Vancouver (Kanada) ist es wegen des tiefen Sonnenstands möglich, auch am Tag tolle Panoramaaufnahmen zu machen, Fotograf: Sebastain Kobel.

geht aber nur bei kleineren Motiven wie Porträt-, Detail- oder Makroaufnahmen. Für Architektur- und Landschaftsaufnahmen warten Sie besser auf das weichere Licht am späteren Nachmittag, das mit den längeren Schatten auch eine schöne dreidimensionale Wirkung zeigt.

Die Kompaktkameras versuchen, die ungünstigen Lichtbedingungen über Mittag durch eine intensive Bildbearbeitung in der Kamera zu verbessern. Die Aufnahmen werden nachgeschärft, die Sättigung und die Kontraste im Bild erhöht. So wirkt der Himmel tiefblau und das Grün sehr satt. Da Sie aber im RAW-Format arbeiten sollten, können Sie diese Bildverbesserungen viel feiner und gezielter selbst in der Bildbearbeitung vornehmen. Noch besser ist es aber, diese Tageszeit beim Fotografieren zu meiden und die Zeit zum Entspannen und zur Suche schöner Locations und guter Aufnahmemöglichkeiten zu nutzen. Gegen Abend verbessert sich die Lichtqualität wieder von Minute zu Minute, und wenn Sie nun zur richtigen Zeit am richtigen Ort sind, können Sie auch im Süden mit der tiefer stehenden Sonne und den längeren Schatten wieder schöne Aufnahmen machen.

▲ Elefantengruppe im späten Nachmittagslicht, Fotograf: Daniel Rohr.

11.4 Sonnenuntergang – die Postkartenidylle

Für viele Fotografen ist die beliebteste Zeit der Sonnenuntergang. Das Licht wechselt, je tiefer die Sonne sinkt, von einem leuchtenden Gelb zu einem dunklen Rot. Dabei ist es schwierig abzuschätzen, wie stark diese Rötung ausfallen wird. Verschiedene Faktoren spielen eine Rolle:

- Je tiefer am Horizont die Sonne sinken kann, desto intensiver wird das Rot. Sehr gut eignen sich deshalb Meeresstrände und hohe Berge.
- Staubige oder verschmutzte Luft erzeugt intensivere Sonnenuntergänge.
- Eine leichte, hohe Wolkendecke, die von unten durch die Sonne beschienen wird, taucht alles in ein leuchtendes Rot.
- Im Süden sind die Sonnenuntergänge am Meer meistens intensiver, dauern aber aufgrund des steilen Sonnenverlaufs nur kurze Zeit.

Auf der Rigi, ca. 1.800 m über dem Meeresspiegel, sind die Sonnenauf- und -untergänge weltberühmt. Schon Mark Twain hat davon geschwärmt. Ich hatte das Glück, dass kurz nach Sonnenuntergang zur blauen Stunde sich die Wolkendecke im Westen öffnete und die untergehende Sonne unter die Wolken scheinen konnte. Der ganze Himmel wurde so in ein Farbenmeer von leuchtendem Gelb zu dunklem Rot getaucht. Diese Situation hielt nur ein paar Minuten an, dann war der Zauber vorbei. Als ich das Licht sah, rannte ich in unsere Ferienwohnung und holte die Kamera. Der sportliche Einsatz hat sich gelohnt, wie auf der nächsten Seite zu sehen ist.

Sonnenuntergänge
Sonnenuntergänge gehören zu den beliebtesten Motiven in der Fotografie. Es ist schwierig, besondere, von der Postkartenidylle abweichende Aufnahmen zu machen. Achten Sie besonders auf die Qualität des Lichts, die Formen der Wolken und auf einen guten Vordergrund, der dem Bild einen Ortsbezug gibt.

Sonnenuntergänge sind in unseren Breitengraden immer schwierig abzuschätzen, und am besten hat man immer eine Kamera griffbereit, um geeignete Situationen nicht zu verpassen. Im Süden und am

Meer ist es einfacher, weil dort die Sonne fast jeden Abend mit einem schönen Rot im Meer versinkt. Hier haben Sie aber das Problem, nicht Bilder mit der bekannten Postkartenidylle zu schießen. Sonnenuntergänge sind ein so beliebtes Motiv, dass sie milliardenfach aufgenommen werden.

▲ Ein Sonnenuntergang in den Tropen mit einem herrlichen gelbroten Himmel, Fotograf: Daniel Rohr.

Wollen Sie spezielle Sonnenuntergangsbilder machen, dann sollten Sie vor allem einen geeigneten Vordergrund suchen. Nur einfach die Sonne aufzunehmen, die rot im Meer versinkt, hat keine besondere Wirkung. Sie benötigen einen Vordergrund,

der sich aufgrund der dann hohen Kontraste wie eine Silhouette vom Horizont abhebt.

▲ Der Vordergrund gibt diesem Sonnenuntergangsbild den besonderen Reiz, Fotograf: Sebastian Kobel.

Die Belichtungsmessung bei Sonnenuntergangsaufnahmen ist mit der mittenbetonten oder der Spotmessung nicht ganz einfach. Moderne Kameras haben allerdings bei der Matrixmessung diese Situation schon im Belichtungscomputer einprogrammiert und Sie können sich meistens auf diese Werte verlassen.

Alternativ dazu können Sie als Faustregel mit Spotmessung die Belichtung beim blauen Himmel etwa 15° neben der Sonne messen.

Die Spitze des Hochhauses kontrastiert mit seiner harten, geometrischen Form zum glühenden Himmel mit den weichen Wolken, Fotograf: Daniel Rohr. ▶

Sonnenuntergänge und das herrliche gelbe, orange oder rote Licht bieten fantastische Kontraste auch zu harten Baukörpern, wie beim Bild von Daniel Rohr mit der Hochhausspitze in Frankfurt. Lassen Sie sich solche Gelegenheiten nicht entgehen. Wollen Sie auf Nummer sicher gehen, dann machen Sie bei Sonnenuntergangsaufnahmen ab Stativ eine Belichtungsreihe mit drei oder fünf Aufnahmen mit je einer Blende Unterschied. Sie können dann später in der Bildbearbeitung diese Bilder optimal zusammenbauen und die Kontraste vermindern. Mehr dazu erfahren Sie im nächsten Kapitel.

▼ *Auch in unseren Breitengraden können tolle Sonnenuntergänge aufgenommen werden, hier noch geschickt verstärkt durch eine gekonnte Bildbearbeitung, Fotograf: Daniel Rohr.*

11.5 Die Magie der blauen Stunde

Als blaue Stunde wird die Zeit der Dämmerung zwischen Sonnenuntergang und nächtlicher Dunkelheit sowie die Zeit kurz vor Sonnenaufgang bezeichnet.

Der Name kommt von der tiefblauen Färbung des klaren Himmels in dieser Zeit. Diese wird hervorgerufen durch die unterschiedliche Streuung des Sonnenlichts in der Atmosphäre und die Filterwirkung der Ozonschicht. In der Luft werden die Farben des Sonnenlichts unterschiedlich stark gebrochen: Nach dem roten Sonnenuntergang erreicht nur noch das blaue Streulicht die Erdoberfläche. Die tiefer gelegenen, noch durch das Licht der untergegangenen Sonne beschienenen Wolken erscheinen gelb oder rot.

Bei Aufnahmen in der blauen Stunde liegt die Helligkeit des Umgebungslichts noch hoch genug, um alle Details abzubilden, ohne dass die schon eingeschalteten Lichter zu sehr überstrahlen.

Blaue Stunde
Die Zeit vor Sonnenaufgang und nach Sonnenuntergang ist ein Eldorado für den Fotografen, der eindrucksvolle und wirkungsvolle Aufnahmen machen möchte. Die kühle, blaue Stimmung der Landschaft kontrastiert wunderbar mit dem Gelb des eingeschalteten Kunstlichts und dem Rot der letzten Sonnenstrahlen.

Die Farbtemperatur des Lichts verändert sich mit den Beleuchtungsverhältnissen. Das Sonnenlicht hat eine Farbtemperatur von ca. 5.500 Kelvin. Die Farbtemperatur des blauen Himmels beträgt

▼ Eine Aufnahme der Stadt Bern an der Grenze zwischen Tag und Nacht mit einem tiefblauen Himmel, dem letzten Abendrot und dem Gelb der eingeschalteten Beleuchtung, Fotograf: Daniel Rohr.

▲ *Eine Aufnahme am Ende der blauen Stunde in Bern, Fotograf: Daniel Rohr.*

dagegen ca. 9.000 Kelvin und wirkt somit blauer. Tagsüber überstrahlt die Sonne die Lichtintensität des Himmels um ein Mehrfaches. Die blaue Strahlung des Himmels tritt nur in Erscheinung, wenn die Sonne hinter dem Horizont hoch genug steht, um den Himmel zu beleuchten, aber noch nicht auf- oder gerade erst untergegangen ist.

Der blaue Himmel taucht so die ganze Landschaft in ein tiefes Blau, während die eingeschaltete Beleuchtung der Straßen und Häuser sehr gelblich erscheint. Wolken am Himmel schwächen die kühle Wirkung der blauen Stunde ab, weil sie je nach Sonnenstand noch stark gelb oder rot leuchten. Was für wunderbare Aufnahmen in diesem kurzen, aber sehr intensiven Moment des Tages gemacht werden können, beweist die Aufnahme der Stadt Bern im letzten Licht des Tages.

Die blaue Stunde bietet fantastische Aufnahmegelegenheiten. Das Licht ändert sich schnell und es

bleibt Ihnen nur wenig Zeit, um die gewünschten Aufnahmen zu machen. Im Süden und im Sommerhalbjahr ist die blaue Stunde nur sehr kurz, während im Winterhalbjahr und im Norden die Dämmerung aufgrund des flachen Sonnenverlaufs stundenlang anhalten kann.

Der richtige Weißabgleich in der blauen Stunde ist nicht immer einfach zu finden. Orientieren Sie sich am Kunstlicht der Fenster und der Straßenbeleuchtung, so wird das übrige Bild eher zu blau, orientieren Sie sich am Blau des Himmels, werden die Lichter zu gelb wiedergegeben.

Die Automatik leistet aber meistens gute Dienste, und falls die Farben nicht stimmen, können Sie im RAW-Konverter noch Korrekturen anbringen oder auch zwei Bilder mit unterschiedlichem Weißabgleich entwickeln und mit der Ebenentechnik miteinander verschmelzen. Die Technik dazu erfahren Sie im nächsten Kapitel.

Das Bild von Bern mit dem Platz mit den farbigen Wasserfontänen zeigt den Übergang zur Nacht. Der Himmel versinkt in ein tiefes Blau, während der Platz und die Fassaden der Häuser durch künstliche Lichtquellen erhellt werden. Wegen der späten Stunde sind nur noch wenige Menschen unterwegs und das Licht ist wieder klar.

11.6 Spannende Aufnahmen bei Nacht

Gute Nachtaufnahmen sind nicht einfach zu realisieren. Sie haben mit verschiedenen Problemen zu kämpfen:

- Die richtige Belichtung ist schwierig zu messen.
- Die Kontraste zwischen den beleuchteten Bereichen und der Nacht sind zu groß.
- Die langen Belichtungszeiten führen zu Rauschen.
- Alle Aufnahmen müssen mit einem stabilen Stativ gemacht werden.

- Eine Kombination von Kunstlicht und Blitzlicht führt meistens zu unbefriedigenden Ergebnissen.

Bei der Belichtungsmessung sollten Sie sich an den hellen Bereichen orientieren. Eine Spotmessung auf die Lichtquellen führt zu einer zu knappen Belichtung. Besser ist es, die Messung an den vom Licht beleuchteten Flächen zu orientieren. Alternativ können Sie auch mit der Matrixmessung arbeiten, da viele Kameras mit den Kontrasten ganz gut umgehen können.

Auf jeden Fall empfiehlt es sich auch hier, eine Belichtungsreihe mit drei, fünf oder sieben Aufnahmen mit je einer Blende Unterschied zu machen. Dann liegen Sie auf der sicheren Seite. Zudem können Sie später in der Bildbearbeitung verschiedene Aufnahmen auch zu einem Bild kombinieren.

Die großen Kontraste zwischen hell und dunkel sind in der Nacht außerordentlich schwierig mit nur einer Aufnahme zu bewältigen. In der digitalen

▼ Eine sehr grafische, in die Tiefe wirkende Nachtaufnahme, Fotograf: Daniel Rohr.

Eine Feuerwerks-aufnahme mit einem symmetrischen Feuerkreis, Fotograf: Martin Zurmühle.

EXIF-Daten	
Brennweite	50 mm
Belichtungszeit	1/125 Sek.
Blendenwert	4
Empfindlichkeit	ISO 800

Fotografie stehen Ihnen aber verschiedene Hilfs-mittel zur Verfügung, wie Sie den beschränkten Kontrastumfang der Aufnahme vergrößern können. Im nächsten Kapitel zeige ich Ihnen verschiede-ne Methoden dazu. Wollen Sie nur mit einer Auf-nahme arbeiten, müssen Sie bei der Bildgestaltung die dunklen Bereiche berücksichtigen. Sie arbeiten dann ähnlich wie bei der klassischen Aktfotografie mit Licht und Schatten, Formen und Figuren.

Gute Motive in der Nacht sind selbst leuchtende Lichtquellen. Vor allem Neonreklamelichter sind sehr bunt und zeigen spannende Formen, die Sie wegen der großen Leuchtkraft auch gut von Hand aufnehmen können.

Feuerwerksaufnahmen

- Arbeiten Sie mit Matrixmessung und Zeit-automatik und stellen Sie die Blende auf ei-nen tiefen Wert (z. B. 4).
- Arbeiten Sie mit Autofokus oder manuell mit der Einstellung *unendlich*.
- Stellen Sie eine feste Belichtungskorrektur um -3 Lichtwerte ein.
- Stellen Sie die Empfindlichkeit so ein, dass Sie mit einer kurzen Belichtungszeit von 1/60 oder 1/125 arbeiten können.
- Achten Sie auf die startenden Raketen und seien Sie bereit.
- Achten Sie darauf, wohin die Abgasnebel der Raketen ziehen. Diese verschlechtern die Bildqualität.
- Machen Sie sehr viele Aufnahmen und wäh-len Sie die besten aus.

Ein spannendes Motiv für Nachtaufnahmen sind Feuerwerke. Die Lichtstrahlen der explodierten Feu-

▲ Eine fast gespenstisch anmutende Aufnahme in den Bergen mit Mondlicht, Fotograf: Martin Zurmühle.

erwerkskörper zeichnen wunderbare Bilder an den tiefschwarzen Himmel. Arbeiten Sie mit der Programmautomatik, werden Sie kaum befriedigende Ergebnisse erhalten, weil die Kamera diese großen Kontraste nicht richtig interpretieren kann. Das Schwarz des Himmels ist zu dominant und wird deshalb als mittleres Grau wiedergegeben.

Eine einfache, aber sehr wirkungsvolle Methode ist es, die Belichtungsmessung auf Matrixmessung zu stellen sowie die Belichtungssteuerung auf Zeitautomatik. Stellen Sie dabei eine relativ große Blende ein (z. B. 4) und reduzieren Sie die gemessene Belichtung fest um -3 Lichtwerte (LW). Nun erhalten Sie einen perfekt schwarzen Himmel und die Lichter des Feuerwerks sind nicht zu überstrahlt. Zudem wird die Belichtungszeit dank eines hohen ISO-Werts kurz genug, um aus der Hand fotografieren zu können.

Auch Landschaftsaufnahmen lassen sich in der Nacht bei Vollmond realisieren. Der Mond reflek-

tiert das Sonnenlicht. Dadurch wird es stark entsättigt, sodass die Bilder fast wie Schwarz-Weiß-Aufnahmen aussehen.

Die dunkle Bildstimmung und das spezielle Licht geben Mondaufnahmen einen ganz speziellen, fast unheimlichen Charakter. In der Bildbearbeitung können Sie dann mit der Gradationskurve sowie der Tonwertkorrektur die Stärke dieses Effekts regulieren. Die Aufnahme der weißen Berge wurde mit einer Belichtungszeit von 30 Sekunden und Blende 4 bei einem niedrigen ISO-Wert von 100 aufgenommen.

Eine Kombination von Mondlicht und den Lichtern der Stadt zeigt die Aufnahme von der Rigi auf die Stadt Luzern, aufgenommen in einer klaren Silvesternacht. Der See reflektiert noch schwach das Mondlicht und zeigt so die Form des Wassers an. Die Stadt selbst lebt von den vielen Lichtquellen, die die Straßen und Plätze beleuchten.

Die Stadt Luzern aufgenommen von der Rigi in einer Silvesternacht, Fotograf: Martin Zurmühle.

EXIF-Daten	
Brennweite	93 mm
Belichtungszeit	15 Sek.
Blendenwert	5.6
Empfindlichkeit	ISO 100

11.7 Aufnahmen bewegter Objekte bei Nacht

Bewegen sich die Lichtquellen, erhalten Sie bunte wie mit dem Lineal oder dem Zirkel ausgerichtete Lichtlinien. Diese Bilder sind einfacher zu realisieren, als Sie vielleicht denken. Sie benötigen dazu nur ein Stativ und eine lange Belichtungszeit.

Stellen Sie die Kamera auf einen niedrigen ISO-Wert und arbeiten Sie mit Blendenautomatik. Variieren Sie bei jeder Aufnahme die Länge der Belichtungszeit. Entsprechend kürzer oder länger werden die Lichtstreifen.

Auch hier empfehle ich Ihnen, sehr viele Aufnahmen mit unterschiedlichen Einstellungen zu machen. Zu Hause können Sie dann in Ruhe am PC die beste auswählen.

Auch Feuerwerke sind Lichtkörper, die sich bewegen. Wollen Sie diese nicht einfrieren, sondern die Bewegung zeigen, müssen Sie ab Stativ arbeiten. Wichtig ist es dabei, dass Sie die Kamera auf einen tiefen ISO-Wert und eine kleine Blende einstellen und den Ort der Explosion abschätzen.

Nun zeichnen die farbigen Explosionskörper wunderbare Streifen in den tiefschwarzen Himmel. Je länger Sie belichten, desto länger werden auch die Leuchtstreifen (siehe auch Abbildung oben auf der folgenden Seite).

Sie sehen, Sie haben als Fotograf bei Feuerwerken selbst die Wahl, wie Sie die Aufnahme gestalten wollen. Entsprechend unterschiedlich ist die Bildwirkung. Es lohnt sich also, viel zu experimentieren.

Ein anderes beliebtes Motiv sind sich drehende Karussells (siehe Abbildung unten auf der folgenden Seite). Die mitbewegten Lichter zeichnen Kreisbogen in den dunklen Himmel.

▲ *Farbige Feuerwerke bei einer langen Belichtungszeit gegen einen tiefschwarzen Himmel, Fotograf: Daniel Rohr.*

EXIF-Daten	
Brennweite	38 mm
Belichtungszeit	¼ Sek.
Blendenwert	4
Empfindlichkeit	ISO 100

EXIF-Daten	
Brennweite	70 mm
Belichtungszeit	5 Sek.
Blendenwert	10
Empfindlichkeit	ISO 100

▼ *Ein sich schnell drehendes Karussell gegen den Nachthimmel, Fotograf: Martin Zurmühle.*

▲ *Die Lichter der Autobahn bei Nacht mit langer Belichtungszeit,*
Fotograf: Sebastian Kobel.

EXIF-Daten	
Brennweite	150 mm
Belichtungszeit	15 Sek.
Blendenwert	10
Empfindlichkeit	ISO 100

Auch fahrende Autos eignen sich sehr gut für die Lichtmalerei. Hier zeichnen die roten Rücklichter präzise Geraden. Sie benötigen dazu aber einen guten, gefahrlosen Standort, von dem Sie die Stativaufnahme gut machen können. Sie sehen, die Nacht bietet sehr viel mehr fotografische Möglichkeiten, als Sie vielleicht erwartet haben. Auch hier lohnt es sich, mit einem guten Stativ und der Kamera auf die Pirsch zu gehen und fotografisches Neuland zu erobern.

12

Große Kontraste besser bewältigen

Die Bewältigung großer Helligkeitsunterschiede ist ein Grundproblem der Fotografie. Mit unseren Augen können wir
dank der automatisch sich anpassenden
Pupillen einen Kontrastumfang bis zu 18
Blendenstufen problemlos verarbeiten.

Analoge Filme oder die digitalen Sensoren hingegen sind nur in der Lage, etwa
7 Blendenstufen richtig aufzuzeichnen.
Die Bildbearbeitung, kombiniert mit einer gezielten Aufnahmetechnik, gibt uns
aber Mittel in die Hand, diesen engen
Kontrastbereich zu vergrößern bis hin zu
Aufnahmesituationen mit einem Kontrastumfang, den auch unser Auge nicht mehr
bewältigen kann. Ein neues Feld in der
Fotografie tut sich auf.

12.1 Welche Kontraste können bewältigt werden?

Als Kontrastumfang wird in der Fotografie der Unterschied zwischen der hellsten und dunkelsten Bildpartie in einer Aufnahme bezeichnet. Dieser ist von Medium zu Medium verschieden. Unser Auge zum Beispiel kann ohne Veränderung der Pupille einen Kontrastumfang von 10 Lichtwerten (LW) oder Blendenstufen (BS) bewältigen. Dank der schnellen und automatischen Anpassung der Pupillen an die Lichtsituation bewältigt unser Sehsystem einen riesigen Kontrastumfang von fast 1:300.000 oder 18 Blendenstufen.

Für sich allein ist kein anderes Medium in der Lage, solch große Kontraste richtig wiederzugeben. Unsere digitalen Sensoren können im RAW-Format etwa 9 Blendenstufen aufzeichnen. Dank der Blende, die ganz ähnlich wie unsere Pupille funktioniert, können wir die Kamera auch an unterschiedliche Lichtsituationen anpassen. Leider funktioniert das aber nicht so schnell und automatisch wie bei unseren Augen. Machen wir aber eine Blendenreihe über den gesamten Kontrastumfang des Motivs und setzen die Bilder anschließend in der Bildbearbeitung zusammen, ist es möglich, auch einen so großen (oder noch größere) Kontrastumfang, wie das Auge ihn bewältigt, in einem Bild darzustellen.

Kontrast	BS	Motiv	Medium
1:2	1	nebelige Landschaftsaufnahme	
1:4	2		
1:8	3	Bilder aus der Luft	
1:16	4	Aufnahmen bei bewölktem Himmel	Zeitungspapier
1:32	5	morgens und abends	optimal nutzbarer Kontrastum-

Kontrast	BS	Motiv	Medium
		bei indirekter Sonne	fang beim Diafilm und Sensor
1:64	6	Aufnahme mit starkem Schatten	Fotopapier
1:128	7	Aufnahme mit Blitzlicht	digitale Sensoren im JPEG-Format
1:256	8		Monitor
1:512	9	Aufnahmen bei Nacht	digitale Sensoren im RAW-Format, einfacher Beamer, Diafilm
1:1.024	10	Aufnahmen innerhalb heller Räume	Auge bei gleicher Pupille
1:2.048	11		guter Fotobeamer
1:4.096	12		Negativfilm
1:8.192	13	Aufnahmen im Gegenlicht	Fotobeamer der Spitzenklasse
1:16.384	14		
1:32.768	15		
1:65.536	16		
1:131.072	17	Gleißendes Sonnenlicht	
1:262.144	18		Auge mit angepasster Pupille

Der Kontrastumfang von einer Blende entspricht dem Verhältnis 1:2. Jede Vergrößerung des Kontrastumfangs um eine Blendenstufe oder einen Lichtwert bedeutet eine Verdopplung der Lichtmenge und des Kontrastumfangs. Um ein Motiv so abzubilden, wie es in der Realität aussieht, muss der Kontrastumfang des Motivs und des Sensors ähnlich groß sein. Durch eine richtige Belichtung stellen Sie sicher, dass der Motivkontrast optimal auf dem Sensor abgebildet wird. Wollen Sie die Aufnahme ausdrucken, muss natürlich auch der maximale Kontrastumfang des Druckmediums dem Motiv und dem Sensor entsprechen. Ist er wesentlich kleiner, werden die hellen Bereiche ausgefressen und die dunklen Bereiche saufen ins Schwarze ab. Das Bild verliert dadurch seine Brillanz. Das Medium mit dem kleinsten Kontrastumfang in der Kette limitiert daher die Möglichkeiten. Deshalb ist es manchmal besser, eine Aufnahme sehr gut auszuleuchten und mit wenig Kontrast aufzunehmen, wenn das Ausgabemedium einen kleineren Kontrastumfang aufweist.

Die Tonwertwiedergabe eines analogen Films wurde mit der Schwärzungskurve angegeben. Diese Kennlinie hat in der Mitte einen geradlinigen Teil und flacht oben (bei den Tiefen) und unten (bei den Lichtern) ab. Der geradlinige, mittlere Teil dieser Kennlinie ist der fotografisch uneingeschränkt nutzbare Bereich. Hier besteht ein linearer Zusammenhang zwischen der Belichtung und der daraus resultierenden Schwärzung. Die Tonwertabstufungen sind in diesem Bereich sehr gleichmäßig und harmonisch.

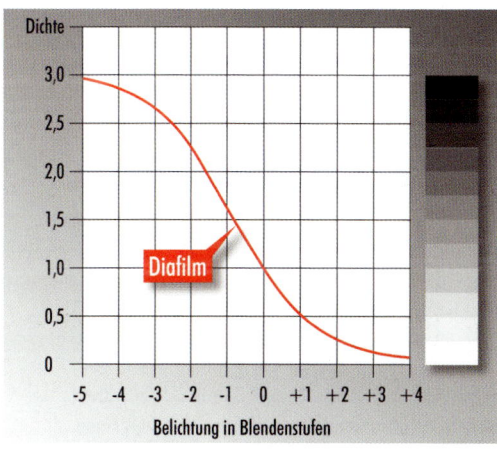

▲ Schwärzungskurve eines Diafilms, Dichte 3,0 = schwarz, 0 = weiß.

Bei einem Diafilm beträgt dieser Bereich ca. 5 Blendenstufen. Der gesamte nutzbare Kontrastumfang mit den abgeflachten Endbereichen beträgt beim

Dia etwa 9 Blendenstufen. Deshalb wirken projizierte Dias viel knackiger und kontrastreicher als ein Fotoabzug oder ein gedrucktes Bild, die einen wesentlich kleineren Kontrastumfang aufweisen Auch die RAW-Datei zeigt keinen linearen Verlauf über den gesamten Kontrastumfang. Während der Diafilm in den Tiefen und Lichtern ähnlich abgeflacht ist, zeigt die RAW-Datei einen sehr flachen Verlauf in den Tiefen, hat bei den Lichtern hingegen eine wesentlich steilere Gradation mit einem abrupten, harten Ende. In den Mitteltönen wirkt eine RAW-Datei dunkler als ein Diafilm.

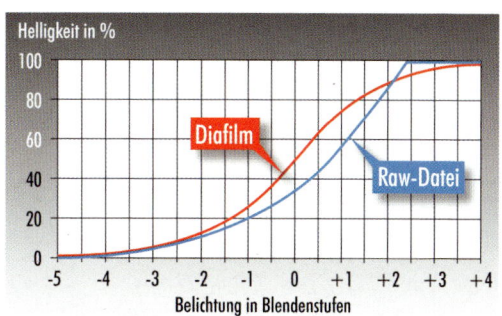

▲ Vergleich der Kennlinien des Diafilms und der RAW-Datei nach den Helligkeitswerten von 0 % = schwarz bis 100 % = weiß.

Die Kennlinie des eigenen Sensors feststellen

Sie können diese Kennlinie auch für Ihren Sensor mit einem einfachen Test feststellen. Fotografieren Sie dazu eine weiße Wand. Es spielt dabei keine Rolle, welchen Weißabgleich oder welche Belichtungsmessmethode (Matrix-, mittenbetonte oder Spotmessung) Sie wählen. Stellen Sie die Belichtungssteuerung auf manuell (M) und messen Sie die genaue Belichtung. Das Messresultat wird ein neutralgraues Bild ergeben. Ausgehend von diesem Wert (entspricht der Blende 0 im Diagramm) machen Sie eine Belichtungsreihe mit fester Blende und variieren die Belichtungszeit von -7 bis +6 Blendenstufen vom gemessenen Belichtungswert aus. Nun können Sie im Kameradisplay oder am PC durch die Histogramme der verschiedenen Belichtungen blättern. Werfen Sie nachfolgend einen Blick auf die Histogramme von -5 bis +4 Blendenstufen. Das

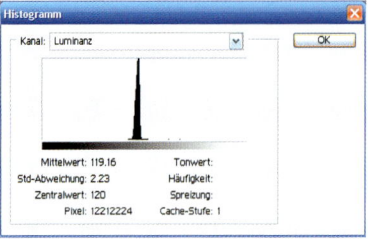

▲ Histogramm bei Belichtung gemäß Belichtungsmessung.

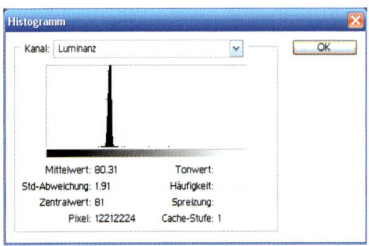

▲ Histogramm bei 1 Blende Unterbelichtung.

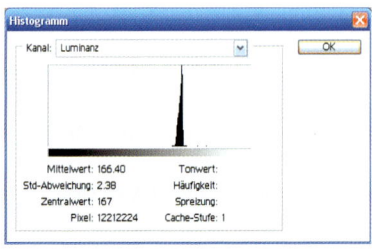

▲ Histogramm bei 1 Blende Überbelichtung.

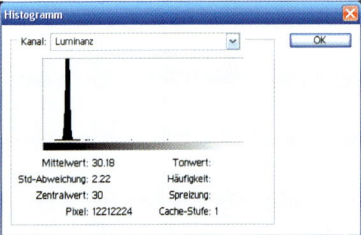

▲ Histogramm bei 2 Blenden Unterbelichtung.

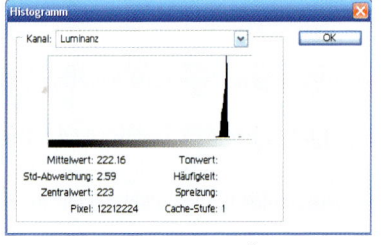

▲ Histogramm bei 2 Blenden Überbelichtung.

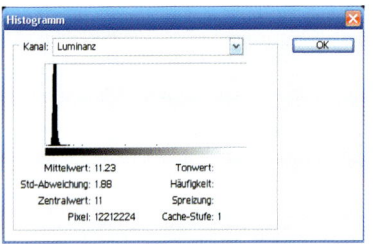

▲ Histogramm bei 3 Blenden Unterbelichtung.

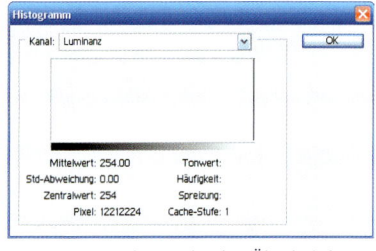

▲ Histogramm bei 3 Blenden Überbelichtung.

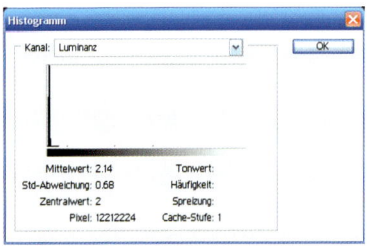

▲ Histogramm bei 4 Blenden Unterbelichtung.

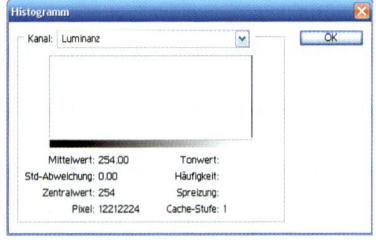

▲ Histogramm bei 4 Blenden Überbelichtung.

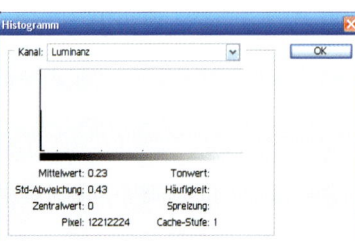

▲ Histogramm bei 5 Blenden Unterbelichtung.

Histogramm der Belichtungsmessung der Kamera liegt ungefähr in der Mitte. Sie erkennen leicht, dass eine RAW-Datei in den Tiefen viel mehr Informationen besitzt als in den Lichtern, wobei die Sprünge zwischen -5 und -3 Blendenstufen noch sehr klein sind (Mittelwerte 0.23/2.14/11.23). Nach -3 bis +2 Blendenstufen sind die Sprünge einigermaßen gleichmäßig (Mittelwerte 30.18/80.31/119.16/166.40/222.16), ab +3 Blendenstufen ist – im Gegensatz zu den Tiefen – keine Zeichnung mehr vorhanden (Mittelwert 254).

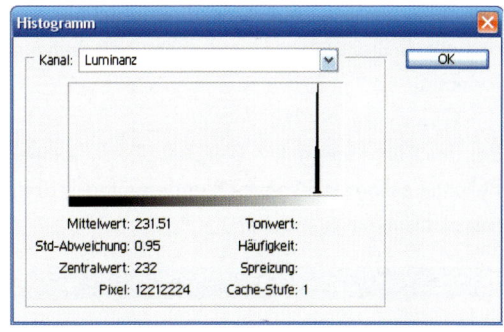

Kontrastumfang

Der optimale Kontrastumfang mit harmonischer Tonwertabstufung liegt im Bereich von -3 bis +2 Blendenstufen von der gemessenen Belichtung und umfasst so ca. 5 Blendenstufen. In den Lichtern bricht die Kennlinie abrupt ab und zeichnet nur noch reinweiß. In den Tiefen sind noch feine Tonwertabstufungen bis zu -5 Blendenstufen vorhanden. Der nutzbare Kontrastumfang ohne Korrekturen in der Bildbearbeitung liegt so bei ca. 7 Blendenstufen. Belichten Sie Ihre Aufnahmen wie beim Diafilm auf die Lichter, sodass diese nicht ausfressen. In den Tiefen haben Sie wesentlich mehr Spielraum für die Korrektur von Belichtungsfehlern. Im RAW-Konverter kann in den Tiefen oder in den Lichtern noch eine Blendenstufe Zeichnung gewonnen werden. Mit Mehrfachentwicklungen kann so der Kontrastumfang auf total 9 Blendenstufen erhöht werden.

Arbeiten Sie mit JPEG-Dateien, ist bei einer Überbelichtung von 3 Blendenstufen oder mehr keine Zeichnung mehr im Bild vorhanden. Auch in der Bildbearbeitung ist da nichts mehr zu machen. Weiß bleibt Weiß. Anders bei den RAW-Dateien. Dort haben Sie noch einen Spielraum außerhalb des sichtbaren Bereichs des Histogramms. Öffnen Sie zum Beispiel die Datei mit +3 Blendenstufen und reduzieren Sie die Belichtung im RAW-Konverter um eine Blendenstufe, erhalten Sie ein Histogramm, das ähnlich ist wie beim Bild mit +2 Blendenstufen.

Das Histogramm ist allerdings schmaler, was zeigt, dass nicht mehr die gleiche Informationsfülle vorhanden ist wie bei der Aufnahme mit +2 Blendenstufen. Öffnen Sie nun das Bild mit +4 Blendenstufen und reduzieren Sie die Belichtung um zwei Blenden, dann sehen Sie sofort, dass hier praktisch nichts mehr zu retten war.

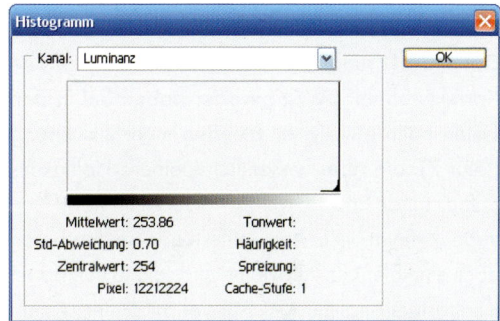

Das gleiche Spiel machen wir nun auf der anderen Seite der Skala bei den Tiefen. Öffnen Sie die Datei mit -6 Blendenstufen und erhöhen Sie die Belichtung um eine Blendenstufe. Ihr Histogramm sieht dann so aus:

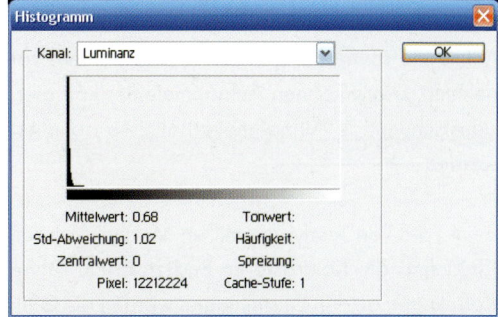

Das Histogramm sieht praktisch genauso aus wie das mit -5 Blendenstufen mit eher noch mehr Information.

Bei der Aufnahme mit -7 Blendenstufen mit einer Belichtungskorrektur von +2 Blendenstufen ist aber fast nichts mehr zu machen.

Sie sehen mit diesen Testaufnahmen, dass der geradlinige Teil der Tonwertwiedergabe von RAW-Dateien bei rund fünf Blendenstufen liegt. Ohne Korrekturen im RAW-Konverter haben Sie in den Tiefen noch etwa zwei Blenden mehr Zeichnung (total 7), die aber wesentlich kleinere Helligkeitsunterschiede haben. Mit Korrekturen im RAW-Konverter können Sie in den Lichtern oder in den Tiefen noch eine Blendenstufe holen und so den nutzbaren Kontrastumfang der RAW-Bilder mit Mehrfachentwicklungen auf neun Blendenstufen erhöhen.

12.2 Kontrastverbesserung im RAW-Konverter

Im RAW-Konverter können Sie schon verschiedene Anpassungen an der Grundbelichtung der Aufnahme sowie bei den Tiefen und Lichtern vornehmen. Damit können Aufnahmefehler korrigiert oder schwierige Aufnahmeverhältnisse optimiert werden.

Beim Foto von Jenny im weißen Marilyn-Monroe-Kleid sind die Kontraste im Bild zu hoch. Ohne Korrekturen an den Einstellungen werden die Glühbirnen im Korridor überstrahlt (rot markiert), der

Treppenaufgang im Hintergrund wird aber zu dunkel (blau markiert) wiedergegeben.

Photoshop CS2 stellt im RAW-Konverter (Camera Raw) folgende Standardwerte ein.

Belichtung	0.00
Tiefen	5
Helligkeit	50
Kontrast	+25

Bei der Aufnahme habe ich die Belichtung so eingestellt, dass das weiße Kleid nicht zu überstrahlt wiedergegeben wird.

EXIF-Daten	
Brennweite	105 mm
Belichtungszeit	1/8 Sek.
Blendenwert	8
Empfindlichkeit	ISO 200

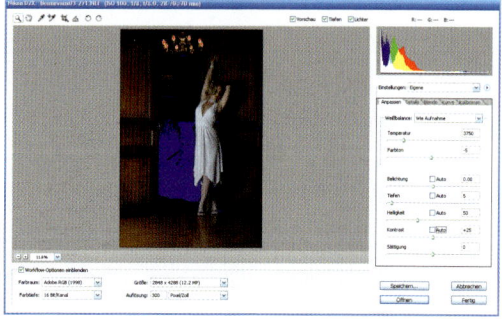

▲ Menü von Camera Raw ohne Anpassungen.

Das Resultat mit diesen Einstellungen ist ein zu dunkles, spannungsloses Bild ohne Tiefenwirkung.

Eine einfache Lösung bietet Photoshop bereits im RAW-Konverter an. Standardmäßig sind die Schieberegler für *Belichtung*, *Tiefen*, *Helligkeit* und *Kontrast* auf *Auto* (**Auto**matik) eingestellt. Das Programm versucht so selbstständig, die Kontraste im Bild zu bewältigen. Bei unserem Beispiel werden folgende automatische Korrekturen eingestellt:

Große Kontraste besser bewältigen

◀ Laden der Aufnahme ohne Anpassungen im RAW-Konverter.

Um die Abdunklung des Bildes durch die Belichtungskorrektur wieder auszugleichen, wird die Helligkeit stark erhöht von 50 auf 133. Da das Bild schon sehr kontrastreich ist, reduziert die Automatik den Kontrast von +25 auf 0. Das Resultat kann sich schon sehen lassen.

Leider arbeitet die Automatik nicht immer so zuverlässig, wie wir es gern hätten. Hier führt die Absenkung der Belichtung um über eine Blende zu einer zusätzlichen Abdunklung des Treppenhauses im Hintergrund, was ungünstig ist. Für mich sind diese Werte deshalb nur ein Vorschlag, den ich selbst optimiere. Ich deaktiviere deshalb meistens die Automatik und stelle die Regler selbst ein. Die Überstrahlung der Glühbirnen lässt sich nicht vollkommen eliminieren und stört wenig, weil sie zur Bildaussage passt.

Die Überstrahlung der Glühbirnen wird durch die Belichtungskorrektur von -1.10 Blendenstufen reduziert, aber nicht völlig eliminiert. Durch das Senken des Wertes für die Tiefen von 5 auf 1 erhält das dunkle Treppenhaus nun auch etwas Zeichnung.

Belichtung	-1.10
Tiefen	1
Helligkeit	133
Kontrast	0

▼ Menü von Camera Raw mit automatischen Anpassungen.

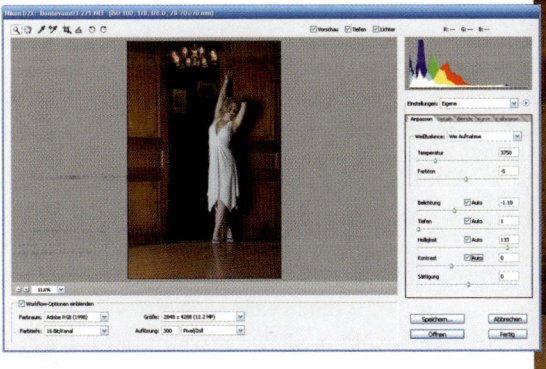

Das Bild nach den automatischen Korrekturen im RAW-Konverter.   ▶

lichst viel Zeichnung in den Tiefen zu erhalten. Mit der *Helligkeit* stimme ich das Weiß des Kleides noch ab und reduziere etwas den *Kontrast*.

Nun wirkt die Aufnahme (siehe Bild nebenstehend) etwas wärmer und leichter mit einer Andeutung des Treppenhauses im Hintergrund.

12.3 Kontrastverbesse- rungen in der Bildbearbeitung

Nun folgt noch der Feinschliff in Photoshop. Die Treppe im Hintergrund soll besser sichtbar werden. Dazu verdoppeln Sie die Ebene mit dem Befehl *Ebene/Ebene duplizieren*. Sie wählen dann den gesamten Türbereich aus. Mit dem Polygon-Lasso-Werkzeug können Sie schnell und leicht die Türeinfassung auswählen. Die Auswahl beim Model machen Sie am besten mit dem Magnetischen-Las-so-Werkzeug.

Belichtung	+0.50
Tiefen	0
Helligkeit	80
Kontrast	+10

▲ *Das Resultat nach den individu-ellen Korrekturen im RAW-Kon-verter.*

▼ *Menü von Camera Raw mit individuellen Korrekturen.*

Mit *Ebene/Ebenenmaske/Auswahl einblenden* erstellen Sie zur duplizierten oberen Ebene eine Maske mit dieser Auswahl. Um nur den Treppen-bereich im Hintergrund aufzuhellen, wenden Sie den Befehl *Bild/Anpassen/Tiefen/Lichter* auf das obere Bild an. Aktivieren Sie das Auswahlfeld *Weitere Optionen ein-blenden* und stellen Sie die Werte auf *Tiefen Stärke: 20, Tonbreite: 50, Radius: 80.*

Nun erscheint die Treppe gut sicht-bar im Hintergrund. Damit die Über-gänge zwischen der Maske und dem Bild unsichtbar werden, zeich-nen Sie die Maske noch mit dem Gaußschen Weichzeichner mit ei-nem Radius von 2 Pixeln weich. Da-durch wird ein weicher Übergang vom ausgewählten weißen zum nicht ausgewählten schwarzen Bereich erzeugt.

Ich erhöhe die *Belichtung* um +0.50 Blendenstufen, um das Kleid und die Treppe im Hintergrund auf-zuhellen, und reduziere die *Tiefen* auf 0, um mög-

▲ *Bild nach Aufhellung des Hintergrunds mit der Treppe.*

Nun überprüfen Sie noch die Tonwerte des Gesamt-
bildes, die noch leicht angepasst werden können
(rechten Schieberegler auf 244 ziehen).

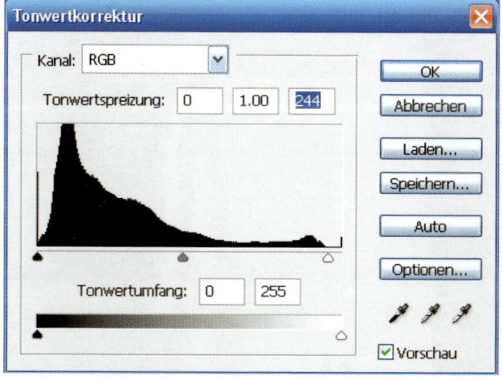

Zudem bedarf es noch einer leichten Anpassung
der Gradation, um den Gesamtkontrast wieder etwas zu verstärken. Dazu eignet sich die schon bekannte leichte S-Kurve am besten.

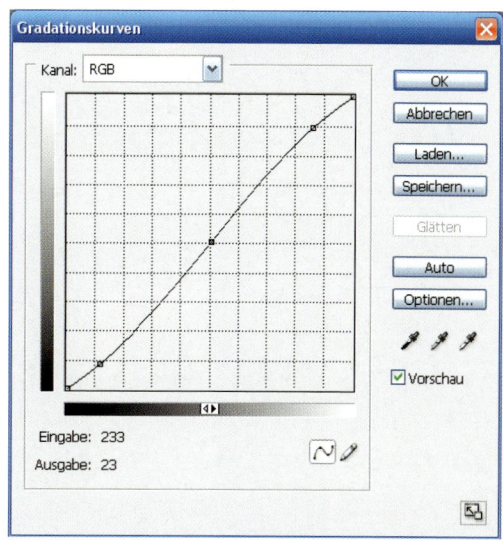

Am Ende wird das Bild noch leicht retuschiert, zuge-
schnitten und geschärft. Unser Ebenenstapel sieht
nun wie folgt aus:

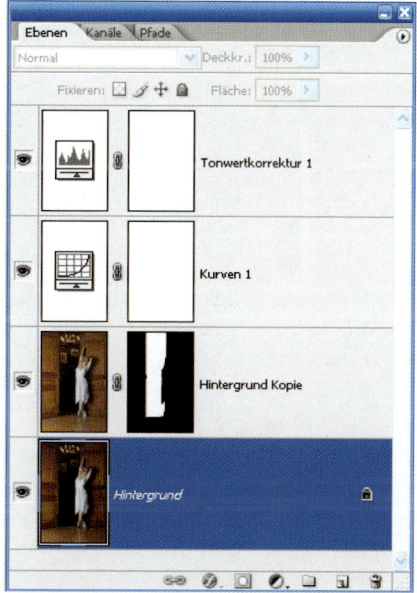

Bei so kontrastreichen Bildern besteht immer die
Möglichkeit der Umwandlung in Schwarz-Weiß.
Ich habe hier aufgrund der Wirkung der Kanäle die
Mischung von 20 % Rot (zur Betonung des hellen
Models), 50 % Grün (als Grundton) und 30 % Blau
(zur Betonung der Holzstrukturen) gewählt.

Das fertig bearbeitete Bild mit ausgeglichenen Kontrasten und einer noch gut sichtbaren Treppe im Hintergrund, Model Jenny, Fotograf: Martin Zurmühle.

*Das Bild nach der Umwandlung in Schwarz-Weiß,
Model Jenny, Fotograf: Martin Zurmühle.*

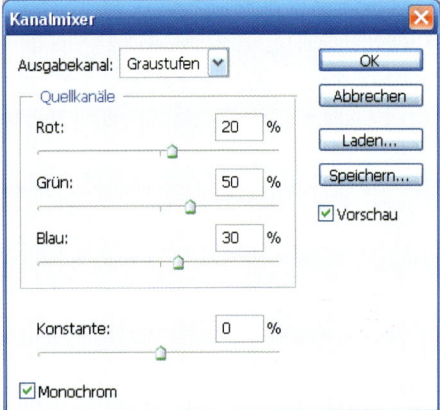

Motiv	Lux	LW	Kamera bei ISO 100 und Blende 4
bewölkter Tag	2.000	10	1/60 Sek.
Schatten an einem klaren Tag	5.000	11	1/125 Sek.
heller, trüber Tag	20.000	13	1/500 Sek.
Mittagssonne	100.000	15	1/2000 Sek.

Nun passt die Bildstimmung auch gut zum Motiv mit der Erinnerung an die Zeit von Marilyn Monroe. Entscheiden Sie selbst, welche Variante Ihnen besser gefällt.

12.4 Mehrfachentwicklungen aus einem RAW-Bild

Die Motivhelligkeit ist abhängig vom Licht, das auf das Motiv fällt. Diese wird mit dem Messwert Lux gemessen. Ein Lux entspricht dabei dem Lichtstrom von 1 Lumen auf eine Fläche von 1 m². Schauen Sie sich die verschiedenen Motivhelligkeiten an:

Motiv	Lux	LW	Kamera bei ISO 100 und Blende 4
Viertelmond	0,01	-5,5	12 Min.
Vollmond	0,1	-3	2 Min.
späte Dämmerung	1	-1,3	40 Sek.
Dämmerung	10	2	4 Sek.
stark bedeckter Himmel	100	5–6	1/2–1/4 Sek.
Bürozimmer	200–400	7–8	1/8–1/15 Sek.
Fernsehstudio	1.000	9	1/30 Sek.

Es stehen Ihnen verschiedene Möglichkeiten zur Verringerung der Kontraste bei der Aufnahme zur Verfügung:

- Einsatz mobiler Lichtquellen (z. B. Elektronenblitzgerät).
- Aufhellung der Schatten mit Reflektoren.
- Warten auf einen bedeckten Himmel oder Abdecken der Sonne mit Tüchern.
- Warten auf die richtige Position der Sonne.
- Reduktion der Kontraste durch eine geschickte Wahl des Ausschnitts.

Oft ist es aber nicht möglich, diese Methoden einzusetzen. Beispielsweise konnte ich den Kreuzgang in Arles weder mit einem Blitzgerät gut und harmonisch ausleuchten noch wollte sich der Himmel mit Wolken genügend stark abdunkeln. Der Helligkeitsunterschied zwischen dem im Schatten liegenden Kreuzgang und dem von der Sonne beschienenen Garten war einfach zu groß und nicht mehr mit einer Aufnahme zu bewältigen. Die Motivhelligkeit des Innenraums liegt bei vielleicht 200–300 Lux, während der Garten mit einer von Wolken abgedeckten Sonne mit gut 5.000 Lux beleuchtet wird. Die richtige Belichtung des Innenraums liegt bei 1/15 Sekunden bei Blende 2.8, während der Garten bei gleicher Blende mit 1/250 Sekunden belichtet werden müsste. Der Sensor ist nicht in der Lage, diesen Spagat zu vollziehen. Sie müssen sich entscheiden, ob Sie den Innenraum richtig und den Garten völlig überbelichtet aufnehmen wollen oder den Innenraum zu dunkel und dafür den Gar-

▲ Links Belichtungsmessung auf den Innenraum, rechts auf den Garten, Fotograf: Martin Zurmühle.

ten richtig belichtet. Oder Sie verwenden spezielle digitale Techniken, mit denen Sie den Kontrastumfang im Bild verbessern können. Zur Erhöhung des Kontrastumfangs stehen Ihnen drei Methoden zur Verfügung:

- Mehrfachentwicklungen aus einem RAW-Bild in der Bildbearbeitung zusammenfügen.
- Mehrere Aufnahmen mit unterschiedlichen Belichtungswerten ab Stativ in der Bildbearbeitung zusammenfügen.
- Automatisches Zusammenfügen von Bilderreihen mit unterschiedlichen Belichtungswerten mit HDRI.

Die einfachste Methode ist sicher die Mehrfachentwicklung aus einem RAW-Bild. Wie Sie bereits erfahren haben, hat ein RAW-Bild einen größeren Kontrastumfang als ein JPEG-Bild. Öffnen Sie ein RAW-Bild im Konverter, nutzen Sie, wie Sie bereits gesehen haben, das ganze Potenzial nicht vollständig aus. Es gibt noch Reserven in den Tiefen und Lichtern. Bei der Aufnahme des Kreuzgangs ist der Kontrastumfang allerdings eindeutig zu groß für eine Mehrfachentwicklung. Dieses Problem werden wir im nächsten Abschnitt mit Mehrfachaufnahmen lösen. Bei der folgenden Studioaufnahme in einem völlig schwarzen Raum mit einem Standardreflektor mit Wabenfilter von der Decke sind die Helligkeitskontraste für den Sensor wohl zu groß, aber noch innerhalb der Möglichkeiten, die ein RAW-

Bild leisten kann. Die zu dunklen Bereiche werden im RAW-Konverter von Photoshop blau, zu helle rot angezeigt (sofern Sie oben die Auswahlfelder *Tiefen* und *Lichter* aktiviert haben).

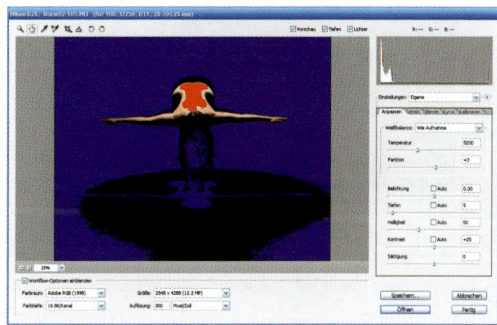

▲ Menü in Camera Raw ohne Anpassungen.

Auf den ersten Blick scheint dieses Bild ein hoffnungsloser Fall zu sein. Das Histogramm zeigt eine extreme Verteilung von wenigen Lichtern und vielen Tiefen und sehr wenig Mitteltöne.

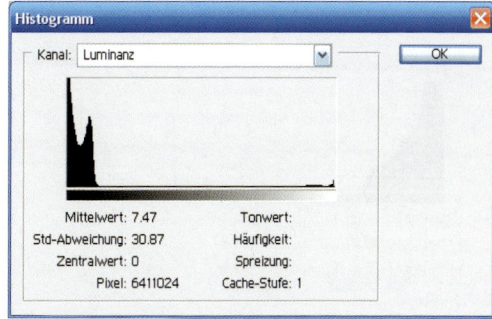

Als JPEG-Bild wäre diese Aufnahme verloren, im RAW-Format haben Sie aber noch mehr Informationen vom Sensor. Sie können ca. eine Blendenstufe (oder LW) in den Lichtern und in den Tiefen an zusätzlicher Information gewinnen. Durch den geschickten Zusammenbau in der Bildbearbeitung erweitern Sie so den Kontrastumfang bei der Aufnahme um zwei Blendenstufen.

1

Erste Aufnahme entwickeln: Öffnen Sie die RAW-Datei im RAW-Konverter von Photoshop. Erhöhen Sie die Belichtung um zwei Blendenstufen (2.00) und reduzieren Sie die Tiefen auf den Wert 0. Nun verschwinden die blauen Markierungen.

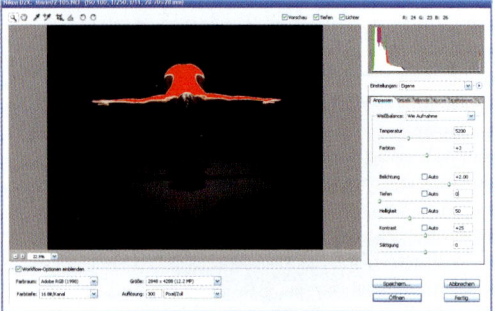

▲ Camera Raw-Menü mit Anpassung der Tiefen.

Im Histogramm sehen Sie, dass nun in den Tiefen wesentlich mehr Information vorhanden ist. Ganz links sinken die Werte steil nach 0 ab. Die steil ansteigende Kurve ganz rechts zeigt, dass die Lichter stark ausgefressen sind. Speichern Sie nun dieses Bild als PSD-Datei ab.

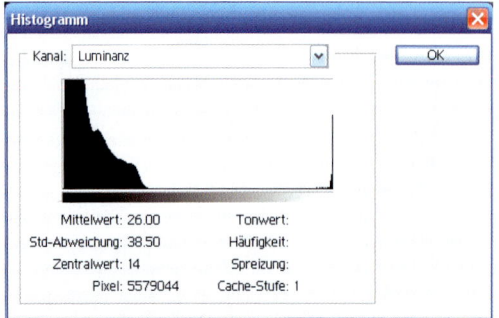

2

Zweite Entwicklung: Öffnen Sie die gleiche RAW-Datei nochmals in Camera Raw. Reduzieren Sie die Belichtung um eine Blende (-1.00). Nun verschwinden die roten Markierungen. Das Bild hat überall genügend Zeichnung in den Lichtern.

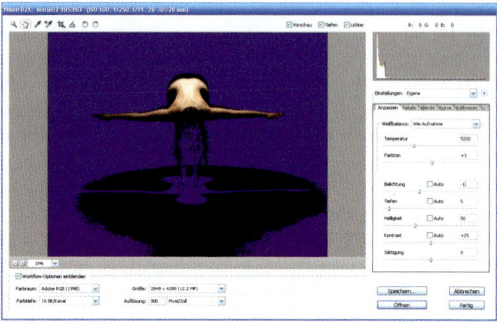

▲ Menü in Camera Raw mit Anpassung der Lichter.

Das Histogramm zeigt, dass keine Pixel mehr reinweiße Zeichnung haben.

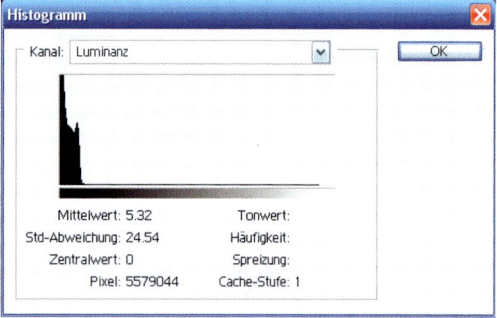

Ziehen Sie nun dieses Bild mit aktiviertem Verschieben-Werkzeug und gedrückter Umschalt-Taste ins erste Bild. Beide Bilder liegen nun pixelgenau übereinander, das hellere unten, das dunklere oben. Mit dem Freistellungswerkzeug schneiden Sie einen quadratischen Ausschnitt aus (am besten mit den festen Einstellungen Breite: 20 cm und Höhe: 20 cm).

3

Für den Zusammenbau benötigen Sie eine Maske, die die hellen Bereiche des oberen Bildes schützt.

Im Menü *Ebenen* aktivieren Sie das obere Bild und laden mit *Ebenen/Ebenenmaske/Alles einblenden* eine leere Ebenenmaske zum oberen Bild. Klicken Sie auf die Ebenenmaske und erstellen Sie mit dem Verlaufswerkzeug einen Weiß-Schwarz-Verlauf in der Bildmitte. Mit der Taste D wählen Sie Schwarz als Vordergrundfarbe und Weiß als Hintergrund aus. Mit X vertauschen Sie diese beiden.

Klicken Sie nun auf die Mitte des Kopfes und ziehen Sie mit gedrückter Maustaste etwas senkrecht nach unten. Durch gleichzeitiges Drücken der Taste Umschalt wird der Strich absolut senkrecht ausgerichtet. Damit trennen Sie den oberen Bereich sanft und unmerklich durch eine Verlaufsmaske vom unteren Bereich des Bildes. Je länger der Strich wird, desto sanfter und unmerklicher geschieht der Übergang.

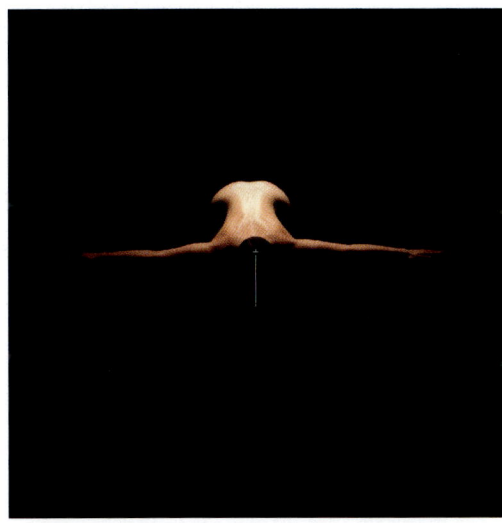

▲ *Der Strich definiert die Länge der Verlaufsmaske von Weiß nach Schwarz.*

Die Maske bewirkt, dass vom oberen, dunkleren Bild nur die hellen Bereiche übernommen werden. Die dunkleren Bereiche werden vom unteren, helleren Bild genommen.

Bei reinweißen Stellen der Maske werden 100 % des oberen Bildes, bei reinschwarzen Bereichen 0 % gezeigt. Bei den grauen Stellen des Verlaufs

wird jeweils der Prozentsatz des Grauwerts von 100 % nach 0 % übernommen. Dadurch werden beide Bilder nahtlos und ohne sichtbare Übergänge miteinander verbunden.

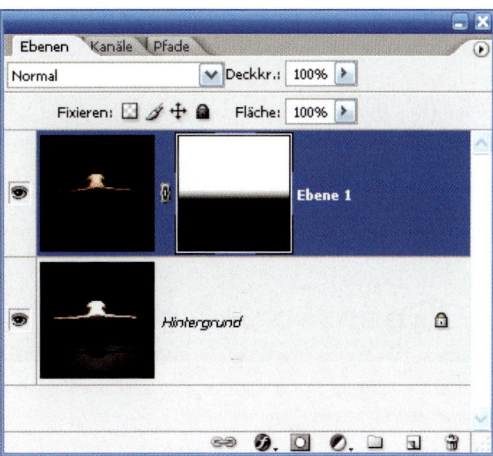

Alternativ dazu könnten Sie auch einen der drei Kanäle (Rot, Grün oder Blau) als Schwarz-Weiß-Bild in die Maske kopieren. Experimentieren Sie einfach, welche Methode Ihnen das bessere Bild liefert.

Das Resultat dieses Zusammenbaus zweier RAW-Entwicklungen aus dem gleichen Bild zeigt ein Histogramm, das keine Überstrahlungen mehr in den Lichtern und wesentlich mehr Zeichnung in den Tiefen aufweist.

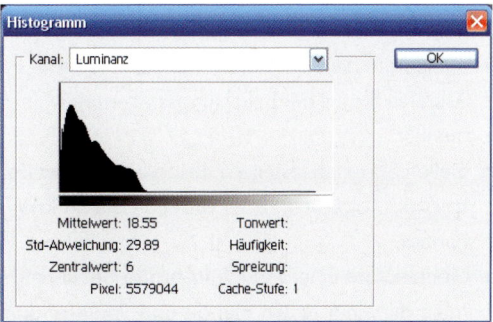

Auch der direkte Vergleich der beiden Bilder zeigt die Wirkung unserer Maßnahmen. Aus einer scheinbar unrettbaren Aufnahme ist noch ein spannendes Bild geworden.

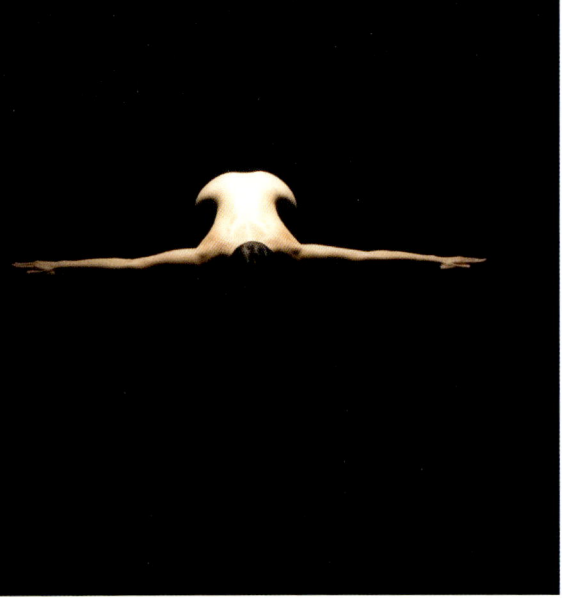

▲ Links die Aufnahme ohne Korrekturen, rechts der Zusammenbau aus zwei unterschiedlichen RAW-Entwicklungen, Model Marie, Fotograf: Martin Zurmühle.

12.5 Größerer Kontrastumfang durch Mehrfachaufnahmen ab Stativ

Übersteigt der Kontrastumfang des Motivs die Fähigkeiten des Sensors, können Sie ab Stativ mehrere Aufnahmen mit unterschiedlicher Belichtung machen und diese dann in Photoshop zusammenbauen. Bei der Aufnahme müssen Sie indessen ein paar Regeln einhalten, damit Sie später bei der Bildbearbeitung weniger Probleme haben.

- Stellen Sie die Kamera auf ein stabiles Stativ.
- Arbeiten Sie mit der Belichtungssteuerung M (manuell).
- Stellen Sie einen festen Weißabgleich ein (im Beispiel auf Tageslicht) oder arbeiten Sie im RAW-Format.
- Nehmen Sie eine genügend große Belichtungsreihe mit einer festen Blende und variierenden Belichtungszeiten auf.

Wählen Sie nun eine Blende, die Ihnen eine genügende Schärfentiefe bringt. Ermitteln Sie dann die Belichtungszeit, bei der das Histogramm keine überstrahlten, im Display blinkenden Bereiche mehr anzeigt. Dieser Wert ist die kürzeste Belichtungszeit Ihrer Belichtungsreihe.

EXIF-Daten	
Brennweite	38 mm
Belichtungszeit	1/15 Sek.
Blendenwert	8
Empfindlichkeit	ISO 100

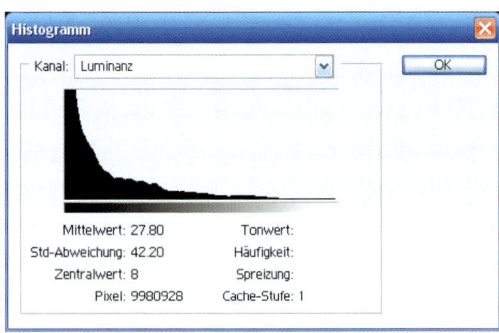

Machen Sie nun zwei zusätzliche Aufnahmen mit je zwei Blendenstufen mehr Licht, was einer Vervierfachung der Belichtungszeit entspricht.

Nun haben Sie sich das Grundmaterial für den Zusammenbau erarbeitet.

1

Beim ersten Bild stimmen die Lichter perfekt. Der Garten wird so richtig wiedergegeben. In den Tiefen beim Kreuzgang sind aber große Bereiche des Bildes total schwarz.

▲ *Dunkelstes Bild mit richtig belichtetem Garten.*

2

Öffnen Sie nun das Bild mit zwei Blenden mehr Licht.

EXIF-Daten	
Brennweite	38 mm
Belichtungszeit	1/4 Sek.
Blendenwert	8
Empfindlichkeit	ISO 100

Das Histogramm beweist, dass hier eine mittlere Belichtung keine Lösung bietet.

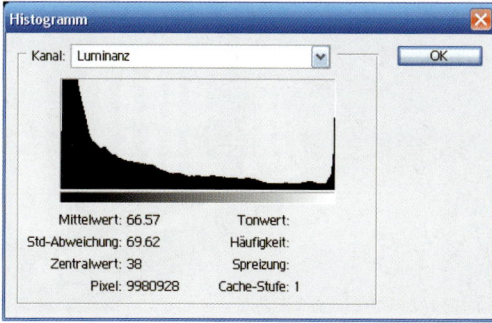

Die Lichter sind überstrahlt, die Tiefen aber noch immer reinschwarz. Der Kontrastumfang übersteigt klar die Möglichkeiten des Sensors.

▲ *Das mittlere Bild bringt keine Lösung, die Lichter sind noch überstrahlt, die Tiefen abgesoffen.*

3

Nun öffnen Sie die dritte Aufnahme mit nochmals zwei Blendenstufen mehr Licht.

EXIF-Daten	
Brennweite	38 mm
Belichtungszeit	1 Sek.
Blendenwert	8
Empfindlichkeit	ISO 100

Jetzt erhalten Sie ein Histogramm, das in den Tiefen überall genügend Zeichnung aufweist, in den Lichtern aber völlig überstrahlt ist.

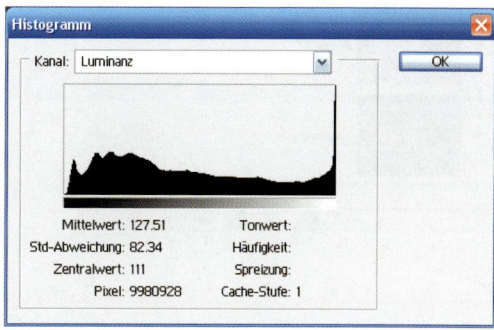

Die Aufgabe ist es nun, diese drei Bilder und Histogramme in der Bildbearbeitung so zusammenzubauen, dass von jedem Bild die Stärken übernommen und die fehlbelichteten Bereiche ausgeblendet werden.

 Beim hellsten Bild stimmt der Innenraum, der Garten ist aber völlig überstrahlt.

4

Gehen Sie zum mittleren Bild und aktivieren Sie das Verschieben-Werkzeug. Ziehen Sie mit gedrückter ⌊Umschalt⌋-Taste dieses Bild in das dunkelste Bild hinüber. Beide liegen nun pixelgenau übereinander. Machen Sie das Gleiche mit dem hellsten Bild. Nun liegen alle drei Bilder übereinander.

5

Nun müssen wir beim obersten Bild die überstrahlten hellen Bereiche mit einer Maske ausblenden.

Dazu schauen wir im Fenster *Kanäle* unsere drei Kanäle an. Den größten Kontrast bietet der Blaukanal. Mit den Tastenkombinationen ⌊Strg⌋+⌊A⌋ (*Alles auswählen*) und ⌊Strg⌋+⌊C⌋ (*Kopieren*) kopieren wir dieses Schwarz-Weiß-Bild in die Zwischenablage. Mit *Ebenen/Ebenenmaske/Alles einblenden* (oder der Funktion *Ebenenmaske hinzufügen* unten im Fenster *Ebenen*) fügen wir dem obersten, hellsten Bild eine leere Maske hinzu.

Wir klicken mit gedrückter ⌊Alt⌋-Taste auf die leere Maske, die nun geöffnet wird, und laden mit ⌊Strg⌋+⌊V⌋ (*Einfügen*) den Blaukanal in die Maske. Mit ⌊Strg⌋+⌊I⌋ (*Umkehren*) wechseln wir die Grautöne (Weiß wird Schwarz), weil wir ja vom hellsten Bild nur die dunkelsten Bereiche behalten möchten.

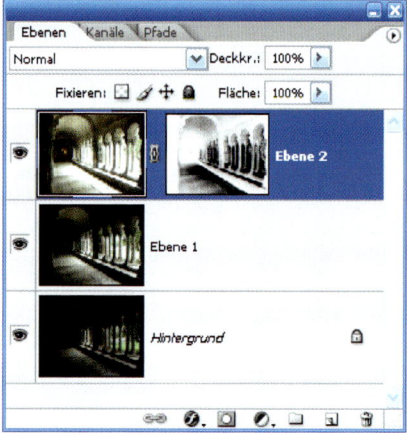

Das Bild sieht schon wesentlich besser aus. Noch sind aber die Lichter zu überstrahlt.

▲ Zusammenbau des hellsten Bildes mit dem mittleren Bild.

Wir deaktivieren also das oberste Bild, sodass das mittlere allein sichtbar wird (durch Klicken auf das Auge neben der Ebene). Wir aktivieren das mittlere Bild und kopieren wie vorher den Blaukanal in die Maske des mittleren Bildes. Dazu aktivieren wir im Fenster *Kanäle* wieder den Blaukanal. Mit den Tastenkombinationen [Strg]+[A] (*Alles auswählen*) und [Strg]+[C] (*Kopieren*) kopieren wir dieses Schwarz-Weiß-Bild in die Zwischenablage. Mit *Ebenen/Ebenenmaske/Alles einblenden* (oder der Funktion *Ebenenmaske hinzufügen* unten im Fenster *Ebenen*) fügen wir dem mittleren Bild eine leere Maske hinzu.

Wir klicken mit gedrückter [Alt]-Taste auf die leere Maske, die nun geöffnet wird, und laden mit [Strg]+[V] (*Einfügen*) den Blaukanal. Mit [Strg]+[I] (*Umkehren*) wechseln wir die Grautöne (Weiß wird Schwarz), weil wir ja vom hellsten Bild nur die dunkelsten Bereiche behalten möchten. Nun schalten wir wieder das Auge des obersten Bildes ein und aktivieren es. Der Ebenenstapel sieht nun wie folgt aus:

Das Resultat ist aber noch nicht berauschend. Die hellen Bereiche der oberen Bilder sind noch zu stark und die Übergänge sehen unnatürlich aus.

Um das zu korrigieren, verstärken Sie die Kontraste der beiden Masken durch eine kräftige Korrektur mit der Gradationskurve.

▲ Ergebnis nach der Kombination aller drei Bilder.

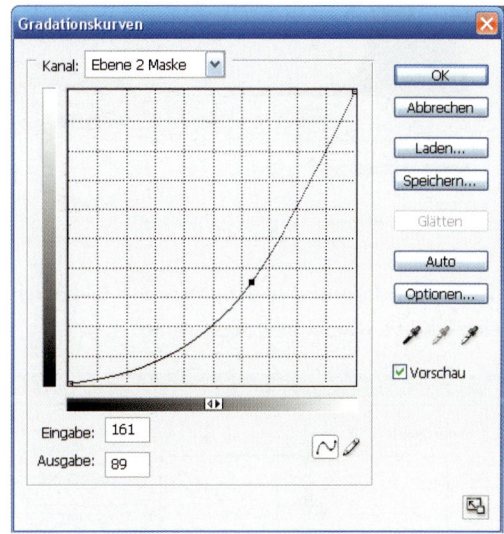

Die Tiefen der Masken werden stark abgedunkelt, sodass die überstrahlten Bereiche besser abgetrennt werden. Nun ist der Gesamteindruck schon besser, aber das Bild wirkt noch zu flau.

Zum Schluss wenden wir unsere bekannten Befehle auf das Gesamtbild an – Tonwertkorrektur, Gradationskurven und Farbton/Sättigung –, schneiden es zu und schärfen es. Mit der Tonwertkorrektur hellen wir die Mitteltöne etwas auf (Mittelschieber auf 1.10).

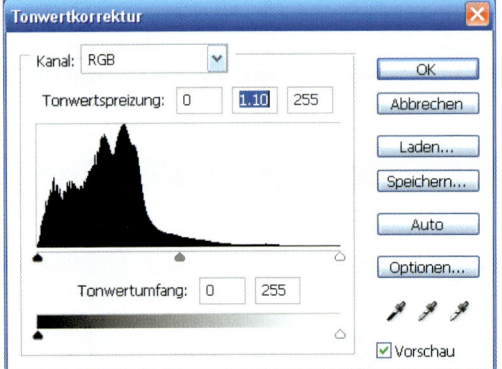

▲ Das fertig bearbeitete Farbbild.

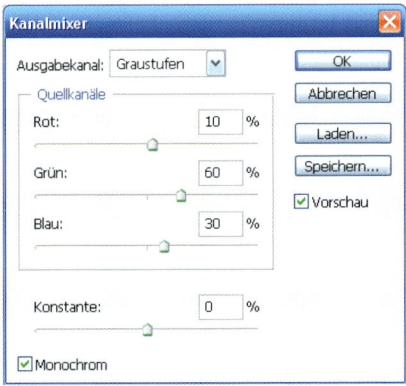

Mit der Gradationskurve geben wir dem Bild durch eine S-Kurve wieder mehr Spannung.

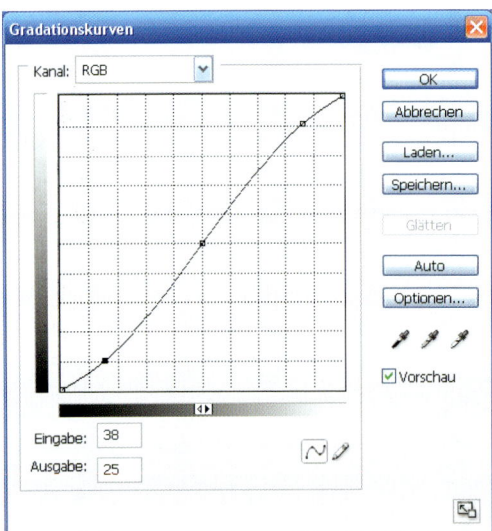

Und mit der Gradationskurve erzeugen wir noch mehr Spannung. Fertig ist das kontrastreiche und stimmungsvolle Bild.

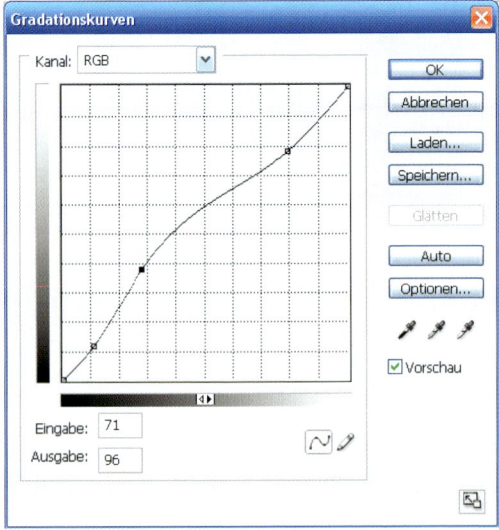

Die Sättigung muss nicht angepasst werden. Nach der Bearbeitung sieht das Bild schon ganz gut aus. Noch besser eignet sich dieses Motiv allerdings für die Darstellung in Schwarz-Weiß. Mit dem Kanalmixer ist die Umwandlung ein Kinderspiel.

▲ Das fertig bearbeitete Schwarz-Weiß-Bild aus drei verschiedenen Aufnahmen mit je zwei Blendenstufen Unterschied, Fotograf: Martin Zurmühle.

12.6 Die HDRI-Technik

Beim letzten Beispiel haben wir in mühsamer Klein-arbeit durch die Kombination von drei Aufnahmen mit je zwei Blendenstufen Differenz den Kontrast-umfang von sieben Blendenstufen auf elf vergrößert und ihn anschließend wieder durch den Zusammen-bau mit Luminanzmasken auf sieben Blendenstufen reduziert. Dadurch wurde es möglich, überstrahl-te Lichter und abgesoffene Tiefen im Bild zu kor-rigieren. Diesen Prozess nennt man auch **D**ynamic **R**ange **I**ncrease (DRI). Einfacher und schneller geht es allerdings mit der HDRI-Technik (**H**igh **D**ynamic **R**ange **I**maging). Photoshop erlaubt ab der Version CS2 das automatische Erstellen von HDRI-Bildern von Langzeit- und Mehrfachbelichtungen.

Vergrößerung des Kontrastumfangs

Bei starken Kontrasten im Bild arbeiten Sie am besten mit dem RAW-Konverter und mit den Hilfsmitteln zur Kontrastbeeinflussung in Photoshop.

Leicht höhere Kontraste, als es der Sensor er-laubt, können Sie durch Mehrfachentwicklun-gen mit dem RAW-Konverter oder mit mehre-ren Aufnahmen ab Stativ und anschließendem Zusammenbau in Photoshop bewältigen.

Für einen sehr großen Kontrastumfang eignet sich jedoch die HDRI-Technik am besten.

Geeignete Motive für HDRI-Aufnahmen sind kontrastreiche Situationen, deren Umfang die Möglichkeiten des Sensors klar übersteigt. Bei Sonnenschein am Tag, bei Nachtaufnahmen mit starken punktförmigen Lichtquellen und bei Mischlichtaufnahmen im Innern von Gebäuden in Kombination mit starkem Tageslicht kann mit HDRI sehr gut gearbeitet werden. Sie können dank dieser Technik in Situationen fotografieren, die früher unfotografierbar waren. Leider eignet sich diese Technik nur für unbewegte Motive.

Bei der Nachtaufnahme von Frankfurt beträgt der Kontrastumfang von den hellsten Lichtern zu den dunkelsten Stellen der Nacht total ca. 15 Blendenstufen. Mit HDRI konnte Daniel Rohr trotzdem eine faszinierende, perfekte Nachtaufnahme machen.

Das Grundprinzip von HDRI ist einfach. Sie erstellen eine Belichtungsreihe, beginnend mit der Aufnahme, bei der die Lichter noch nicht überstrahlt

▼ Eine wunderbare Nachtaufnahme von Frankfurt dank HDRI-Technik, Fotograf: Daniel Rohr.

sind, bis zur Aufnahme, bei der alle Tiefen noch Zeichnung haben. Sie machen dabei Belichtungssprünge von 1 – 2 Blendenstufen. Anschließend bauen Sie mit Photoshop aus dieser Bildreihe ein neues Bild zusammen. Das funktioniert wie bei einem Trichter, bei dem aus acht Bildern mit 15 Blendenstufen Kontrastumfang ein Bild mit sieben Blendenstufen komprimiert wird.

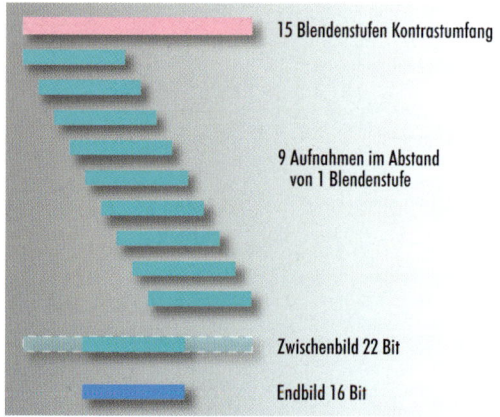

15 Blendenstufen Kontrastumfang

9 Aufnahmen im Abstand von 1 Blendenstufe

Zwischenbild 22 Bit

Endbild 16 Bit

▲ Grundprinzip von HDRI.

Diese Komprimierung führt aber zu starken Veränderungen der Helligkeitswerte und Farben. Es braucht deshalb zum Schluss noch eine Feinbearbeitung, um dem Bild wieder ein natürliches Erscheinungsbild zu geben.

Es gibt viele Wege und Methoden für die Erstellung von HDRI-Bildern. Der erfahrene HDRI-Fotograf Daniel Rohr zeigt uns hier seinen Weg:

„Die Anzahl der Aufnahmen ergibt sich durch den Kontrastunterschied von der hellsten zur dunkelsten Stelle des Motivs. Erfahrungsgemäß reichen meistens 3 – 9 Aufnahmen dafür aus, wobei es nicht automatisch besser ist, mehr Aufnahmen zu machen. Machen Sie genügend Aufnahmen. Sie können die Zahl der verwendeten Bilder später wieder reduzieren. Zuerst schätze ich ab, ob das Motiv überhaupt für HDRI geeignet ist. Insbesondere bei Dämmerung während der blauen Stunde sind oft Einzelaufnahmen dem HDRI vorzuziehen. Mit Testaufnahmen und der Kontrolle des Histogramms ist

▶ Nachtaufnahme des KKL Luzern mit mittlerer
Belichtung, Fotograf: Daniel Rohr.

eine Beurteilung aber leicht möglich. Bei der Nachtaufnahme des KKL Luzern z. B. war es mir nicht möglich, eine Belichtung zu finden, bei der die Tiefen nicht abgesoffen oder die Lichter nicht ausgefressen wären. Das Histogramm der Aufnahme mit einer mittleren Belichtung zeigt auf beiden Seiten verlorene Zeichnung.

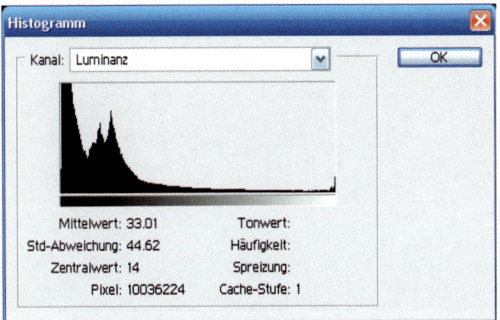

Dieses Motiv eignet sich daher sehr gut für HDRI. Nun geht es darum, eine perfekte Belichtungsreihe ab Stativ aufzunehmen. Ich arbeite dabei immer mit manueller Belichtungssteuerung und einer fixierten Blende. Die Belichtung verstelle ich mit der Belichtungszeit.

Bei einzelnen Kameramodellen kann die Belichtungszeit fest bis zu 30 Sekunden eingestellt werden, was für HDRI oft reicht. Zusammen mit der Bracketing-Funktion, die Serienaufnahmen mit festgelegten Blendensprüngen ermöglicht, kann so auf schnelle und einfache Weise gearbeitet werden. Bedingung ist allerdings, dass die Kamera genügend Aufnahmen zulässt (5, 7 oder 9) und die längste Belichtungszeit nicht über 30 Sekunden dauert, was mit der Wahl einer geeigneten Blende bestimmt werden kann.

Meine Kamera bietet diese Möglichkeiten leider nicht. Ich arbeite deshalb mit einem Fernauslöser und der Einstellung *Bulb*. Dabei löst die Kamera so lange aus, wie der Auslöser gedrückt wird. Mit

meiner Armbanduhr messe ich die Belichtungszeit. Damit die Aufnahmen perfekt gelingen, stelle ich meine Kamera wie folgt ein:

- ISO 100, um Bildrauschen zu vermeiden.
- Aufnahmen im RAW-Format (evtl. kombiniert mit JPEG).
- Weißabgleich auf Automatik (mit Korrekturen, falls nötig, im RAW-Konverter).
- Autofokus auf manuell.
- Spiegelvorauslösung zur Reduktion der Vibrationen bei der Auslösung.

Ich stelle nun die Blende so ein, dass für eine mittlere Belichtung eine Belichtungszeit von 4–8 Sekunden angezeigt wird. Das ist wichtig, damit ich noch genügend Spielraum habe. Kürzere Zeiten als ½ Sekunden können mit dem Kabelfernauslöser nicht mehr korrekt von Hand ausgelöst werden. Ausgehend vom Mittelwert mit 4 Sekunden ergibt sich bei 7 Aufnahmen folgende Belichtungsreihe:

32/16/8/4/2/1/½ Sekunden.

Beim Mittelwert von 8 Sekunden können auch 9 Aufnahmen gemacht werden:

128/64/32/16/8/4/2/1/½ Sekunden

Wichtig bei der Aufnahme ist es, die Kamera nicht mehr zu berühren, damit die Aufnahmen deckungsgleich werden. Deshalb arbeite ich immer mit einem Fernauslöser. Den Fokus messe ich vor der Aufnahmeserie noch mit dem Autofokus. Für die eigentlichen Aufnahmen stelle ich die Kamera aber auf

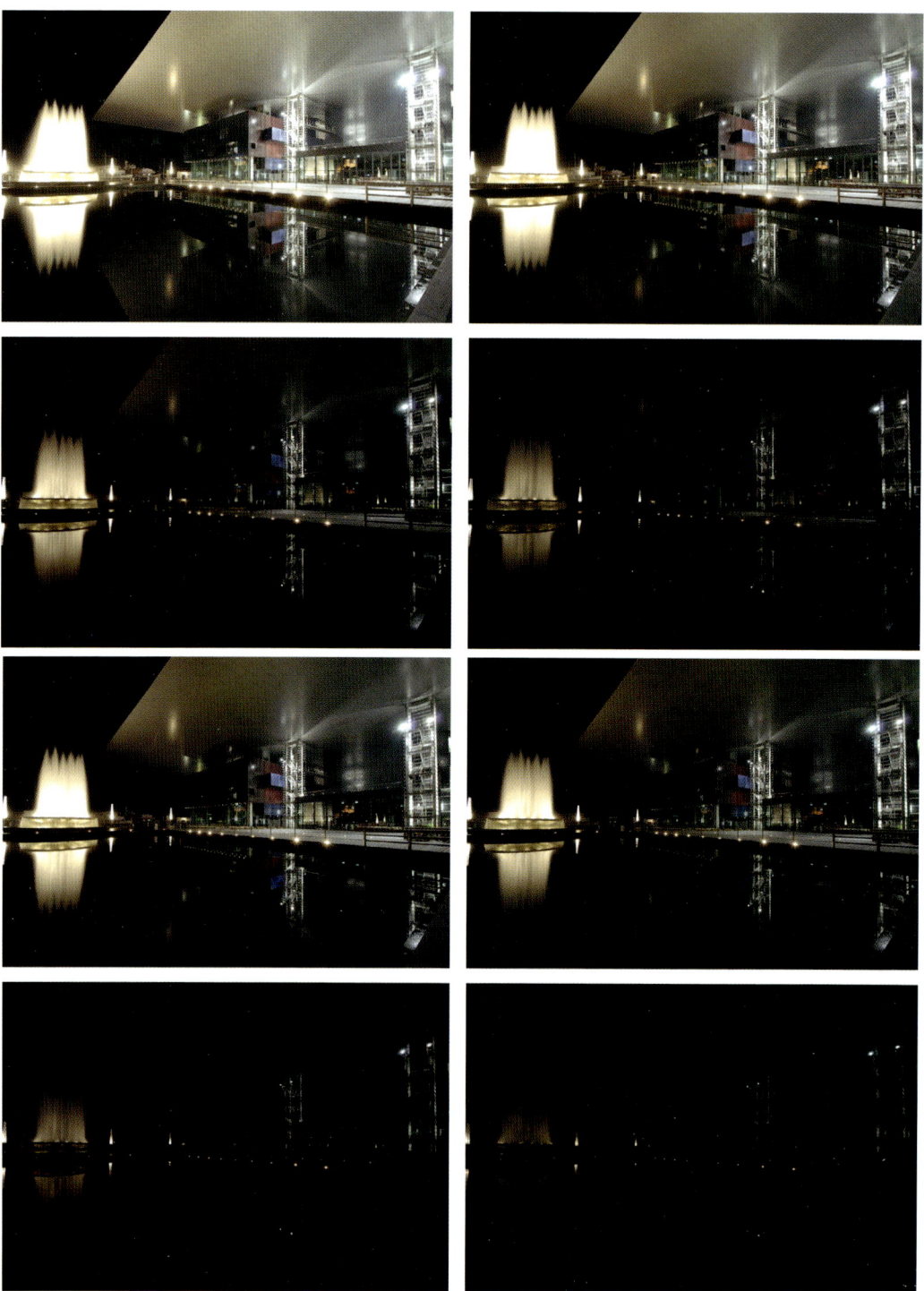

▲ Aufnahmeserie von links oben bei ISO 100 und Blende 5.6: 64/32/16/8/4/2/1/½ Sekunden.

Große Kontraste besser bewältigen

manuelle Fokussierung. Durch eine automatische Fokussierung könnte es zu leichten Bildverschiebungen zwischen den Aufnahmen kommen, was zu unbrauchbaren Bildern für HDRI führt (siehe Bilder auf der gegenüberliegenden Seite).

Alle Bilder kopiere ich nun in ein eigenes Verzeichnis und nummeriere sie, falls nötig, in der Aufnahmereihenfolge durch. Das Zusammenfügen erfolgt dann in Photoshop CS2 mit dem Befehl *Datei/Automatisieren/Zu HDR zusammenfügen*.

Mit *Durchsuchen* wähle ich nun die Dateien für den Zusammenbau aus.

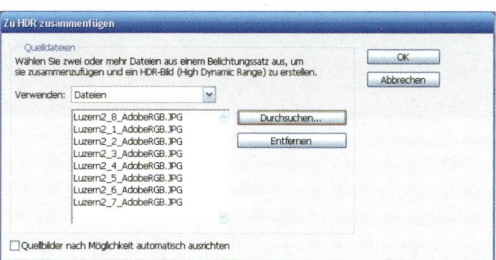

Die Auswahl *Quellbilder nach Möglichkeit ausrichten* empfiehlt sich nicht, da ich ja die Bilder sehr genau aufgenommen habe und diese Funktion sehr rechenintensiv ist und bisweilen zu Programmabstürzen führen kann.

Die Berechnung kann je nach Anzahl und Größe der Bilder und der Schnelligkeit des Rechners recht lange dauern (einige Minuten). Das Ergebnis ist danach auch noch nicht berauschend.

▲ Resultat nach dem Einlesen der Bilder.

Eine erste optische Verbesserung erreiche ich mit dem Schieberegler *Weißpunktvorschau festlegen*. Ich ziehe den Regler so weit nach rechts, bis keine Lichterinformationen mehr vom Histogramm dargestellt werden. Eine weitere bildwirksame Möglichkeit ist das Löschen einzelner Bilder durch Entfernen des Häkchens neben den Vorschaubildern. Anschließend wird das Gesamtbild neu berechnet und aufgebaut.

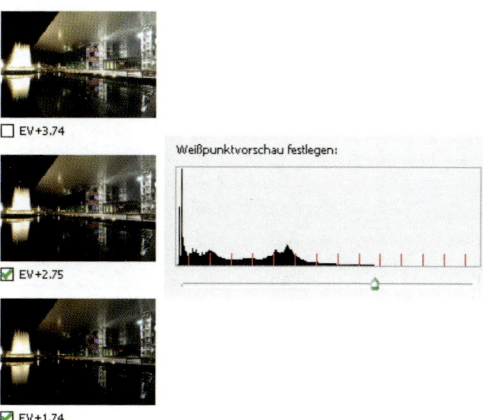

Ich habe das oberste und unterste Bild deaktiviert und den Weißpunkt verschoben. Nun sieht das Zwischenresultat schon besser aus.

▲ Bild nach dem Verschieben des Weißpunkts.

Nach der Bestätigung mit *OK* werden die Bilder im 32-Bit-Modus zusammengerechnet und wir sind zurück in Photoshop. Die meisten Menüs in Photoshop sind noch deaktiviert, weil das Bild im 32-Bit-Modus vorliegt. Mit *Bild/Modus/16-Bit-Kanal* aktivieren wir nun die HDR-Konvertierung. In diesem Schritt erfolgt der maßgebende Eingriff für das

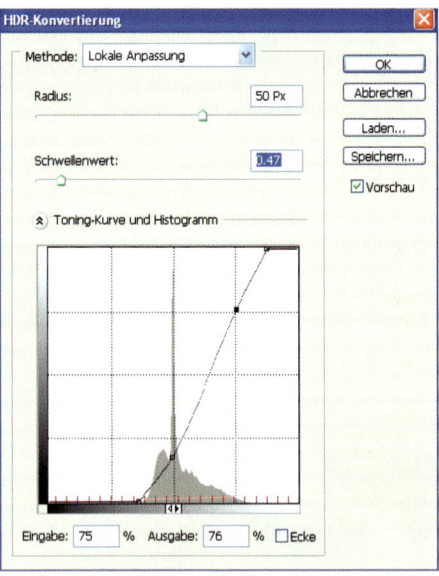

▲ Das fertige, mit HDRI bearbeitete Bild zeigt die großen Möglichkeiten dieser Technik, Fotograf: Daniel Rohr.

Aussehen unseres Ergebnisses. Von den vier aufgeführten Methoden ist die *Lichterkomprimierung* der effizienteste Weg und man erzielt sofort und ohne weitere Einstellungen in der Regel ein gutes Resultat. Will man aber das Beste aus dem HDRI herausholen, ist das über die Option *Lokale Anpassung* zu erreichen.

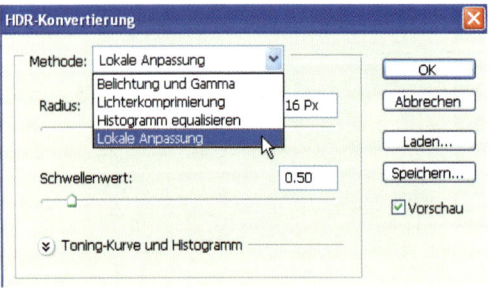

Auf den ersten Blick sieht es aber nicht so aus, denn die Farben und die Helligkeitsstufen sehen meistens völlig verfälscht aus. Ich blende deshalb *Toning-Kurve und Histogramm* ein und korrigiere die Kurve. Die Lichter (rechts) und Tiefen (links) ziehe ich bis an

den Beginn des Histogramms. Eine leichte S-Kurve der Gradationskurve erhöht den Kontrast.

Die Schieberegler *Radius* und *Schwellenwert* können für den Feinschliff ausprobiert werden. Meistens zeigt das Bild schon jetzt alle Details ohne Überstrahlungen mit genügend Zeichnung in den Tiefen. Durch OK wird das Bild nun ins 16-Bit-Format konvertiert.

Nun speichere ich das Bild im PSD-Format und bearbeite es weiter mit den bekannten Befehlen *Tonwertkorrektur, Gradationskurven* und *Farbton/ Sättigung*. Nach dem definitiven Zuschneiden und Schärfen ist das Bild fertig."

Die HDRI-Technik erweitert Ihre fotografischen Möglichkeiten beträchtlich und bietet ein großes Feld für neue fotografische Experimente. Da diese Bilder einen wesentlich größeren Kontrastumfang bewältigen, als wir es gewohnt sind, sehen sie oft für unsere Augen ungewöhnlich aus.

Wie bei allen starken Stilmitteln besteht die Gefahr, dass durch einen zu häufigen Einsatz schnell eine Abnutzung der Wirkung dieses mächtigen Werkzeugs erfolgt.

Setzen Sie es deshalb mit Bedacht ein und korrigieren Sie die Bilder so, dass sie noch natürlich aussehen.

▼ *Dank HDRI gelingen fantastische Aufnahmen in der Nacht, Fotograf: Daniel Rohr.*

13

Bessere Bilder mit künstlichen Lichtquellen

Jede Lichtquelle hat eine eigene Farbtemperatur. Auch die Farbe des Sonnenlichts verändert sich im Laufe des Tages dauernd von Orange über Gelb und Weiß nach Blau. Der Ausgleich dieser

verschiedenen Farbtemperaturen war in der analogen Fotografie schwierig. In der digitalen Welt stehen Ihnen verschiedene leistungsfähige Hilfsmittel zur Verfügung, um mit unterschiedlichen Lichtquellen und bei schwierigen Mischlichtsituationen perfekte Bilder zu machen. Dazu benötigen Sie Kenntnisse zur Farbtemperatur der Lichtquellen sowie zum Weißabgleich in der Kamera und in der Bildbearbeitung.

13.1 Verschiedene Farbtemperaturen beherrschen

Ein weißes Blatt erscheint für Sie immer als weiß, unabhängig davon, ob Sie es im Freien bei Sonnenschein, im Schatten eines Baums, in den Bergen, in Räumen bei Kunstlicht oder im Schein einer Kerze anschauen. Wir wissen, dass das Blatt weiß ist, und unser Wahrnehmungsapparat macht deshalb automatisch einen Weißabgleich. Die Kamera besitzt diese Fähigkeit leider nicht. Wir müssen uns deshalb etwas genauer mit diesem Phänomen beschäftigen.

Jede Lichtquelle hat eine eigene Farbtemperatur. Diese wird in der Einheit **K**elvin (Kelvin) angegeben. Kelvin ist vergleichbar mit Grad Celsius, die Skala beginnt aber beim absoluten Nullpunkt (-273 Grad Celsius). Die Farbtemperatur einer Lichtquelle ist die Temperatur, die ein metallischer schwarzer Körper (Wolframwürfel) haben müsste, damit dessen Licht denselben Farbeindruck erweckt wie die tatsächliche Lichtquelle. So glüht dieser fiktive schwarze Körper bei 1.800 Kelvin orange (wie glühender flüssiger Stahl), bei 5.000 Kelvin weiß (weißglühend) und bei 7.500 Kelvin blau (wie die heißesten Teile einer Gasflamme).

Die internationale Norm für mittleres Sonnenlicht beträgt 5.500 Kelvin. Analoge Tageslichtfilme sind so sensibilisiert, dass sie bei Farbtemperaturen um 5.500 Kelvin eine für das menschliche Auge korrekte Farbwiedergabe erzielen, Kunstlichtfilme je nach Typ bei etwa 3.100 bis 3.400 Kelvin.

Bei anderen Farbtemperaturen müssen Sie bei der analogen Fotografie farbige Konversionsfilter vor das Objektiv setzen. Die richtige Wahl der Filter ist ohne ein Farbtemperaturmessgerät eine Glückssache. In der digitalen Fotografie haben Sie nun aber elegantere und einfache Möglichkeiten für diesen Weißabgleich.

Mit der Erhöhung der Farbtemperatur verändert sich auch die Farbe des Lichts, von Orange über Gelb und Weiß nach Blau:

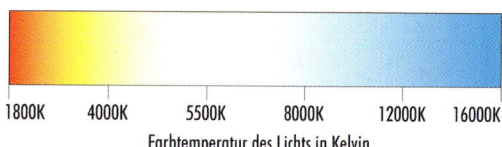

Für die Fotografie haben folgende Farbtemperaturen eine Bedeutung:

▼ Das späte Licht nach Sonnenuntergang führt aufgrund der tiefen Farbtemperatur und der Reflexion des Lichts an der Atmosphäre zu einer starken rötlichen Färbung des Himmels, Fotograf: Martin Zurmühle.

Kelvin	Natürliche Quelle	Künstliche Quelle
15.000	blauer Himmel im Gebirge	
10.000	blauer Himmel	
8.000	nebeliges Wetter	
7.500	Schatten unter blauem Himmel	
7.000	Schatten bei bewölktem Himmel	
6.500	Tageslicht, tiefe Schatten	
6.000	bedeckter Himmel	
5.500	Mittagslicht	Elektronenblitz (5.400 Kelvin)
4.500	Nachmittagssonne	Fluoreszenzleuchte „Tageslicht"
4.000		Fluoreszenzleuchte „warmes Licht"
3.500	Morgen-/Abendsonne	Fotofluter (3.400 Kelvin)
3.000	Sonnenuntergang	Foto-/Studiolampe (3.200 Kelvin)
2.500		Haushaltsglühbirne
2.000–1.500		Kerzen- und Petroleumlicht

Die Farbtemperatur des Sonnenlichts wird hauptsächlich durch den blauen Himmel und die Atmosphäre nahe am Horizont beeinflusst. Der blaue Himmel entsteht dabei durch die Reflexion kurzer Wellenlängen an der Atmosphäre. Am Mittag und vor allem auch in den Bergen ist der Weg des Lichts durch die Atmosphäre kurz und das Licht wirkt bläulich. Der längere Weg der Sonnenstrahlen durch die Atmosphäre am Morgen und Abend führt zu tiefen Farbtemperaturen und gelber oder oranger Farbe des Lichts.

Glühende Lichtquellen wie die Sonne, Kerzen und Glühlampen haben ein vollständiges Farbspektrum. Fluoreszierende Leuchten und Gasentladungslampen besitzen ein durchbrochenes Spektrum. Die dadurch verusachten Farbstiche passen nicht mehr

in die bläuliche bis orangefarbene Skala. Wollten Sie in der analogen Fotografie farbneutrale Aufnahmen machen, mussten Sie die genauen Farbtemperaturen erraten (mit Erfahrungswerten) oder mit einem Farbtemperaturmessgerät wie dem Gossen Colormaster 3F messen.

Foto: Gossen

Das Gerät misst dabei Dauer- und Blitzlicht und bestimmt die entsprechende Farbtemperatur. Gleichzeitig erhalten Sie auch Angaben zu den notwendigen Korrekturfiltern (LB für die Farbtemperatur, CC für den Farbton).

In der digitalen Fotografie können Sie mit diesen Messgeräten die richtige Farbtemperatur ermitteln und in der Kamera einstellen. Da Sie aber noch über andere leistungsfähige Mittel zum richtigen Weißabgleich verfügen, haben die Farbtemperaturmessgeräte an Bedeutung verloren.

Sie können an drei verschiedenen Orten die Farbtemperatur einstellen oder den entsprechenden Weißabgleich vornehmen:

- Einstellung der Farbtemperatur vor der Aufnahme an der Kamera (mit automatischem Weißabgleich, mit festen Werten oder mit einem manuellen Weißabgleich auf eine Graukarte).
- Bei RAW-Bildern Korrektur der Farbtemperatur und des Weißabgleichs im RAW-Konverter.
- Korrektur der Farbstiche in der Bildbearbeitung.

13.2 Die Kunst des richtigen Weißabgleichs

Bei Aufnahmen im JPEG-Format ist es wichtig, bereits bei der Aufnahme die richtige Farbtemperatur an der Kamera einzustellen. Bei RAW-Aufnahmen können Sie diese Werte später im RAW-Konverter korrigieren. Es stehen Ihnen in der Regel folgende Einstellungsmöglichkeiten zur Verfügung:

Einstellung	Farbtemperatur	Beschreibung
Automatisch	3.500–8.000 Kelvin	automatischer Weißabgleich
Kunstlicht	3.000 Kelvin	bei Glühlampenbeleuchtung
Leuchtstofflampe	4.200 Kelvin	bei Neonröhrenbeleuchtung
Direktes Sonnenlicht	5.200 Kelvin	im Freien bei Tageslicht
Blitzlicht	5.400 Kelvin	bei Blitzlampen
Bewölkter Himmel	6.000 Kelvin	im Freien bei bewölktem Himmel
Schatten	8.000 Kelvin	im Freien bei Motiven im Schatten
Farbtemp. auswählen	2.500–10.000 Kelvin	Einstellen der Farbtemperatur mit Tabelle oder Messung
Eigener Messwert	–	Manueller Weißabgleich mit Graukarte oder neutralem Bereich

Digitale Kameras arbeiten mit den herkömmlichen Farbtemperaturen, Sie können aber Farbstiche zusätzlich mit einem automatischen Weißabgleich korrigieren. Dieses System wird Weißabgleich genannt, weil sich die Farbe Weiß am leichtesten in einem Bild lokalisieren lässt. Zudem gleicht Weiß auch der Farbe der Lichtquelle. Indem nun die hellsten Lichter auf Reinweiß eingestellt und alle anderen Farben entsprechend verschoben werden, lassen sich Farbstiche elegant neutralisieren. Zudem kontrolliert das Programm, ob eine Farbe der Primärfarben Rot, Grün oder Blau überwiegt. In diesem Fall wird ihr Anteil entsprechend reduziert.

In den meisten Fällen arbeitet der automatische Weißabgleich der Kamera sehr gut und Sie benötigen deshalb die übrigen Einstellungen nur in Ausnahmefällen. Solche Ausnahmefälle können sein:

- Blitzen im Fotostudio mit Studioblitzgeräten.
- Fotografieren in Räumen mit unterschiedlichen Lichtquellen.
- Fotografieren in Wäldern mit viel Grün.
- Arbeiten im JPEG-Format.
- Erkennbare Farbstiche im Kameradisplay.

Nachfolgend wird aufgezeigt, wie sich die verschiedenen Einstellungen auf ein Bild auswirken. Die Aufnahme wurde bei blauem Himmel um 10 Uhr gemacht.

Die Aufnahme erfolgte bei einer Farbtemperatur von ca. 5.200 Kelvin (*Direktes Sonnenlicht*). Die Einstellung *Kunstlicht* stellt die Kamera auf eine Lichtquelle von ca. 3.000 Kelvin ein. Da das Tageslicht aber über 2.000 Kelvin höher liegt, wird die Aufnahme blau wiedergegeben. Die Einstellungen *Direktes Sonnenlicht*, *Blitz* und *Bewölkter Himmel* liegen nahe beisammen (5.200 Kelvin bis 6.000 Kelvin), sodass die Farbunterschiede nur gering ausfallen. Bei der Einstellung *Schatten* mit 8.000 Kelvin liegt das Tageslicht aber fast 3.000 Kelvin unter der Kameraeinstellung und das Bild wird deshalb stark gelblich wiedergegeben.

Bei schwierigen Lichtsituationen ist der automatische Weißabgleich oft überfordert. Dann müssen Sie entweder in der Kamera einen festen Wert einstellen oder einen manuellen Weißabgleich machen. Die Aufnahme mit Anuschka und dem Kerzenständer war eine Mischlichtsituation zwischen Kerzenlicht (1.500–2.000 Kelvin) und Glühlampenlicht (2.800 Kelvin).

▲ Aufnahme mit automatischem Weißabgleich,
Fotograf: Martin Zurmühle.

▲ Weißabgleich auf Blitz (5.400 Kelvin).

▲ Weißabgleich auf Kunstlicht (3.000 Kelvin).

▲ Weißabgleich auf Bewölkter Himmel (6.000 Kelvin).

▲ Weißabgleich auf Leuchtstofflampe (4.200 Kelvin).

▲ Weißabgleich auf Schatten (8.000 Kelvin).

◄ Weißabgleich auf Direktes Sonnenlicht (5.200 Kelvin).

Der automatische Weißabgleich der Kamera berechnete aber einen Wert von 4.250 Kelvin. Das Bild wird deshalb sehr gelblich wiedergegeben. Eine Korrektur auf 3.000 Kelvin (Kunstlicht) bringt eine neutrale Lichtstimmung. Bei 2.000 Kelvin werden die Kerzen korrekt weiß wiedergegeben. Leider ist dann die ganze schöne Lichtstimmung

zerstört. Bei solchen Motiven (wie auch bei Sonnenauf- und -untergängen) ist es oft besser, eine falsche Farbtemperatur in Kauf zu nehmen, wenn es die Bildstimmung erfordert. Wir verbinden Kerzenlicht automatisch mit einem warmen, gelben Licht. Eine neutrale Farbstimmung erscheint uns zu kalt und unnatürlich.

▲ Verschiedene Messkarten für den Weißabgleich und die Farbmessung von GretagMacbeth. (Foto: GretagMacbeth)

Einen manuellen Weißabgleich machen Sie am besten mit einer speziellen Graukarte für digitale Kameras. Das Verfahren ist von Kamera zu Kamera verschieden. Bei Canon nehmen Sie die Graukarte einfach großflächig auf und weisen dieses Bild dann dem manuellen Weißabgleich als Referenz zu. Bei Nikon können Sie den Weißabgleich auch direkt mit einer Aufnahme der Graukarte ein-

▲ Links: automatischer Weißabgleich (4.250 Kelvin), Mitte: Kunstlicht (3.000 Kelvin), rechts: eigener Messwert (2.000 Kelvin), Model Anuschka, Fotograf: Martin Zurmühle.

speichern. Arbeiten Sie häufig mit festen Lichtsituationen (wie z. B. im Fotostudio), können Sie auch verschiedene Weißabgleicheinstellungen in der Kamera speichern und dann jeweils vor dem Shooting aktivieren.

13.3 Nachträgliche Korrektur des Weißabgleichs in der Bildbearbeitung

Bei den Kunstlichtfilmen werden die grün- und rotempfindlichen Schichten reduziert, weil diese Farben im Kunstlicht stärker vorkommen. So wird eine farbneutrale Wiedergabe ermöglicht. Beim digitalen Weißabgleich funktioniert es ähnlich. Durch den Weißabgleich werden die Empfindlichkeiten der roten, grünen und blauen Farbanteile eines Pixels unterschiedlich gewichtet und damit wird eine gewisse Neutralität der Farbwiedergabe erreicht. Dieses universelle Prinzip lässt sich so auf alle Arten von Lichtquellen übertragen, außer auf solche mit diskontinuierlichem Spektrum, wie zum Beispiel Leuchtstoffröhren, die problematisch sind, weil ihnen wichtige Teile des Spektrums fehlen.

Weißabgleich

Haben Sie den falschen Weißabgleich an der Kamera eingestellt, stimmt der gewählte Wert nicht mit der Lichtquelle überein oder arbeitet der automatische Weißabgleich nicht richtig, dann können Sie im RAW-Konverter die notwendigen Korrekturen machen.

Arbeiten Sie im JPEG-Format, können Sie Farbstiche, die durch einen falschen Weißabgleich verursacht wurden, in Photoshop korrigieren. Allerdings ist diese Lösung weniger einfach und genau als im RAW-Konverter – ein weiteres gewichtiges Argument zum Fotografieren im RAW-Format (oder RAW und JPEG kombiniert).

Um den Weißabgleich zu vereinfachen, haben unsere DSLR-Kameras Voreinstellungen für die Stan-

dardlichtsituationen. Dabei werden feste Werte für die Verrechnung der Farbanteile definiert. Das führt zu guten Resultaten, wenn das aktuelle Aufnahmelicht dieser Einstellung entspricht.

Haben Sie bei der Aufnahme einen falschen Weißabgleich eingestellt, können Sie diesen im RAW-Konverter korrigieren. In Nikon Capture NX wählen Sie dazu das Menü der Kameraeinstellungen. Unter *Weißabgleich* können Sie wählen zwischen *Farbtemperatur festlegen* und *Graupunkt setzen*. Aktivieren Sie *Farbtemperatur festlegen* und wählen Sie die gewünschte Farbtemperatur aus dem Menü aus. Alle in den Kameramenüs der Nikon-DSLR aufgeführten festen Weißabgleicheinstellungen können Sie hier auswählen.

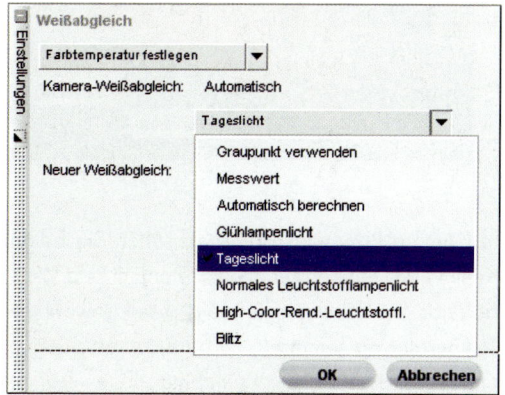

Mit einem Schieberegler machen Sie, falls nötig, noch die Feinanpassung der Farbtemperatur von kühler nach wärmer.

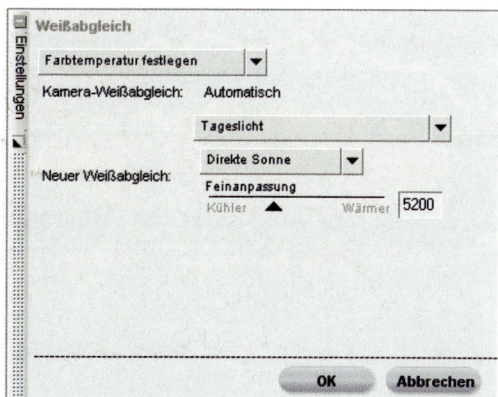

In den meisten Fällen reichen diese Einstellungsmöglichkeiten gut aus. Der Weißabgleich wird aber nicht nur bestimmt durch die Farbtemperatur, sondern auch durch den Farbton. Dieser bewegt sich von Magenta über Weiß nach Grün.

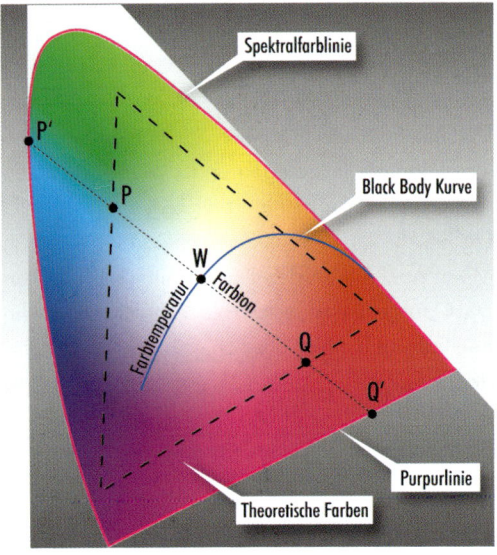

In Camera Raw von Photoshop sehen Sie beide Kennwerte (*Temperatur* und *Farbton*) im Feld *Weißbalance*. Sie haben so die Möglichkeit, sowohl die Temperatur als auch den Farbton zu verschieben und Feinanpassungen vorzunehmen. Eine Veränderung der Farbtemperatur beeinflusst die Farbstimmung des Bildes zwischen den Farben Orange und

▼ *Links Aufnahme mit automatischem Weißabgleich, rechts mit Einstellung Kunstlicht, Fotograf: Martin Zurmühle.*

Blau. In der analogen Fotografie werden diese Korrekturen mit LB-Filtern (**L**ight-**B**alancing-Filter) durchgeführt.

Die zweite Komponente, die verändert werden kann, wird meistens als *Farbton* bezeichnet und verändert die Farbstimmung zwischen Magenta und Grün. In der analogen Fotografie wird diese Farbkorrektur mithilfe von CC-Filtern (**C**olor-**C**orrection-Filter) vorgenommen.

Bei den Standardlichtsituationen sind folgende Werte von Photoshop bereits vorgegeben:

Weißbalance	Temperatur	Farbton
Tageslicht	5.500 Kelvin	+10
Trüb	6.500 Kelvin	+10
Schatten	7.500 Kelvin	+10
Wolfram	2.850 Kelvin	0
Kaltlicht	3.800 Kelvin	+21
Blitz	5.500 Kelvin	0

Der automatische Weißabgleich liefert nicht immer gute Ergebnisse. So wirkt die Nachtaufnahme des Karussells mit automatischem Weißabgleich zu gelblich, durch eine Umstellung auf Kunstlicht wird eine neutrale Farbwiedergabe erreicht.

Bei Nachtaufnahmen mit unterschiedlichen Lichtquellen oder auch bei Innenaufnahmen liefert der

automatische Weißabgleich auch bei Profikameras oft fehlerhafte Resultate.

Bei einer Aufnahmeserie wechselte bei meiner Nikon D2X der Farbton ohne ersichtlichen Grund von +6 auf +29. Zudem haben beide Bilder, die mit Sonnenlicht in einem Raum gemacht wurden, einen unnatürlichen Farbstich, das erste einen grünlichen, das zweite einen rötlichen.

▲ Automatischer Weißabgleich mit Temperatur 3.450 Kelvin und Farbton +6 (grünstichig).

▲ Automatischer Weißabgleich mit Temperatur 3.450 Kelvin und Farbton +29 (rotstichig).

Mit den Schiebereglern Temperatur und Farbton nehmen Sie die gewünschten Anpassungen vor. Haben Sie im Bild einen farblich neutralen Bereich oder, was natürlich am besten ist, gleich bei der ersten Aufnahme eine Graukarte mit aufgenommen, kann der Weißabgleich auch direkt aus dem Bild mit dem RAW-Konverter ermittelt werden.

Capture NX bietet im Gegensatz zu Camera Raw diese Möglichkeit an. Wählen Sie aus dem Menü Kameraeinstellungen/Weißabgleich die Auswahl

Graupunkt setzen. Aktivieren Sie Bereich für Grauwert. Diese Option ist genauer, als nur einen einzelnen Messpunkt zu verwenden.

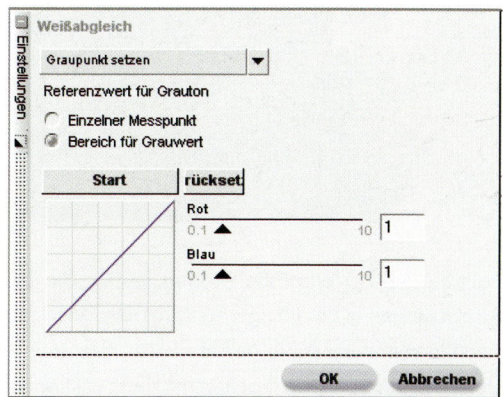

Nun brauchen Sie nur noch eine farblich neutrale Stelle zwischen Weiß und Schwarz. Farblich neutrale Bereiche haben RGB-Werte mit genau gleichen Zahlen (z. B. 0, 0, 0 für Schwarz, 128, 128, 128 für ein mittleres Grau oder 255, 255, 255 für Weiß). Jenny trägt schwarze Handschuhe. Sie können dort nach Anklicken von Start den Bereich aufziehen.

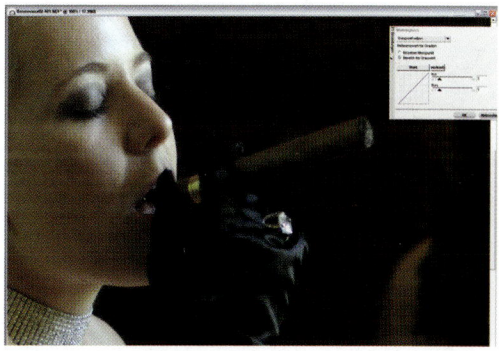

Das Programm neutralisiert nun den Farbton im Auswahlbereich und korrigiert alle Farben im Bild entsprechend, ohne die Helligkeitswerte zu verändern.

Nun verschwindet der Grünstich im Gesicht und die Haut erhält einen roten Ton, der allerdings noch etwas stark ist. Sie können diese Weißabgleichwerte auch auf andere Bilder kopieren.

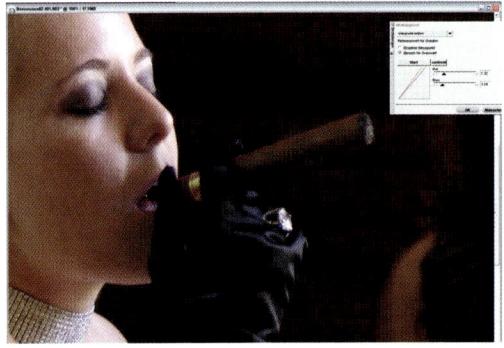

Falls Sie in JPEG fotografiert haben, müssen Sie die Anpassungen in Photoshop durchführen. Dazu stehen Ihnen in den Menüs der *Tonwertkorrektur* und der *Gradationskurven* Pipetten mit den Funktionen *Schwarzpunkt setzen*, *Mitteltöne setzen* und *Weißpunkt setzen* zur Verfügung.

Sie können gleichzeitig die Tonwerte anpassen und die Farbstiche korrigieren. In der Werkzeugpalette können Sie die Größe des Auswahlbereichs der Pipette oben im Menü des Werkzeugs verändern. Die Größe von 1 Pixel ist nicht ideal, besser nehmen Sie 3 x 3 oder 5 x 5 Pixel. Dann wird der Durchschnittswert aus dieser Auswahlfläche gebildet.

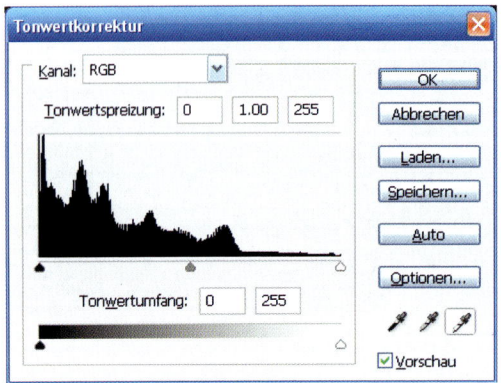

Ich empfehle Ihnen, die Werte für den Schwarz- und den Weißpunkt leicht anzupassen. Die Standardwerte von Photoshop (0, 0, 0 für Schwarz und 255, 255, 255 für Weiß) können im Bild zu ungewollten Zeichnungsverlusten führen, wenn nicht genau der hellste oder dunkelste Bereich des Bildes angewählt wird. Klicken Sie dazu einfach doppelt

auf die entsprechenden Pipetten und passen Sie den RGB-Wert an (z. B. 17, 17, 17 für ein 5-prozentiges Schwarz und 241, 241, 241 für ein 95-prozentiges Weiß).

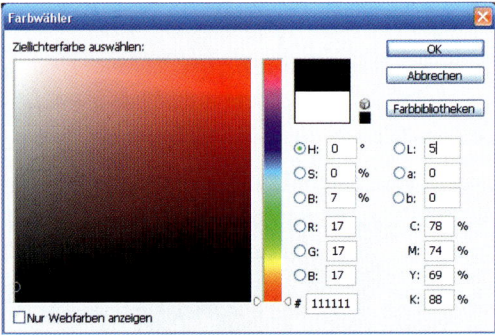

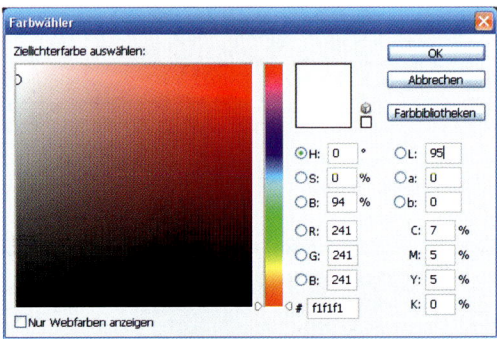

Damit stellen Sie auch sicher, dass Ihr Bild unter verschiedenen Druckverfahren immer genügend Zeichnung in den Tiefen und Lichtern erhält, was Sie im Histogramm sehen, sobald Sie den Schwarzpunkt am Handschuh und den Weißpunkt am kleinen weißen Spitzlicht beim großen Edelstein der Krone von Jenny festlegen.

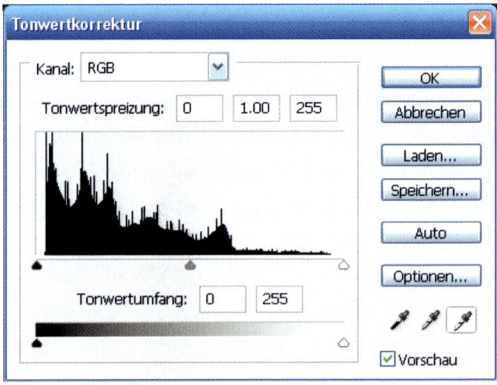

▲ Nach Korrektur des Farbstichs mit der Pipette (Schwarz- und Weißpunkt) in der Tonwertkorrektur, Models Jenny und Anuschka, Fotograf: Martin Zurmühle.

Mit der Pipette für die Mitteltöne klicken Sie ebenfalls in den schwarzen Bereich des Handschuhs. Dadurch wird das Bild farblich neutralisiert. Allerdings müssen Sie vielleicht verschiedene Stellen ausprobieren, um ein befriedigendes Resultat zu erhalten. Nun sehen die Hauttöne der beiden Models natürlich aus und der Grünstich ist behoben. Leider können Sie diese Einstellungen nicht wie beim RAW-Konverter auf andere Bilder übertragen. Sie sehen, in der digitalen Fotografie haben Sie viele schnelle, präzise und einfache Wege, um farbneutrale Bilder bei unterschiedlichen Lichtquellen zu erhalten. Der Weißabgleich ist einer der größten Vorteile der digitalen gegenüber der analogen Fotografie.

13.4 Romantische Fotos mit Kerzenlicht und Glühlampen

Kerzen- und Glühlampenlicht beleuchten durch Verbrennen, deshalb auch der Begriff Glühlampenlicht. Früher verwendete man Kerzen-, Öl- und Gasbeleuchtung zum Erhellen von Räumen und Gassen. Thomas Edison erfand im Jahr 1879 die elektrische Glühlampe. Der Glühfaden leuchtet ausreichend stark, ohne dabei selbst abzubrennen. Eine gewöhnliche Glühlampe hat einen gewickelten Wolframdraht von etwa 50 cm Länge, der

von Gas mit einem niedrigen Druck, wie zum Beispiel Argon, umgeben ist. Sie leuchtet gelblich weiß. Lampen für Fotolicht arbeiten mit konstant 3.200 Kelvin. Das Licht einer Haushaltsglühbirne wirkt rötlicher, d. h., sie hat eine tiefere Farbtemperatur im Bereich von ca. 2.850 Kelvin. Eine 60-Watt-Glühbirne hat eine leicht höhere Farbtemperatur als eine 40-Watt-Birne.

Kerzen und Glühlampen haben nur eine kleine Lichtleistung von etwa 8 % der elektrischen Energie. Entsprechend werden Sie bei Aufnahmen mit diesen Lichtquellen lichtstarke Objektive, hohe ISO-Werte und/oder ein Stativ benötigen. Die Aufnahme von Anuschka mit dem Kerzenleuchter (siehe Bild auf der nächsten Seite) wurde nur mit dem Licht der Kerzen beleuchtet. Trotz eines lichtstarken Objektivs mit Blende 1.8 und ISO 200 musste eine lange Belichtungszeit von 1/15 Sekunden eingesetzt werden. Kerzen und Glühlampenlicht wirken sehr warm und romantisch. Sie können damit spezielle Lichtstimmungen erzielen. Da es sich bei beiden aber um kleine, punktförmige Lichtquellen handelt, ist der Lichtabfall sehr stark und Sie müssen mit großen Kontrasten im Bild kämpfen. Dazu haben Sie jedoch in der Zwischenzeit schon verschiedene gute Möglichkeiten kennengelernt, sodass Sie gut gewappnet sind für das Fotografieren bei wenig Licht und speziellen Lichtquellen.

EXIF-Daten	
Brennweite	130 mm
Belichtungszeit	1/15 Sek.
Blendenwert	1.8
Empfindlichkeit	ISO 200

◀ *Ein romantisches Bild nur mit Kerzenlicht, Model Anuschka, Fotograf: Martin Zurmühle.*

Auch Halogenlampen funktionieren nach dem Prinzip der Glühlampen. Sie haben eine längere Lebensdauer und eine größere Lichtausbeute. Das Licht wirkt heller und weißer. Schön an Halogenlampen ist der klar umrissene Lichtkegel, den vor allem die Niedervolt-Spotlampen zeigen. Das Einstell- und das Blitzlicht der Studioblitzanlage bestehen ebenfalls aus Halogenleuchten. Wie Sie damit auch ohne Blitzlicht fotografieren können, erfahren Sie in Kapitel 17.

▼ *Ein Fußweg unter einer Brücke nur mit Glühlampen ausgeleuchtet und mit HDRI aufgenommen und nachbearbeitet, Fotograf: Daniel Rohr.*

13.5 Fotografieren mit Leuchtstoffröhren und Metalldampflampen

Sehr viele technische Räume sind heute mit Leuchtstofflampen ausgestattet. Diese geben ein gleichmäßigeres Licht und verbrauchen dabei wesentlich weniger Strom als Glühlampen. Bei den Leuchtstoffröhren fließt in einem dichten Glaskörper eine elektrische Ladung durch Gas. Der Leuchtstoff wird dabei an der Innenseite des Glaskörpers erregt und Licht wird ausgestrahlt.

Die chemische Zusammensetzung des Gases bestimmt, welche Teile des Farbspektrums leuchten. Die Leuchtstoffröhren leuchten im Gegensatz zu Glühbirnen und Fotolampen nicht gleichmäßig im ganzen Farbspektrum, sondern haben Spitzen in einzelnen Farbbereichen. Nur speziell auf Tageslicht abgestimmte Leuchtstoffröhren für die Fotografie haben ein ausgeglichenes Spektrum.

Bei normalen Leuchtstoffröhren ändert sich die Farbe dauernd mit einer bestimmten Frequenz. Die normale Netzspannung hat eine Frequenz von 50 Hz, d. h., die Spannung geht von null auf volle Leistung in 1/100 Sekunden. Unser Auge kann diese Farbveränderungen nicht wahrnehmen. Arbeiten Sie allerdings mit kurzen Belichtungszeiten (kürzer als die Netzfrequenz), bekommen Sie bei jeder Aufnahme unterschiedliche Farben.

Aufgrund des ungleichmäßigen und begrenzten Farbspektrums zeigen Leuchtstoffröhren Farbstiche. Diese werden von unseren Augen allerdings nicht erkannt.

Typische Leuchtstoffröhren tendieren zu einer grünlichen oder bläulichen Farbwiedergabe. Die Ergebnisse sind aber nicht immer klar voraussehbar und auch der Weißabgleich lässt sich nicht immer genau für eine natürliche Farbwiedergabe einstellen. Sie müssen deshalb oft im RAW-Konverter oder in der Bildbearbeitung die Farben noch korrigieren.

▲ Aufnahme eines mit Tageslicht-Neonleuchten beleuchteten Hauses, Fotograf: Daniel Rohr.

Beim Bild des Bürohauses im Regen von Daniel Rohr wirken die Tageslicht-Neonröhren der Büroräume bläulich weiß und kalt. Die Straßenbeleuchtung im Hintergrund mit den Metalldampflampen leuchtet dagegen gelblich, was hier aber nicht stört. Insgesamt wirkt das Bild sehr kühl und vermittelt einen Eindruck der Großstadt bei Nacht. Trotz dieser Probleme lassen Sie sich nicht davon abhalten, mit Neonlicht zu fotografieren. Die farbig leuchtenden Werbeschilder in der Nacht geben immer sehr spannende Motive ab.

▲ Reklamebeleuchtungen mit Neonröhren sind immer fotogene Motive, Fotograf: Sebastian Kobel.

Vor allem mit farbigen Leuchten können Sie fantastische Effekte erzielen, wie das Bild von Sebastian Kobel beweist.

Das Aktbild mit dem farbigen Neonlicht habe ich in einem schwarzen Raum ausschließlich mit dem Licht der Neonleuchten aufgenommen. Die Farben

fließen so ineinander und eine abstrakte Wirkung entsteht. Bei den lichtstarken Metalldampflampen handelt es sich um Entladungslampen. Diese werden vor allem zum Beleuchten von Straßen, Plätzen und großen Gebäuden verwendet. Auch hier gibt es spezielle Fotoleuchten (HMI) mit einem ausgeglichenen Farbspektrum. Die Straßenlampen in den Städten und die Lampen in Stadien leuchten dagegen meistens in einem unnatürlich wirkenden Spektralbereich. Im Kameramenü gibt es keine feste Einstellung für diese Leuchten, Sie müssen also im RAW-Konverter etwas experimentieren, um die besten Einstellwerte zu finden.

EXIF-Daten	
Brennweite	42 mm
Belichtungszeit	30 Sek.
Blendenwert	16
Empfindlichkeit	ISO 200

▲ *Zwei farbige Neonröhren betonen die Konturen des Körpers, Model Anuschka, Fotograf: Martin Zurmühle.*

▼ *Das mit Metalldampflampen beleuchtete Schloss wirkt fast monochrom, weil dem Licht ein großer Teil des Farbspektrums fehlt, Fotograf: Martin Zurmühle.*

Quecksilber-dampflampe	Werden oft in Sportstadien und auf großen Plätzen eingesetzt. Das Licht der Quecksilber-dampflampe enthält kein Rot und wirkt deshalb kühl bläulich.
Niederdruck-Natrium-dampflampe	Werden oft zur Straßenbe-leuchtung eingesetzt. Das Licht ist fast reingelb.
Hochdruck-Natrium-dampflampe	Sie werden ebenfalls zur Stra-ßenbeleuchtung eingesetzt. Sie leuchten rötlich-blau, geben die Farben fast so wie bei Tages-licht wieder.

Das Licht von Quecksilberdampflampen wirkt für unsere Augen kühlweiß, auf dem Sensor bekommen die Bilder aber oft einen blauen oder grünlichen Farbstich. Wollen Sie auf Nummer sicher gehen, machen Sie vor der Aufnahme mit der gegebenen Lichtsituation einen manuellen Weißabgleich auf eine Graukarte.

Natriumdampflampen haben einen stärkeren Gelbanteil im Farbspektrum. Diese Lampen kommen häufig bei Straßen- und Hausbeleuchtungen

(Flutlichtanlagen) zum Einsatz. Das Licht hat ein unzureichendes Farbspektrum und die Farben lassen sich nur schwer korrigieren. So wirkt die Nachtaufnahme des Schlosses fast monochrom. Aufgrund der langen Belichtungszeit konnte ein starkes Rauschen nicht vermieden werden. Das Bild wirkt aber sehr stimmungsvoll.

13.6 Aufnahmen bei Sonnenlicht kombiniert mit Kunstlicht

Während der blauen Stunde, wenn bereits die Lichter der Wohnungen und die Straßenbeleuchtung eingeschaltet sind, haben Sie eine Mischlichtsituation. Sie müssen sich entscheiden, auf welches Licht Sie den Weißabgleich machen wollen. In der Regel dominiert bei diesen Aufnahmen noch das Tageslicht, sodass Sie sich auf den automatischen Weißabgleich verlassen können. Die Farben der vom Tageslicht beschienenen Bildbereiche werden farblich richtig wiedergegeben. Die vom Kunstlicht beleuchteten Teile erhalten eine leichte bis stärkere

▼ Das kalte Licht der blauen Stunde kontrastiert schön zur Wärme der Tore und des beleuchteten Innenraums, Fotograf: Daniel Rohr.

▲ Übergang vom Tag zur Nacht mit blauem Himmel und
warme Fassaden- und Straßenbeleuchtung,
Fotografin: Eliane Zwimpfer.

gelbliche Färbung. Je weiter die Nacht fortschreitet, desto bedeutender wird der Anteil des Kunstlichts. Die Unterschiede zwischen dem dunkelblauen kühlen Himmel und der Wärme des Lichts machen die Faszination dieser Bilder aus.

Lassen Sie sich diese Momente nicht entgehen und experimentieren Sie in der Bildbearbeitung mit verschiedenen Einstellungen des Weißabgleichs und den bekannten Methoden der Kontrastbewältigung. Am besten machen Sie diese Aufnahmen im RAW-Format, sodass Sie im RAW-Konverter verschiedene Weißabgleichvarianten testen können.

13.7 Ausgewogene Bilder bei Mischlicht mit vorwiegend Kunstlicht

Während bei den vorherigen Aufnahmen das Tageslicht noch dominant war, richtet sich bei Innenaufnahmen kombiniert mit Tageslicht der Weißabgleich eher an der Farbtemperatur des Kunstlichts aus. Im Gegenzug wird dann allerdings das Tages-

licht bläulich wiedergegeben, wie das Bild des barocken Saals zeigt (siehe Abbildung auf der gegenüberliegenden Seite).

Mischlichtsituationen zwischen verschiedenen Lichtquellen sind eine echte Herausforderung für jeden Fotografen. Sie müssen sich immer entscheiden, welche Farbtemperatur für die Bildwirkung am wichtigsten ist. Die anderen Lichtquellen werden dann vernachlässigt und die davon angeleuchteten Bereiche im Bild erhalten einen Farbstich. Arbeiten Sie mit Elektronenblitzgeräten in Innenräumen, wirkt das Blitzlicht bläulich kalt und zerstört dadurch die warme Bildstimmung des Kunstlichts. Hier helfen Ihnen Farbfolien, die Sie vor das Blitzgerät stecken können. Mehr dazu erfahren Sie im nächsten Kapitel.

Störende Farbstiche, verursacht durch unterschiedliche Farbtemperaturen bei der Aufnahme, können Sie auch in der Bildbearbeitung korrigieren. Gleich wie bei der Kontrastverminderung im RAW-Konverter können Sie auch zwei Aufnahmen mit unterschiedlicher Weißabgleicheinstellung aus einem RAW-Bild entwickeln. Die beiden Bilder bauen

▲ Barocker Saal mit warmem Kunstlicht, das Tageslicht beim Fenster wirkt bläulich kalt, Fotograf: Martin Zurmühle.

Sie dann in der Bildbearbeitung zusammen und erhalten so korrekte Farben bei unterschiedlichen Lichtquellen. Bei der Aufnahme mit Model Jenny beleuchtete Glühlampenlicht den Raum im Hintergrund, während ein Fenster ihr Gesicht und das Kleid ausleuchtete. Die Kamera hat bei der Aufnahme eine Farbtemperatur von 3.400 Kelvin errechnet. Dadurch wird das Glühlampenlicht zu gelb und das Gesicht von Jenny zu bläulich kühl abgebildet.

Die erste Aufnahme entwickeln Sie nach dem Glühlampenlicht mit einer Farbtemperatur von 2.850 Kelvin. Hier stimmen die Farben im Hintergrund, das Model wird aber bläulich wiedergegeben (siehe Bild oben links auf der nächsten Seite). Die zweite Aufnahme entwickeln Sie nach dem Hautton des Models. Die Einstellung *Tageslicht* wirkt zu warm. Der Wert 4.400 Kelvin ergibt aber einen sehr schönen Hautton (siehe Bild oben rechts auf der nächsten Seite).

Aufnahme mit dem automatischen Weißabgleich mit 3.400 ▸
Kelvin.

▲ Aufnahme mit Weißabgleicheinstellung Kunstlicht (2.850 Kelvin).

▲ Aufnahme mit Weißabgleich auf das Model (4.400 Kelvin).

▼ Kombination beider Weißabgleiche.

Nun ziehen Sie mit gedrückter ⌷Umschalt⌷-Taste die erste Aufnahme mit dem Verschieben-Werkzeug in die zweite und bauen, wie Sie es schon gelernt haben, beide Bilder mit einer Maske beim oberen Bild zusammen. Die Maske erstellen Sie am leichtesten im Blaukanal mit dem Magnetischen-Lasso-Werkzeug.

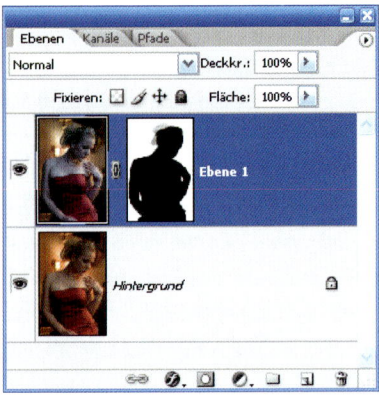

Anschließend kehren Sie die Maske um und machen dann bei den Haaren einen Feinschliff mit einem schwarzen weichen Pinsel.

Und nun folgt noch der Feinschliff. Zuerst machen Sie mit dem Lasso-Werkzeug eine grobe Auswahl um das Gesicht und hellen es mit einer Tonwertkorrektur auf. Dann zeichnen Sie die Maske mit dem Gaußschen Weichzeichner mit Radius 100 Pixel weich, sodass die Übergänge unsichtbar werden.

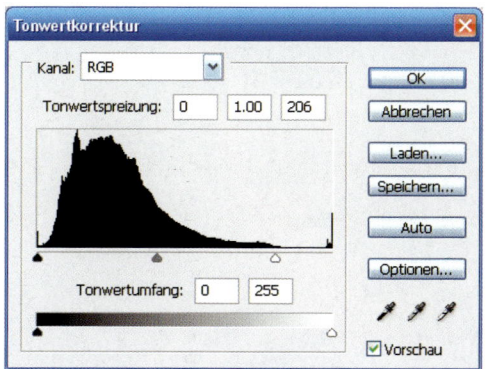

Sie aktivieren das obere Bild und wählen aus dem Menü, das bei einem rechten Mausklick erscheint, den Befehl *Ebenenmaske der Auswahl hinzufügen*. Sie drehen die Auswahl um und erstellen eine neue Einstellungsebene für die Gradationskurve. Nun hellen Sie das Model auf und erhöhen leicht den Kontrast.

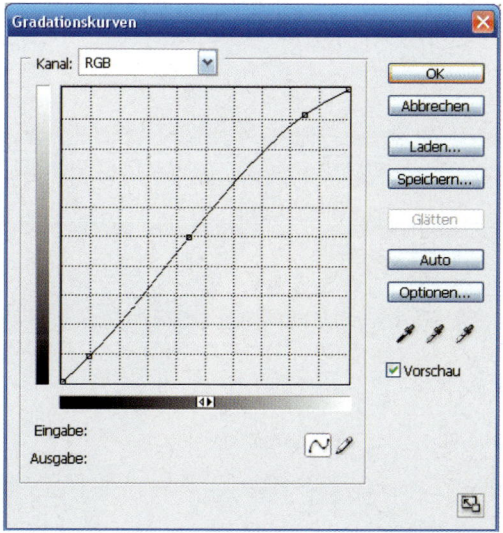

Nun kopieren Sie diese Einstellungsebene und aktivieren durch Klicken mit gedrückter [Alt]-Taste die Maske. Mit [Strg]+[I] drehen Sie die Maske um und dunkeln mit der Gradationskurve den Hintergrund ab.

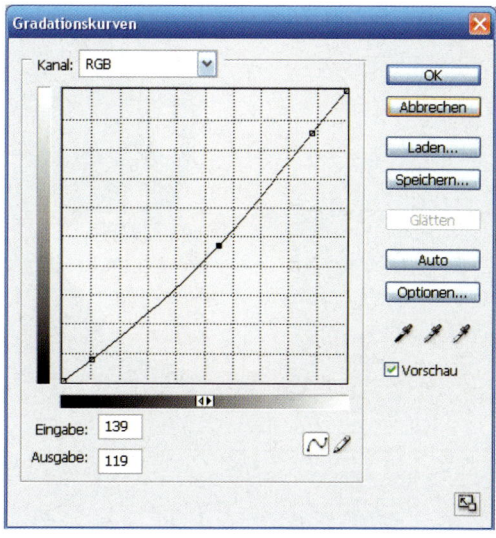

Der Ebenenstapel sieht nun wie folgt aus:

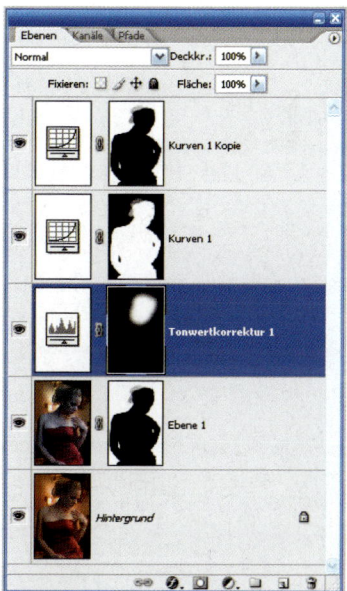

Nach ein paar letzten Retuschen ist das Bild fertig. Sie sehen, Sie können in Photoshop alle Arten von Bildentwicklungen miteinander verschmelzen. Nutzen Sie diese Möglichkeiten aus.

Das fertig bearbeitete Bild mit zwei unterschiedlichen Farbtemperaturen, Model Jenny, Fotograf: Martin Zurmühle.

▲ Ein zartes Morgenlicht und ein menschenleerer Strand vor Sonnenaufgang, Model Irene, Fotograf: Martin Zurmühle.

▼ Bei bedecktem Himmel ist das Licht sehr mild und die Kontraste sind klein, Model Jenny, Fotograf: Martin Zurmühle.

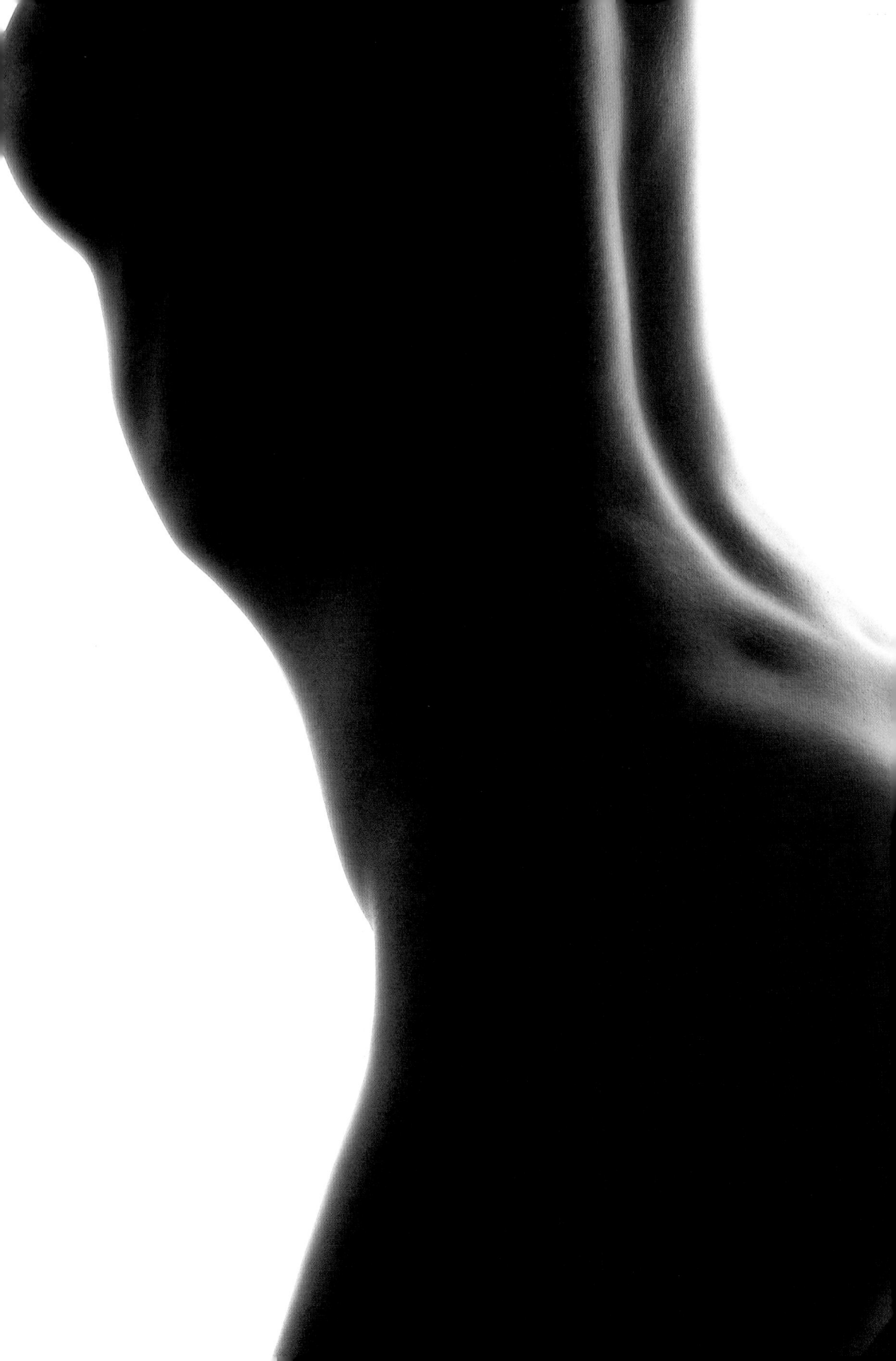

14

Gekonntes Fotografieren mit Elektronenblitzgeräten

Die Elektronenblitzgeräte der DSLR bieten heute sehr viel Leistung und viele Einstellungsmöglichkeiten und Funktionen, die allerdings nicht immer einfach zu verstehen sind. Deshalb ist es schwierig,

mit dem harten und kalt wirkenden Blitzlicht auch gute und stimmungsvolle Bilder zu machen. Ich erkläre Ihnen diese Probleme und zeige, mit welchen Tricks und Hilfsmitteln Sie trotzdem gute Blitzaufnahmen machen. Dann haben Sie immer eine Lichtquelle mit dabei, um in schwierigsten Lichtsituationen zu fotografieren und so Ihre fotografischen Möglichkeiten zu erweitern.

14.1 Die Funktionsweise der Elektronenblitzgeräte

Elektronenblitzgeräte sind praktische kleine, künstliche Lichtquellen. Im Gegensatz zum Dauerlicht, das ich Ihnen im letzten Kapitel vorgestellt habe, geben sie ihre Lichtmenge nur eine kurze Zeit in großer Stärke ab. Alle Elektronenblitzgeräte besitzen folgende Bauteile:

- eine Stromversorgung (Batterien oder Stromanschluss für Dauerbetrieb),
- einen Blitzkondensator,
- einen Zündtransformator,
- eine mit Gas gefüllte Blitzröhre.

Die Blitzröhre ist eine mit einem Edelgas, meistens Xenon oder Krypton, gefüllte Glasröhre. An beiden Enden der Röhre sind Metallelektroden eingeschweißt. Bei der Auslösung erzeugt die Zündelektrode einen Hochspannungsstoß von mehreren Tausend Volt. Das Edelgas in der Röhre wird dadurch ionisiert und für elektrischen Strom leitend.

Wenn sich der Kondensator nun schlagartig entlädt, leuchtet das Edelgas in einem dem Tageslicht ähnlichen Spektrum auf, ohne zu verbrennen. Ein Reflektor hinter der Blitzröhre sorgt für eine gleichmäßige Lichtverteilung. Er bestimmt auch die fotografische Qualität des Blitzlichts und verändert die nutzbare Lichtmenge. Durch Verschieben des Reflektors kann das Licht für Teleaufnahmen gebündelt und für Weitwinkelaufnahmen gestreut werden.

Neben dieser Grundfunktion bieten diese Wunderwerke der Technik eine Vielzahl von zusätzlichen Funktionen, die den Alltag des Fotografen erleichtern sollen. Allerdings sind die Bedeutung und der Einsatz dieser Funktionen nicht immer einfach zu verstehen. Mit einem Elektronenblitzgerät haben Sie immer eine zusätzliche Lichtquelle mit dabei und können so Ihre fotografischen Möglichkeiten erweitern und in Situationen Aufnahmen machen, die sonst nicht mehr zu bewältigen wären.

Trotz der komplexen Technik und der vielen Möglichkeiten besitzt das Licht der Elektronenblitzgeräte

▼ Mit Elektronenblitzgeräten erweitern Sie Ihre fotografischen Möglichkeiten, Model Marie, Fotograf: Martin Zurmühle.

ein paar grundsätzliche Probleme, die es schwierig machen, wirklich gute Aufnahmen damit zu realisieren. Bevor ich Ihnen die Vorzüge und Möglichkeiten dieser Geräte aufzeige, sollten Sie diese Probleme kennen:

- Auf oder an der Kamera montiert, kommt das Licht aus der gleichen Richtung wie die Aufnahme, was eine Modulierung des Motivs mit Licht und Schatten verhindert und rote Augen erzeugen kann.
- Die Lichtquelle ist klein und wirft harte Schatten.
- Die Reichweite ist beschränkt und der starke Lichtabfall führt zu großen Kontrasten.
- Dominantes Blitzlicht kann die vorhandene Lichtstimmung zerstören.
- Die Farbtemperatur der Lichtquelle kann vom Umgebungslicht abweichen und zu Farbstichen führen (Mischlichtsituationen).

Das Problem der Blitzrichtung

Ein Grundproblem aller Blitzgeräte, die in der Kamera eingebaut sind oder auf die Kamera (mit dem Steckfuß am Zubehörschuh) montiert werden, liegt in der Parallelität zwischen der Aufnahme- und Blitzrichtung.

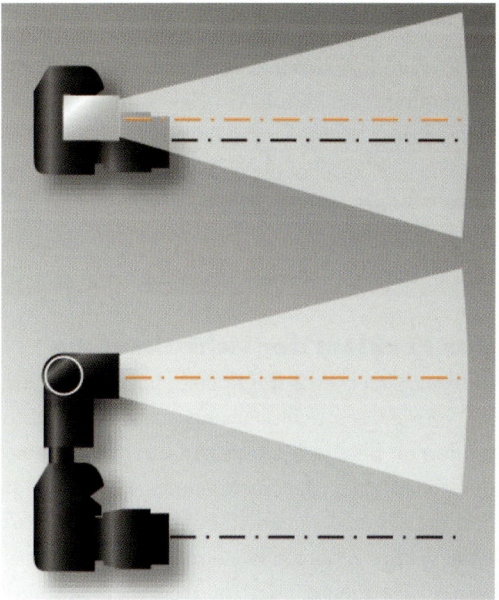

Die Richtung des Blitzes weicht nur wenige Zentimeter von der Aufnahmerichtung ab. Dadurch ist es nicht möglich, wie im Fotostudio mit Licht und Schatten das Motiv dreidimensional zu gestalten. Dazu müsste das Blitzlicht frei im Raum angeordnet werden können.

Auf der Kamera montiert, führt das Blitzlicht zu einer flachen Bildwirkung und kann die schöne Licht- und Schattenwirkung des Umgebungslichts zerstören. Wie Sie auch die Elektronenblitzgeräte frei im Raum anordnen können, erfahren Sie im nächsten Kapitel.

▲ Oben Aufnahme mit Umgebungslicht, unten mit direktem Blitzlicht, Model Anuschka, Fotograf: Martin Zurmühle.

Das Problem der harten Schatten

Die Größe der Blitzfläche ist sehr klein. Es ist schwierig, mit technischen Hilfsmitteln wie geeigneten Vorsätzen dieses Manko zu beheben. Die Leichtigkeit und die Beweglichkeit der Blitzgeräte ist ja auch ein Hauptvorteil dieser Geräte. Kleine Lichtquellen erzeugen aber immer auch harte Schatten. Mehr zur Qualität der Schattenbildung erfahren Sie in Kapitel 17.

Das Problem der geringen Reichweite

Die Reichweite der Blitze ist beschränkt und abhängig von ihrer Leitzahl. Sie können die Reichweite leicht mit folgender Formel berechnen:

Reichweite = Leitzahl / Blende

Das SB-800 von Nikon besitzt bei ISO 100 und einer Reflektorstellung von 35 mm eine Leitzahl von 38. Mit einem Objektiv mit einer größten Blende von 2.8 kann somit maximal auf eine Distanz von 38 / 2.8 = 13,5 m fotografiert werden. Wird um eine Blende abgeblendet, reduziert sich die Reichweite auf 38 / 4 = 9,5 m.

Eine größere Leitzahl bedeutet somit eine größere Blitzleistung. Neben der Leitzahl hat aber auch der Blitzreflektor einen entscheidenden Einfluss auf die Reichweite. Bei meinem Nikon SB-800 sehen die Werte bei ISO 100 und Blende 4 so aus:

Zoomposition	Reichweite
mit Diffusor und Weitwinkelstreuscheibe	3,1 m
mit Diffusor	4,0 m
14 mm (mit Weitwinkelstreuscheibe)	4,2 m
17 mm (mit Weitwinkelstreuscheibe)	4,7 m
24 mm	7,5 m
28 mm	8,0 m
35 mm	9,5 m
50 mm	11,0 m
70 mm	12,5 m
85 mm	13,2 m
105 mm	14,0 m

Die Leitzahl bezieht sich in der Regel auf eine Empfindlichkeit von ISO 100. In Kapitel 9 haben Sie erfahren, dass bei einer Verdopplung der Distanz eine Vervierfachung der Lichtmenge notwendig ist, um die gleiche Belichtung zu erhalten. Eine Verdopplung der Leitzahl (z. B. von 38 auf 76) ist deshalb keine Verdopplung, sondern eine Vervierfachung der Lichtmenge. Die Leitzahl verhält sich also gleich wie die Blendenreihe.

Blende	1.4	2	2.8	4	5.6	8	11	16
Leitzahl	14	20	28	40	56	80	110	160

Ein Sprung von LZ 28 auf LZ 40 bringt eine Verdopplung der Lichtmenge. Erst eine Vervierfachung der Lichtmenge, also von LZ 28 auf LZ 56, bringt eine Verdoppelung der Aufnahmedistanz.

Leitzahl	Reichweite bei ISO 100, Blende 2.8
28	10,0 m
40	14,3 m
56	20,0 m

Der Lichtabfall mit dem Abstand zum Blitz ist somit beträchtlich. Arbeiten Sie mit manueller Blitzsteuerung, müssen Sie das bei Ihrer Aufnahmegestaltung einplanen. Schon kurz nach der Reichweite des Blitzes wird bei wenig Umgebungslicht alles sofort dunkel. Versuchen Sie, mit dem eingebauten Kamerablitz zum Beispiel ein Gebäude oder einen Platz in der Dämmerung aufzunehmen, dann werden Sie vom Resultat enttäuscht werden. Der Blitz ist zu schwach, um die Szene auszuleuchten, und die schöne Bildstimmung ist weg (siehe Bilder oben auf der gegenüberliegenden Seite).

Das Problem der Lichtstimmung

Direktes Blitzlicht von der Kamera hat die Tendenz, die vorhandene Lichtstimmung zu zerstören. Die modernen Blitzgeräte besitzen aber intelligente Aufhellfunktionen, die das vorhandene Umgebungslicht mit einrechnen und so bei guten Lichtverhältnissen ausgewogene Bilder ermöglichen. Auch bei wenig Licht kann mit der Langzeitsynchronisation

▲ *Links Aufnahme mit eingebautem Kamerablitz, rechts ohne Blitz.*

das Umgebungslicht mitberücksichtigt werden. Die verschiedenen Einstellungsmöglichkeiten der Blitzgeräte oder der Blitzgeräte an der Kamera wirken sich wie folgt auf die Bildstimmung aus:

Mit dem zugeschalteten TTL-Blitz werden die Kinder nun aufgehellt. Da das Umgebungslicht aber zu schwach war, um mit einer Belichtungszeit von 1/60 bis 1/250 zu arbeiten, wird der Hintergrund

Einstellung	Funktion	Wirkung
Manuell (M)	Manuelle Blitzsteuerung, gibt volle oder einen festen Bruchteil der vollen Blitzleistung ab. Keine Belichtungsmessung.	Keine Berücksichtigung des Umgebungslichts.
Automatik (A)	Belichtungsmessung durch einen Sensor am Blitzgerät.	Reduktion der Blitzleistung aufgrund der Messung, aber keine Berücksichtigung des Umgebungslichts.
TTL (**T**hrough the **L**ens) Standard	Belichtungsmessung durch das Objektiv innerhalb der möglichen Belichtungszeiten von 1/60 bis 1/250.	Reduktion der Blitzleistung aufgrund der Messung mit Berücksichtigung des Umgebungslichts.
TTL (**T**hrough the **L**ens) Langzeit	Belichtungsmessung durch das Objektiv mit Langzeitbelichtung > 1/60 Sekunden.	Reduktion der Blitzleistung aufgrund der Messung mit Berücksichtigung des Umgebungslichts.

Der Effekt, den diese Einstellungen auf die Bildstimmung haben, ist beträchtlich. Bei genügend Licht liefert die TTL-Einstellung Standard die besten Resultate. Bei der Aufnahme mit meinen Kindern unter einer großen Steinplatte in einer engen Schlucht war aber wenig Umgebungslicht vorhanden.

Die Aufnahme ohne Blitz wurde zu dunkel, die Gesichter der Kinder sind kaum noch zu erkennen (siehe Abbildung oben links auf der nachfolgenden Seite).

unnatürlich dunkel wiedergegeben. Das Bild verliert seine Stimmung (siehe Abbildung unten rechts auf der nachfolgenden Seite).

Die Aktivierung der Langzeitsynchronisation rettet die Situation. Nun wird das Umgebungslicht richtig mitberücksichtigt und mit einer langen Belichtungszeit geblitzt. So bleibt die Lichtstimmung erhalten und die Kinder werden gut belichtet (siehe Abbildung unten links auf der nachfolgenden Seite).

EXIF-Daten	
Brennweite	43 mm
Belichtungszeit	1/15 Sek.
Blendenwert	2.8
Empfindlichkeit	ISO 100

▲ Aufnahme ohne Blitzlicht, Models Sarah und Daniel, Fotograf: Martin Zurmühle.

▼ Aufnahme mit TTL-Belichtungssteuerung mit Langzeitsynchronisation.

EXIF-Daten	
Brennweite	43 mm
Belichtungszeit	1/60 Sek.
Blendenwert	2.8
Empfindlichkeit	ISO 100

▼ Aufnahme mit zugeschaltetem Kamerablitz mit TTL-Blitzsteuerung.

EXIF-Daten	
Brennweite	43 mm
Belichtungszeit	1/15 Sek.
Blendenwert	2.8
Empfindlichkeit	ISO 100

Zusätzlich zu diesen Einstellungen kann noch die Funktion *Reduktion des Rote-Augen-Effekts* zugeschaltet werden. Diese hat keinen Einfluss auf die Lichtstimmung. Durch ein Vorlicht oder Vorblitze werden bei Porträtaufnahmen die Pupillen verkleinert, sodass weniger rote Augen aufgrund der Reflexion der beleuchteten Netzhaut entstehen. Dieser Effekt entsteht bei großen Pupillen und einer gleichen Richtung von Blitzgerät und Aufnahme, wie sie bei den eingebauten Blitzgeräten gegeben ist. Rote Augen können aber auch automatisch von der Kamerasoftware oder in der Bildbearbeitung entfernt werden.

Das Problem der Farbtemperatur

Das Licht der Elektronenblitzgeräte besitzt eine Farbtemperatur von 5.500 Kelvin. Blitzen Sie am Tag bei Sonnenlicht, sind die Farbtemperaturwerte von Blitz- und Umgebungslicht vergleichbar. Anders liegt die Sache, wenn Sie am Morgen oder Abend, im Schatten oder in Räumen mit Kunstlicht blitzen. Dann erhalten Sie eine unangenehme Mischlichtsituation, die schwierig zu bewältigen ist.

Sogar bei Sonnenlicht sehen Sie klare Unterschiede zwischen Natur- und Blitzlicht, wie die Aufnahme der Schmetterlinge belegt. Das Blitzlicht wirkt weißer und reiner als das Sonnenlicht (bei auto-

matischem Weißabgleich). Im Gegenzug wirkt das Sonnenlicht bei dieser Aufnahme stimmungsvoller und dank der leichten Schatten beim Flügel auch dreidimensionaler.

Besonders schwierig wird die Situation, wenn das Blitzlicht nur einen Teil des Bildes ausleuchtet. Natürlich können Sie in der Bildbearbeitung solche Situationen mit viel Zeit und Geduld beheben, aber besser ist es, wenn Sie das Problem gleich bei der Aufnahme regeln, indem Sie zum Beispiel eine zur Lichtquelle des Umgebungslichts passende Farbfilterfolie vor das Blitzgerät setzen. Zum SB-800 von Nikon gibt es Farbfilterfolien für Leuchtstofflampen- und Glühlampenlicht. Natürlich müssen Sie dann auch an der Kamera den Weißabgleich auf die entsprechende Lichtart einstellen (Kunstlicht oder Leuchtstofflampe).

Sie sehen, der Einsatz eines Elektronenblitzgeräts ist nicht unproblematisch. Wollen Sie einfach gut belichtete Aufnahmen in schwierigen Aufnahmesituationen machen (z. B. bei Partys oder Familienanlässen), dann können Sie gut mit der TTL-Blitzsteuerung arbeiten. Wollen Sie aber eindrucks- und stimmungsvolle Aufnahmen machen, dann machen Sie neben den Blitzaufnahmen auch einige Bilder ohne einen Blitzeinsatz. In der Bildbearbeitung ste-

▲ *Links Aufnahme mit automatischem Weißabgleich bei Sonnenlicht, rechts mit Blitzlicht, Fotograf: Martin Zurmühle.*

hen Ihnen heute sehr viele Möglichkeiten zur nachträglichen Aufhellung von Bildbereichen zur Verfügung, sodass Sie häufig auf den Einsatz eines Blitzes verzichten können.

Trotz dieser kritischen Einschränkungen habe ich immer ein bis zwei leistungsfähige Elektronenblitzgeräte in meiner Kameratasche mit dabei. Sie erweitern meine fotografischen Möglichkeiten und lassen mich Bilder machen, die ohne Blitzgeräte nicht möglich sind.

14.2 Für diese Aufnahmen eignen sich die eingebauten Kamerablitze

Die in die Kameras eingebauten Blitzgeräte sind leistungsschwach, lassen sich kaum beeinflussen und haben, außer bei Nahaufnahmen, dieselbe Blitzrichtung wie die Aufnahme. Sie sind somit das schlechteste Blitzlicht, das Sie einsetzen können. Sie sollten daher nur in Notfällen verwendet werden. Ein leistungsstarkes externes Elektronenblitzgerät ist viel leistungsfähiger und in der Regel dem eingebauten Blitzgerät vorzuziehen.

Die meisten eingebauten Blitzgeräte der Einsteiger-DSLRs haben nur einen begrenzten Leistungsumfang. Im Gegensatz dazu verfügt das einge-

baute Blitzgerät der Nikon D200 über erstaunlich viele Einstellungsmöglichkeiten:

- Leitzahl 12 bei ISO 100.
- i-TTL-Aufhellblitze und Standard i-TTL-Blitze.
- Synchronisation auf den ersten oder zweiten Verschlussvorhang.
- Reduzierung des Rote-Augen-Effekts.
- Langzeitsynchronisation auf den ersten oder zweiten Verschlussvorhang.
- Über Individualfunktionen Auswahl der Blitzsteuerung (TTL, manuell, Stroboskopblitze, Master-Steuerung).
- Reduzierte Blitzleistung bei manueller Steuerung bis auf 1/128.
- Steuerung anderer Blitzgeräte als Master-Blitzgerät im Advanced Wireless Lighting.

▲ Nikon D200 mit ausgeklapptem Blitzgerät. (Foto: Nikon)

Allerdings ist dieses Blitzgerät trotz der vielen Funktionen nur beschränkt zu verwenden, weil die Leistung mit Leitzahl 12 sehr klein und die Blitzrichtung nicht beeinflusst werden kann. Die Leistung ist zu schwach, um größere Motive gut auszuleuchten. Deshalb verfügen Profikameras über keine eingebauten Blitzgeräte. Sie eignen sich hingegen gut als Aufhellblitze bei Porträtaufnahmen zur Schattenaufhellung. Achten Sie einfach darauf, dass Sie genügend Umgebungslicht haben, damit die Aufhellfunktion richtig funktionieren kann. Bei wenig Umgebungslicht arbeiten Sie besser mit der Lang-

▲ Die leichte Aufhellung der Schatten ist eine sehr gute Einsatzmöglichkeit der eingebauten Blitzgeräte, Model Daniel, Fotograf: Martin Zurmühle.

zeitsynchronisation und einem Stativ, um auch mit längeren Belichtungszeiten verwacklungsfreie Aufnahmen zu machen.

Die Porträtaufnahme meines Sohns Daniel wurde bei strahlendem Sonnenschein gemacht. Die Basketballmütze schattet das Gesicht stark ab. Durch den Einsatz des eingebauten Blitzgeräts bei TTL-Blitzsteuerung werden die Schatten aufgehellt und das Gesicht so besser ausgeleuchtet. Der Blitz ist aber so schwach eingestellt, dass der Schatten der Mütze noch immer sichtbar bleibt und keine zweite Lichtrichtung erkennbar wird. Das Umgebungslicht im Hintergrund wird um etwa eine halbe Blende abgedunkelt und so das Motiv stärker betont (siehe Abbildungen oben).

Neben der Aufhellfunktion setze ich die eingebauten Kamerablitze auch in Fotokursen zur Auslösung der Studioblitzanlage ein, wenn ein Infrarotauslöser fehlt oder der Blitzschuh der Kamera dazu nicht

kompatibel ist. Diese Notlösung funktioniert aber nur mit Infrarotvorsatz oder wenn die Leistung manuell sehr stark reduziert werden kann (z. B. auf 1/128 wie bei der Nikon D200), sonst beeinflusst der Kamerablitz die Gesamtlichtleistung der Studioblitzanlage zu stark. Mehr dazu erfahren Sie in Kapitel 16.

14.3 Einsatz der leistungsfähigen externen Elektronenblitzgeräte

Jeder Kamerahersteller liefert auch verschiedene Blitzgeräte passend zu den eigenen DSLR-Kameras. Daneben gibt es Drittanbieter wie Metz, die ein umfassendes Blitzgerätesortiment mit Adaptern zu den verschiedenen DSLR-Kameras anbieten. Sie können auch ältere Blitzgeräte mit einer modernen DSLR einsetzen. Allerdings funktionieren dann nicht mehr alle Funktionen, die die Kamera oder das Blitz-

Leistungen	SB-400	SB-600	SB-800
Leitzahl bei ISO 100	21	30	38
Gewicht	127 g	300 g	350 g
Größe (H x B x T in mm)	56 x 66 x 80	123 x 68 x 90	127 x 71 x 92
TTL	i-TTL	i-TTL	i-TTL
AA-Blendenautomatik	nein	nein	ja
A-Automatik (ohne TTL)	nein	nein	ja
GN-Manuell mit Distanzvorgabe	nein	nein	ja
M-Manuell	nein	ja	ja
Stroboskopblitze	nein	nein	ja
Synchronisation auf zweiten Verschlussvorhang	ja	ja	ja
Reduzierung Rote-Augen-Effekt	ja	ja	ja
Automatische FP-Kurzzeitsynchronisation	ja	ja	ja

gerät anbietet. Besser ist es deshalb, wenn Sie ein passendes, modernes Blitzgerät zur Kamera kaufen. Schauen wir stellvertretend für andere Hersteller das Angebot an DSLR-tauglichen Blitzgeräten von Nikon an. Das SB-400 ist ein günstiges, kleines und lichtschwaches Zusatzblitzgerät für die Kompaktkameras und kleineren DSLRs. Es kann den vorderen Teil des Blitzes nach oben drehen und erlaubt so im Gegensatz zu den eingebauten Blitzgeräten auch ein indirektes Blitzen über die Decke.

Das SB-400 bietet zu wenig für eine DSLR. Dafür eignet sich das SB-600 weitaus besser. Es ist lichtstärker und der Blitzkopf lässt sich in mehrere Richtungen drehen.

Auf die Automatikfunktionen ohne TTL (AA und A) können Sie gut verzichten, hingegen ist es schade, dass dieses Blitzgerät keine Stroboskopblitze erlaubt. Es eignet sich gut auch als Slave-Blitzgerät im Multiblitzbetrieb zusammen mit dem SB-800 als Master-Blitzgerät.

▲ Das SB-400 von Nikon ist leicht, klein und einfach zu bedienen. (Foto: Nikon)

▲ Eine ganz spezielle Lichtsituation gibt diesem Bild den besonderen Reiz, Fotograf: Heinz Dössegger.

▼ Eine Gewitterfront zieht über die Stadt, Fotograf: Daniel Rohr.

Das SB-600 von Nikon ist ein Blitzgerät der Mittelklasse. (Foto: Nikon)

Eine größere Leitzahl und eine maximale Funktionalität bietet das SB-800. Es ist ein Profiblitzgerät, das auch beim entfesselten Blitzen als Master- oder Slave-Blitzgerät eingesetzt werden kann – so ist es das richtige Gerät für anspruchsvolle Fotografen.

Das Profiblitzgerät SB-800 von Nikon. (Foto: Nikon)

Schauen wir uns am Beispiel der Nikon D200 an, welche speziellen Funktionen das SB-800 bietet. Sobald Sie das Blitzgerät am Zubehörschuh mit der Kamera verbinden, findet ein intensiver Datenaustausch zwischen Blitzgerät und Kamera statt. Die

Kamera übermittelt die ISO-Einstellung, die Brennweite des Objektivs und die eingestellte Blende. Das Blitzgerät stellt entsprechend der Blende den Zoomreflektor ein und ermittelt den möglichen Blitzbereich aufgrund der erhaltenen Angaben. Beim abgebildeten SB-800 beträgt bei ISO 100, einem Zoomreflektor auf 35 mm und Blende 5.6 die Blitzreichweite bei TTL-Steuerung zwischen 0,6 und 6,7 m. Die Steuerung des Blitzgeräts erfolgt durch eine Kombination der Einstellungen an der Kamera und am Blitzgerät (siehe Tabelle oben auf der folgenden Seite).

Sie sehen, die Blitzfotografie besitzt ebenfalls sehr viele Funktionen und Einstellungsmöglichkeiten. Durch die Trennung von direkten Einstellungen an der Kamera und am Blitzgerät und den Funktionen in den Individualmenüs versuchen die Hersteller, die Bedienung zu vereinfachen. Trotzdem sollten Sie sich mit den vielen Möglichkeiten befassen und die wichtigsten gut verstehen. Die Einstellungen an der Kamera werden wir im nächsten Abschnitt im Detail anschauen. Am Blitzgerät selbst stellen Sie die Blitzsteuerung ein. Unsere Großväter kannten dabei nur die **m**anuelle Blitzsteuerung (M). Sie maßen die Distanz vom Blitzgerät zum Motiv und berechneten dann mithilfe von Tabellen die richtige Blende, um eine gute Belichtung des Motivs zu erhalten. Später entwickelten die Hersteller einen ins Blitzgerät integrierten **a**utomatischen Belichtungsmesser (AA oder A). Dieser misst das vom Motiv reflektierte Licht und stellt dann das Blitzgerät ab, sobald der Blitzsensor genügend Licht erhalten hat. Das Hintergrundlicht kann dabei natürlich nicht berücksichtigt werden.

Bei der modernen TTL-Belichtungsmessung (**T**hrough the **L**ens) misst die Kamera selbst das auf dem Kamerasensor ankommende Licht und stellt dann das Blitzgerät rechtzeitig ab. Jetzt können neben den Informationen zum Objektiv (Brennweite, Blende, Fokussierdistanz) auch Angaben zur Hintergrundbeleuchtung mit eingerechnet werden. So wurde die geniale Funktion des Aufhellblitzes ermöglicht.

Eine wunderbare Nachtaufnahme von Frankfurt dank HDRI-Technik, Fotograf: Daniel Rohr.

Kamera (Nikon D200)	Blitzgerät (SB-800)
Blitzsynchronisation:	**Blitzsteuerung:**
■ Erster Verschlussvorgang ■ Reduzierung des Rote-Augen-Effekts ■ Reduzierung des Rote-Augen-Effekts mit Lang-zeitsynchronisation ■ Langzeitsynchronisation ■ Synchronisation auf den zweiten Verschlussvor-hang	■ TTL und BL: TTL-Blitzautomatik mit Aufhellblitz ■ TTL: TTL-Blitzautomatik ohne Aufhellblitz ■ AA oder A: AA-Blitzautomatik ■ GN: Distanzvorgabe ■ M: Manuelle Blitzsteuerung ■ RPT: Stroboskopblitz
Blitzbelichtungskorrektur von -3 bis +1 LW	Einstelltasten und Zoomtasten zur Veränderung der Einstellwerte
FV-Messwert: Speicherung der Blitzleistung mit der Funktionstaste	Testblitze und Taste für Einstelllicht
Individualfunktionen:	**Individualfunktionen:**
■ Blitzsynchronisationszeit und FP-Kurzzeitsyn-chronisation ■ Längste Verschlusszeit bei Blitzaufnahmen ■ Einstellungen des integrierten Blitzgeräts ■ Aktivierung des Einstelllichts ■ Belichtungsreihen Blitz	■ Kabellose Multiblitzsteuerung ■ Blitzautomatik ohne TTL ■ Ruhezustand ■ Maßeinheit für Entfernungsangaben ■ Zoomautomatik ■ Beleuchtung des Displays ■ Helligkeit des Displays ■ Weitwinkel-AF-Hilfslicht ■ Deaktivierung der Blitzauslösung

TTL mit BL	Die Belichtung wird durch das Objektiv gemessen. Sobald genügend Licht auf dem Sensor ist, stellt die Kamera den Blitz ab. Bei der Funktion BL (**B**ackground **L**ight) wird das Hintergrundlicht mit in die Berechnung eingerechnet und so eine ausgewogene Belichtung von Motiv und Hintergrund erreicht (Aufhellblitz).
TTL	Wie oben, aber ohne die Berücksichtigung des Hintergrundlichts. Die Belichtungsmessung sorgt nur für eine optimale Belichtung des Motivs.
AA oder A	Belichtungsmessung mit einem Sensor am Blitzgerät. Keine Berücksichtigung des Umgebungslichts. Bei **AA** werden die Empfindlichkeit, die Belichtungskorrektur, die Blende und die Aufnahmebrennweite automatisch mit eingerechnet. Bei **A** wird bei Zeitautomatik die Aufnahmedistanz manuell mit der Blende am Blitzgerät und an der Kamera eingestellt. Achten Sie darauf, dass der Sensor am Blitzgerät nicht abgedeckt ist.
GN	Manuelle Blitzsteuerung mit Distanzvorgabe (**G**uide **N**umber). Sie stellen am Blitzgerät die Entfernung ein und der Blitz stimmt dann die Blitzleistung darauf ab. Die Blendenwerte werden von der Kamera übernommen. Sie können durch eine Vergrößerung der Blende oder des ISO-Wertes die Reichweite des Blitzes vergrößern.

M	**M**anuelle Blitzsteuerung. Der Blitz gibt immer die volle oder einen Bruchteil der vollen Leistung ab. Die Blitzdistanz wird aufgrund der eingestellten Blende, der Empfindlichkeit und des Zoomreflektors am Display des Blitzes angezeigt. Sie können die Blitzleistung manuell in den Stufen 1/1, 1/2, 1/4, 1/8, 1/16, 1/32, 1/64, 1/128 mit zusätzlichen 1/3 und 2/3 Zwischenstufen verkleinern. Diese Einstellung eignet sich gut für die Ausleuchtung dunkler Räume mit Mehrfachblitzen in voller Leistung oder zur Aktivierung der Studioblitzanlage mit minimaler Leistung (1/128).
RPT	Stroposkopblitze (**Rep**eating Flash Function). Das Blitzgerät zündet während der Belichtung eine Serie von Blitzen und erzeugt so einen Effekt ähnlich wie bei einer Mehrfachbelichtung. Sie können die Blitzleistung, die Anzahl und die Frequenz der Blitze bestimmen.

Eine kurze Erläuterung zu den verschiedenen Einstellungen und ihren Bedeutungen beim SB-800 finden Sie in der Tabelle unten auf der gegenüberliegenden Seite.

Interessant ist beim SB-800 das Einstelllicht. Dieses besteht aus einer Folge von kurzen Blitzen, die während drei Sekunden anzeigen, wie sich die Lage und die Blitzeinstellungen auf das Motiv auswirken. So erhalten Sie eine zeitlich beschränkte Kontrolle der Lichtführung, wie sie die Studioblitzanlagen anbieten.

Die meisten Individualeinstellungen werden Sie selten oder nur bei Inbetriebnahme des Geräts gebrauchen. Spannend sind hingegen die Möglichkeiten der Multiblitzsteuerung. Diese ermöglichen eine freie Platzierung der Blitzgeräte im Raum. Die Möglichkeiten für den kabellosen Betrieb mehrerer Blitzgeräte werden im nächsten Kapitel behandelt.

14.4 Langzeitblitzen für spezielle Effekte

Die verschiedenen Blitzsynchronisationsmethoden haben Sie kennengelernt. Welche wird für welchen Zweck eingesetzt? Die Reduktion des Rote-Augen-Effekts kennen Sie schon. Im Weiteren können Sie wählen zwischen einer normalen und einer Langzeitsynchronisation und dem Blitzen auf den ersten

oder zweiten Verschlussvorhang. Folgende Einstellungen sind bei der Nikon D200 anwählbar:

Synchronisation auf ersten Verschlussvorhang	Empfohlene Einstellung für die meisten Situationen. Bei Programm- und Zeitautomatik wird die Belichtungszeit automatisch auf Werte zwischen 1/60 und 1/250 Sekunden (bei FP-Kurzzeitsynchronisation auch bis 1/8000 Sekunden) eingestellt. Bei Blendenautomatik und manueller Belichtungssteuerung können auch längere Blitzzeiten eingestellt werden (Langzeitsynchronisation).
Langzeitsynchronisation auf ersten Verschlussvorhang	Die Blitzaufnahme erfolgt mit einer längeren Belichtungszeit als 1/60 (bis 30 Sekunden), um bei Nacht- oder Dämmerungsaufnahmen sowohl das Motiv im Vordergrund als auch den Hintergrund optimal auszuleuchten.
Synchronisation auf den zweiten Verschlussvorhang	Der Blitz löst aus, kurz bevor der Verschluss schließt. Dabei wird ein Bewegungseffekt erzeugt, bei dem bewegte Objekte scheinbar einen Lichtschweif hinter sich herziehen.

In 99 % aller Fälle werden Sie nur eine Synchronisation auf den ersten Verschlussvorhang benötigen. Dann löst der Blitz aus, sobald der Kameraverschluss vollständig geöffnet ist. Die Zeit, in der der Verschluss vollständig geöffnet ist, entscheidet über die kürzestmögliche Synchronisationszeit. Bei Mittelklasse- oder Profikameras liegt sie bei 1/250 Sekunden. Die Kamera lässt bei eingeschaltetem Blitzgerät keine kürzeren Zeiten mehr zu.

Haben Sie im Individualmenü die FP-Kurzzeitsynchronisation angewählt, können Sie auch kürzer blitzen. Anstelle eines einzelnen Blitzes erzeugt das Blitzgerät eine schnelle Folge von kurzen Blitzen, die wie ein Dauerlicht wirken, sodass während des ganzen Öffnungs- und Schließvorgangs des Kameraverschlusses Licht vorhanden ist und so eine gleichmäßige Belichtung der Aufnahme sichergestellt ist.

Eine sehr kurze Belichtungszeit beim Blitzen ist nützlich, wenn Sie Bewegungen (bei Aufhellblitzfunktion) einfrieren wollen oder mit einer offenen Blende und wenig Schärfentiefe arbeiten möchten (z. B. bei Porträtaufnahmen).

Die Synchronisation auf den zweiten Verschlussvorhang ist nur dann sinnvoll, wenn genügend Zeit zwischen dem Öffnen und dem Schließen des Verschlusses liegt und Sie ein sich bewegendes Motiv aufnehmen. Dann zeigt die Langzeitbelichtung die verwischte Bewegung und der Blitz friert das Motiv ein.

Es besteht ein großer Unterschied in der Bildwirkung, ob Sie die Bewegung am Anfang oder am Ende einfrieren. Am Anfang ziehen die verwischten Linien vom Motiv weg. Das wirkt unnatürlich.

Blitzen Sie aber auf den zweiten Verschlussvorhang, führen die verwischten Linien zum Motiv hin und erzeugen so einen sinnvollen Bewegungseffekt. Die Aufnahmen der Autos in der Nacht wurden mit folgender Einstellung gemacht:

EXIF-Daten	
Brennweite	28 mm
Verschlusszeit	1,3 Sek.
Blendenwert	8
Empfindlichkeit	ISO 400

Die Aufnahme mit einer Blitzsynchronisation auf den ersten Verschlussvorhang wirkt unnatürlich, weil die Linien der Rücklichter vom Auto wegziehen.

▲ Aufnahme mit Synchronisation auf den ersten Verschlussvorhang, Fotograf: Martin Zurmühle.

Die zweite Aufnahme mit einer Synchronisation auf den zweiten Verschlussvorhang wirkt wesentlich natürlicher, weil die Linien nun zum Auto führen und so einen schönen Bewegungseffekt zeigen.

▲ Aufnahme mit Synchronisation auf den zweiten Verschlussvorhang, Fotograf: Martin Zurmühle.

14.5 Verbesserung der Licht-qualität beim Blitzen

Direktes Blitzlicht wirkt kalt und hart. Sie sollten deshalb mit geeigneten Hilfsmitteln die Qualität des Lichts verbessern. Die beste Möglichkeit zum gezielten Arbeiten mit Licht und Schatten ist das entfesselte Blitzen.

Aber auch bei einem auf den Zubehörschuh befestigten Blitzgerät gibt es ein paar einfache, aber wirkungsvolle Methoden zur Verbesserung der Lichtqualität. Das SB-800 bietet dazu standardmäßig drei Methoden an:

- indirektes Blitzen über die Wände und Decken,
- eingebaute Reflektorkarte,
- Aufsatzdiffusor mit und ohne Streuscheibe,
- eingebaute Weitwinkelstreuscheibe bei Nahaufnahmen.

Indirektes Blitzen

Der Reflektor des Blitzgeräts kann 90° nach oben und 7° nach unten geneigt werden. Er lässt sich zudem 90° nach rechts und 180° nach links drehen. Dadurch können Sie leicht indirekt über weiße Wände oder Decken blitzen. Neben der großen Leitzahl sind es diese Möglichkeiten, die den großen Unterschied zu den eingebauten Blitzgeräten ausmachen. Dabei gilt das einfache Winkelgesetz: Der Einfallwinkel an der Decke ist gleich wie der Ausfallwinkel der Reflexion. Die Decke wirkt dann wie ein großer Diffusor und verteilt das Licht schön gleichmäßig über das Motiv.

Beim indirekten Blitzen verlieren Sie je nach Helligkeit der Reflexionsfläche zwei bis drei Blendenstufen Licht. Die Reichweite lässt sich deshalb nicht mehr am Display des Blitzes ablesen. Sie können aber am Histogramm der Aufnahme kontrollieren, ob Sie genügend Licht erhalten haben. Wenn nicht, öffnen Sie die Blende oder erhöhen den ISO-Wert. Achten Sie darauf, dass die angeblitzte Fläche einen reinweißen oder grauen Ton hat, sonst müssen Sie mit Farbstichen im Bild rechnen.

Reflektorkarte am Blitzgerät einsetzen

Ins Blitzgerät integriert ist eine weiße Reflektorkarte. Ziehen Sie diese heraus und schieben Sie die Weitwinkelstreuscheibe wieder zurück ins Fach. Wenn Sie nun das Blitzgerät genau senkrecht stellen, bewirkt der Blitz ein weiches indirektes Licht über die Decke, und die Streukarte erzeugt bei Porträtaufnahmen in den Augen ein schönes Spitzlicht. Auch hier sinkt die Blitzleistung natürlich beträchtlich. Diese Methode eignet sich sehr gut für Porträtaufnahmen in engen Raumverhältnissen.

▲ *Blitzgerät mit ausgezogener Streuscheibe.*

▲ Von links: Umgebungslicht, direkt angeblitzt, indirekt mit Diffusor über die Decke geblitzt, rechts seitlich durch weißen Schirm geblitzt, Model Anuschka, Fotograf: Martin Zurmühle.

Gekonntes Fotografieren mit Elektronenblitzgeräten

Aufsatzdiffusor für weicheres Licht einsetzen

Ein Kunststoff-Diffusor, der das Licht weicher streut, lässt sich einfach auf das Blitzgerät montieren. Der Reflektor des Blitzgeräts wird gleichzeitig auf 14 mm gestellt. Sie können diesen auch beim indirekten Blitzen einsetzen. Dann werden die Schatten beim Motiv wesentlich weicher.

Die größtmögliche Streuwirkung wird erreicht, wenn Sie den Diffusor zusammen mit der ebenfalls eingebauten und ausklappbaren Streuscheibe verwenden. Beachten Sie aber, dass die Blitzreichweite um die Hälfte oder mehr abnimmt, sobald Sie den Diffusor aufsetzen.

▲ Blitzgerät mit aufgesetztem Diffusor. (Foto: Nikon)

Wie bei allen technischen Angaben empfehle ich Ihnen, mit eigenen Testaufnahmen die Wirkung der Maßnahmen zu testen. Dadurch erkennen Sie leicht die Stärken, aber auch die Grenzen dieser Hilfsmittel. Da die Größe der Diffusoren und Streuscheiben begrenzt ist, können Sie nicht die Quali-

tät der großen Softboxen der Studioblitzanlagen erreichen. Trotzdem sind es wertvolle Helfer, wenn andere Mittel nicht zur Verfügung stehen.

14.6 Richtig blitzen bei Makroaufnahmen

Bei Nahaufnahmen empfehle ich Ihnen, die eingebaute Weitwinkelstreuscheibe und eventuell den Diffusor zu verwenden. Auf kurze Distanz haben Sie sowieso genügend Lichtleistung, hingegen streut die Scheibe das Licht sehr schön und vermeidet harte Schatten.

Noch besser ist es, wenn Sie zwei Blitzgeräte oder einen Ringblitz einsetzen. Kleine Ringblitze werden bei Makroaufnahmen, große bei Porträtaufnahmen zur gleichmäßigen, schattenarmen Ausleuchtung verwendet.

▲ Blitzgerät mit Zusatzbatterie und Weitwinkelstreuscheibe. (Foto: Nikon)

Noch flexibler und universell einsetzbar sind spezielle Makroblitze, die am Objektivring befestigt werden. Sie können dann mit zwei oder mehreren Blitzgeräten Ihr Motiv perfekt ausleuchten. Nikon bietet dazu ein spezielles Makroblitzset für den kabellosen Betrieb an.

Bedienung dieser Blitzgeräte werde ich Ihnen im Detail im nächsten Kapitel zeigen. So geht alles kinderleicht und Sie haben bei Makroaufnahmen genügend Licht, um mit einer kleinen Blende genügend Schärfentiefe zu haben. Dazu arbeiten Sie am besten mit der Zeitautomatik und legen die gewünschte Blende fest. Das Blitzgerät liefert dann das zusätzlich notwendige Licht.

▲ IR-Blitzsteuereinheit SU-800 und zwei Slave-Blitzgeräte SB-R200 von Nikon. (Foto: Nikon)

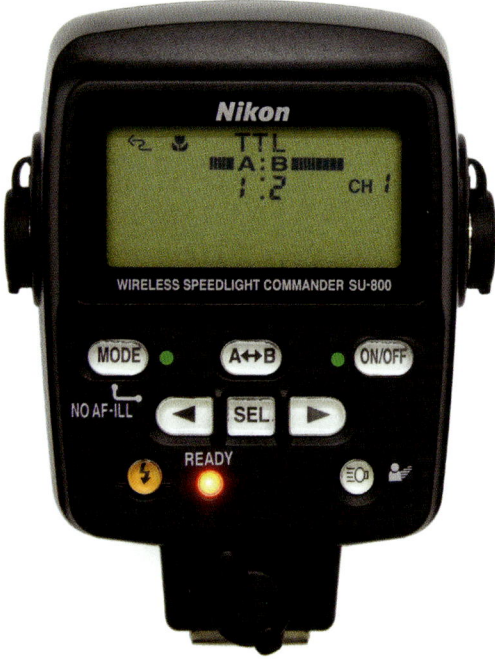

Mit der IR-Blitzsteuereinheit SU-800 können Sie die Lichtmenge der beiden seitlichen Slave-Blitzgeräte SB-R200 frei bestimmen. Sie müssen nur bei TTL-Steuerung das Verhältnis der beiden Blitzgeräte zueinander definieren. Natürlich können Sie auch manuell arbeiten und feste Werte eingeben, aber die TTL-Steuerung ist einfacher zu bedienen. Die

▲ Einstellung bei der IR-Blitzsteuereinheit SU-800 im Makrobetrieb mit TTL-Blitzsteuerung im Verhältnis 1:2.

◀ Makroaufnahme einer Heuschrecke mit zwei seitlichen Blitzgeräten, Fotograf: Martin Zurmühle.

Bei der Aufnahme mit der Heuschrecke kam die doppelte Lichtmenge von rechts, was Sie leicht an den Schatten erkennen.

Bei sehr kleinen Motiven können Sie auch spezielle Ultranahbereichsvorsätze verwenden, um das Licht zur optischen Achse auszurichten und spezielle Lichteffekte zu erzeugen. Dabei sollte der Abstand zum Motiv jedoch nicht mehr als 15 cm betragen.

Foto: Nikon

EXIF-Daten	
Brennweite	105 mm
Belichtungszeit	1/125 Sek.
Blendenwert	11
Empfindlichkeit	ISO 100

▼ *Eine Makroaufnahme mit seitlichem Blitzlicht vor einem dunkleren Hintergrund, Fotograf: Martin Zurmühle.*

Durch das seitliche Licht und die kleine Schärfentiefe wird das Motiv bei Makroaufnahmen auf einfache und wirkungsvolle Weise freigestellt.

Achten Sie bei diesen Aufnahmen deshalb vor allem auf einen neutralen und etwas dunkleren Hintergrund, dann kann eigentlich nichts mehr schiefgehen.

Und wenn Sie möchten, können Sie mit acht kleinen Blitzgeräten auch einen großen Ringblitz für Beauty-Aufnahmen machen.

Foto: Nikon

Das Makroblitzset können Sie aber nicht nur für Makroaufnahmen verwenden, sondern auch ein kleines Fotostudio für die entfesselte Multiblitzfotografie einrichten. Mehr dazu erfahren Sie im nächsten Kapitel.

14.7 Bewegungsabläufe mit Stroboskopaufnahmen einfrieren

Profiblitzgeräte bieten bei manueller Blitzsteuerung Stroboskopblitze an. Dabei erzeugt das Blitzgerät während der Belichtung der Aufnahme eine Serie von Blitzen. Sie benötigen dafür meistens eine längere Belichtungszeit und arbeiten deshalb am besten mit Stativ. Der Effekt ist ganz ähnlich wie bei einer Mehrfachbelichtung der gleichen Aufnahme.

Es ist schwierig, mit Stroboskopblitzen gute Bilder zu machen. Sie eignen sich vor allem für die Aufzeichnung von Bewegungsabläufen. Das Hauptproblem liegt darin, dass das Motiv jeweils nur einmal, der Hintergrund aber so oft, wie die Stroboskopblitze auslösen, belichtet wird. Wollen Sie also einen Bewegungsablauf festhalten, brauchen Sie einen Hintergrund, der wesentlich dunkler ist als das Motiv. Am besten funktioniert das in einem völlig schwarzen Raum. So hebt sich das Motiv klar vom Hintergrund ab und Sie können die Bewegungen durch die kurzen Blitze perfekt einfrieren.

Für Stroboskopaufnahmen müssen Sie angeben, wie viele Blitze in welcher Frequenz und in welcher Stärke ausgelöst werden sollen. Die Frequenz wird in **H**ertz (Hz) angegeben. 100 Hz bedeuten dabei 100 Blitze in 1 Sekunde. 1 Hz ist 1 Blitz pro Sekunde. Die Blitzleistung wird als Bruchteil der Maximalleistung, ausgehend von maximal 1/8, angegeben. Der Blitz zeigt Ihnen dann die maximale Reichweite am Display an. Sie können die Belichtung auch mit einem externen Belichtungsmesser messen und mit dem Histogramm am Kameradisplay kontrol-

EXIF-Daten	
Brennweite	30 mm
Belichtungszeit	1,5 Sek.
Blendenwert	8
Empfindlichkeit	ISO 100

◄ Stroboskopaufnahme mit fünf Blitzen und 4-Hz-Intervall, Model Marie, Fotograf: Martin Zurmühle.

lieren. Je mehr Blitze Sie einsetzen, desto dunkler muss der Raum sein. Auch schon ein wenig Dauerlicht, beispielsweise von einer Glühlampe, kann zu markanten Verschlechterungen im Bild führen. Arbeiten Sie mit manueller Fokussierung, denn der Fokus wird zu wenig Licht für eine korrekte Fokussierung haben.

Bei der Aufnahme mit fünf Blitzen habe ich die Leistung auf 1/8 und 5 x 4 Hz eingestellt. 4 Hz bedeutet 0,25 Sekunden Abstand von Blitz zu Blitz. Vom ersten zum fünften Blitz gibt es 4 x 0,25 Sekunden Abstand, was einer Sekunde entspricht. Sie müssen die Kamerabelichtung dabei immer etwas länger einstellen, damit alle Blitze ausgelöst werden können.

Natürlich können Sie auch fünf Aufnahmen in Serie aufnehmen (wie es in Kapitel 2 beschrieben ist) und dann in der Bildbearbeitung zusammensetzen. Das geht allerdings nur bei sehr viel Dauerlicht im Freien. Das Blitzlicht braucht zu lange zum Aufladen und kann nicht mit Serienaufnahmen kombiniert werden. Im Unterschied zu Stroboskopaufnahmen, bei denen die überlappenden Körperteile durchscheinen, sind dann alle Körper vollständig abgebildet und Sie sollten Überlappungen vermeiden.

Sie können eine Stroboskopaufnahme auch nur mit einer Frequenz von 1 Hz aufnehmen. Dann unterscheidet sie sich nicht von einer normalen Blitzaufnahme, außer dass die Abblitzzeit etwas kürzer ist und so die Bewegungen besser einfriert. Um bei meinen Stroboskopaufnahmen die Körper besser zu zeigen und den Hintergrund nicht zu stark zu beleuchten, habe ich das Blitzgerät seitlich platziert und per Infrarot ausgelöst. Wie das geht, erfahren Sie im nächsten Kapitel.

▼ *Eine Stroboskopaufnahme mit drei Aufnahmen im Intervall von 3 Hz, Model Marie, Fotograf: Martin Zurmühle.*

15

Entfesseltes Blitzen – arbeiten wie im Fotostudio

Mit dem entfesselten Blitzen befreien Sie Ihre Blitzgeräte von der Kamera. Dank moderner Technik können Sie mit Licht

und Schatten Ihre Bilder fast wie im professionellen Fotostudio gestalten. Und dank der neuartigen Advanced-Wireless-Lighting-Systeme ist das Ganze auch sehr einfach zu bedienen, ohne viele Kabel und schwierige Belichtungsmessung. Spielen Sie mit dem Licht und machen Sie spezielle und aufregende Bilder.

15.1 Die Grundsätze des entfesselten Blitzens

Der größte Nachteil der eingebauten oder auf der Kamera montierten Elektronenblitzgeräte liegt in der Parallelität von Blitz- und Aufnahmerichtung. So ist es praktisch unmöglich, mit Licht und Schatten zu modellieren. Die Bilder wirken zu flach. Das Grundprinzip des entfesselten Blitzens liegt nun in der Entfernung des Blitzgerätes von der Kamera. Dazu stehen Ihnen verschiedene Möglichkeiten zur Verfügung:

■ Blitzen mit einem TTL-Blitzsynchronkabel.
■ Verbinden der Blitzgeräte mit TTL-Multiblitzsynchronkabel.
■ Auslösen der Elektronenblitzgeräte mit Infrarot mit Multiblitzsteuerung.
■ Arbeiten mit einer Studioblitzanlage.

Das Arbeiten mit einer Studioblitzanlage werde ich Ihnen in den nächsten Kapiteln im Detail vorstellen. Schauen wir uns zunächst an, wie wir unsere Elektronenblitzgeräte von der Kamera entfernt einsetzen können.

15.2 Das Blitzgerät von der Kamera entfernt auslösen

Eine einfache und kostengünstige Lösung ist das Blitzen mit einem TTL-Blitzsynchronkabel. Dieses wird direkt am Zubehörschuh der Kamera befestigt. Sie haben dann eine Reichweite von 150 cm, um den Blitz von der Kamera entfernt zu platzieren.

Das reicht gut für Porträt- und Nahaufnahmen aus. Für alle anderen Motive brauchen Sie aber eine großzügigere Lösung.

Schön an dieser Methode ist, dass alle Blitz- und Kameraeinstellungen genau gleich funktionieren wie bei dem Blitzgerät, das direkt auf die Kamera

◀ Oben: *Blitz auf Kamera montiert,*
unten: Blitz mit einem TTL-Blitz-
synchronkabel von der Seite,
Fotograf: Martin Zurmühle.

montiert ist. So können schon
sehr schön ausgeleuchtete
Bilder gemacht werden. Am
einfachsten geht es, wenn Sie
eine zweite Person haben,
die das Blitzgerät nach Ihren
Anweisungen genau richtig
für die Aufnahme hält.

Beim Bild mit den blauen
Steinen erzeugt der auf die
Kamera montierte Blitz starke Reflexionen und das Bild
wirkt überstrahlt und flach.
Wird der Blitz aber mit dem
TTL-Blitzsynchronkabel seitlich zum Motiv platziert,
wird das Motiv ohne störende Reflexionen gut ausgeleuchtet.

15.3 Arbeiten wie im Fotostudio mit mehreren Blitzgeräten

Möchten Sie noch mehr Freiheit bei der Anordnung
der Blitzgeräte, können Sie diese mit TTL-Multiblitz-
synchronkabeln verbinden. Bei der kabelgestützten
Multiblitzsteuerung lassen sich bis zu fünf Blitzgeräte synchronisieren (einschließlich des Master-
Blitzgerätes). Die Länge der Kabel ist auf 10 m

beschränkt. Bei DSLRs ist die TTL-Steuerung nicht
möglich, die Blitzgeräte können nur manuell eingestellt werden. Bei manueller Steuerung ist aber die
Berechnung der richtigen Belichtung schwierig. Das
zweite Problem bei dieser Lösung sind die Kabel,
die als Stolperfallen herumliegen. Deshalb ist eine
kabelgestützte Multiblitzsteuerung für DSLR-Kameras nicht unbedingt empfehlenswert.

Heute gibt es dank der Infrarotsteuerung auch kabellose Verbindungsmöglichkeiten, die ich Ihnen
im Folgenden vorstelle. Der Aufbau eines aus mehreren Blitzgeräten bestehenden Lichtaufbaus wird
als Multiblitzsystem bezeichnet. Dabei gibt es bei
Nikon zwei unterschiedliche kabellose Möglich-

keiten (die anderen Hersteller wie Canon bieten vergleichbare Systeme an):

Kabellose Multiblitzsteuerung	Funktioniert ohne TTL-Steuerung mit manueller oder automatischer Blitzsteuerung (AA oder A) des Blitzgerätes. Bei dieser Methode können auch ältere Blitzgeräte eingesetzt werden.
Advanced Wireless Lighting	Funktioniert für alle Geräte kompatibel zum **C**reative **L**ighting **S**ystem (CLS). Arbeitet auch mit TTL-Steuerung. Auch Stroboskopblitzen ist möglich.

Bei diesen Systemen unterscheiden wir zwischen dem Master- und dem Slave-Blitzgerät. Das Master-Blitzgerät ist entweder das eingebaute Blitzgerät (bei der Nikon D200) oder das aufgesetzte (oder mit einem Synchronkabel verbundene) geeignete Blitzgerät (z. B. das SB-800). Alle übrigen ferngesteuerten Blitzgeräte im Multiblitzsystem werden als Slave-Blitzgeräte bezeichnet.

Bei der kabellosen Multiblitzsteuerung lösen die Slave-Blitzgeräte synchron mit dem Master-Blitzgerät aus und beenden die Lichtabgabe auch synchron mit dem Master-Blitzgerät. Bei manueller Steuerung berücksichtigen die Slave-Blitzgeräte allerdings nur das Startsignal und geben die eingestellte Lichtmenge ab. Ob Ihr Blitzgerät sich als Master- und/oder Slave-Blitzgerät eignet, sehen Sie im Manual Ihres Blitzgerätes.

Tipps zur Multiblitzsteuerung

Damit die kabellose Multiblitzsteuerung gut funktioniert, sollten Sie Folgendes beachten:

- Schalten Sie die Stand-by-Funktion der Blitzgeräte ab oder auf eine lange Einschaltzeit (beim SB-800 erfolgt das automatisch).
- Schalten Sie beim Master-Blitzgerät die Messblitze ab (beim SB-800 erfolgt das automatisch).

- Achten Sie auf eine genaue Ausrichtung der Blitzgeräte und auf einen genügend breiten Streuwinkel. Stellen Sie mit der Zoomtaste die Zoomposition des Reflektors ein.
- Achten Sie auf die Abstände der Blitzgeräte. Ein doppelter Abstand erfordert eine vierfache Blitzleistung, um die gleiche Belichtung zu erhalten.
- Machen Sie genügend Testaufnahmen und kontrollieren Sie die Belichtung mit dem Histogramm am Kameradisplay.

Dank dieses einfachen Systems kann die kabellose Multiblitzsteuerung mit allen Kameras und Blitzgeräten genutzt werden. Die einfachen, nur mit Blitzautomatik funktionierenden TTL-Blitze können gut als Master eingesetzt werden (z. B. das SB-400). Lässt sich das Blitzgerät nicht auf REMOTE (Englisch für „entfernen") stellen, dann benötigen Sie für den Slave-Betrieb einen geeigneten Adapter mit einem Blitzsensor.

Beim Nikon SB-800 aktivieren Sie zuerst durch langes Drücken (zwei Sekunden) der Steuerungstaste (SEL) die Individualmenüs. Dort wählen Sie die Gruppe der kabellosen Multiblitzsteuerung. Aktivieren Sie dann die Einstellung *SU-4*.

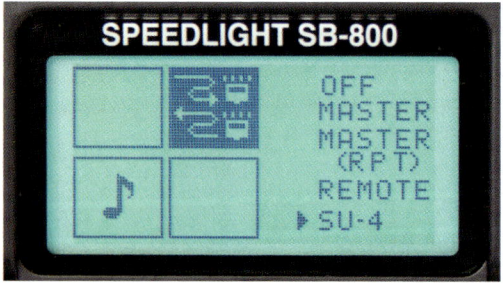

Durch Drücken der ON/OFF-Taste kehren Sie zurück zum Hauptbildschirm, der nun REMOTE und das Remote-Zeichen für den Slave-Betrieb anzeigt. Zusätzlich wird die Einstellung des Zoomreflektors (hier 24 mm) aufgeführt. Nun wartet das Blitzgerät auf den Licht- oder Infrarotimpuls des Master-Blitzes. Die Reichweite für den Lichtsensor des SB-800 beträgt bei automatischer Steuerung 7 m und bei manueller Steuerung 40 m.

Setzen Sie das Gerät auf die Kamera, ändert sich automatisch die Anzeige, weil das Blitzgerät nun als Master-Blitzgerät wirkt. Mit der MODE-Taste wählen Sie eine der folgenden Einstellungen aus: AA, A, GN, M und RPT. Nun sehen Sie das Remote-Zeichen für den Master-Betrieb. Bei der Einstellung *TTL* fehlt dieses Zeichen, weil dieser Modus nicht mit der TTL-Steuerung funktioniert. Bei manueller Steuerung müssen Sie den manuellen Modus (M) beim SB-800 am Master- wie am Slave-Blitzgerät einstellen. Neben der Einstellung des Zoomreflektors wird jetzt ebenfalls die eingestellte Blende und, falls Sie den Reflektor in der Grundstellung haben, auch die Blitzdistanz angegeben.

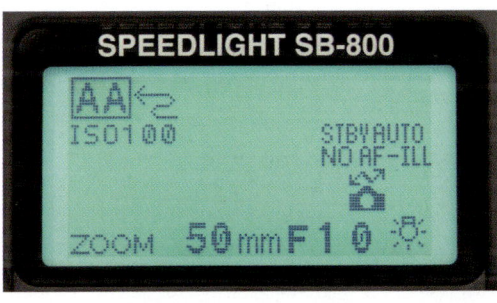

15.4 Moderne Lichtsteuerungssysteme

Die kabellose Multiblitzsteuerung ist eine gute Lösung, wenn Sie mit verschiedenen, auch älteren Blitzgeräten arbeiten möchten. Haben Sie aber moderne Blitzgeräte passend zu Ihrer DSLR, dann arbeiten Sie besser mit dem wesentlich komfortableren Advanced-Wireless-Lighting-System. Dabei müssen bei Nikon alle eingesetzten Geräte kompatibel zum Creative Lighting System (CLS) sein (was aber bei modernen Geräten kein Problem ist).

Beim Advanced Wireless Lighting können die Slave-Blitzgeräte in bis zu drei Gruppen aufgeteilt werden (A, B und C). Die Blitzsteuerung und die Blitzleistungskorrekturen können für das Master-Blitzgerät und die Gruppen jeweils unabhängig voneinander eingestellt werden. Das ermöglicht Ihnen eine größere Kontrolle über die Lichtsituation und Sie arbeiten wie im Fotostudio.

Zur Aktivierung des Advanced Wireless Lighting drücken Sie zuerst lange (zwei Sekunden) auf die Steuerungstaste (SEL). In den Individualmenüs gehen Sie zur Gruppe der kabellosen Multiblitzsteuerung.

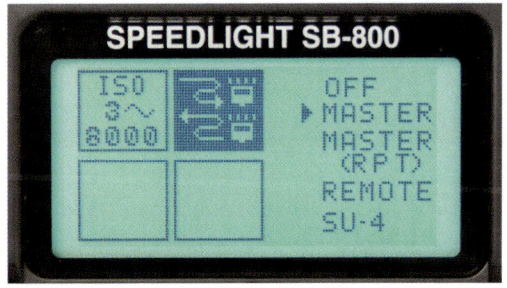

Nun wählen Sie MASTER oder MASTER (RPT) aus, wenn Sie das Gerät als Master-Blitzgerät, oder REMOTE, wenn Sie es als Slave-Blitzgerät einsetzen möchten. Beim Slave-Blitzgerät sehen Sie nach dem Drücken der ON/OFF-Taste das Display mit der Anzeige REMOTE und das Remote-Zeichen für den Slave-Betrieb.

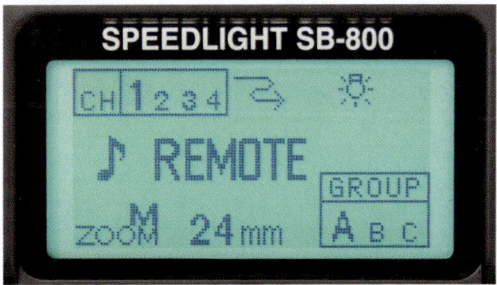

Zusätzlich sind oben links der eingestellte Übermittlungskanal und rechts unten die eingestellte Blitzgruppe aufgeführt (im Beispiel Kanal 1 und Gruppe A).

Haben Sie das SB-800 als Master-Blitzgerät eingerichtet, erscheint im Display eine Anzeige, die links die Auswahl der Blitzsteuermethoden und der Belichtungskorrekturen für das Master-Blitzgerät (M) und die Slave-Blitzgeräte in drei Gruppen (A, B und C) zeigt. Mit der MODE-Taste bestimmen Sie für jedes Gerät oder jede Blitzgruppe die Blitzsteuermethoden TTL, AA oder A, M und – (Blitz aus). Auf der rechten Seite stellen Sie den Übermittlungskanal (von 1 bis 4) ein.

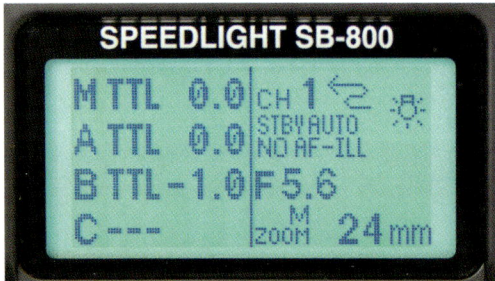

Bei der Auswahl des Master-Blitzgerätes im RPT-Modus für Stroboskopaufnahmen sieht das Display etwas anders aus. Nun können Sie nur noch wählen zwischen RPT und – (Blitz aus) für das Master-Blitzgerät wie auch für die beteiligten Slave-Blitzgeräte. Zusätzlich bestimmen Sie die Blitzleistung (von 1/8 bis 1/128), die Anzahl der auszulösenden Bilder (von 1 bis 90) und das Blitzintervall in Hz (von 1 bis 100). Im Beispiel ist die Blitzleistung auf 1/8 eingestellt mit drei Aufnahmen im Intervall von 5 Hz.

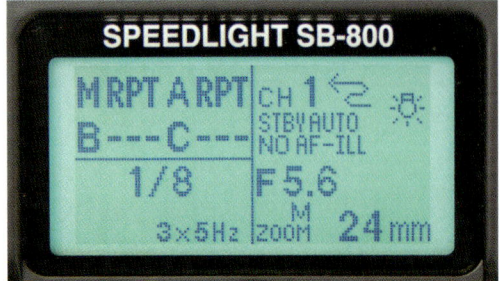

Advanced Wireless Lighting

Stellen Sie immer bei allen beteiligten Blitzgeräten den Übermittlungskanal 1 ein. Die anderen Kanäle benötigen Sie nur, wenn gleichzeitig in der näheren Umgebung andere Fotografen mit Advanced Wireless Lighting arbeiten. Dann müssen Sie die Kanäle mit den anderen Fotografen absprechen.

Stellen Sie die Slave-Blitzgeräte auf Gruppe A. Wechseln Sie nur, wenn Sie unterschiedliche Blitzleistungen benötigen. Dann nehmen Sie zuerst die Gruppe B und dann erst die Gruppe C. So vermeiden Sie Fehleinstellungen.

Achten Sie darauf, dass der Sensor des Slave-Blitzgerätes, der beim SB-800 auf der linken Seite des Gerätes platziert ist, vom Licht des Master-Blitzgerätes gut erreicht werden kann. Dann löst das Blitzgerät auch problemlos auf weite Distanzen aus.

Noch bleibt ein Nachteil der kleinen Elektronenblitzgeräte gegenüber den Studioblitzanlagen. Die kleine Größe erlaubt kein schönes weiches Licht. Aber auch dieser Nachteil lässt sich mit Zubehörmaterial teilweise beheben. So bietet der Fotofachhandel Aufsätze zu Stativen an, auf die Sie ein Elektronenblitzgerät montieren und in einen Schirm blitzen können.

▲ Elektronenblitzgerät auf einem Stativ mit Schirm als Diffusor.

Durch den Einsatz dieses Schirms erhalten Sie auch ein schönes weiches Licht, wie es sonst nur Stu-

▲ Porträtaufnahme oben mit Blitz auf der Kamera, unten mit Blitz von links mit Reflexionsschirm, Model Anuschka, Fotograf:
▼ Martin Zurmühle.

dioblitzanlagen ermöglichen. Zudem können Sie die Lage des Blitzgerätes dank der Fernsteuerung durch die IR-Blitzfernsteuereinheit SU-800 frei im Raum platzieren und so das Gesicht perfekt ausleuchten.

15.5 Ein kleines Fotostudio mit dem Makroblitzset

Advanced Wireless Lighting ist eine spannende und gar nicht so schwierige Sache. Die Stroboskopaufnahmen mit Model Marie im letzten Kapitel habe ich so gemacht. Um Ihnen die großen Möglichkeiten zu demonstrieren, zeige ich Ihnen den Einsatz eines Makroblitzsets, das Sie sehr gut auch als kleines Fotostudio einsetzen können. Damit üben Sie im Kleinen, wie Sie das Licht steuern und die Lichtqualität mit Vorsätzen und Hilfsmitteln beeinflussen können.

Das Makroblitzset R1C1 von Nikon ist ein kabelloses Blitzsystem für vollautomatische Blitzaufnahmen im Makro- und Nahbereich. Das Kit besteht aus zwei externen Blitzgeräten vom Typ SB-R200, die am Objektiv befestigt werden können, und der

IR-Blitzfernsteuerungseinheit SU-800. Die für die Belichtung und Blitzleistung relevanten Informationen sowie das Signal zum Auslösen der Blitzgeräte werden kabellos mithilfe einer Infrarotverbindung von der Blitzfernsteuerungseinheit an die Blitzgeräte übermittelt. Für meine Aufnahmen verwende ich einen Master-Satz R1C1 für den Makrobetrieb und ein zusätzliches Slave-Blitzgerät SB-R200. Neben den Blitzgeräten wird ein umfangreiches Zubehör für die Makro- und Nahfotografie mitgeliefert:

	Master-Satz R1C1 für Makrobetrieb	Slave-Blitzgerät SB-R200
IR-Blitzfernsteuereinheit SU-800	1	
Slave-Blitzgeräte SB-R200	2	1
Anschlussring		
Adapterringsatz 52, 62, 67, 72, 77 mm	1 Satz	
Ultranahbereichsvorsatz	2	

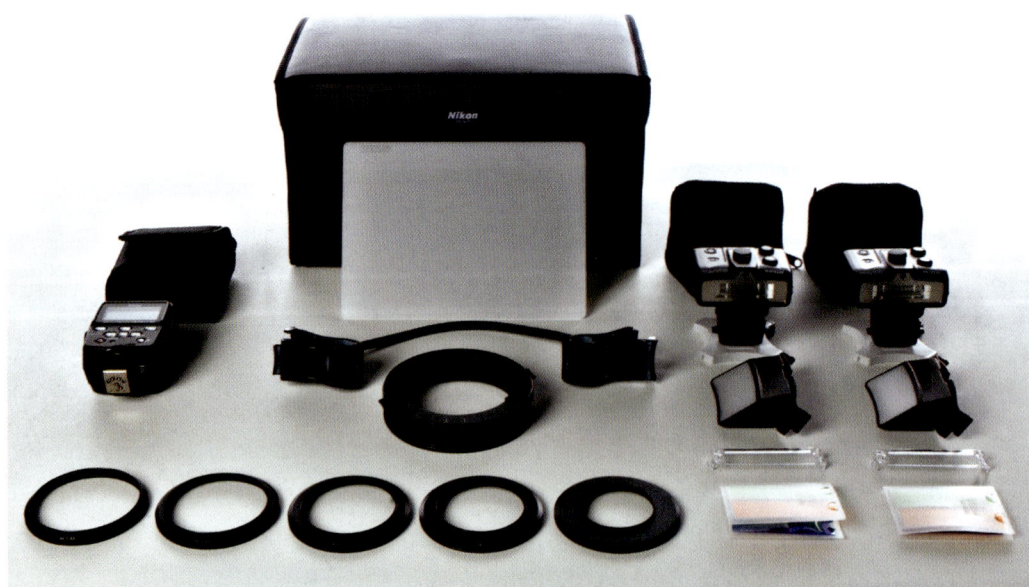

▲ *Der Master-Satz R1C1 von Nikon, eine kleine Studioausrüstung für Makro- und Nahaufnahmen.*

	Master-Satz R1C1 für Makrobetrieb	Slave-Blitzgerät SB-R200
Farbfilterhalter	2	1
Farbfilterfolien-Set	2 x 4 Filter	1 x 4 Filter
Standfuß	2	1
IR-Filtervorsatz für integrierte Blitzgeräte	1	
Flexibler Cliparm	1	
Streuscheibe		
Taschen für die Blitzgeräte	4	1
Tasche für die ganze Ausrüstung	1	

Schön am SU-800 ist, dass Sie damit neben den kleinen Makroblitzen SB-R200 auch zusätzliche Blitzgeräte vom Typ SB-600 oder SB-800 steuern können. Damit stehen Ihnen auch für Innen- und Außenaufnahmen die Funktionen von Nikons Advanced-Wireless-Lighting-System in vollem Umfang zur Verfügung. Sie können arbeiten wie in einem Fotostudio und die Blitzgeräte frei im Raum platzieren und so das Licht optimal einsetzen.

Ideal für Makro- und Nahaufnahmen ist das kleine Slave-Blitzgerät SB-R200. Es hat nur eine Leitzahl von 10 und kann nur als Slave-Blitzgerät eingesetzt werden, weshalb es auch keinen passenden Steckfuß für den Zubehörschuh der Kamera hat. Mit dem Makrozubehör lässt es sich aber leicht seitlich am Objektiv befestigen oder mit einem Standfuß frei in den Raum stellen. Zudem können Sie den Blitzkopf um 45° nach unten und 60° nach oben kippen.

Sie erhalten für Ihr Geld eine umfassende Studioblitzausrüstung im Kleinen, mit der Sie schon ganz spannende Dinge machen können. Das Blitzen mit dem Makroblitzset funktioniert ähnlich wie beim Advanced Wireless Lighting mit mehreren SB-800. Speziell ist allerdings, dass die IR-Blitzfernsteuereinheit SU-800 anstelle eines Blitzgerätes am Zubehörschuh der Kamera montiert wird. Diese funktioniert wie ein Master-Blitzgerät, sendet aber keine Lichtblitze, sondern steuert die externen Blitzgeräte mit Infrarotblitzen.

▲ Das Slave-Blitzgerät SB-R200 von Nikon.

Wie funktioniert nun das Grundprinzip der Blitzsteuerung? Eigentlich ist es ganz einfach. Die IR-Blitzsteuerungseinheit SU-800 wird auf den Zubehörschuh der Kamera montiert und funktioniert wie ein Master-Blitzgerät (ohne zu blitzen).

▲ Die IR-Blitzfernsteuereinheit SU-800, links: Display und Funktionstasten, rechts: Infrarotsensor.

Die Slave-Blitzgeräte werden am Objektiv fixiert oder im Raum verteilt und schon kann es losgehen.

Damit aber alles richtig läuft, müssen die beteiligten Geräte aufeinander abgestimmt werden. Dadurch wird die Kommunikation der einzelnen Blitzgeräte untereinander sichergestellt. Dazu stellen Sie den Übermittlungskanal (von 1 bis 4) und die Blitzgruppe (A, B, oder C) ein. Wichtig ist, dass alle beteiligten Geräte den gleichen Übermittlungskanal eingestellt haben (in der Regel 1), sonst erhalten die Slave-Blitze keine Befehle von der IR-Blitzsteuerungseinheit.

immer auf Kanal 1. Nur wenn im näheren Umkreis andere Fotografen ebenfalls mit Advanced Wireless Lighting arbeiten, müssen Sie miteinander die Kanäle absprechen. Sonst werden die Blitze gegenseitig ausgelöst.

Rechts unten schalten Sie das Gerät ein oder aus (ON/OFF). Drücken Sie den Lichtknopf oben rechts länger als eine Sekunde, dann wird für 60 Sekunden ein Positionierungshilfslicht eingeschaltet. Das

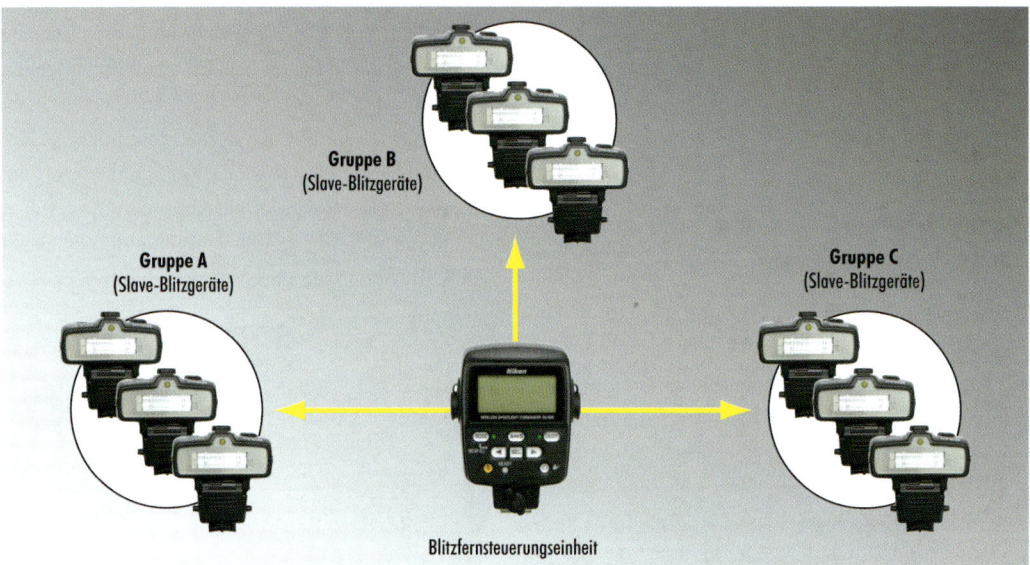

Schauen wir uns diese Einstellungsmöglichkeiten zuerst bei den Slave-Blitzgeräten an. Oben links stellen Sie zuerst die Blitzgruppe ein (GROUP). Wollen Sie alle Blitze mit gleicher Leistung auslösen, arbeiten Sie am besten bei allen Blitzgeräten mit der Gruppe A.

Erst wenn Sie Blitze mit unterschiedlichen Leistungen auslösen möchten, benötigen Sie die anderen Gruppen. Jede Blitzgruppe kann eines oder mehrere Blitzgeräte umfassen. Die Blitzleistung wird für jede Gruppe getrennt an der IR-Blitzsteuerungseinheit SU-800 eingestellt.

Unten links stellen Sie den Übermittlungskanal (CHANNEL) ein. Auch hier bleiben Sie am besten

kleine Licht befindet sich direkt oberhalb des Blitzlichts und zeigt Ihnen die Blitzrichtung an. Das ist eine sehr hilfreiche Einrichtung zur besseren Beurteilung der Lage des Blitzlichts.

Sobald das SB-R200 eingeschaltet und bereit ist, leuchtet die Bereitschaftsanzeige rot. Wird das Blitzlicht mit voller Leistung ausgelöst, dann blinkt die Anzeige etwa drei Sekunden lang.

Verkürzen Sie dann die Blitzdistanzen, um eine ausreichende Belichtung des Motivs zu erhalten. Die gesamte Steuerung der verschiedenen Slave-Blitzgeräte erfolgt von der IR-Blitzsteuerungseinheit SU-800 aus.

Auf der Vorderseite des Gerätes sind die IR-Blitze und das Batteriefach angeordnet. Auf der Rückseite befindet sich das Display mit den Eingabetasten. Öffnen Sie das Batteriefach, dann finden Sie dort auf der linken Seite einen Schieber, der den Blitzmodus des Gerätes einstellt.

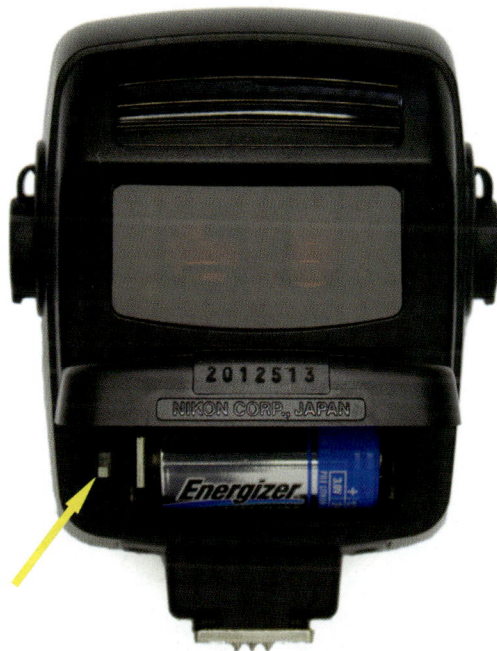

▲ Der Schieber im Batteriefach, der den Blitzmodus bestimmt.

Bevor Sie das Gerät verwenden, müssen Sie entscheiden, in welchem Blitzmodus Sie arbeiten möchten. Es stehen Ihnen zwei Möglichkeiten zur Verfügung:

Makroblitz-betrieb	Beim Makroblitzbetrieb stellen Sie das Verhältnis der verschiedenen Blitzgruppen zueinander ein. Dieses Verfahren geht ausschließlich mit den SB-R200 Blitzgeräten.
Master-Blitz-betrieb	Im Master-Blitzbetrieb werden die Leistungen der maximal drei Gruppen individuell eingestellt. Dieses Verfahren geht mit dem SB-R200 sowie den beiden größeren Blitzgeräten SB-600 und SB-800.

Makroblitzbetrieb

Im Makroblitzbetrieb können Sie entweder mit zwei oder drei Gruppen arbeiten. Bei zwei Gruppen geben Sie an, in welchem Leistungsverhältnis die Blitze ausgelöst werden. Das ist vor allem dann sinnvoll, wenn die Blitze am Anschlussring beim Objektiv montiert sind. Dann sind die Abstände der Blitzgeräte zum Motiv etwa gleich und die Lichtleistung entspricht genau dem eingestellten Verhältnis.

Entfernen Sie ein Blitzgerät vom Anschlussring und halten Sie es mit einem größeren Abstand in der Hand, dann entscheidet zusätzlich die Distanz des Blitzgerätes zum Motiv über die Lichtmenge, die auf das Motiv trifft.

Mit den beiden Pfeiltasten verschieben Sie nun das Leistungsverhältnis zwischen den beiden Gruppen A und B, ausgehend von 1:1 (1:1,5, 1:2, 1:3 bis 1:8). Mit der A-B-Taste wechseln Sie zwischen der Gruppe A oder B und legen mit den beiden Pfeiltasten die Leistungskorrekturen in 1/3-LW (EV) von -3 bis +3 LW fest.

Mit der MODE-Taste können Sie wechseln zwischen der Verhältnisanzeige von Gruppe A zu B mit der TTL-Blitzsteuerung oder dem Arbeiten mit manueller Blitzsteuerung mit Leistungsangaben in Bruchteilen von der Maximalleistung (von 1/1 bis 1/64). Die Funktionstaste (SEL) dient zur Auswahl der zu

▲ Eine Makroaufnahme mit zwei Blitzgeräten mit TTL-Blitzsteuerung im Verhältnis 1:2, Fotograf: Martin Zurmühle.

ändernden Funktionen. Sie können damit auch den Übermittlungskanal auswählen und ändern.

▲ Arbeiten mit zwei Gruppen, links: TTL-Blitzsteuerung, rechts: manuelle Blitzsteuerung.

Wollen Sie mit drei Gruppen arbeiten (was nur in Ausnahmefällen sinnvoll ist), dann drücken Sie die Funktionstaste etwa zwei Sekunden lang.

Nun wird zusätzlich unten bei beiden Anzeigen die Gruppe C eingeblendet, die dann allerdings immer nur als Bruchteil der Blitzleistung eingestellt werden kann und somit nur mit manueller Blitzsteuerung funktioniert. Das erschwert die Bedienung und die richtige Belichtungsmessung bei der Aufnahme.

▲ Arbeiten mit drei Gruppen, links: TTL-Blitzsteuerung, rechts: manuelle Blitzsteuerung.

Im Makroblitzbetrieb mit zwei an den Anschlussring beim Objektiv montierten Blitzgeräten ist es mit der TTL-Blitzsteuerung ein Kinderspiel, gute Makroaufnahmen zu machen. Und falls Sie nur mit einem Blitzgerät arbeiten möchten, schalten Sie einfach das zweite ab.

▲ Fotografieren mit der IR-Blitzsteuerungseinheit SU-800 und zwei Slave-Blitzen SB-R200.

Master-Blitzbetrieb

Im Master-Blitzbetrieb haben Sie die größtmögliche Kontrolle über das Blitzen. Sie können Ihre Blitzgruppen frei im Raum platzieren und die Lichtstärke der einzelnen Gruppen an der IR-Blitzsteuerungseinheit SU-800 eingeben. Dabei haben Sie

zusätzlich noch die Wahl, welche Blitzsteuerung bei welcher Gruppe eingesetzt werden soll. Es stehen Ihnen dazu fünf Varianten zur Verfügung, die allerdings nicht mit allen Blitzgeräten funktionieren:

TTL	SB-R200, SB-600 und SB-800
AA	nur SB-800
M	SB-R200, SB-600 und SB-800
RPT	nur SB-600 und SB-800
– (Blitz aus)	SB-R200, SB-600 und SB-800

Für jede Gruppe können Sie nun den Blitzsteuermodus festlegen und eine Blitzleistungskorrektur (von -3 bis +3 EV) vornehmen. Mit der Funktionstaste (SEL) wählen Sie wie im Makroblitzbetrieb die verschiedenen Funktionen an, die dann mit der MODUS-Taste oder den Pfeiltasten angepasst werden.

▲ Einstellungen im Master-Blitzbetrieb, links: mit TTL-Blitzsteuerung, rechts: gemischte Blitzsteuerung.

Eine einheitliche TTL-Steuerung ist sicher am einfachsten. Brauchen Sie aber die volle Leistung, können Sie manuell arbeiten und mit der Blitzdistanz die Belichtung beeinflussen. Am besten testen Sie in aller Ruhe die verschiedenen Funktionen anhand einer Aufnahmesituation durch und finden für sich die besten Einstellungen heraus.

Ein Sonderfall sind Stroboskopblitze. Dafür kann das SB-R200 nicht verwendet werden. Die Grundsätze des Stroboskopblitzens haben Sie bereits in Kapitel 14 kennengelernt. Ich habe diese Aufnahmen mit zwei SB-800 gemacht, die durch eine IR-Blitzsteuerungseinheit SU-800 gesteuert wurden. Durch zwei Sekunden langes Drücken der Funktionstaste (SEL) gelangen Sie in den RPT-Modus. Nun können Sie jede Gruppe für den Stroboskopbetrieb ein- oder ausschalten. Alle eingeschalteten Gruppen arbeiten mit den gleichen Einstellungen.

Geben Sie nun die bekannten Angaben für die Stroboskopblitze ein: die manuelle Blitzleistung in Bruchteilen der Maximalleistung (von 1/8 bis 1/128), die Blitzfrequenz in Hz (von 1 bis 100 Hz) und die Anzahl der auszulösenden Blitze (von 1 bis 90). Natürlich müssen Sie hier wie immer auch den richtigen Kanal auswählen (in der Regel 1). Im Beispiel ist nur die Gruppe A aktiviert, die Blitzleistung beträgt 1/8, die Frequenz 4 Hz, es werden fünf Blitze gezündet und der Übermittlungskanal ist 1.

Bei geeigneten DSLR-Kameras funktioniert auch die FP-Kurzzeitsynchronisation und der Blitzbelichtungs-Messwertspeicher (FV Lock) mit diesen Blitzgeräten. Sie können vor der Aufnahme die Blitzgeräte und die Lichtwirkung testen. Durch das Drücken der orangen Testblitztaste (links unten) an der IR-Blitz-

steuerungseinheit lösen alle Slave-Blitzgeräte von Gruppe A nach C im Abstand von einer Sekunde mit einer Blitzleistung von 1/64 aus. Drücken Sie die Taste rechts unten länger als eine Sekunde, wird bei allen Slave-Blitzgeräten das Positionshilfslicht für 60 Sekunden eingeschaltet und Sie können die Lage der Blitzlichter kontrollieren. Ein kurzes Drücken dieser Taste führt im Makroblitzbetrieb zum Aktivieren des Einstelllichts, das während etwa einer Sekunde leuchtet und eine Beurteilung der Licht- und Schattenwirkung erlaubt. Bei geeigneter DSLR führt das Drücken der Abblendtaste am Kameragehäuse zum gleichen Effekt (sowohl im Makroblitzbetrieb als auch beim Master-Blitzbetrieb).

Bei wenig Licht aktiviert die Kamera das Autofokus-Hilfslicht des SU-800. Dieses kann durch langes Drücken (zwei Sekunden) der Tastenkombination MODE und linke Pfeiltaste ein- und ausgeschaltet werden. Das Hilfslicht funktioniert aber nur beim Master-Blitzbetrieb und reicht je nach verwendeten Objektiven maximal 10 m weit.

Bei der Platzierung der Slave-Blitzgeräte sind Sie nicht ganz frei. Die Reichweite des SU-800 ist beschränkt auf ca. 3–4 m, der Abstrahlwinkel beträgt links und rechts der Aufnahmerichtung ca. 30°. In Zusammenarbeit mit dem SB-800 konnte ich aber auf wesentlich größere Distanz die Blitzgeräte auslösen. Auch hier sollten Sie mit Testaufnahmen die Leistungsfähigkeit Ihrer Geräte überprüfen.

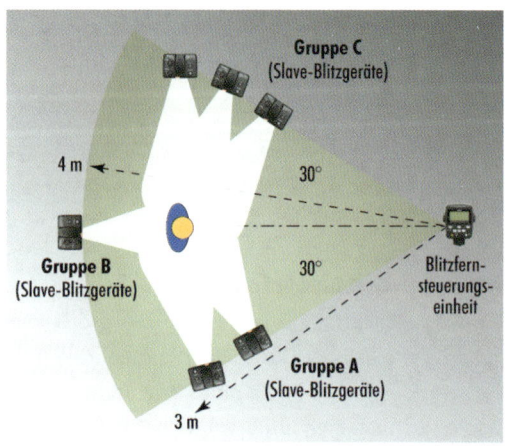

15.6 Bildbeispiele mit Master-Blitzsteuerung

Sie kennen nun die technischen Grundlagen für das Advanced-Wireless-Lighting-System. Im Folgenden zeige ich Ihnen anhand von konkreten Beispielen, wie Sie die Blitzgeräte mit der Master-Blitzsteuerung in der Praxis einsetzen können. F

ür eine optimale Bildqualität benötigen Sie nur noch ein geeignetes Umfeld. Ideal dafür sind Multifunktionsaufnahmetische (Still Life Multi Table), die in verschiedenen Preisklassen im Fachhandel angeboten werden. Sie gleichen kleinen Fotostudios mit Rückwänden und neutralen oder durchscheinenden Glasplatten.

Natürlich können Sie sich aber auch mit etwas handwerklichem Geschick selbst mit Karton und Papier eine geeignete Fotoumgebung bauen.

▲ Ein Still Life Multi Table von Elinchrom. (Foto: Elinchrom)

Blitzen mit einem Blitzgerät

Als Demonstrationsbeispiel der Blitztechnik fotografiere ich drei Gläser mit farbigen Getränken. Bei der ersten Aufnahme (alle Aufnahmen mit TTL-Steuerung) richte ich den Blitz von oben und hinten auf die Gläser. Die weiße Rückwand wird völlig schwarz wiedergegeben und die Gläser werfen harte farbige Schatten nach vorn.

▲ Ein Blitz von hinten, oberhalb der Gläser, Fotograf: Martin Zurmühle.

Blitzen mit zwei Blitzgeräten

Bei zwei Blitzgeräten können Sie wählen, ob Sie beide Blitze mit der A-Gruppe (und somit gleicher Leistung) oder ein Gerät mit der A-Gruppe und ein Gerät mit der B-Gruppe (mit dann auch abweichenden Leistungen) einsetzen wollen. Ich habe bei der nächsten Aufnahme beide Blitzgeräte genau seitlich im gleichen Abstand platziert.

Ich wählte die gleiche Blitzleistung, um eine ausgewogene Beleuchtung zu erhalten. Deshalb stellte ich bei beiden Geräten die Gruppe A ein. Die Gläser und die Rückwand sind nun schön ausgeleuchtet, aber die Schatten wirken ungewöhnlich und spannungslos.

▲ Zwei Blitze von der Seite, Fotograf: Martin Zurmühle.

Blitzen mit drei Blitzgeräten

Bei drei Blitzgeräten haben Sie viele Steuerungsmöglichkeiten. Sie können jeden Blitz mit unterschiedlichen Leistungen separat steuern (mit der A-, B- und C-Gruppe). Beim Beispielbild beleuchtete ich den Hintergrund mit zwei seitlich platzierten Blitzen. Diese stellte ich auf die B-Gruppe, sodass die Blitzleistung beider Blitze gleich bleibt (TTL ohne Korrektur).

Mit dem Hauptblitz beleuchtete ich von hinten und oben die Gläser, sodass diese einen harten Schatten nach vorn werfen. Ich stellte diesen Blitz auf die A-Gruppe und korrigierte die Blitzleistung um -0,5 EV.

Arbeiten mit farbigem Licht

Noch mehr Möglichkeiten haben Sie beim Einsatz der farbigen Folien, die im Nikon Master-Satz R1C1 mitgeliefert werden. Zur Befestigung der Folien benötigen Sie den ebenfalls mitgelieferten Farbfilterhalter. Nun können Sie die verschiedensten Farbkombinationen auf der weißen Rückwand erzeugen. Beim Beispielbild wählte ich die Farbe Blau, die gut zu den beiden Grundfarben Gelb und Rot der Gläser passt.

Sie sehen, mit dem Nikon Master-Satz R1C1 können Sie mit etwas Übung und Experimentieren im Kleinen Bilder aufnehmen, wie sie sonst nur in gut eingerichteten Fotostudios möglich sind. Leider sind die Lichtstärke der Blitzgeräte und die Möglichkeiten zur Beeinflussung des Lichts gering. Für größere Motive führt so kein Weg vorbei am kleinen Fotostudio.

▲ Zwei Blitzgeräte beleuchten seitlich den Hintergrund, ein Blitzgerät beleuchtet von hinten oben die Gläser, Fotograf: Martin Zurmühle.

▲ Ein Blitz mit blauer Folie von unten auf die Rückwand, ein Blitz von hinten rechts auf die Gläser, Fotograf: Martin Zurmühle.

16

Ein einfaches Fotostudio mit Dauer- und Blitzlicht

Moderne Elektronenblitzgeräte sind sehr leistungsfähig. Sie haben aber den großen Nachteil, dass sie keine umfassende Beurteilung des Lichts vor der Aufnahme erlauben. Zudem ist es schwierig, im Freien oder in Gebäuden gute Aufnahmeorte zu finden, an denen man ungestört arbeiten kann und alles unter Kontrolle hat.

Aus diesen Gründen hat ein Fotostudio noch immer einen großen Stellenwert. Sie brauchen sich deswegen aber nicht in große Unkosten zu stürzen. Ich zeige Ihnen, wie Sie auch in Ihrem Wohnzimmer oder in Kellerräumen kleine Studios einrichten können. Und wenn Sie das Studiovirus gepackt hat, gebe ich Ihnen Hinweise, wie Sie ein etwas größeres, für ambitionierte Amateure geeignetes Studio einrichten.

16.1 Ein einfaches Foto-studio in der Wohnung

Im letzten Kapitel haben Sie gesehen, wie leistungsfähig die heutigen Elektronenblitzgeräte sind. Wieso braucht es da noch ein Fotostudio? Auch die modernsten Blitzgeräte haben einen gravierenden Nachteil: Sie erlauben keine wirklich präzise Beurteilung der Lichtsituation vor der Aufnahme. Ein Einstelllicht von einer Sekunde Dauer ist einfach zu kurz und nur eine Behelfslösung. Nur das Studiolicht erlaubt eine umfassende Beurteilung des Lichts vor dem Fotografieren. Ein zweiter wichtiger Grund liegt in den kontrollierten Aufnahmebedingungen. Fotografieren Sie im Freien oder in Räumen, müssen Sie viele zusätzliche Probleme bewältigen:

■ Wie sind die Lichtverhältnisse, wo steht die Sonne, wie laufen die Schatten?

■ Wie sind die klimatischen Verhältnisse beim Fotografieren (Kälte, Nässe, Wind)?

■ Wo findet man geeignete Räume und braucht man spezielle Bewilligungen, um dort zu fotografieren?

■ Wo gibt es Hintergründe, die nicht vom Motiv ablenken?

■ Wie ist die Zugänglichkeit, kann man ungestört arbeiten?

Diese noch nicht abschließende Aufzählung zeigt Ihnen, dass es nicht leicht ist, vor allem für die People-Fotografie geeignete Orte zu finden. In einem Studio sieht die Situation ganz anders aus. Dort haben Sie die ultimative Kontrolle über das Licht, Sie haben neutrale Hintergründe, die nicht vom Motiv ablenken, und Sie können in Ruhe arbeiten.

Ein Studio muss aber nicht teuer sein. Mit einigen Hilfsmitteln können Sie leicht auch Ihr Wohnzim-

▼ *Eine perfekt ausgeleuchtete Aufnahme, die nur unter Studiobedingungen möglich ist, Model Andrea, Fotograf: Martin Zurmühle.*

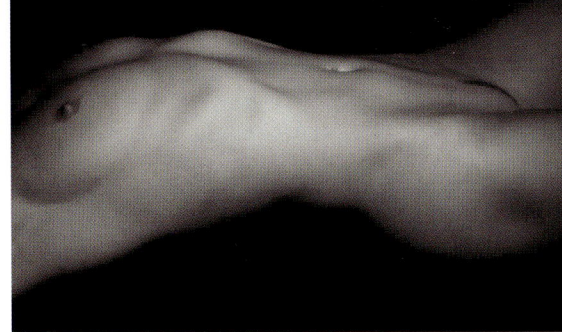

mer zum Fotografieren umbauen. Als ich mit der Aktfotografie begann, hatte ich eine kleine mobile Studioblitzanlage, aber kein Fotostudio. Ich habe deshalb auf einfache Weise bei meinen Models ein improvisiertes Studio eingerichtet. Grundsätzlich benötigen Sie für ein Fotostudio folgende Dinge:

- Einen geeigneten, genügend großen Raum.
- Lichtquellen (starkes Dauerlicht oder Studioblitzgeräte).
- Einen neutralen Hintergrund.

▲ Eine Low-Key-Aufnahme mit schwarzen Samttüchern als Hintergrund, Fotograf: Martin Zurmühle.

Geeignete Räume

Für ein kleines Studio für Porträt-, Mode und Aktaufnahmen brauchen Sie eine Fläche von mindestens 4 x 4 m. Das ist genug für Porträt- und Teilkörperaufnahmen. Für Ganzkörperaufnahmen ist es etwas knapp, weil Sie mit einem starken Weitwinkel arbeiten müssen, was zu unschönen Verzerrungen führt. Ein länglicher Raum, zum Beispiel 4 x 6 m, bietet genügend Abstand auch für Ganzkörperaufnahmen. Alles, was größer ist, bietet natürlich mehr Möglichkeiten. Nun müssen Sie die vorhandenen Fenster abdunkeln. Je dunkler Sie den Raum machen können, desto besser steuern Sie anschließend das Licht. Neben den im Raum vorhandenen Verdunkelungseinrichtungen (Sonnenstor, Rollläden, Fensterläden) können Sie die Öffnungen mit schwarzen Tüchern abdecken.

Der dritte Faktor ist ein neutraler Hintergrund. Schwarze und weiße Hintergründe sind leicht herzustellen. Für einen schwarzen Hintergrund verwenden Sie am besten schwarze Stoffbahnen am laufenden Meter. Ich habe mir sechs Bahnen schwarzen Samtstoff mit einer Breite von 160 cm und einer Länge von 350 cm gekauft. Hiermit konnte ich kleine Räume völlig schwarz einkleiden. Damit lassen sich schon ganz schöne Low-Key-Aufnahmen gestalten. Kleine Fehler (z. B. sichtbare Falten im Tuch) lassen sich leicht in der Bildbearbeitung korrigieren. Weiße Hintergründe können Sie mit Leinentüchern improvisieren. Diese befestigen Sie mit Malerkreppband an den Wänden. Wenn Sie nun viel Licht auf die weißen Laken ge-

ben, werden sie völlig weiß wiedergegeben. Und falls das nicht ganz gelingt, können Sie auch bei High-Key-Bildern leicht in der Bildbearbeitung etwas nachhelfen. Durch eine enge Wahl des Ausschnitts verkleinern Sie den Nachbearbeitungsaufwand beträchtlich.

Das Bild mit der Lilie habe ich in einem kleinen Raum von ca. 4 x 4 m gemacht. Ich habe den Raum mit Leinentüchern ausgekleidet. So konnte ich diese leichte und luftige Aufnahme machen.

▼ Eine High-Key-Aufnahme mit Leinentüchern im Hintergrund, Fotograf: Martin Zurmühle.

Farbige Hintergründe sind schwieriger zu realisieren, vor allem auch, weil die Korrekturen in der Bildbearbeitung schwieriger werden. Was leider nicht geht, sind schöne gleichmäßig ausgeleuchtete Hintergründe, wie es die Studiokartons bieten. Aber auch dafür gibt es ganz einfache Lösungen. So bietet die Firma Manfrotto ausziehbare Stangen mit Befestigungsmöglichkeiten für Rückwandkartenrollen an. Damit können Sie in praktisch jedem Raum auch einen professionellen Studiohintergrund mobil einrichten.

▲ Mobile Rückwand mit seitlich ausziehbaren Stangen von Manfrotto.

Haben Sie einen weiß gestrichenen Raum, benötigen Sie nicht einmal spezielle Rückwände. Tapeten mit Mustern stören hingegen auf den meisten Bildern. Auch der Boden sollte neutral sein. Ein schönes Holzparkett sieht meistens gut aus. Oder Sie streichen den Boden mit einer neutralen Farbe (vor

allem bei Kellerräumen eine gute Lösung). Störend auf den meisten Bildern sind Sockelleisten, die nicht zur Studioatmosphäre passen. Mit so präparierten Räumen können Sie schon sehr schöne Beauty-Aufnahmen machen.

▲ Aufnahme in einem weiß gestrichenen Keller, Model Anuschka, Fotograf: Martin Zurmühle.

Lichtquellen

Als Lichtquellen für mobile Studios eignen sich günstige Halogenscheinwerfer oder ein kostengünstiges kleines Studioblitzset. Die Studioblitzgeräte stelle ich Ihnen im nächsten Abschnitt vor.

Die billigste Variante sind sicher starke Bauscheinwerfer mit 500 Watt Leistung, die Sie im Baumarkt kaufen können. Mit dieser Lichtstärke kann auch mit lichtschwächeren Objektiven und noch genügend kurzer Belichtungszeit gearbeitet werden. Diese Lichtquelle hat aber gewichtige Nachteile:

- Sie brauchen viel Strom und entwickeln eine große Hitze, sodass der Raum schon nach kurzer

Zeit sehr warm wird und das Model zu schwitzen beginnt.

- Das Licht lässt sich nicht mit Vorsätzen beeinflussen, sodass die Lichtsteuerung nur ganz beschränkt möglich ist.
- Das Farbspektrum der billigen Leuchten ist nicht gleichmäßig, sodass es zu Farbstichen kommen kann.
- Die Lichtmenge ist trotz der hohen Wattzahl knapp und Sie müssen mit längeren Belichtungszeiten oder offener Blende arbeiten.

▲ Ein improvisiertes Ministudio mit einem Bauscheinwerfer und einem Diffusor aus Backpapier.

Trotz dieser gewichtigen Einschränkungen können Sie auch mit Bauscheinwerfern spannende Bilder machen. Der junge Schweizer Fotograf Dominik Hodel machte aus der Not eine Tugend und hat mit einfachsten Mitteln tolle Aufnahmen realisiert. In seinem Zimmer baute er mit einem Bauscheinwerfer, einem selbst gebauten Diffusor (aus einem alten Bilderrahmen bespannt mit einem Backpapier) und einer aus einer Posterrückseite hergestellten weißen Rückwand ein Minifotostudio auf.

Vorteile des Dauerlichts

Man sieht genau, was man bekommt, die Verteilung von Licht und Schatten kann genau beurteilt werden.

Gute Ergänzung zum bestehenden Kunstlicht.

Die Farbtemperatur lässt sich gut auf das vorhandene Licht abstimmen.

Einfache, bewährte und sichere Lösung.

Es kann mit offener Blende (kleine Schärfentiefe) und langen Belichtungszeiten (Bewegungsunschärfe) gearbeitet werden.

Auch mit so einfachen Mitteln lassen sich spannende Bilder gestalten. Dominik Hodel machte aus seinen alten Turnschuhen (siehe auch Bilder auf der folgenden Seite) durch die spannende Beleuchtung und eine gekonnte Anordnung eine kunstvolle Aufnahme.

Bei Innenaufnahmen können Sie das Dauerlicht direkt und indirekt über die Wände einsetzen. Dann erhalten Sie ein sehr weiches Licht mit feinen Übergängen von Licht zu Schatten. Die Lichtmenge ist aber oft sehr knapp.

◀ Ein einfaches Motiv kunstvoll fotografiert und gestaltet, Fotograf: Dominik Hodel.

EXIF-Daten	
Brennweite	63 mm
Belichtungszeit	1/30 Sek.
Blendenwert	3.5
Empfindlichkeit	ISO 200

Nachteile des Dauerlichts

Hoher Stromverbrauch der Leuchten (benötigen leistungsstarke Sicherungen) mit einer großen Hitzeentwicklung.

Wegen der geringen Lichtmenge muss mit offenen Blenden, hohen ISO-Werten oder langen Belichtungszeiten gearbeitet werden.

Kein Einfrieren von Bewegungen möglich.

Sperrige und schwere Leuchten.

Farbtemperatur ändert sich mit dem Alter der Leuchten.

So musste Dominik Hodel bei der nächsten Aufnahme die Empfindlichkeit der Kamera auf ISO 400 stellen und mit einer offenen Blende von 3.3 arbeiten, um bei der vorhandenen Raumbeleuchtung mit normalem Glühlampenlicht noch eine genügend kurze Belichtungszeit von 1/60 zu erhalten. Aber auch mit diesen Einschränkungen konnte er ein sehr schönes und sinnliches Bild aufnehmen.

Natürlich gibt es im Fachhandel auch professionelles Dauerlicht (Halogenlampen, Gasentladungslampen, HMI-Leuchten oder Studioleuchtstofflampen). Diese haben ein perfektes Spektrum und sind entweder auf 3.200 Kelvin oder 5.500 Kelvin abgestimmt. Der Vorteil dieser Systeme liegt darin,

◄ Aufnahme mit indirektem Licht eines Baustrahlers, Fotograf: Dominik Hodel.

EXIF-Daten	
Brennweite	63 mm
Belichtungszeit	1/60 Sek.
Blendenwert	3.3
Empfindlichkeit	ISO 400

dass Sie genau sehen, was Sie aufnehmen. Beim Studioblitzlicht weicht der Strahl des Blitzlichts ganz leicht vom Einstelllicht ab, was vor allem bei Nahaufnahmen zu kleineren Veränderungen führen kann. Aufgrund der Nachteile eignen sich diese Leuchten eher für professionelle Sachaufnahmen und sind so für Amateure weniger gut geeignet als die kleinen, mobilen Studioblitzanlagen. Und falls Sie die Vorzüge des Dauerlichts ausnutzen möchten, können Sie auch mit dem Einstelllicht der Studioblitzanlage fotografieren.

▲ Halogen ScanLite 1000 von Elinchrom mit einer Leistung von 1.000 Watt. (Foto: Elinchrom)

16.2 Kleines Fotostudio für ambitionierte Amateure

Ein kleines Fotostudio ist der Traum vieler Amateurfotografen. Natürlich können Sie immer ein improvisiertes Fotostudio im Wohnzimmer aufbauen. Aber das ist nur eine unbefriedigende Lösung, da Sie alles bei jedem Shooting auf- und nachher wieder abbauen und wegräumen müssen. Das ist auf die Dauer doch nervend und der Wunsch nach einem gut eingerichteten, kleinen Fotostudio wird wachsen.

Fotografieren Sie nicht sehr häufig und möchten Sie nur von Zeit zu Zeit in einem Studio arbeiten, ist der einfachste und kostengünstigste Weg das Mieten eines geeigneten Studios in Ihrer Nähe. Die Mietpreise schwanken dabei beträchtlich, je nach Größe und Einrichtung. Die Kosten liegen im Bereich von 50 Euro pro Stunde oder 100 bis 150 Euro für einen halben Tag.

Vielleicht können Sie aber auch in einer Gruppe gemeinsam ein Studio einrichten und betreiben. Dann verteilen sich die Kosten und jeder kann eine gewisse Zeit das Studio zur eigenen Verfügung nutzen. Da jedoch beträchtliche Kosten beim Einrichten entstehen, sollten Sie in solchen Fällen im Vorfeld alles vertraglich regeln. Damit vermeiden Sie unnötigen Streit.

Haben Sie in Ihrem Haus einen geeigneten Kellerraum, können Sie natürlich auch dort ein Fotostudio einrichten. Ich gebe Ihnen hier ein paar Hinweise, was alles in einem kleinen Fotostudio vorhanden sein sollte. Natürlich brauchen Sie nicht alles gleich zu Beginn. Wenn Sie aber schon am Anfang wissen, wie Ihr Studio am Ende aussehen sollte, dann machen Sie keine falschen Anschaffungen.

Schauen wir zuerst die festen Einrichtungen im Raum an:

Raum-größe	minimal 4 x 5 m, ideal 6 x 7 m
Raum-höhe	minimal 220 cm, ideal 300 cm oder mehr
Wände/Decke	Wände weiß, Decke schwarz, möglichst fensterlos
Boden-belag	fußwarmer Bodenbelag (Kork, Holz, Kunststoff)
Rückwän-de	mindestens 1 Rückwandhalter, ideal 3 (Farben Weiß, Schwarz, Mittelgrau)
Schränke	1 Materialschrank und Lagerraum/-ecke für Requisiten
Installa-tionen	Raumlicht, viele Steckdosen
Neben-räume	Umziehmöglichkeit, Spiegel, WC, Waschbecken und evtl. eine Dusche

Die Rückwandkartonrollen haben eine Normbreite von 275 cm. Da Sie neben der Rückwand noch Platz für die Blitzgeräte brauchen, muss der Raum mindestens 4 m breit sein. Die ideale Breite beträgt aber schon 6 m. Dann haben Sie auch seitlich neben der Rückwand genügend Platz. Eine Tiefe von 5 m reicht knapp aus für Ganzkörperaufnahmen. Da das Model bei Porträt- und Modeaufnahmen mindestens 1,5 – 2 m von der Rückwand entfernt

sein sollte, ist eine Raumtiefe von 6 – 7 m empfehlenswert. Dann müssen Sie nicht mit zu weitwinkligen Objektiven arbeiten.

Bei der People-Fotografie fast noch wichtiger als die Raumbreite und -tiefe ist die Raumhöhe. Bei einer zu geringen Höhe können Sie nur horizontal oder von oben fotografieren. Gehen Sie stark nach unten, kommen die Rollen der Rückwände und die Decke mit aufs Bild. Eine Raumhöhe von 300 – 350 cm ist optimal. Noch höhere Räume führen zu Problemen bei Befestigungen an der Decke.

Die Wände sollten in einem neutralen Weiß gestrichen werden. Farbbeimischungen führen zu Farbstichen auf den Bildern. Schwarze Wände wären wohl ideal für Low-Key-Aufnahmen. Das Arbeiten in so dunklen Räumen ist aber sehr ermüdend. Sie können für Low-Key-Aufnahmen mit aufgehängten schwarzen Tüchern kurzfristig einen schwarzen Raum erzeugen. Da die Wände und Decken das Licht stark reflektieren, ist es sinnvoll, die Decke schwarz zu streichen. Eine weiße Decke kann bei Low-Key-Aufnahmen zu ungewollten Reflexionen führen, und ein nachträgliches Abdecken mit schwarzen Tüchern ist bei Decken sehr umständlich.

Der Raum sollte möglichst wenige oder nur nordseitige Fenster haben. Jedes Außenlicht muss, sofern Sie nicht bewusst mit dem Außenlicht arbeiten möchten, abgedeckt werden. In Kellerräumen sind die Böden oft schlecht isoliert und kalt. Dann sollten Sie einen fußwarmen Belag einbauen (z. B. Kork, Holz, Kunststoff). Ein Teppichboden ist nicht ideal, weil sich der Hintergrundkarton darauf wellt.

Neben Stoffhintergründen werden in Studios in erster Linie Hintergrundkartons eingesetzt. Diese gibt es als Rollen in Standardgröße mit einer Breite von 2,75 m und einer Länge von 11 m. Sie können aus einer breiten Palette von Farben und Grautönen wählen. Halbe Größen (1,35 m) sind auch erhältlich. Breitere (3,6 m) und längere Rollen (z. B. 32 m) gibt es meistens nur in Weiß, Schwarz und ein paar wenigen Farben. Die Rollen werden mit Aufrollvorrichtungen an Wänden oder Decken befestigt. Es sind im Fachhandel auch mobile Stützen oder fahrbare Gestelle dazu erhältlich.

Ich habe in meinem Studio drei Hintergrundkartonrollen in den Farben Weiß, Mittelgrau und Schwarz mit einer Konsole an die Decke montiert. Farbige Hintergründe mache ich bei der mittelgrauen Rückwand mit farbigem Spotlicht. So kann ich mir die Kosten für farbige Hintergrundkartons sparen.

Der Raum benötigt eine schwache Raumbeleuchtung und viele Steckdosen in allen Ecken. Sie können kaum genug Steckdosen haben. Für Requisiten und Kleinmaterial ist ein abschließbarer Schrank praktisch. Wollen Sie im Studio auch Models fotografieren, dann benötigen Sie noch weitere Einrichtungen und Utensilien:

▼ Mein Fotostudio (B x T x H = 6 x 7,5 x 3,5 m) in einem Kellerraum eines Industriegebäudes.

- einen Schminkspiegel und eine abgetrennte Umziehmöglichkeit,
- eine Toilette mit Waschbecken und evtl. eine Dusche,
- verschiedene Requisiten, Tücher, Accessoires und anderes,
- eine Kaffeemaschine und Getränke für Pausen,
- eine Musikanlage für die gute Stimmung.

Als ich mit der Studiofotografie begonnen habe, fotografierte ich in einem Studio mit einer Größe von 5,7 x 5,7 m. Die Raumhöhe war mit 3,5 m optimal. Im Raum selbst war noch eine Teeküche mit Mikrowellenherd und Kühlschrank. Ich habe eine Musikanlage und eine Kaffeemaschine installiert. Die Fläche zum Fotografieren hatte noch eine Breite von 4,1 m und eine Länge von 5,7 m. Obwohl alles ziemlich eng war, konnte ich doch sehr gute Aufnahmen machen.

Später konnte ich einen größeren Raum mit einer Breite von 5,7 m und einer Länge von 7,5 m dazumieten. Diese Raumgröße ist perfekt für die meisten Aufnahmesituationen und dank der Höhe von 3,5 m kann ich sehr gut arbeiten.

16.3 Aufbau und Bedienung der Studioblitzgeräte

Die beste und flexibelste Lichtquelle im kleinen Fotostudio ist eine Studioblitzanlage. Studioblitze sind ähnlich aufgebaut wie Elektronenblitzgeräte. Ihre Leistung ist allerdings viel stärker und die Blitzröhren sind deshalb auch wesentlich größer.

Die Blitzröhre ist in der Regel ringförmig ausgebildet. Im Zentrum dieses Blitzrings befindet sich das Einstelllicht. Dieses zeigt uns ziemlich genau, wie sich Licht und Schatten beim Motiv verteilen, wie das Licht bei der Aufnahme wirken wird. Das ist neben der größeren Leistung und den vielen Vorsätzen der Hauptvorteil der Studioblitzanlage gegenüber den kleinen Elektronenblitzgeräten.

Im Studio zählen die Leistung sowie die universellen Einsatzmöglichkeiten der Blitzanlage. Kleine Blitzgeräte haben eine Leistung von 100 Wattsekunden, auch mit **J**oules (J) bezeichnet. Sie haben so eine Leistung, die in etwa den stärksten Elektronenblitzgeräten der DSLR entspricht. Das ist aber auch für kleinere Studios an der untersten Grenze.

Besser sind Geräte mit einer Leistung von 200 bis 400 J. Mehr als 400 J brauchen Sie nur, wenn Sie in großen Innenräumen blitzen möchten. Eine Verdopplung der Leistung entspricht einer Blendenstufe mehr Licht.

▲ Die runde Blitzröhre und das Halogeneinstelllicht in der Mitte. (Foto: Elinchrom)

Vorteile von Studioblitzgeräten

Sehr hohe Lichtmenge ohne große Hitzeentwicklung.

Sehr gute Kontrolle über die Lichtführung.

Bewegungen werden eingefroren.

Die Farbtemperatur ist auf Tageslicht abgestimmt.

Präzise und konstante Farbtemperatur.

Sehr viele verschiedene Vorsätze zur Beeinflussung der Lichtqualität.

Sehr viel Blitzleistung ist nicht immer ein Vorteil. In kleinen Räumen haben Sie Probleme, das Licht so weit zu reduzieren, dass Sie mit den optimalen Blenden arbeiten können (Blende 8 – 11). Zudem ist es praktisch unmöglich, mit starken Blitzgeräten mit offenen Blenden und wenig Schärfentiefe zu arbeiten. Wählen Sie deshalb eine Blitzanlage, die Ihrer Studiogröße entspricht.

Studioblitzgeräte benötigen in der Regel einen Netzanschluss. Es gibt allerdings auch batteriebetriebene, mobile Studioblitzgeräte. Die Batterien sind jedoch sehr schwer und die Geräte verfügen nur über ein sehr schwaches Einstelllicht, das auch nur für kurze Zeit eingeschaltet werden kann. Diese Blitzgeräte sind somit ideal für Shootings im Freien oder in Räumen, wenn kein Stromanschluss zur Verfügung steht.

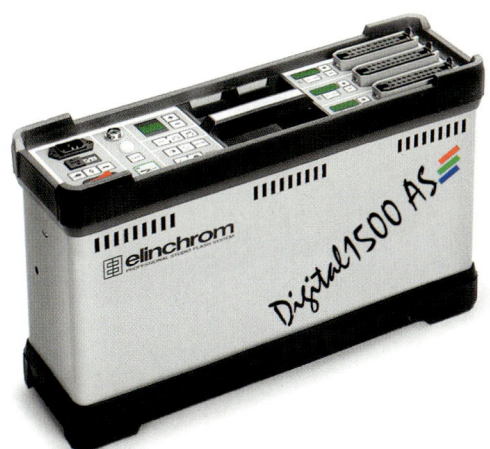

▲ Der Digital 1500 AS Generator von Elinchrom mit drei Blitzanschlüssen. (Foto: Elinchrom)

Die Blitzköpfe bleiben beim System mit einem zentralen Generator klein und leicht. Beim Digital 1500 AS können die Blitzleistungen aller angeschlossenen Blitzköpfe separat gesteuert werden.

▲ Die autonome batteriebetriebene Blitzanlage Ranger RX von Elinchrom mit einer Leistung von 1.100 J. (Foto: Elinchrom)

Netzgebundene Blitzgeräte gibt es als Generatoren mit leichten Blitzköpfen oder als Kompaktgeräte, bei denen sich der Generator und der Blitzkopf im gleichen Gehäuse befinden. Die erste Variante bietet viel Leistung. Alle Blitzeinstellungen können zentral vom Generator aus eingestellt werden. Die Generatoren sind allerdings ziemlich schwer.

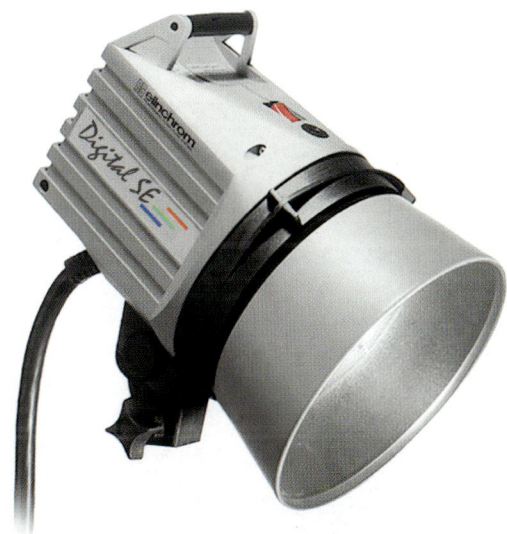

▲ Ein Blitzkopf Digital SE von Elinchrom passend zu den Digital AS Generatoren. (Foto: Elinchrom)

Für kleine Studios eignen sich die Kombigeräte besser. Sie bieten eine ausreichende Leistung, sind mobil und können daher auch außerhalb des Studios eingesetzt werden. Ihr Nachteil ist allerdings, dass die Blitzköpfe zusammen mit dem eingebauten

▲ Ein Sonnenuntergang in den Tropen mit einem herrlichen gelbroten Himmel, Fotograf: Daniel Rohr.

▼ Der Vordergrund gibt diesem Sonnenuntergangsbild den besonderen Reiz, Fotograf: Sebastian Kobel.

Generator schwerer sind. Sie benötigen deshalb ein gutes, stabiles Stativ.

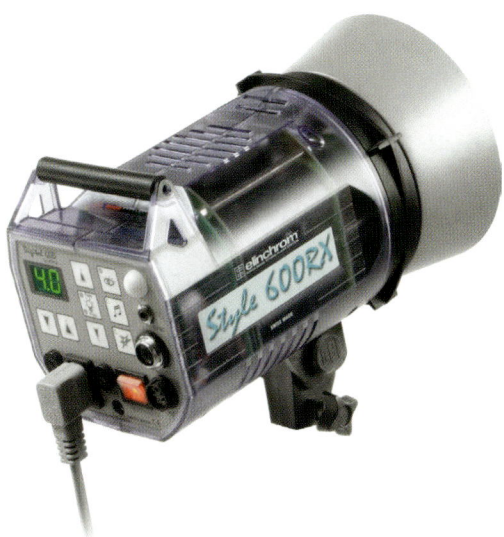

▲ Das Kombiblitzgerät Style 600RX von Elinchrom mit einer Leistung von 600 J. (Foto: Elinchrom)

Um mit Studioblitzgeräten sinnvoll zu arbeiten, benötigen Sie mindestens 2–3 Blitzgeräte. Die Hersteller bieten speziell abgestimmte Sets mit 2–3 Blitzen, verschiedenen Vorsätzen, Stativen und einem Transportkoffer an. Mit so einem Set können Sie bereits fantastische Studioaufnahmen machen. Dank des Transportkoffers lässt sich die ganze Blitzanlage leicht transportieren und vor Ort einsetzen.

> ### Nachteile der Studioblitzgeräte
> Wesentlich schwächeres Einstelllicht zur Beurteilung der Lichtwirkung notwendig.
>
> Das Einstelllicht ist meistens zu schwach, um es mit dem vorhandenen Dauerlicht zu kombinieren.
>
> Hohe Anschaffungskosten.
>
> Recht große und sperrige Geräte.

Die Studioblitzgeräte verschiedener Marken unterscheiden sich in der Bedienung nur unwesentlich. Können Sie eine Anlage bedienen, haben Sie keine Probleme, auch mit anderen Marken zu arbei-

ten. Schauen wir uns die Bedienelemente des Style 600RX von Elinchrom genauer an:

▲ Das Style RX Set mit zwei Blitzgeräten Style 600RX, zwei Stativen mit einer Stativtasche, zwei Schirmen, einem Tubus und einem Transportkoffer. (Foto: Elinchrom)

Unten am Gerät liegen die Sicherungen, die Netzeingangsbuchse und der Hauptschalter. Auf der linken Seite stellen Sie die Blitzstärke mit den Pfeiltasten zwischen 18 und 600 J ein. Die Anzeige zeigt die Blitzleistung im Verhältnis von Blendenstufen zwischen 1.5 bis 6.5 (total 5 LW).

In der Mitte können Sie das Einstelllicht entweder proportional zum Blitzlicht (Prop) oder mit den Pfeiltasten frei einstellen (Free). Rechts schalten Sie oben die Fotozelle und in der Mitte die akustische Blitzbereitschaft ein oder aus. Rechts unten können Sie Probeblitze auslösen. Ganz rechts befindet sich oben die Fotozelle, darunter die Standardsynchronbuchse, anschließend die spezielle Synchronbuchse von Elinchrom. Darunter liegt die Eingangsbuchse für die Fernbedienung mit einem Computer.

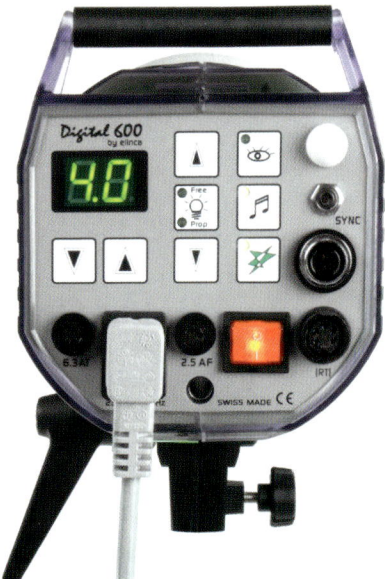

Foto: Elinchrom

Die digitale Anzeige der Blitzleistung in 1/10-Stufen ist präzise, aber etwas schwerfälliger in der Bedienung als Drehknöpfe. Achten Sie beim Kauf einer Studioblitzanlage darauf, dass Sie die Blitzleistung stufenlos einstellen können.

Kaufhilfe

Folgende Faktoren spielen beim Kauf einer Studioblitzanlage eine wichtige Rolle:

- Ausreichende, aber nicht zu hohe Leistung für Ihren Studioraum.
- Großes Leistungsspektrum (4 bis 5 Blendenstufen).
- Ein großes Angebot von zum System passenden Vorsätzen.
- Gute Ausbaumöglichkeit mit größeren und leistungsstärkeren Blitzgeräten.

Ein großes Leistungsspektrum ist dabei besser, weil Sie dann auch die Lichtmenge sehr stark drosseln können, um mit weniger Licht und einer kleinen Schärfentiefe zu arbeiten. Zudem haben Sie so auch mehr Spielraum in der Lichtführung. Wichtig neben der Leistungsfähigkeit des Blitzgerätes sind die zum Blitzsystem erhältlichen Vorsätze. Hier

sollten Sie auf ein großes und vielfältiges Angebot achten. Ihr Blitzsystem sollte auch nach oben offen sein und eine Kombination mit leistungsstärkeren Geräten ermöglichen.

16.4 Studioblitze auslösen

Studioblitzgeräte können mit Synchronkabel, mit Funksignalen, mit Licht- oder mit Infrarotblitzen ausgelöst werden. In meinen Studiokursen kommen die Teilnehmer mit den unterschiedlichsten Kameras. Dabei zeigt sich, dass es nicht immer einfach ist, jede Kamera mit einer Studioblitzanlage zu betreiben. Bei Kompakt- oder Bridge-Kameras – auch wenn sie einen geeigneten Blitzschuh haben – streikt meistens die Kameraelektronik. Diese Kameras eignen sich nicht für den Studiobetrieb.

Bei der DSLR gibt es viele Möglichkeiten, Studioblitze auszulösen:

- Mit Synchronkabel.
- Mit einem Infrarotfernauslöser.
- Mit einem Funkfernauslöser.
- Mit einem Elektronenblitzgerät.
- Mit einem Infrarotvorsatz vor dem eingebauten Blitzgerät.

Höherklassige DSLRs besitzen einen Synchronanschluss für Studioblitzgeräte am Kameragehäuse. Dort können Sie das mit der Studioblitzanlage mitgelieferte Synchronkabel anschließen.

▲ Eine schöne Studioaufnahme, Model Anuschka, Fotograf: Andi Kunar.

Falls Ihre Kamera über keine Synchronbuchse verfügt, können Sie einen speziellen Adapter für den Blitzschuh kaufen und dort das Synchronkabel anschließen.

Das Synchronkabel ist eine Stolperfalle im Studio und die Verbindung mit der Kamera ist nicht sehr solide. Das Kabel löst sich häufig ungewollt, wenn Sie sich mit der Kamera im Raum bewegen. Diese Variante kann ich Ihnen daher nicht empfehlen.

Besser geeignet sind Infrarotfernauslöser. Diese montieren Sie direkt auf den Blitzschuh Ihrer Kamera. Alle Blitzgeräte werden mit einem kurzen Infrarotblitz über die Fotozellen der Blitzgeräte ausgelöst.

Diese Methode funktioniert aber nur bei einer guten Verbindung zwischen dem Infrarotfernauslöser und den Blitzgeräten. Stehen die Blitzgeräte hinter der Kamera oder werden die Fotozellen stark abgedeckt, reicht die kleine Leistung dieser Fernauslöser nicht mehr aus, um die Blitzgeräte auszulösen.

Besser bedient sind Sie dann mit einem Funkfernauslöser. Mit diesem können Sie auf große Distanz die Blitzgeräte auslösen. Im Gegensatz zum Infrarotfernauslöser benötigen Sie neben dem Sender auf der Kamera auch beim Blitzgerät einen passenden Empfänger.

Funkfernauslöser sind die bequemste und beste Lösung für die Auslösung der Studioblitzgeräte. Sie benötigen dazu wie beim Infrarotfernauslöser einen geeigneten Blitzschuh. Kameras wie die Sony α100 besitzen einen anderen Blitzschuh als Nikon und Canon und haben auch keine Synchronbuchse am Kameragehäuse.

Sie können aber mit einem zur Kamera passenden externen Elektronenblitzgerät die Studioblitzgeräte auslösen. Sie müssen dazu allerdings das Blitzgerät auf manuell stellen und die Blitzleistung sehr stark reduzieren können (z. B. auf 1/128 der maximalen Blitzleistung).

Diese schwache Leistung genügt zwar zum Auslösen der Studioblitze, ist aber zu schwach, um die Lichtqualität wesentlich zu verändern. Zur Sicherheit richten Sie das Elektronenblitzgerät gegen die Decke, dann wird die Leistung noch weiter reduziert.

16.5 Sinnvolle Vorsätze für kleine Studios

Die Blitzgeräte erzeugen noch kein für die Fotografie brauchbares Licht. Erst in Kombination mit verschiedenen Vorsätzen wird das Licht beeinflusst und für den gewünschten Einsatzzweck geformt. Die Auswahl der Vorsätze ist groß. Jedes Studioblitzsystem hat einen Adapter zur Aufnahme der verschiedenen Vorsätze. Diese sind aber von System zu System verschieden, und die Vorsätze können so nicht frei ausgetauscht werden.

Falls Sie Vorsätze mit anderen Blitzsystemen verwenden möchten, brauchen Sie ein spezielles Übergangsstück.

Das in der Kamera eingebaute Blitzgerät können Sie nur dann verwenden, wenn Sie es ebenfalls manuell bei sehr kleiner Leistung betreiben können (was nur bei einzelnen Kameras wie der Nikon D200 möglich ist). Wenn alle Stricke reißen, habe ich in meinem Studio noch einen IR-Filtervorsatz für eingebaute Kamerablitzgeräte. Dieser kann auch bei anderen Kameramarken auf dem Blitzschuh befestigt werden (im Notfall mit Klebestreifen). Die eingebauten Blitzgeräte blitzen dann in diesen Vorsatz hinein, der einen Infrarotblitz zur Auslösung der Studioblitzgeräte erzeugt. Diese Lösung funktioniert mit allen Kameras, allerdings benötigen die vielen Blitze entsprechend viel Batterieleistung bei der DSLR.

Für die Wahl des richtigen Blitzsystems sind die Vorsätze wichtiger als die Blitzgeräte. Ein möglichst großes und umfassendes Angebot bietet Gewähr, dass alle gewünschten Lichtsituationen erzeugt werden können. Die Vorsätze lassen sich in folgende Gruppen aufteilen:

- Reflektoren mit Wabengitter, Klappen, Filtern und Diffusoren,
- Softboxen,
- Schirme,
- Spotvorsätze mit Gobos, Masken und Filtern,
- Ringblitze.

Gerichtetes Licht mit Reflektoren

Reflektoren erzeugen ein sehr gerichtetes und starkes Licht. Der Lichtwinkel ist am engsten beim Tubus mit ca. 15°. Dieser eignet sich zur Aufhellung von Gesichtern oder als Lichtspot.

Foto: Elinchrom

Die Standardreflektoren haben Öffnungswinkel im Bereich von ca. 50°. Weiche Reflektoren sind wesentlich größer und besitzen Öffnungswinkel von bis zu 82°.

▲ Links Standardreflektor, rechts Softlight-Reflektor von Elinchrom. (Foto: Elinchrom)

Mit weißen Diffusoren wird das Licht der Reflektoren etwas weicher und diffuser. Mit Wabenfiltern können Sie bei Standardreflektoren den Lichtkegel einengen. Dadurch entstehen eine Spotwirkung und starke Kontraste.

Eine geniale Sache sind farbige Folien, die zusammen mit Abschirmklappen auf Standardreflektoren aufgesetzt werden können. Damit lassen sich sehr schöne Effekte erzielen, und auf eine mittelgraue Rückwand projiziert, erhalten Sie auf einfache und kostengünstige Weise schöne farbige Rückwände.

Foto: Elinchrom

▼ Gelbes Licht auf eine graue Rückwand, Model Daniela, Fotograf: Martin Zurmühle.

Weiches Licht mit Softboxen

Mit Softboxen erzeugen Sie ein sehr weiches Licht. Je größer die Softbox, desto weicher das Licht. Die Größe der Softbox sollte in etwa der Größe des Motivs entsprechen. Softboxen gibt es in vielen Formen und Größen. In den nächsten beiden Kapiteln gebe ich Ihnen Hinweise zur Wahl der geeigneten Softboxen für verschiedene Lichtsituationen. Zu jedem Blitzgerät benötigen Sie ein Stativ. Die Größe des Stativs richtet sich dabei nach dem geplanten Verwendungszweck und der Größe der Softboxen. Achten Sie darauf, dass die Stative leicht und handlich, aber auch genügend stabil für die größten verwendeten Softboxen sind. Zu kleine Stative kippen leicht und führen so zu Schäden an den Blitzgeräten und den Vorsätzen.

Schmale Softboxen werden als Striplight bezeichnet. Diese werden vor allem in der Beauty- und Aktfotografie eingesetzt, weil sie die Konturen des Models sehr schön herausmodellieren.

Foto: Elinchrom

Schirme als Reflektoren und Diffusoren

Ähnlich wie Softboxen erzeugen auch Schirme ein sehr weiches Licht in Abhängigkeit von der Größe des Schirms. Blitzen Sie durch einen Schirm hindurch, ist das Licht sehr ähnlich wie bei einer Softbox.

▲ Das Style 600RX mit einer quadratischen Softbox 70 x 70 cm auf einem stabilen Stativ. (Foto: Elinchrom)

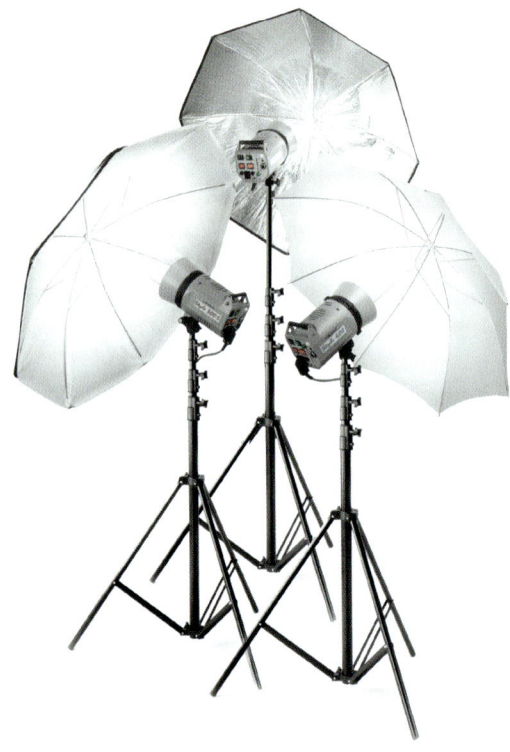

Effektlicht mit Spotvorsätzen

Mit speziellen Spotvorsätzen lässt sich das Licht präzise ausrichten. Durch optische Linsen wird das Licht der Blitzgeräte fokussiert.

▲ Der Zoom Spot 18°–36° von Elinchrom. (Foto: Elinchrom)

Dient der Schirm als Reflektor, beeinflusst auch die Oberflächenbeschaffenheit der Innenfläche die Lichtqualität. Eine silberne Oberfläche reflektiert stärker als eine weiße, das Licht wirkt aber härter.

Der Vorteil der Schirme liegt bei der geringen Größe und dem leichten Transport. Deshalb werden sie oft mit den autonomen Blitzanlagen eingesetzt. Im Studio verwende ich meistens Softboxen, weil ich mit diesen das Licht feiner steuern kann.

Spotvorsätze können mit Lochmasken, Farbfolien und Gobos kombiniert werden. Gobos sind Metall-

platten mit eingefrästen Mustern, die auf das Motiv oder an die Rückwand projiziert werden.

Gleichmäßige Ausleuchtung mit Ringblitzen

Große Studioringblitze werden in der Beauty-Fotografie eingesetzt, um eine möglichst gleichmäßige Ausleuchtung zu erhalten. Das Blitzgerät befindet sich direkt um die Kameraachse, was bei den anderen Vorsätzen nicht möglich ist, weil der Fotograf diese sonst bei der Aufnahme abschattet. Spotvorsätze und Studioringblitze sind nicht gerade billig.

▲ *Ringflash mit Kameraadapter von Elinchrom. (Foto: Elinchrom)*

Bei so einer Fülle von Möglichkeiten fragen Sie sich vielleicht, was Sie in Ihrem kleinen Fotostudio wirklich benötigen. Als Orientierungshilfe gebe ich Ihnen eine Liste meiner Studioeinrichtung, mit der ich fast alle Studioaufnahmen in diesem Buch gemacht habe:

Blitzgeräte	3 Blitzgeräte Multiblitz Profilux 400 mit einer Leistung von 400 J und 3 kleine leichte Stative
Reflektoren	1 Tubus mit Wabenfilter 2 Standardreflektoren 2 Wabenfilter mit unterschiedlichen Löchern 1 Diffusor 2 Abschirmklappen mit Farbfolien
Softboxen	1 Softbox 75 x 75 cm 1 Softbox 65 x 100 cm 1 Softbox achteckig 150 cm 1 Striplight 20 x 80 cm
Schirme	2 Reflexschirme mit Silberbeschichtung

Sie sehen, Sie brauchen gar nicht so viel Zubehör, um gute Aufnahmen zu machen. Wie Sie die Geräte richtig einsetzen, erfahren Sie im nächsten Kapitel.

17

Perfekte Bilder im eigenen kleinen Fotostudio

Im Fotostudio mit Studioblitzen arbeiten Sie wie zu den Anfangszeiten der Fotografie, ohne Automatik, nur mit manueller Belichtungssteuerung. Deshalb müssen Sie

die Belichtung mit einem Handbelichtungsmesser einstellen und mit dem Histogramm überprüfen. Für die Lichtsteuerung ist es wichtig, die elementaren Gesetze nach dem Strahlensatz zu kennen. Dann verstehen Sie leicht, wann Sie welche Vorsätze benötigen, um gezielte Lichtwirkungen zu erzeugen. Ich zeige Ihnen anhand einiger Beispiele, wie sich die verschiedenen Blitzvorsätze und Lichtsituationen auf die Bilder auswirken.

17.1 Perfekte Belichtungsmessung im Fotostudio

Bei den kleinen Elektronenblitzgeräten, die auf die Kamera montiert werden, findet ein intensiver Datenaustausch zwischen Kamera und Blitzgerät statt. Mit dem großen Mittelkontakt wird der Blitz ausgelöst, mit den drei kleineren Kontakten werden die Daten ausgetauscht.

Im Gegensatz dazu sind Studioblitzgeräte eigentlich „dumm". Die einzige Information, die zwischen Kamera und Blitz ausgetauscht wird, ist das Auslösesignal, das mit dem Mittelkontakt oder mit der Synchronbuchse am Kameragehäuse abgegeben wird. Aus diesem Grund können Sie mit einer Studioblitzanlage nur mit **m**anueller Belichtungssteuerung (M) arbeiten. Haben Sie eine automatische Position an der Kamera eingestellt (P, S oder A), misst die Kamera die Raumbelichtung des Einstelllichts und stellt die Blende und Belichtungszeit (je nach gewähltem Automatikprogramm) ein. Der Blitz ist aber um ein Vielfaches stärker als das Einstelllicht, was dann zu einer massiven Überbelichtung der Aufnahme führt.

Auch andere Kamerafunktionen wie die Belichtungsmessung, Serienbilder oder die ISO-Automatik können Sie im Studio nicht einsetzen. Was hingegen gut funktioniert, ist der Autofokus. Das Einstelllicht ist hell genug, um im Normalfall eine automatische Fokussierung zu gewährleisten. Bei Low-Key-Aufnahmen und bei homogenen Hautstrukturen müssen Sie manchmal zum Fokussieren eine geeignete Kante mit ausreichendem Kontrast suchen. Im Studio mit Studioblitzgeräten arbeiten Sie mit manueller Belichtungssteuerung und einem Handbelichtungsmesser. Sie werden zurückversetzt in alte, längst vergangene Zeiten ohne den Segen und Fluch all der vielen Automatikfunktionen. Trotzdem ist das Arbeiten im Fotostudio nicht besonders schwierig. Einzig die Belichtung müssen Sie jetzt ohne die Belichtungsmessung der Kamera ermitteln. Das können Sie mit einem externen Belichtungsmesser (oder mit Erfahrungswerten) und dem Histogramm der Kamera tun. Gehen Sie dabei wie folgt vor:

1

Stellen Sie die Kamera auf eine passende kurze Belichtungszeit ein (1/60 Sekunden oder kürzer). In Ihrem Kameramanual ist angegeben, welches die kürzeste Belichtungszeit ist, mit der Blitzgeräte synchronisiert werden können. Bei dieser Belichtungszeit ist der Kameraverschluss noch ausreichend lange vollständig geöffnet, um den Blitz aufzunehmen. Dieser Wert liegt zwischen 1/125 und 1/250 Sekunden. Eine noch kürzere Belichtungszeit führt zu schwarzen Balken im Bild, die durch den teilweise noch geschlossenen Schlitzverschluss verursacht werden.

Testen Sie Ihre Kamera zusammen mit Ihrer Studioblitzanlage durch eine Aufnahmereihe von 1/125 bis 1/1000. Sobald eine leichte Abschattung oder ein schwarzer Balken sichtbar wird, ist die Belichtungszeit zu kurz. Bei meiner Nikon D2X und der Studioblitzanlage Multiblitz Profilux 400 liegt dieser Wert bei 1/180. Schon bei 1/250 Sekunden ist eine leichte Abdunklung im oberen Bereich des Bildes feststellbar. Ab 1/350 Sekunden wird der obere Bildbereich schwarz wiedergegeben. Die im Kameramanual angegebene kürzeste Blitzsynchronisationszeit von 1/250 ist schon zu kurz für diese Kombination von Kamera und Blitzanlage. Ich stelle im Studio meine Kamera auf diese kürzestmögliche Verschlusszeit, um Bewegungsunschärfen

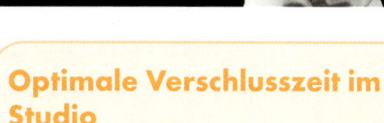

▲ Verschlusszeiten: oben links 1/180 und rechts 1/250, unten links 1/350 und rechts 1/500, Kamera Nikon D2X.

zu vermeiden. Solche einfachen Tests lohnen sich immer, wenn Sie perfekte Studiobilder erhalten möchten. Die Blitzdauer der Studioblitzgeräte liegt im Bereich von 1/500 bis 1/2000 Sekunden. Einige wenige Kameras wie die Nikon D70s arbeiten bei sehr kurzen Belichtungszeiten mit einem elektronischen anstelle des mechanischen Verschlusses. Dann kann mit noch kürzeren Synchronisationszeiten (z. B. 1/500) gearbeitet werden. Sie erkennen das leicht, da bei diesen Kameras kein schwarzer Balken bei kurzen Belichtungszeiten sichtbar wird. Wenn Sie die Kamera noch kürzer als die Abblitzdauer des Studioblitzgerätes einstellen, erhalten Sie nicht mehr die volle Blitzleistung, die Belichtungsmessung stimmt nicht mehr und die Bilder werden unterbelichtet (Sie schneiden einen Teil des Blitzlichts ab).

Stellen Sie nun diese kürzeste Belichtungszeit an der Kamera ein. Achten Sie beim Fotografieren darauf, dass Sie diesen Wert nicht ungewollt verstellen. Bilder mit schwarzen Balken können auch in der Bildbearbeitung nicht mehr gerettet werden. Bei meiner Nikon D2X kann ich die Einstellungen von Blende und/oder Belichtungszeit blockieren (mit der Lock-Taste). Dadurch werden ungewollte Veränderungen an der Blende und/oder Belichtungszeit während des Shootings verhindert. Eine geniale Sache im Studio.

2

Lösen Sie nun die Blitzanlage aus und messen Sie die Belichtung mit einem Handbelichtungsmesser.

AMBI	Ambient: misst das Umgebungslicht, im Studio das Licht der Einstellleuchte.
CORD	Kabel: löst den Blitz mit dem Verbindungskabel zur Blitzleuchte aus und misst anschließend die Blitzleistung.
NON CORD	Kein Kabel: wartet nach der Aktivierung 60 Sekunden lang, bis ein Blitzlicht ausgelöst wird.

Sie können diese Messung auf zwei Arten vornehmen. Bei der Einstellung CORD (Kabel) verbinden Sie den Handbelichtungsmesser mit der Studioblitzanlage und lösen mit dem Belichtungsmesser die Blitze aus. Die Messung erfolgt vom Motiv aus. Halten Sie dabei den Belichtungsmesser vor das Motiv mit der weißen Kalotte in Richtung Kamera. Das Synchronkabel ist aber eine Stolperfalle. Wollen Sie ohne dieses Kabel arbeiten, stellen Sie den Belichtungsmesser auf die Einstellung NON CORD (ohne Kabel). Sie lösen den Belichtungsmesser aus und haben dann eine Minute Zeit, um die Studioblitze auszulösen. Das machen Sie am einfachsten mit dem Infrarot- oder Funkauslöser.

Mit der Einstellung AMBI (**ambi**ent = Englisch für „umgebend") messen Sie das Umgebungslicht, im Studio also das Einstelllicht der Studioblitzgeräte.

Sie können eine Aufnahme sowohl mit dem Blitzlicht als auch mit dem Einstelllicht machen. Wenn Sie bei beiden Lichtquellen einen manuellen Weißabgleich machen (das Blitzlicht hat eine Farbtemperatur von ca. 5.500 Kelvin, das Einstelllicht von ca. 3.000 Kelvin), unterscheiden sich die Bilder nur durch die Einstellwerte von Blende und Belichtungszeit.

▲ Der Handbelichtungsmesser mit der Einstellung AMBI mit den Werten 1/125 Sekunden und Blende 8.0 bei ISO 200.

Der Unterschied zwischen Einstelllicht und Blitzlicht ist sehr groß. Das Einstelllicht hat somit keinen Einfluss auf die Belichtungsmessung des Blitzlichts. Wie verhält es sich aber mit dem bekannten Wechselspiel von Blende und Belichtungszeit beim Arbeiten mit dem Studiolicht? Nehmen Sie an, Sie erhalten von Ihrem Belichtungsmesser die Werte 1/250 Sekunden und Blende 8. Nun möchten Sie aber mit Blende 11 arbeiten. Wie müssen Sie die Belichtungszeit der Kamera verstellen? Bei der Messung des Umgebungslichts müsste die Belichtungszeit entsprechend verlängert werden von 1/250 auf 1/125. Beim Arbeiten mit dem Studioblitz gelten diese Regeln aber nicht mehr. Die Belichtungszeit

EXIF-Daten	
Brennweite	63 mm
Belichtungszeit	1/125 Sek.
Blendenwert	11
Empfindlichkeit	ISO 100

EXIF-Daten	
Brennweite	63 mm
Belichtungszeit	1/2 Sek.
Blendenwert	4
Empfindlichkeit	ISO 100

▼ Die Aufnahme mit dem Einstelllicht wirkt weicher und leicht unscharf aufgrund der langen Belichtungszeit, Model Jenny, Fotograf: Martin Zurmühle.

▲ Die Aufnahme mit dem Studioblitzlicht wirkt härter, Model Jenny, Fotograf: Martin Zurmühle.

bleibt fest auf 1/250. Belichtungskorrekturen werden nur mit der Blende und den Leistungseinstellungen der Studioblitze geregelt. Wieso ist das aber so?

Sie haben gesehen, dass die Leistungsunterschiede zwischen dem Umgebungs- und dem Blitzlicht riesig sind. Das Blitzlicht hat eine sehr kurze Blitzdauer von ca. 1/500 bis 1/2000 Sekunden. Für die Belichtungsmessung spielt es deshalb überhaupt keine Rolle, ob die Belichtungszeit 1/250, 1/60 oder 1/15 ist. Es kommt praktisch immer die gleiche Menge Licht auf den Sensor. Erst bei sehr langen Belichtungszeiten, so ab 1/2 Sekunden oder länger, addiert sich das Einstelllicht zum Blitzlicht hinzu und führt zu einer leichten Veränderung der Messresultate.

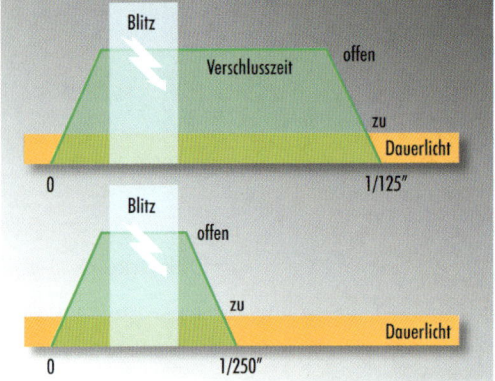

Die richtige Belichtungsmessung im Studio

Stellen Sie die Belichtungszeit auf die kürzestmögliche Synchronisationszeit (meistens 1/180, 1/200 oder 1/250). Messen Sie mit einem Handbelichtungsmesser beim Motiv die richtige Blendeneinstellung. Wollen Sie mit einer anderen Blende arbeiten, müssen Sie die Lichtmenge der Blitzgeräte reduzieren oder die Distanz zwischen Blitzgeräten und Motiv verändern. Kontrollieren Sie die Belichtung der Aufnahme immer mit dem Histogramm am Kameradisplay.

3

Der große Vorteil der digitalen Fotografie liegt in der Kontrolle der Aufnahme am Display. Allerdings dürfen Sie sich nicht nur auf die Bildanzeige verlassen. Je nach Umgebungslicht wirkt das Bild heller oder dunkler. Besser ist es, das Histogramm der Aufnahme zu kontrollieren. Dabei gelten die gleichen Regeln, die Sie bereits in Kapitel 5 kennengelernt haben.

Brauchen Sie überhaupt noch einen Handbelichtungsmesser im Studio? Ich benutze den Belichtungsmesser nur noch bei der ersten Messung der Lichtsituation. Dadurch erfahre ich einen ersten

Blendenwert. Die Feinanpassung nehme ich immer mit dem Histogramm vor. Mit etwas Erfahrung werden Sie wissen, in welchem Bereich die Belichtung liegen wird, und können auch ohne Handbelichtungsmesser arbeiten.

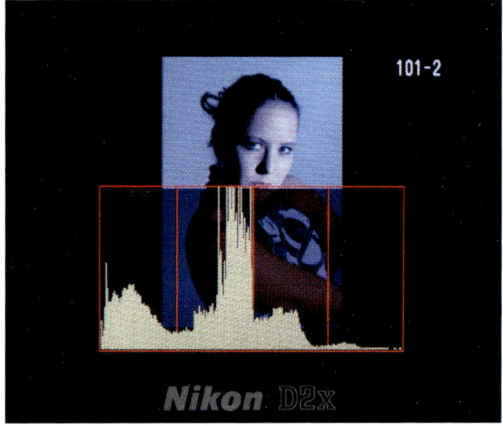

 Histogrammanzeige einer Studioaufnahme.

17.2 Größe, Form und Distanz der Lichtquelle bestimmen die Schattenqualität

Bevor wir uns mit konkreten Lichtsituationen beschäftigen, möchte ich Ihnen den wichtigsten Grundsatz der Lichtführung erklären. Basis dafür ist der Strahlensatz, den Sie sicher in der Schule behandelt haben. Keine Angst, es geht hier nicht um die hohe Schule der Mathematik. Es ist aber von zentraler Bedeutung für die nachfolgenden Erläuterungen, dass Sie diese Zusammenhänge verstehen. In der Tabelle auf der gegenüberliegenden Seite ist der Wortlaut der beiden Strahlensätze. Das klingt alles sehr abstrakt und wissenschaftlich, und Sie fragen sich, was das wohl mit Ihren Studioblitzgeräten zu tun hat. Die Strahlensätze sind maßgebend für die Qualität der Schatten im Bild. Sie sagen aus, dass die Größe der Unschärfe der Schatten in einem direkten Verhältnis zu den Abständen zwischen Blitzgerät, Model und Rückwand steht. Schauen Sie sich das an zwei konkreten Beispielen an (siehe Abbildung unter der Tabelle).

1. Werden zwei von einem Punkt ausgehende Strahlen von zwei Parallelen geschnitten, verhalten sich die Abschnitte auf dem einen Strahl wie die entsprechenden Abschnitte auf dem anderen Strahl.

2. Werden von einem Punkt S ausgehende Strahlen von zwei Parallelen geschnitten, verhalten sich die Abschnitte auf dem Strahl wie die von S aus gemessenen entsprechenden Abschnitte auf jedem Strahl.

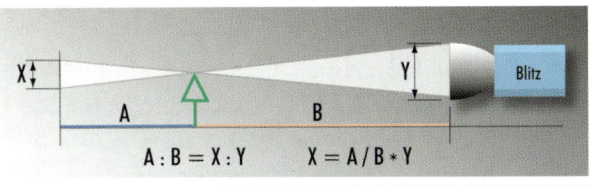

$$A : B = X : Y \qquad X = A / B * Y$$

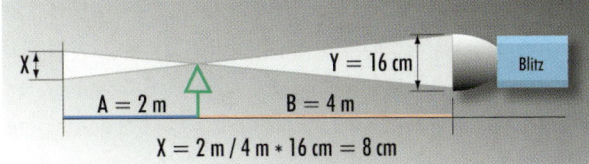

$$X = 2\,m / 4\,m * 16\,cm = 8\,cm$$

Harte Schatten erzeugen

Sie möchten in Ihrem Studio möglichst harte Schatten erzeugen. Dafür gibt es drei Möglichkeiten:

- Sie entfernen das Blitzgerät so weit wie möglich vom Model.
- Sie nehmen eine möglichst kleine Lichtöffnung.
- Sie verkürzen den Abstand zwischen Model und Rückwand.

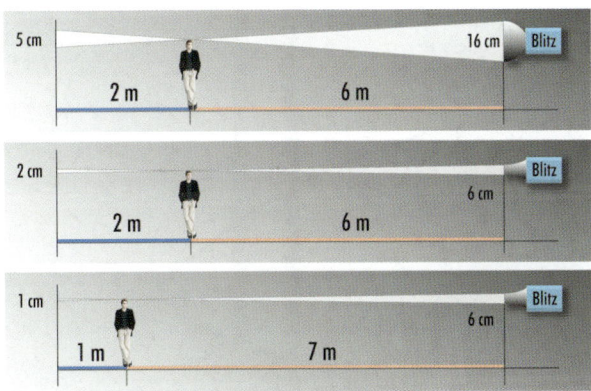

▲ Drei Methoden für harte Schatten.

Entscheidend sind also zwei Dinge, erstens die Größe der Lichtöffnung, zweitens das Abstandsverhältnis zwischen dem Blitzgerät, dem Model und der Rückwand. Nehmen wir an, das Blitzlicht wird an der Armkante des Models gebrochen. Wie groß wird dann der unscharfe Bereich werden?

Der Tubus beim Profilux 400 von Multiblitz hat einen Ausgangsdurchmesser von 6 cm. Die Öffnungsgröße des Standardreflektors beträgt 16 cm. Sind die Abstände Blitz – Model und Model – Rückwand gleich groß, wird die Unschärfe genauso groß wie diese Lichtöffnung. Ist der Abstand Rückwand – Model halb so groß wie der Abstand Model – Blitz, (Verhältnis 1:2), dann verkleinert sich auch die Unschärfe auf 1/2 der Lichtöffnung. Die eigentlichen Abstände spielen dabei keine Rolle, nur das Verhältnis zählt. Da Sie in der Regel einen gewissen minimalen Abstand zwischen Model und Rückwand brauchen, benötigen Sie eine große Raumtiefe für ganz harte Schatten. Begrenzt wird der Abstand vom Blitz zum Motiv hingegen durch die stark sinkende Lichtmenge. Bei einem Tubus bleibt ein großer Teil der Lichtenergie im Tubus und heizt diesen auch stark auf, sodass Sie sich nach kurzer Zeit schon die Finger am Metall verbrennen können.

Entsprechend weniger Licht steht Ihnen zur Verfügung. Zudem sinkt die Lichtmenge im Quadrat des Abstands. Im Gegensatz zu kleinen Studios, die keine zu starken Blitzgeräte benötigen, brauchen Sie für harte Schatten mehr Blitzleistung. Haben Sie einen genügend langen Raum, dann lohnt es sich, auch ein leistungsstarkes Blitzgerät anzuschaffen.

Lichtöff-nung	Abstand Rückwand – Model	Abstand Model – Blitz	Durch-messer Unschärfe
16 cm	2 m	2 m	16 cm
16 cm	2 m	4m	8 cm
16 cm	2 m	6m	5,3 cm
6 cm	2 m	2 m	6 cm
6 cm	2 m	6 m	2 cm
6 cm	1 m	7 m	0,85 cm

Das erste Schattenbild mit Model Anuschka habe ich mit einem mittelstarken Blitzgerät (600 J) und einem Standardreflektor gemacht. Der Abstand zwischen Blitz und Model betrug etwa 6 m. Aufgrund des kleinen Abstands zwischen Model und Rückwand werden die Schatten schon sehr hart gezeichnet.

Bei dieser Lichtanordnung ist noch genügend Licht vorhanden, um mit einer relativ kleinen Blende von

Harte Schatten gezielt erzeugen durch

- Kleine Lichtöffnung (z. B. mit einem Tubus).
- Großen Abstand der Blitzleuchte zum Model.
- Kleinen Abstand zwischen Model und Rückwand.

9.5 zu fotografieren. Beim zweiten Bild habe ich den Abstand auf 12 m vergrößert und einen Zoom-Spot-Vorsatz verwendet, um einen runden Lichtkegel zu erzeugen. Trotz des stärkeren Blitzgerätes (1.200 J) musste ich die Blende auf 5.6 öffnen und die Empfindlichkeit auf ISO 200 erhöhen, um noch genügend Licht auf den Sensor zu bekommen. Dafür wurde ich mit herrlich harten Schatten belohnt.

EXIF-Daten	
Brennweite	57 mm
Belichtungszeit	1/250 Sek.
Blendenwert	9.5
Empfindlichkeit	ISO 100

▼ Harte Schatten durch viel Abstand zwischen Blitz und Model und wenig Abstand zwischen Model und Rückwand, Model Anuschka, Fotograf: Martin Zurmühle.

Perfekte Bilder im eigenen kleinen Fotostudio

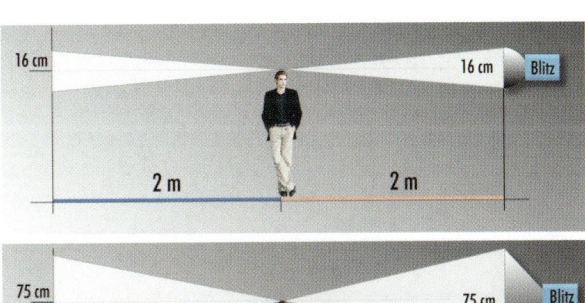

EXIF-Daten	
Brennweite	70 mm
Belichtungszeit	1/250 Sek.
Blendenwert	5.6
Empfindlichkeit	ISO 200

▲ *Sehr harte Schatten dank des großen Abstands des Blitzgerätes und eines Zoom-Spot-Vorsatzes, Model Anuschka, Fotograf: Martin Zurmühle.*

Weiche Schatten erzeugen

Wenn Sie das Grundprinzip der harten Schatten verstanden haben, werden Sie leicht auch die Logik der weichen Schatten verstehen. Hier gilt einfach genau das Gegenteil. Auch für weiche Schatten haben Sie drei Möglichkeiten:

- Sie stellen das Blitzgerät nahe ans Model.
- Sie nehmen eine möglichst große Lichtöffnung.
- Sie vergrößern den Abstand zwischen Model und Rückwand.

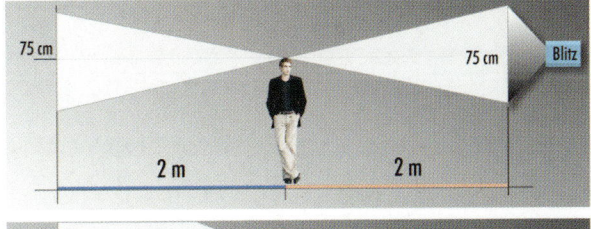

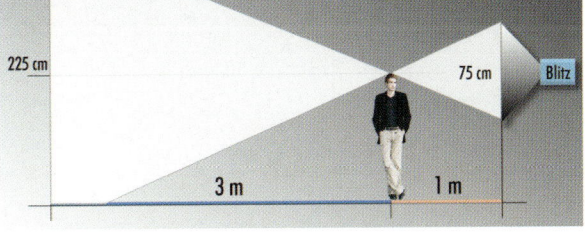

Drei Methoden für weiche Schatten. ▶

Die Rechnungsformeln gelten genauso wie vorhin. Nur haben Sie nun das Ziel, den Unschärfebereich so groß zu machen, dass er auf der Rückwand nicht mehr erkennbar wird.

Lichtöffnung	Abstand Rückwand – Model	Abstand Model – Blitz	Durchmesser Unschärfe
16 cm	2 m	2 m	16 cm
16 cm	3 m	1 m	48 cm
75 cm	2 m	2 m	75 cm
75 cm	3 m	1 m	225 cm

Die Nähe der Blitze zum Model und die Größe der Lichtöffnung werden allerdings dadurch eingeschränkt, dass Sie noch genügend Platz zum Fotografieren benötigen. Große Lichtöffnungen im Studio werden mit Softboxen erzeugt. Diese geben ein sehr weiches und gleichmäßiges Licht über die

▼ Ein weiches Bild durch eine große, achteckige Softbox mit einem Durchmesser von 150 cm, Model Lynn, Fotograf: Martin Zurmühle.

ganze Öffnungsgröße ab. Wie groß eine Softbox sein sollte, erfahren Sie im nächsten Abschnitt.

Weiche Schatten erreichen Sie durch
- Große Lichtöffnung (z. B. große Softboxen).
- Kleiner Abstand der Blitzleuchte zum Model.
- Großer Abstand zwischen Model und Rückwand.

Striplights sind Softboxen, die beide Grundprinzipien in einem Vorsatz kombinieren. In der größeren Höhe wirken sie im Sinne der weichen Schatten und leuchten das Model gleichmäßig aus, in der geringeren Breite wirken sie nach dem Prinzip der harten Schatten und erzeugen so harte Übergänge von Licht zu Schatten. So lassen sich die Konturen des Models perfekt herausarbeiten. Striplights sind deshalb ideal für die klassische Aktfotografie.

Harte Übergänge von Licht und Schatten durch ein Striplight, Model Florina, Fotograf: Martin Zurmühle.

17.3 Lichtmanagement und Lichtführung

Neben der Härte der Schatten spielt auch der Lichtabfall des Blitzvorsatzes eine große Rolle bei der Lichtführung. Sie können den Lichtabfall vom Zentrum des Blitzlichts nach außen leicht mit dem Belichtungsmesser ausmessen. Im Zentrum des Lichtkegels ist die Lichtmenge am größten, nach außen wird sie je nach Vorsatz mehr oder weniger schnell kleiner. Am gleichmäßigsten ist das Licht der Softboxen. Dieses variiert über die Größe der Softbox nur gerade um 0,5 bis 1 LW. Außerhalb der Lichtfläche der Softbox sinkt die Helligkeit rasch ab. Einen wichtigen Einfluss auf die Gleichmäßigkeit des Lichts hat der technische Aufbau der Softbox. Durch die Innenbeschichtung und ein oder zwei Tücher wird die Qualität des Lichts beeinflusst. Gute Softboxen leuchten über die ganze Fläche sehr gleichmäßig.

Damit kennen Sie nun auch die Regel für die Größe der Softbox. Wählen Sie diese so groß wie das Motiv, das Sie fotografieren möchten. Möchten Sie zum Beispiel Porträtaufnahmen machen, reicht eine Softbox von 75 x 75 cm (oder ein Schirmreflektor etwa gleicher Größe). Halb- und Ganzkörperaufnahmen benötigen größere Softboxen. Ich gebe Ihnen hier die Größen meiner Softboxen an, die ich für die verschiedenen Aufnahmesituationen gebrauche.

Porträtaufnahme	Softbox 75 x 75 cm, Schirm Durchmesser 85 cm
Halbkörperaufnahme	Softbox 65 x 100 cm, Striplight 50 x 130 cm
Ganzkörperaufnahme	Softbox achteckig, 150 cm Durchmesser

Natürlich könnten Sie auch mit der größten Softbox Porträtaufnahmen machen. Das Gesicht wäre dann sehr weich ausgeleuchtet. Allerdings wirkt eine so große Softbox im Auge des Models zu groß und unschön. Kleine Softboxen oder runde

Schirme wirken im Auge schöner als große oder rechteckige Softboxen.

▲ Quadratische Softbox im Auge des Models.

Im Gegensatz zu Schirmen und Softboxen haben Standardreflektoren einen sehr starken Lichtabfall. Die Größe dieses Lichtkegels wird durch den Ausgangswinkel des Reflektors bestimmt. Normalerweise liegt dieser im Bereich von 50°. Mit Wabenfiltern lässt sich der Lichtkegel weiter verengen. Wabenfilter lassen das Licht nur in einer Richtung durch. Je enger die Wabe ist, desto enger wird auch der Lichtkreis. Auf die Härte der Schatten haben Wabenfilter hingegen keinen Einfluss, weil die Lichtöffnung nicht verändert wird. Mit Wabenfiltern lassen sich sehr schöne Lichtkegel auf die Rückwände oder den Boden projizieren. Nun kennen Sie die Grundregeln, wie das Licht durch die Vorsätze sowie die Platzierung der Blitzleuchten und des Models beeinflusst wird. Wie sollen nun die verschiedenen Blitzleuchten im Raum angeordnet werden? Dazu gibt es einen einfachen Grundaufbau:

1. Licht	Das erste Licht ist am stärksten und definiert Licht und Schatten beim Motiv.
2. Licht	Das zweite Licht hellt die Schatten auf (Aufhelllicht) und bestimmt, wie stark die Schatten zur Geltung kommen. Das zweite Licht kann durch einen Reflektor ersetzt werden.

▲ Standardreflektor mit Wabenfilter direkt von der Decke, Model Anuschka, Fotograf: Martin Zurmühle.

3. Licht	Mit dem dritten Licht werden einzelne Teile des Motivs betont (Effektlicht).
4. Licht	Das vierte Licht dient zur Beleuchtung der Rückwand.

Natürlich können Sie noch weitere Blitzlichter einsetzen. In kleinen Studios genügen aber in der Regel drei Blitzleuchten, um praktisch alle Lichtsituationen zu erzeugen. In der Tabelle habe ich vier Lichter aufgeführt. Eines davon, das zweite oder Aufhelllicht, können Sie gut durch Reflektoren ersetzen. Mit diesen lassen sich die Schatten ganz gezielt und fein regulierbar aufhellen. Ich habe mir für mein Studio aus dem Baumarkt mit großen Styroporplatten (Größe 100 x 200 cm, Dicke 5 cm) Reflektoren gebaut. Eine Seite habe ich schwarz gespritzt, sie dient mir als Lichtschlucker.

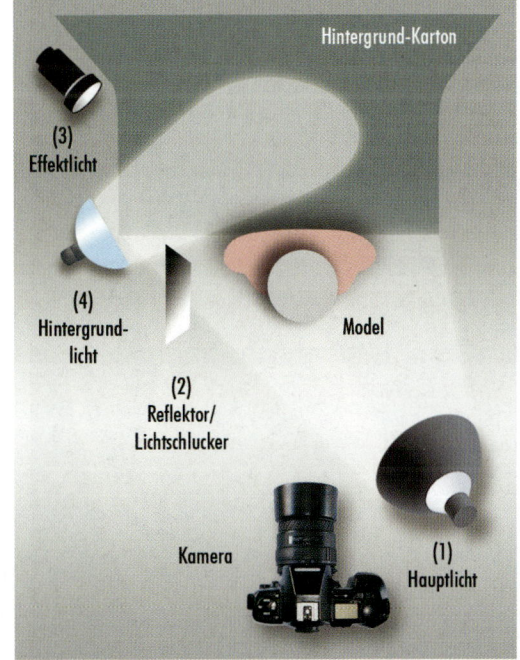

Von links nach rechts: Zangenlicht mit Reflektor nahe und weit entfernt vom Model, Lichtschlucker weit entfernt und nahe beim Model, Model Lynn, Fotograf: Martin Zurmühle.

Je nach Abstand zwischen Model und Reflektor/Lichtschlucker variiert die Wirkung beträchtlich. Sie können die Wirkung ganz fein dosieren.

17.4 Kontrastreiche Bilder mit Licht und Schatten

Schauen wir nun, wie sich diese generellen Regeln auf konkrete Lichtsituationen auswirken. Bei Porträtaufnahmen arbeite ich in der Regel mit einer quadratischen Softbox der Größe 75 x 75 cm.

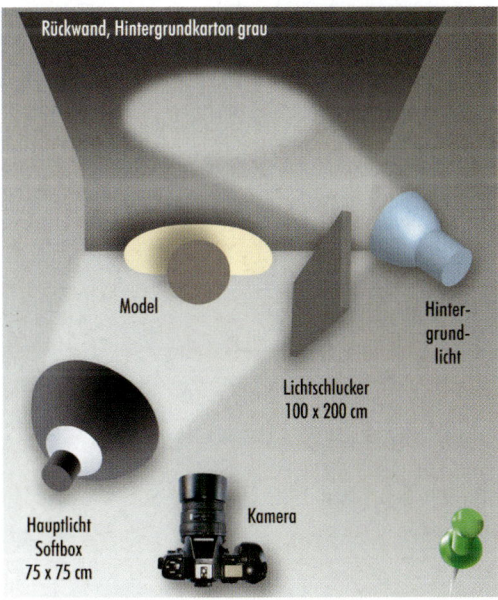

Den genauen Lichtaufbau bei Porträtaufnahmen zeige ich Ihnen im nächsten Kapitel. Das Licht kommt von halb oben und von der Seite. Auf der gegenüberliegenden Seite des Blitzes platziere ich einen Reflektor oder Lichtschlucker, je nach gewünschtem Effekt. So kann ich die Härte des Schattens genau steuern. Möchte man eine sehr kontrastreiche Ausleuchtung, dann platziert man den Blitz mit der Softbox etwas weiter entfernt vom Model als üblich (ca. 1,5 m) und stellt den Lichtschlucker ganz nahe zum Model. Wichtig ist nun, dass die Pose des Models einen Bezug zur Lichtführung nimmt. Im Beispielbild dreht Anuschka den Kopf leicht gegen das Licht, sodass er sehr schön ausgeleuchtet wird. Die rechte Gesichts- und Körperhälfte liegt im starken Schatten. Der Arm wird durch diese kontrastreiche Lichtanordnung sehr klar herausgearbeitet und trägt durch die dreieckige Form zur Bildgestaltung bei. Der Betrachter wird über den Arm zum Gesicht geführt und vom Gesicht wieder zurück zum Arm.

Vor allem bei Charakterporträts von Männern und älteren Menschen sind harte Schatten sehr beliebt. Aber auch junge und schöne Gesichter wie das von Anuschka können mit einem kontrastreichen Licht spannend aussehen.

Eine seitlich angeordnete Softbox (75 x 75 cm) und ein Lichtschlucker auf der gegenüberliegenden Seite ergeben ein kontrastreiches Porträt, Model Anuschka, Fotograf: Martin Zurmühle.

17.5 Beauty-Aufnahmen mit weichen Schatten

Allein durch die Umstellung vom Lichtschlucker auf einen Reflektor können Sie die Lichtstimmung von sehr kontrastreich zu kontrastärmer verändern. Hierzu stellen Sie sowohl den Studioblitz mit der quadratischen Softbox als auch den Reflektor sehr nahe ans Model. Die Schatten werden sehr weich wiedergegeben mit sanften Übergängen von hell nach dunkel.

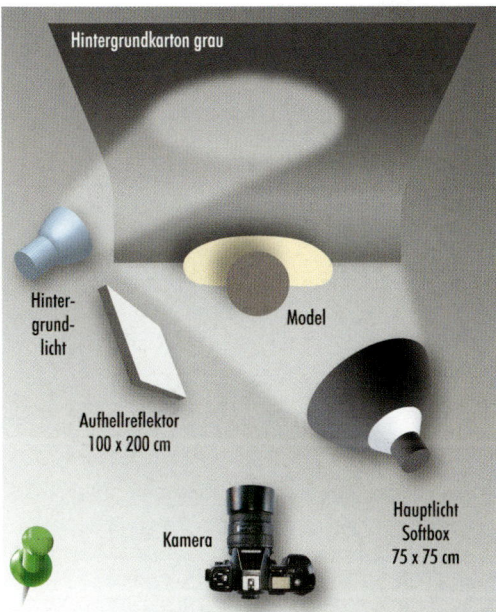

Dieses Licht ist bei Beauty-Aufnahmen sehr beliebt. Natürlich könnten Sie auch zwei seitliche Blitzgeräte einsetzen. Dadurch wird die Ausleuchtung noch kontrastärmer und gleichmäßiger. Der Nachteil ist allerdings, dass dann auch zwei Softboxen im Auge sichtbar werden.

Da nur eine Sonne die Erde umkreist, erwarten wir auch nur einen hellen Lichtpunkt im Auge. Zwei Lichtpunkte wirken deshalb für uns unnatürlich. Noch gleichmäßiger und schattenloser können Sie Gesichter mit großen Ringblitzen ausleuchten, weil das Blitzlicht dann genau um die Aufnahmeachse zu liegen kommt und so ein fast schattenloses Licht abgibt.

Sie brauchen aber keinen teuren Ringblitz zu kaufen. Auch mit der beschriebenen Methode mit einem Reflektor nahe beim Model lassen sich sehr weich ausgeleuchtete Porträtaufnahmen erstellen, wie es das Bild von Denise beweist. Verstärkt wird dieser Effekt natürlich durch das helle, blonde Haar, zu dem eine solche Lichtführung sehr gut passt. Besitzen Sie eine große, achteckige Softbox, können Sie diese auch direkt in ihrem Rücken aufstellen. Dadurch wird das Model ebenfalls sehr gleichmäßig und fast schattenlos aufgenommen (siehe Abbildung auf der folgenden Seite).

17.6 Mit Hollywoodeffekt ausdrucksvolle Gesichter gestalten

Alte Hollywoodfilme zeichnen sich durch eine spezielle Lichtführung aus. Die Lichtstimmung ist oft sehr düster, die Hauptdarsteller werden aber mit einem starken Spotlicht beleuchtet und so herausgehoben. Das starke Spotlicht erzeugt einen glamourhaften Effekt. Berühmte Filmdiven des letzten Jahrhunderts wie Sophia Loren, Greta Garbo und andere wussten um die besondere Wirkung dieses Lichts und wollten auch so fotografiert werden. Im Studio können Sie mit einem Standardreflektor und einem Wabenfilter eine ähnliche Lichtwirkung erzielen.

Die Kombination aus Standardreflektor und Wabenfilter erzeugt ein sehr kontrastreiches Bild mit harten Schatten. Der Lichtabfall ist hierbei sehr groß, nur gerade im Zentrum des Lichtkegels ist genügend Licht vorhanden. Das sehr starke und harte Licht führt aber auch dazu, dass Hautporen überstrahlt werden. Das harte Licht erzeugt so eine weichere Haut, was auf den ersten Blick wie ein Widerspruch wirkt.

Der Standort der Blitzleuchte befindet sich oberhalb und seitlich des Models. Achten Sie bei der Pose darauf, dass der Schatten der Nase auf keinen Fall bis zu den Lippen reicht. Das wirkt sonst sehr unschön.

Ein Blitzlicht mit quadratischer Softbox von rechts und ein Reflektor nahe beim Model links ergeben ein schönes weiches Licht, Model Denise, Fotograf: Martin Zurmühle.

Ein weiterer Vorteil dieser Lichtführung ist, dass im Auge des Models nur ein kleiner Lichtfleck erscheint, der sehr ähnlich aussieht wie die Reflexion der Sonne im Freien. Mit so einem harten und speziellen Licht lassen sich sehr spannende Porträts realisieren.

17.7 Tipps, um gezielt die Bildwirkung zu beeinflussen

Sie haben bei diesen Beispielen gesehen, dass die Lage der Blitzleuchte zum Motiv einen entscheidenden Einfluss auf die Bildwirkung hat. Schauen wir uns nun systematisch an, wie sich dieser Standort auf das Bild auswirkt. Um diesen Sachverhalt besser zu verstehen, betrachten wir die horizontale und vertikale Lage getrennt. Wir gehen dabei davon aus, dass Sie nur mit einer Blitzleuchte und eventuell noch Reflektoren und Lichtschlucker arbeiten. Die Lage der Blitzleuchte definiert die Größe und Form der Schatten. Die Reflektoren und Lichtschlucker erzeugen im Gegensatz zum Aufhelllicht mit einer zweiten Blitzleuchte keine eigenen Schatten, bestimmen aber, wie stark die Schatten in Erscheinung treten.

Horizontale Lage des Blitzes zum Motiv

In der Horizontalen unterscheiden wir folgende Standardlichtsituationen:

Vorderlicht	Frontalbeleuchtung von vorn (0°–15°).
Seitenlicht	Seitenlicht zwischen ca. 40°–50°.
Streiflicht	Streiflicht zwischen ca. 85°–105°.
Gegen-licht	Licht von hinten zwischen ca. 165°–195°.

▼ Oben links Vorderlicht, rechts Seitenlicht, unten links Streiflicht, rechts Gegenlicht, Model Jenny, Fotograf: Martin Zurmühle.

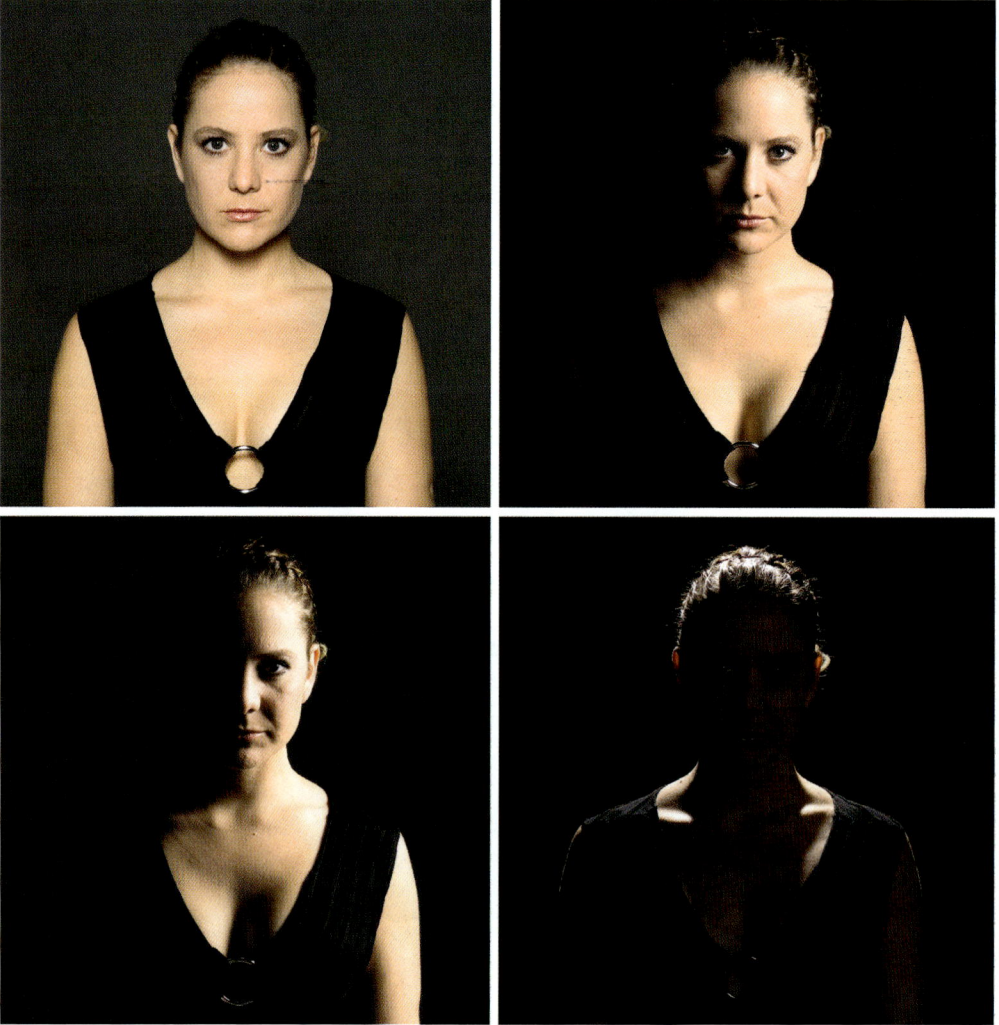

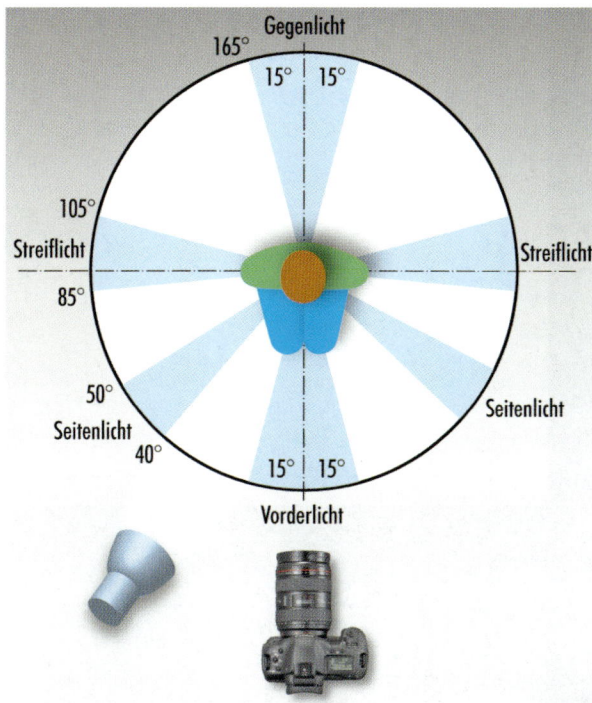

Das Streiflicht ist das klassische Licht der Aktfotografie. Noch stärker als beim Seitenlicht wird der Körper mit dem Licht geformt und mit dem Schatten verdeckt. Solche Bilder sind sehr effektvoll und können nur mit einer Blitzleuchte gemacht werden.

Gegenlicht erzeugt um den Körper einen hellen Lichtsaum. Dieser kann sehr spannend wirken und das Model aus seiner Umgebung hervorheben. Ohne eine weitere Lichtquelle wirkt das Bild dann wie ein Scherenschnitt.

▲ Die Wirkung der horizontalen Lage des Lichts sehen Sie bei den Bildern von Jenny auf der gegenüberliegenden Seite.

Bei einer Porträtsituation wirkt sich die horizontale Lage des Lichts wie folgt aus:

Das Vorderlicht wird daher meistens für Beauty-Aufnahmen eingesetzt, wenn es darum geht, ein möglichst schattenloses Bild zu erzeugen. Sie erkennen die Lage der Blitzleuchten bei Porträtaufnahmen in der Reflexion der Leuchten im Auge.

Für die klassischen Porträt- und Modeaufnahmen verwendet man häufig das Seitenlicht. Es moduliert das Gesicht oder den Körper sehr schön heraus und bietet trotzdem eine genügend gute Grundausleuchtung.

Klassisches Seitenlicht moduliert das Gesicht sehr schön, Model Florina, Fotograf: Martin Zurmühle. ▶

Tipps, um gezielt die Bildwirkung zu beeinflussen

▲ Ein Streiflicht von links hebt die Konturen hervor und bedeckt den Körper mit dem Schatten, Model Anuschka, Fotograf: Martin Zurmühle.

Zusammen mit einer vorderen Beleuchtung ergeben sich spannende Lichtsituationen. Die Blitzleuchte für das Gegenlicht muss aber gut im Rücken des Models unsichtbar platziert werden. In der Bildbearbeitung können Sie dann noch störende Stativfüße entfernen.

▲ Lichtschlitze links und rechts hinter dem Model erzeugen einen Lichtsaum um den Körper, Model Alita, Fotograf: Martin Zurmühle.

Ein Seitenlicht kombiniert mit einem Gegenlicht im Rücken von Anuschka, Fotograf: Martin Zurmühle.

Vertikale Lage des Blitzes zum Motiv

In vertikaler Lage kennen wir neben der Standardeinstellung im Bereich der Horizontalen und leicht darüber folgende zwei Einstellungen:

Oberlicht	Licht senkrecht oder steil von oben zwischen 0° und 30°.
Unterlicht	Licht von unten.

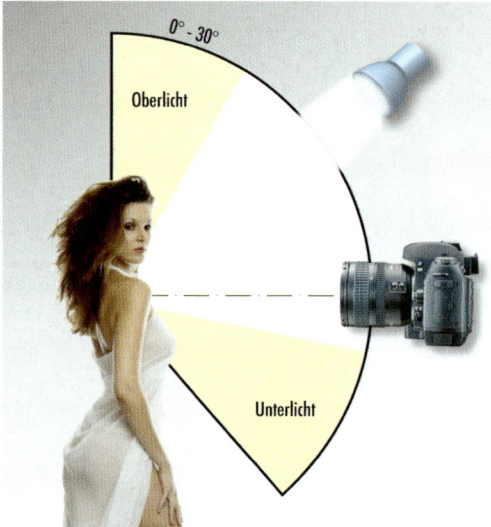

Bei einer Porträtsituation mit einem leicht seitlich angeordneten Blitzlicht wirkt sich die vertikale Lage des Lichts wie folgt aus:

Senkrecht von oben kommendes Licht betont bei einem Model den Kopf. Die Körperformen werden stark betont. Bei solchen Bildern muss die Lage des Models zum Licht sehr präzise festgelegt werden. Jede noch so kleine Verschiebung führt zu erkennbaren Veränderungen von Licht und Schatten.

Genau wie starkes Oberlicht wirkt auch starkes Unterlicht sehr dramatisch. Während das Oberlicht von uns noch gut verstanden wird (das Sonnenlicht kommt ja auch von oben), wirkt Unterlicht surreal und sehr theatralisch. Gesichter werden unschön verzerrt wiedergegeben, weil die Schatten nach oben ziehen. Gehen Sie deshalb vorsichtig mit diesem stark wirkenden Licht um.

▲ Starkes Unterlicht wirkt theatralisch, Model Jenny, Fotograf: Martin Zurmühle.

Mit einem Blitzlicht lässt sich die Lichtsituation noch sehr einfach gestalten. Jede weitere Blitzleuchte, die Sie einsetzen, erzeugt einen weiteren Licht- und Schattenverlauf und verkompliziert natürlich so die Lichtführung. Gehen Sie deshalb bei der Anordnung der Blitzleuchten gezielt vor, vom Einfachen zum Komplizierten. Überlegen Sie sich gut, wenn Sie ein weiteres Blitzlicht im Set einsetzen. Verwenden Sie es nur, wenn Sie den Nutzen dieses Lichts wirklich sehen und für die Bildaussage brauchen. Wie Sie gezielt so einen Lichtaufbau vornehmen, erfahren Sie im nächsten Kapitel.

Starkes Oberlicht erzeugt sehr harte Schatten auf dem Körper, Model Florina, Fotograf: Martin Zurmühle.

18

Hervorragende Bilder in verschiedenen Situationen

Die gelernte Licht- und Studiotechnik setzen Sie nun ein, um perfekt ausgeleuchtete Bilder zu machen. Anhand des Porträtlichts zeige ich Ihnen den Grundaufbau der Lichtführung. Ausgehend von den Licht-

situationen Low-Key und High-Key können Sie anschließend eine Vielzahl von spannenden Lichtführungen einsetzen, um spezielle Wirkungen zu erzielen. Die Grenzen liegen nur in Ihrer Fantasie und Ihrem Vorstellungsvermögen. Realisieren Sie Bilder, wie Sie sie aus Hochglanzmagazinen kennen.

18.1 Porträtaufnahmen gut in Szene setzen

Die technischen Grundlagen der Studiofotografie haben Sie nun kennengelernt. In diesem Kapitel zeige ich Ihnen die Umsetzung des Wissens in verschiedenen Standardlichtsituationen. Wir beginnen mit dem Porträtlicht, das sicher am meisten in der Studiofotografie eingesetzt wird. Gehen Sie beim Aufbau einer Lichtsituation gezielt in der richtigen Reihenfolge vor. Alle in diesem Kapitel vorgestellten Lichtsituationen können Sie mit einer kleinen Studioblitzausrüstung mit drei Blitzgeräten und Reflektoren und/oder Lichtschluckern einrichten.

1

Das Hauptlicht setzen (1. Licht): Mit dem Hauptlicht definieren Sie beim Model die Wirkung von Licht und Schatten. Liegt es nahe bei der Kamera (im Extremfall mit einem Ringblitz um die Kamera herum), wird das Gesicht fast schattenlos abgebildet. Je weiter Sie den Blitz um das Model herum drehen, desto stärker und kontrastreicher werden die Schatten.

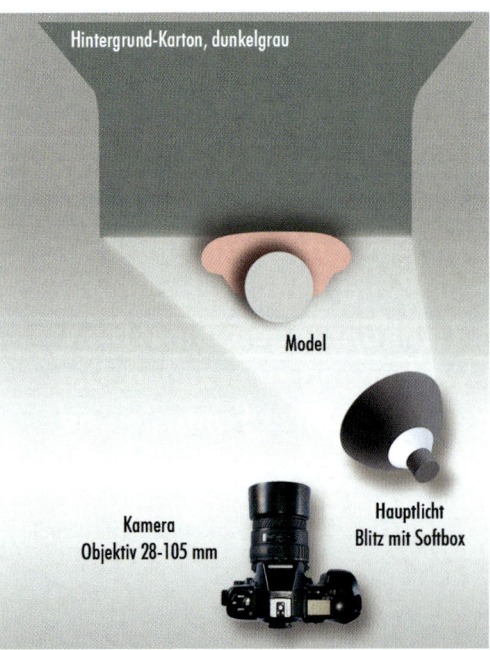

Setzen Sie das Model auf einen Drehstuhl ohne Lehne. So kann es sich frei um die eigene Achse drehen. Für normale Porträts stellen Sie die Blitzleuchte, zum Beispiel eine Softbox 75 x 75 cm, ca. 45° auf die linke oder rechte Seite des Models, in der Höhe ist ein oberer Winkel von ca. 30° über der Horizontalen empfehlenswert.

Stellen Sie die Stärke des Blitzgerätes auf das Maximum oder leicht darunter. Lassen Sie das Model frontal in die Kamera schauen und beobachten Sie die Wirkung von Licht und Schatten auf dem Gesicht. Verstellen Sie die Blitzleuchte, bis Sie die richtige Modulierung des Gesichts erhalten haben. Die beiden Gesichtshälften sehen bei allen Menschen leicht unterschiedlich aus. Viele Models haben eine Schokoladenseite, die besser aussieht als die andere. Stellen Sie das Hauptlicht so ein, dass die bessere Seite ausgeleuchtet wird. Sie können auch noch während des Shootings die Seiten wechseln, wenn Sie feststellen, dass eine andere Lichtführung beim Gesicht des Models besser wirkt.

▼ *Porträtaufnahme nur mit dem Hauptlicht.*

Die Schatten aufhellen (2. Licht): Nur mit dem Hauptlicht sind die Schatten für ein Standardporträt zu hart. Mit einer zweiten Blitzleuchte könnten Sie die Schatten gezielt aufhellen. Bei gleichen Softboxen und gleichem Abstand der beiden Blitze zum Model würden die Schatten bei gleicher Blitzleistung völlig verschwinden. Erfahrungsgemäß wirken Schatten sehr schön, wenn das zweite Licht (bei gleichem Abstand) 1 bis 2 LW weniger Leistung hat als das Hauptlicht.

In unserem Beispiel setzen wir aber einen Aufhellreflektor anstelle des Aufhelllichts ein, denn wir möchten nur eine Blitzleuchte im Auge des Models sichtbar haben.

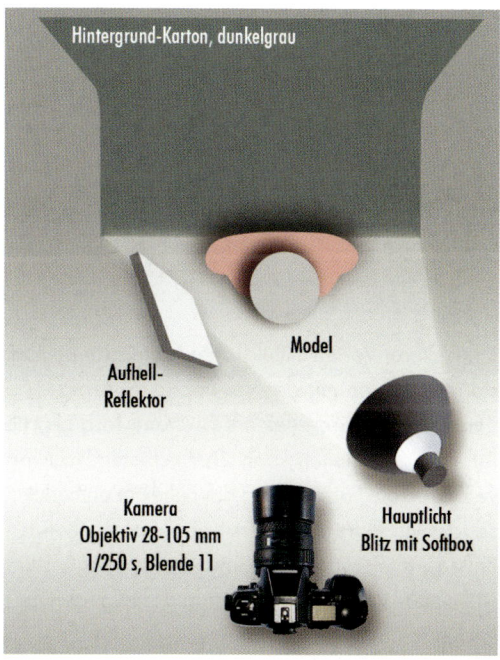

Wenn wir die weiße Styroporwand nahe genug ans Model setzen (leicht außerhalb des Aufnahmebereichs), dann beträgt der Lichtabfall bei den Schatten ca. 1,5 LW und die Schatten werden gut sichtbar und doch nicht zu stark gezeichnet. Je weiter wir den Reflektor entfernen, desto größer wird dieser Lichtabfall.

Die Haare betonen (3. Licht): Vor allem bei Frauen mit langen Haaren kann durch ein Effektlicht ein besonderer Glanz ins Haar gezaubert werden. Dazu verwenden Sie am besten einen Tubus, der den Lichtkegel beschränkt. Achten Sie aber darauf, dass die Lichtleistung nicht zu groß eingestellt wird, sonst wird das Haar überstrahlt abgebildet. Den Blitz platzieren Sie hinter dem Model und ziemlich hoch oben (Winkel zwischen 30° und 45° über der Horizontalen). Dadurch verhindern Sie unschöne Schatten von der Schulter auf dem Gesicht.

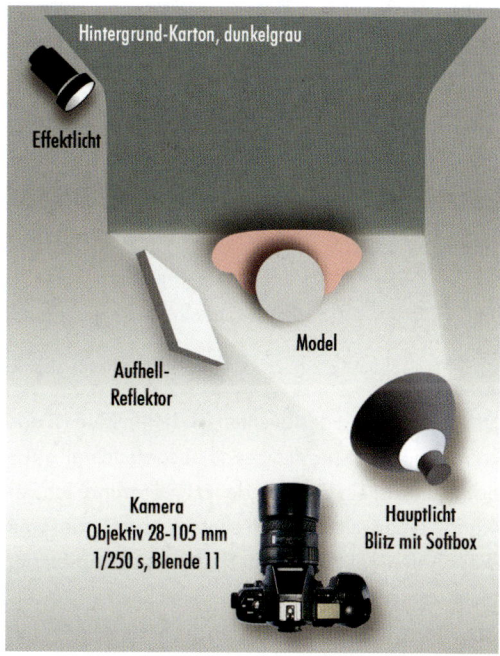

Sie können das Effektlicht auch auf der anderen Seite platzieren. Achten Sie aber darauf, dass der Blitz nicht direkt in die Kamera leuchtet. Mit dem Aufhellreflektor oder weiteren Reflektoren können Sie die Kamera abschirmen. Grundsätzlich sollte nie eine Lichtfläche der Blitzleuchten von der Kamera aus sichtbar sein. Die starken Blitzlichter führen sonst zu unschönen Schleierbildungen im Bild. Diese Schleier sind auf dem kleinen Kameradisplay oft kaum sichtbar, können aber ein Shooting ruinieren. Mit dem Effektlicht hat unser Porträt nun schon etwas mehr Spannung erhalten.

▲ Porträtaufnahme mit Hauptlicht, Aufhellreflektor und Effekt-licht.

4

Den Hintergrund ausleuchten (4. Licht): Nun ist das Model gut und spannungsvoll ausgeleuchtet. Was noch fehlt, ist ein Licht auf dem Hintergrund. Ich verwende einen mittelgrauen Hintergrundkarton, weil dieser einen sehr neutralen Hintergrund abgibt, der nicht vom Wichtigsten, dem Gesicht des Models, ablenkt. Mit dem Hintergrundlicht helle ich den Hintergrund so weit auf, dass der gewünschte Kontrast zwischen Model und Hintergrund entsteht. Ich platziere das Hintergrundlicht auf der dem Hauptlicht gegenüberliegenden Seite. Das ist von der Lichtführung her logischer. Zudem liegt dann die dunklere Gesichtshälfte des Models vor der helleren Hintergrundseite und umgekehrt.

Die vor allem in Amerika und England eingesetzten strukturierten Hintergründe gefallen mir nicht. Sie lenken zu stark ab und wirken schnell veraltet, wenn die Mode wechselt. Auch den hellen „Heiligenschein" direkt hinter dem Gesicht finde ich

übertrieben und zu dominant. Ich setze das Hintergrundlicht deshalb nur schwach ein, um eine leichte Helligkeitsdifferenz zu erreichen. Das Resultat ist ein schön ausgeleuchtetes Porträt, das vor allem das Gesicht des Models betont.

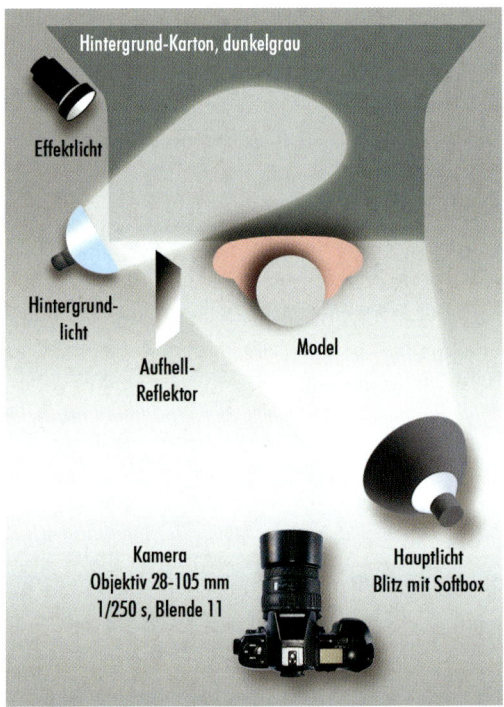

Ein weiterer Vorteil mittelgrauer Hintergründe liegt darin, dass ich mit der Verwendung farbiger Folien vor Standardreflektoren schöne farbige Hintergründe herstellen kann. Der mittlere Grauwert verändert die Farbwirkung der Folie nur unmerklich, sodass ich klare Farben mit den entsprechenden Folien simulieren kann. Eine sehr kostengünstige Methode (siehe Abbildungen auf der gegenüberliegenden Seite).

5

Und nun kann es mit dem Fotografieren losgehen. Wie aber sieht die Zusammenarbeit zwischen Model und Fotograf bei einem Porträtshooting aus? Jeder Fotograf entwickelt mit der Zeit seinen ganz persönlichen Stil, wie er mit dem Model zusammen die Bilder erarbeitet.

Ich schildere Ihnen hier meine Vorgehensweise. Diese benötigt etwas Zeit und Geduld, Sie werden aber sicher mit guten Bildern belohnt werden.

Ich verwende ein mittleres Zoomobjektiv (Brennweitenbereich ca. 40–150 mm). Bei Weitwinkelzooms besteht die Gefahr, dass Sie zu nahe ans Model herangehen und so das Gesicht unschön verzerren. Der beste Brennweitenbereich für Porträtaufnahmen liegt zwischen 80 mm und 120 mm. Ich setze mich auf einen Stuhl, damit ich horizontal ins Gesicht des Models schauen kann. Erst im Laufe des Shootings variiere ich meine Position. Von unten wirkt das Model dominanter, aber auch überheblicher, von oben scheu und etwas unterwürfig.

▲ Links: Blick von oben, rechts: Blick von unten, Model Jenny, Fotograf: Martin Zurmühle.

Zuerst lerne ich das Gesicht des Models kennen. Ich weise es an, sich auf dem Drehstuhl weit nach hinten zu drehen (Stellung der Beine bei ca. 135°). Dann mache ich verschiedene Aufnahmen bei unterschiedlichen Kopf- und Schulterstellungen.

Nun soll sich das Model langsam in Schritten von vielleicht 45° auf dem Stuhl drehen. Bei 0° sitzt es mir frontal gegenüber, dann dreht es sich weiter, bis es auf der anderen Seite wieder bei 135°

angekommen ist. So lerne ich das Gesicht und die Schulterbereiche bei allen Körperstellungen kennen und erkenne die Schokoladenseite.

Obwohl die Chancen für gute Aufnahmen im Moment noch sehr klein sind, fotografiere ich schon jetzt regelmäßig. So gewöhnt sich das Model ans Blitzlicht und an die besondere Situation. Warten Sie nicht zu lange zwischen den Aufnahmen, denn sonst verkrampft sich der Gesichtsausdruck. Und zeigen Sie dem Model zwischendurch gute Aufnahmen. Das motiviert und entspannt.

In einem nächsten Schritt testen Sie auf der stärkeren Seite des Models verschiedene Kopf-, Schulter- und Armhaltungen aus. Vor allem die Hände sind bei Porträtaufnahmen sehr wichtig, sie können Gefühle und Stimmungen ausdrücken. Variieren Sie auch die Blickrichtung. Die Bildaussage ist total verschieden, je nachdem, ob ein Model in die Kamera blickt, in die Ferne schaut oder die Augen schließt.

Jetzt haben Sie vielleicht schon 50 Aufnahmen gemacht und 20–30 Minuten lang fotografiert. Nun beginnt erst das eigentliche Shooting, denn jetzt ist das Model entspannt und Sie kennen das Gesicht und wissen, wie es am besten zur Geltung kommt. Konzentrieren Sie sich nun auf die starken, ausdrucksvollen Seiten Ihres Models und arbeiten Sie so lange daran, bis Sie von den Bildern überzeugt sind.

Ich mache meine besten Bilder meistens erst in dieser Phase, die auch wieder 20–30 Minuten dauern kann. Nach 80–100 Aufnahmen lässt die Konzentration beim Model und Fotografen meistens abrupt nach, sodass Sie das Shooting beenden oder eine andere Aufnahmesituation angehen können.

18.2 Schöne Low-Key-Aufnahmen realisieren

Bei Low-Key-Aufnahmen herrschen im Gegensatz zu High-Key-Aufnahmen dunkle Farb- und Helligkeitstöne vor. Die Bilder sind aber nicht unterbelichtet und sie dürfen durchaus auch helle Bildbereiche enthalten.

Low-Key-Aufnahmen werden vorwiegend in Schwarz-Weiß gezeigt. Sie weisen viele dunkle oder auch völlig schwarze Bereiche auf. Die Motive werden in ihrer Plastizität durch starke Schatten und gezielt eingesetzte Lichter modelliert. Die vorhandenen Lichtquellen werden als gestalterisches Element so eingesetzt, dass sie den Blick auf das Motiv lenken. Bei Low-Key-Aufnahmen bleiben große Teile des Bildes dunkel und das Bild lebt durch wenige, aber intensive Kontraste. Durch die dunklen Farben und Töne sowie den gezielten Einsatz von Licht wirkt ein Low-Key-Bild eher düster, mystisch, erotisch oder auch geheimnisvoll. Die Atmosphäre ist im Gegensatz zum High-Key wesentlich gespannter und zeigt eine gewisse Dramatik.

Low-Key-Lichtsituationen werden vor allem in der Aktfotografie eingesetzt, weil hier die Körperform eine zentrale Komponente in der Gestaltung darstellt. Mit dem Licht enthüllen, mit dem Schatten verdecken, den Körper plastisch aus dem Schatten herausschälen und formal gestalten.

Eine für die Aktfotografie sehr gut geeignete Lichtsituation ist die Lichtzange. Sie platzieren auf beiden Seiten des Studios Striplights oder Lichtschlitze. Dadurch erhalten Sie ein doppeltes Streiflicht. Mit Reflektoren oder Lichtschluckern bestimmen Sie die Härte der Schatten. Natürlich benötigen Sie einen schwarzen oder dunkelgrauen Hintergrundkarton, um die dunkle Grundstimmung zu erzeugen. Im Beispiel habe ich einen schwarzen Hintergrund und seitliche schwarze Lichtschlucker eingesetzt. Auf der linken Seite habe ich mit zwei aufeinandergestellten Softboxen ein hohes Striplight erzeugt und auf der rechten Seite ein kleines Striplight platziert. Zwischen den Lichtschluckern habe ich einen Lichtschlitz offen gelassen, durch den das Licht auf das Model trifft.

Eine solche Lichtsituation ist außerordentlich flexibel. Durch das Schieben der Lichtschlucker kann ich die Schlitzweite und somit die Lichtstärke und die Schattenbildung regulieren. Drehe ich einen Lichtschlucker um, wird er zum Reflektor und hellt die Schatten auf.

Schalte ich die Blitze auf beiden Seiten ein, erhalte ich eine klassische Lichtzange, die den Körper herrlich modelliert. Wichtig ist bei diesen Bildern immer, dass sich das Gesicht des Models in Richtung einer Lichtquelle orientiert. Blickt das Model in die Kamera, wird das Gesicht schwarz wiedergegeben.

Die Belichtung messen Sie entweder mit dem Handbelichtungsmesser (mit Schwergewicht der Messung auf die Lichter) oder mit Testaufnahmen. Kontrollieren Sie die Histogrammanzeige und achten Sie darauf, dass die Lichter alle vollständig im Bild enthalten sind und nicht ausfressen.

Schalten Sie die Blitze auf einer Seite ab, entsteht eine ganz andere, einseitige Lichtwirkung. Bei der Bildgestaltung orientiert sich nun das Model in Richtung der Lichtquelle und die hellen Bildbereiche werden seitlich am Rand angeordnet, weil eine schwarze Körperhälfte keine Aussage hat.

◄ *Eine klassische Lichtzange mit zwei Striplights von links und rechts, Model Anuschka, Fotograf: Martin Zurmühle.*

▼ *Histogramm der Low-Key-Aufnahme mit Schwergewicht in den Tiefen.*

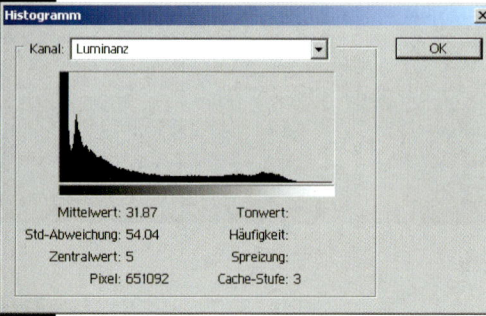

▲ Einseitiges Striplight führt zu einer schwarzen Körperhälfte,
Model Anuschka, Fotograf: Martin Zurmühle.

Low-Key-Aufnahmen leben von den Formen, die das Licht aus dem Schatten schneidet. Arbeiten Sie deshalb grafisch und formorientiert. Solche Aufnahmen können Sie mit wenig Licht und nur einem Studioblitz machen. Wichtig ist allerdings, dass der Raum ganz abgedunkelt wird und keine wei-

ßen Wände ungewollte und unkontrollierbare Reflexionen bringen.

18.3 So gelingen perfekte High-Key-Aufnahmen

Während Low-Key-Aufnahmen nur mit einer Blitzleuchte zu realisieren sind, benötigen Sie für High-Key-Aufnahmen mindestens drei Blitzgeräte. Bei High-Key-Bildern herrschen die hellen Farbtöne vor. Sie werden in der Schwarz-Weiß-Fotografie und in der modernen Modefotografie verwendet. High-Key-Bilder sind nicht überbelichtet, sondern sie zeigen helle bis weiße Flächen im Hintergrund und hellfarbige oder hellgraue Farbtöne in der Darstellung des Motivs.

Um ein High-Key-Bild im Studio technisch fachgerecht auszuführen, sind eine Belichtungskorrektur und ein beleuchteter Studiohintergrund notwendig. Alternativ kann auch mit digitaler Nachbearbeitung ein ähnlicher Effekt erzielt werden.

Spezifisch für die High-Key-Technik ist, dass der Schwerpunkt nicht wie bei den Low-Key-Aufnahmen auf der Formenmodellierung liegt (obwohl das natürlich auch möglich ist), sondern eine verfremdete Darstellung mit Unterdrückung kleinster Bilddetails und Hautunreinheiten beim Model angestrebt wird.

▼ Ein spannendes High-Key-Porträt, Model Denise, Fotograf: Andi Kunar.

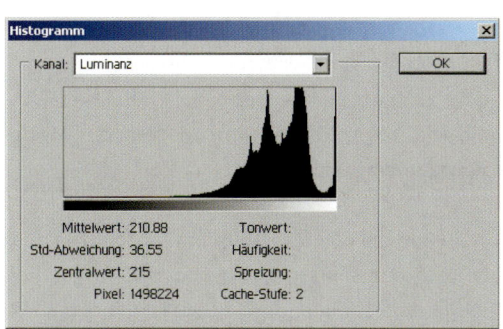

▲ Histogramm der High-Key-Aufnahme mit Schwergewicht bei den Lichtern.

Das schöne High-Key-Porträt von Denise hat Andi Kunar mit indirekter Belichtung über zwei weiße, 1 x 2 m große Reflektoren von links und rechts aufgenommen. Zusätzlich wurde der weiße Hintergrund gut ausgeleuchtet. Eine Softbox von oben und ein Aufhellreflektor von unten vervollständigen diese aufwendige Lichtführung.

Eine einfachere, aber effektive Lichtsituation für High-Key-Aufnahmen besteht aus zwei Standardreflektoren, die von beiden Seiten, mit gleichem Abstand und maximaler Lichtleistung, eine weiße Rückwand ausleuchten. Mit dem dritten Blitz mit einer großen Softbox leuchten Sie das Model aus. Durch seitlich platzierte Reflektoren und/oder Lichtschlucker verhindern Sie ungewollte Überstrahlungen beim Model.

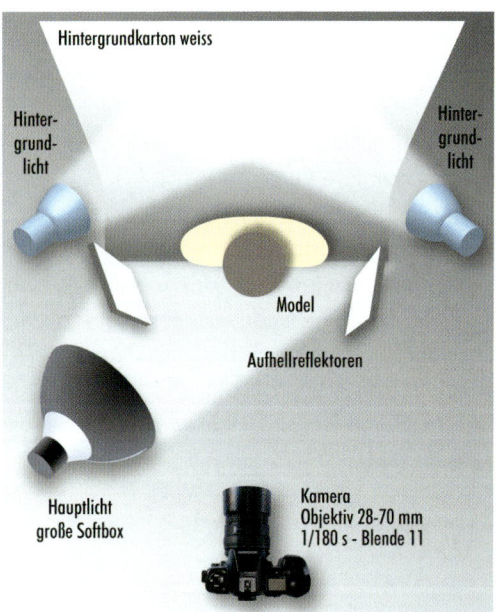

Wollen Sie einen vollständig weißen Hintergrund (z. B. bei Modeaufnahmen zum leichten Freistellen des Models), dann muss der Hintergrund mindestens 2 LW mehr Licht erhalten als das Model. Hier ist ein Handbelichtungsmesser hilfreich, Sie können die Überstrahlung aber auch am Histogramm erkennen. Die ganze Rückwand sollte blinken und so zeigen, dass sie weiß wiedergegeben wird.

Ein Problem bei High-Key-Aufnahmen ist die Rückstrahlung der Rückwand in die Kamera. Haben Sie zu viel Licht auf den Hintergrund gelegt, kann diese Rückstrahlung zu Schleiern im Bild führen. Mit zwei seitlich angeordneten Lichtschluckern reduzieren Sie diese Rückstrahlung stark und geben dem Model eine klare Kontur gegenüber der überstrahlten Rückwand.

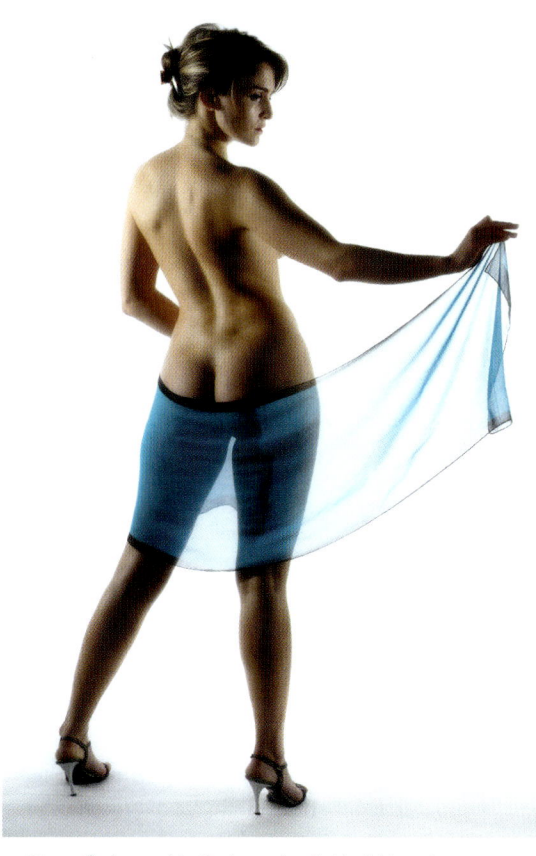

▲ Die weiß überstrahlte Rückwand stellt Model Lynn frei, Fotograf: Martin Zurmühle.

Das Model vor reinweißem Hintergrund lässt sich in der Bildbearbeitung sehr leicht freistellen. Deshalb wird diese Lichtsituation häufig in der Modefotografie eingesetzt.

Und wenn Sie nun das Hauptlicht abschalten und nur noch den Hintergrund anstrahlen, dann erhalten Sie eine spannende Silhouettenaufnahme mit einem feinen weißen Lichtsaum um den Körper.

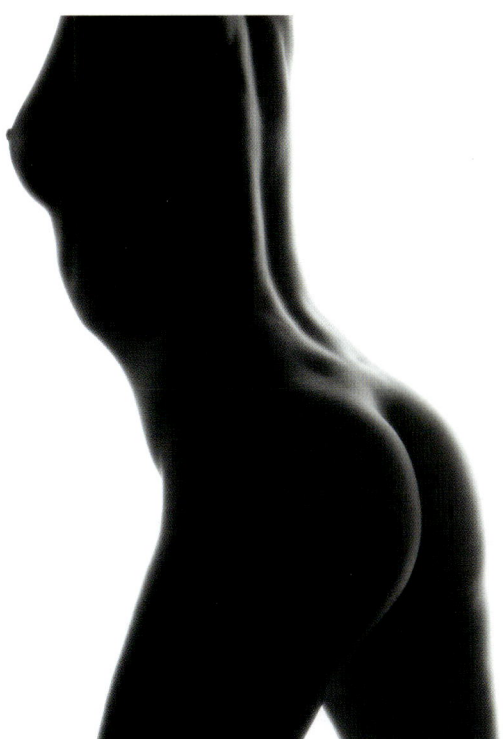

weißen Hintergrundkarton ausgebreitet wurde. Bedeckt wird Lynn von feinem, glänzendem Tüll. Zwei Blitzgeräte mit Standardreflektoren blitzen indirekt über die weißen Wände des Studios und geben so ein sehr gleichmäßiges Licht. Mit einem dritten Blitzgerät mit einer großen achteckigen Softbox wird das Model direkt ausgeleuchtet. So entsteht ein helles, leichtes, aber doch nicht überbelichtetes Bild.

▲ Eine Silhouette vor einem weißen Hintergrund, Model Lynn, Fotograf: Martin Zurmühle.

▲ Eine leichte High-Key-Aufnahme mit indirektem Licht und einer großen Softbox, Model Lynn, Fotograf: Martin Zurmühle.

High-Key-Lichtsituationen sind wesentlich schwieriger zu beherrschen als die Low-Key-Lichtführung. Sie müssen viel experimentieren und manchmal auch noch in der Bildbearbeitung etwas nachhelfen. Um die Arbeit bei der Bildbearbeitung zu erleichtern, sollten Sie darauf achten, dass der Bereich direkt hinter den Haaren völlig weiß wiedergegeben wird. Die übrigen Bereiche des Körpers lassen sich wesentlich einfacher freistellen als die Haare.

Wollen Sie alle hellen Töne ohne Überstrahlungen zeigen, benötigen Sie viel Licht. Am besten setzen Sie es indirekt über weiße Wände und Reflektoren ein, sodass das Motiv sehr gleichmäßig ausgeleuchtet wird. Mit weißen Schleiern und Tüchern erhalten Sie so ein leichtes und luftiges Bild zum Träumen.

Beim Schleierbild lag Lynn auf einem großen, weißen Schleier (ein Mückenschutznetz), das auf dem

Das Histogramm beweist, dass die Aufnahme sehr hell, aber nicht überbelichtet ist. Der Schwerpunkt der Töne liegt bei den Lichtern.

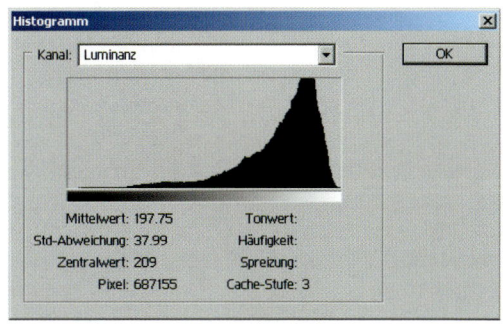

Mit einer gekonnten Lichtführung, einem schönen, ausdrucksstarken Model und einer guten Visagistin machen Sie mit einer High-Key-Lichtsituation Aufnahmen wie in den Hochglanzmagazinen.

*Eine High-Key-Aufnahme wie aus einem
Hochglanzmagazin, Model Anuschka,
Fotograf: Andi Kunar.*

18.4 Perfekte Spiegelaufnahmen

Ausgehend von den drei nun bekannten Grundsituationen (Porträt- und Modeaufnahmen, Low-Key, High-Key) können Sie eine Vielzahl neuer und spannender Lichtsituationen aufbauen. Die Grenzen liegen nur in Ihrer Fantasie und Ihrem Vorstellungsvermögen. Beachten Sie bei der Beurteilung der Lichtsituation, dass unsere Augen Kontraste ganz anders wahrnehmen, als der digitale Sensor sie aufnimmt. Verlassen Sie sich deshalb nicht auf Ihren optischen Eindruck aufgrund des Einstelllichts, sondern überprüfen Sie die Lichtwirkung und die Kontraste mit Testaufnahmen.

Achten Sie bei der Platzierung der Blitzleuchten immer darauf, dass kein direktes Blitzlicht in die Kamera gelangen kann. Die dadurch verursachten Schleier und Geisterbilder können die schönsten Bilder zerstören. Schirmen Sie deshalb die Kamera immer mit Reflektoren oder Lichtschluckern ab.

Setzen Sie das Licht von allen möglichen Seiten ein und überprüfen Sie die dadurch entstehenden Lichteffekte. Auch durch die Analyse von Bildern hervorragender Fotografen können Sie viel über die Lichtführung lernen. In den Augen der Models und anhand der Licht- und Schattenführung lässt sich häufig gut ablesen, wie die Blitze platziert waren.

Als Beispiel einer speziellen Lichtführung zeige ich Ihnen, wie Sie perfekte Spiegelaufnahmen machen können. Das Hauptproblem liegt beim Hintergrund im Spiegel. Dieser muss möglichst schwarz werden, damit die vollständige Illusion von zwei unabhängigen Personen entsteht. Bei der Platzierung der Kamera und des Models beachten Sie das Reflexionsgesetz, das besagt, dass einfallende Strahlen von reflektierenden Oberflächen im gleichen Winkel wieder abgestrahlt werden, wie sie auftreffen. Der Blickwinkel geht von der Kamera zum Spiegel, wo Sie im Spiegel das virtuelle Bild der Spiegelung sehen.

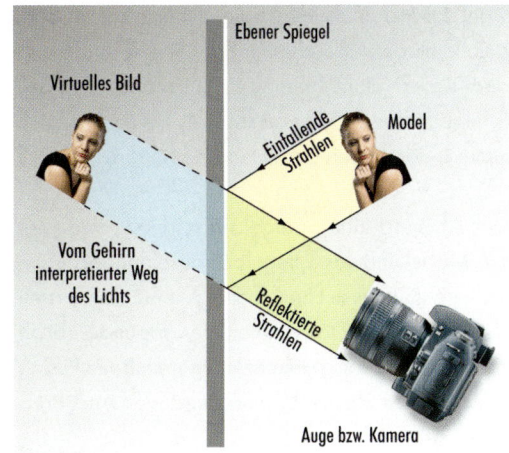

In diesem Blickwinkel hinter dem Model müssen Sie deshalb den Raum mit schwarzen Tüchern vollständig abdunkeln. Zudem sollten Sie die beiden seitlich angeordneten großen Softboxen durch Reflektoren abdecken, sodass kein direktes Blitzlicht in die Kamera gelangen kann. Ich habe bei meinen Spiegelaufnahmen das Hauptlicht von rechts um 1–2 Blenden stärker eingestellt als das Aufhelllicht von links.

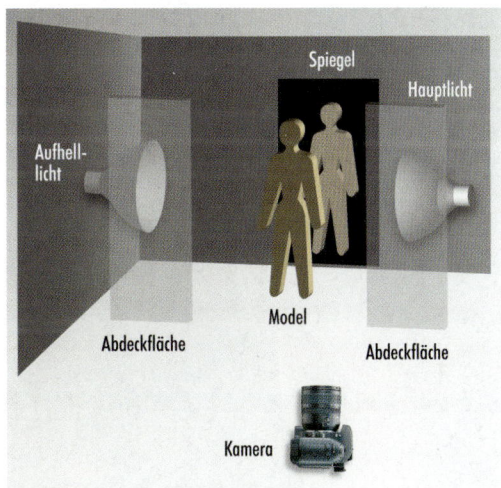

Das Posing bei Spiegelaufnahmen ist viel schwieriger als bei Porträt- oder Modeaufnahmen. Sie müssen als Fotograf gleich zwei Models anweisen. Eines vor und eines im Spiegel. Ziel ist es, dass sowohl das Model vor dem Spiegel als auch das Spiegelbild attraktiv aussehen. Jede kleine Veränderung der Körperhaltung führt zu einer Veränderung des Spiegelbildes und Sie müssen als Fotograf gleichzeitig beide Seiten beachten und führen.

Der Abstand zum Spiegel entscheidet, wie weit das Model und das Spiegelbild auseinanderstehen. Variieren Sie diese Lage und finden Sie den besten Abstand heraus. Eine leichte Überlappung sieht oft besser aus als völlig getrennte Figuren. Beim Posing selbst können Sie mit drei verschiedenen Ausgangslagen arbeiten:

■ Das Model schaut durch den Spiegel in die Kamera.

■ Das Model schaut sich durch den Spiegel selbst an.

■ Das Model dreht sich um und schaut direkt in die Kamera, während im Spiegel die Rückenansicht sichtbar wird.

Schaut das Model durch den Spiegel in die Kamera, wird der Betrachter ins Bild gezogen. Das Model nimmt direkten Kontakt zu ihm auf. Entscheidend dabei ist die Ausstrahlung des Models, der erotische Funke, der auf den Betrachter übergeht. Neben dem Blick und der Körperhaltung sollten Sie ein gutes Augenmerk auf die Position der Hände legen. Diese können die Wirkung des Blickes verstärken. Den Fokus legen Sie auf die Augen des Models im Spiegelbild. Da die Spiegelfolie nie ganz flach ist, werden die Bilder im Spiegel immer ganz leicht unscharf wirken, was aber meistens nicht stört. Arbeiten Sie aber mit einer genügenden Schärfentiefe (z. B. 11 oder 16), damit das Model im Vordergrund auch scharf abgebildet wird. Unschärfe können Sie dem Bild später, falls gewünscht, in der Bildbearbeitung zufügen.

Blickt sich das Model selbst durch den Spiegel an, wird der Betrachter zum Voyeur, der heimlich eine spannende Szene beobachten darf. Nun lebt das Bild von der Handlung, d. h., das Model sollte sich mit sich selbst beschäftigen, den Sitz der Kleider kontrollieren, die Lippen schminken. Hier können Sie dem Model durchaus viel Zeit geben und es frei agieren lassen. Sie beobachten dann aufmerksam die Szene und machen bei günstigen Gelegenheiten die Aufnahmen. Durch viele Bilder erhöhen Sie hier natürlich die Trefferwahrscheinlichkeit für eine

◀ Der Blick in die Kamera betont die erotische Ausstrahlung, Model Jenny, Fotograf: Martin Zurmühle.

Eine frontale Position wirkt selbstsicher und dominant, Model Lynn, Fotograf: Martin Zurmühle.

gute Aufnahme, denn bei diesen Aufnahmen übersehen Sie schnell ein kleines Detail, das dann im Resultat stört.

▲ Das Model schaut sich selbst an, der Betrachter wird zum Voyeur im Hintergrund, Model Daniela, Fotograf: Martin Zurmühle.

Auch bei dieser zweiten Variante legen Sie den Fokus auf das Model im Spiegel. Dreht sich das Model um und schaut dem Fotografen direkt in die Kamera, wirkt es sehr selbstsicher und dominant.

Wichtig bei dieser Pose ist eine schöne Rückenansicht im Spiegelbild. Nun legen Sie natürlich den Fokus auf die Augen des Models im Vordergrund. Mit einer kleinen Blende wird auch das Spiegelbild noch scharf abgebildet.

Natürlich gibt es noch viele weitere Posen mit Spiegel. Lassen Sie das Model frei agieren und greifen

Sie nur zwischendurch mit Anweisungen ein. Bei solchen Shootings brauchen Sie neben der intensiven Vorbereitung ein gutes Auge und auch etwas Glück, um genau den richtigen Moment mit der stärksten Ausstrahlung zu erwischen.

Das Model braucht genügend Zeit, um mit dieser speziellen Situation richtig umgehen zu können. Schöne Musik im Hintergrund hilft dabei. Machen Sie viele Aufnahmen und lassen Sie sich dann genügend Zeit bei der Auswahl der besten und wirkungsvollsten Bilder.

18.5 Spannende Ergebnisse mit Gobos, Beamern und Diaprojektoren

Neben der Anordnung der Blitze und der Gestaltung der Lichtsituation können Sie Studiobilder noch weiter beeinflussen. Eine kostengünstige und effektive Methode haben Sie bereits kennengelernt. Bei einem Blitz mit Standardreflektor können Sie bei der Abschirmklappe farbige Folien anbringen und so das Licht einfärben.

Das farbige Licht wird von der Rückwand reflektiert. Der Grauwert des Hintergrundkartons bestimmt die Helligkeit des reflektierten Lichts. Bei einer weißen Rückwand wirken die Farben hell und pastellfarbig. Eine mittelgraue Rückwand lässt die Farben weitgehend neutral erscheinen, während eine schwarze Rückwand stark abgedunkelte Farben wiedergibt.

Beachten Sie bei der Anordnung der Blitzleuchten, ob Sie nur die Rückwand oder auch das Model mit dem farbigen Licht bestrahlen wollen. Die Wirkung ist ganz unterschiedlich.

Besitzen Sie einen Minispot oder einen Zoomspot, können Sie passende Gobos, Lochmasken und Farbfolien dazu kaufen. Mit diesen lässt sich das Spotlicht auf verschiedene Art verändern.

▲ *Links: farbiges Licht nur auf dem Hintergrund, rechts: farbiges Licht auf dem Hintergrund und rotes Licht zusätzlich auf dem Model, Model Jenny, Fotograf: Martin Zurmühle.*

Mit der Lochmaske können Sie sehr schöne runde Kreise auf den Hintergrund projizieren. Gleichzeitig werden harte Schatten erzeugt und das Model stark betont.

Gobos gibt es in einer Vielzahl von Mustern. Sie können von einfachen Schlitzen wie beim Lamellenstor bis zu Bildern von Bäumen auswählen. Sie projizieren die Muster auf die Rückwand oder auch direkt auf das Motiv. Auch hier müssen Sie etwas experimentieren, bis Sie die besten Wirkungen herausfinden.

◀ *Der Minispot von Elinchrom, geeignet für Gobomasken. (Foto: Elinchrom)*

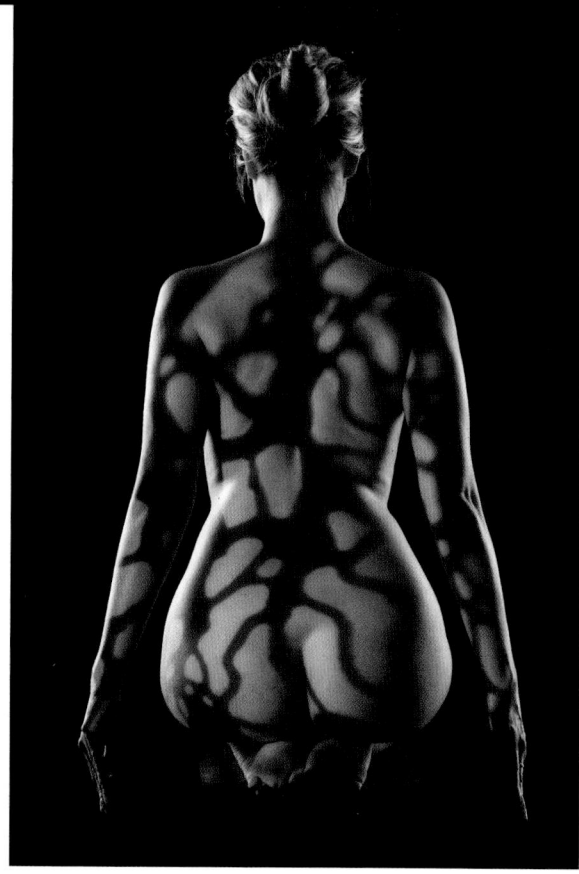

Oben: Gobo mit Baummuster, unten: Gobo mit Lamellenstormuster, Model Fotogena, Fotograf: Martin Zurmühle.

Ein Spotlicht mit einer Lochmaske, Model Anuschka, Fotograf: Martin Zurmühle.

merlicht und wirft seinen Schatten auf die Leinwand.

Mit Beamerprojektionen können Sie auf einfache Weise auch stimmungsvolle Hintergründe zu Studioaufnahmen erzeugen. Das nächste Bild besteht aus einem Proträt und einer Beamerprojektion eines Weinkellers von der rechten Seite mit einem 45° Einstrahlwinkel. Damit der Weinkeller nicht verzerrt erscheint, ist das Bild vorgängig aus dieser Position fotografiert worden. Das Model ist von links beleuchtet. Gleich neben dem Model verhindert ein Lichtschlucker, dass vom Blitzgerät Licht auf die Rückwand fällt. Achten Sie darauf, dass die Lichtrichtung bei der Studioaufnahme und dem Hintergrund in etwa gleich ist. Dann wirkt das Bild viel realistischer.

Pirmin Zimmermann liebt es, seine Beamerprojektionen mit Bodypainting zu kombinieren. Beim Bild mit den Musiknoten wurde eine Gitarre auf den Körper des Models gemalt und mit einer Beamerprojektion von Musiknoten auf der Rückwand kombiniert. Das Resultat ist eine faszinierende und vielschichtige Bildkomposition.

Spotvorsätze und Gobos sind recht teuer. Eine günstigere Methode ist das Projizieren von Bildern direkt mit Beamern oder Diaprojektoren auf Rückwände oder Motive. Sie können diese Bilder direkt abfotografieren. Die Farbtemperatur der Beamer und Projektoren liegt im Bereich des Tageslichts. Eventuell müssen Sie aber vor dem Fotografieren einen manuellen Weißabgleich der ganzen Lichtsituation machen.

Zusammen mit einem guten Posing können Sie so auf einfache Weise wirkungsvolle Hintergründe erzeugen und die Bildwirkung verstärken. Der Schweizer Fotograf Pirmin Zimmermann arbeitet bei vielen seiner Bilder mit Beamerprojektionen. Im Hintergrund des Schattenbildes mit der Schaufensterpuppe ist ein Bild der neuen Tejo-Brücke in Lissabon mit einem Beamer auf die Rückwand projiziert.

Diese Aufnahme ist verzerrt, da sie stark seitlich von links eingeblendet ist. In diesem Bild bilden die unten links zusammenlaufenden Linien aber einen interessanten Gegensatz zum schräg stehenden Model. Dieses steht ebenfalls links im Bea-

▼ An Kalkwände projizierte Beamerbilder, Fotograf: Martin Zurmühle.

Das Model ist von links und rechts gleichmäßig beleuchtet. Die beiden Blitzgeräte haben zur Rückwand hin einen Lichtschlucker, damit die Projektion des Notenblattes nicht aufgehellt und abgeschwächt wird. Der Beamer ist sehr stark seitlich positioniert. Da diese Komposition davon lebt, dass die Notenlinien waagerecht projiziert werden, muss das Hintergrundbild zuerst aus der geplanten seitlichen Position des Beamers fotografiert werden.

Die Noten werden aufgrund der seitlichen Position verzerrt aufgenommen. Anschließend wird das Bild über den Beamer seitlich auf die Rückwand projiziert und so von der Kameraposition wieder unverzerrt gezeigt. Das Model kann nun zusammen mit dem von der Seite kommenden Beamerbild fotografiert werden. Durch die seitliche Position des Beamers fallen keine unschönen Schatten des Models auf die Rückwand.

Sie sehen, die Grenzen der Gestaltungsmöglichkeiten liegen nur bei Ihrem Vorstellungsvermögen. Seien Sie kreativ und loten Sie die Grenzen der Fotografie aus. Sie werden mit speziellen Bildern reichlich belohnt werden.

▲ *Eine Beamerprojektion auf die Rückwand, Fotograf: Pirmin Zimmermann.*

▼ *Ein stimmungsvoller Hintergrund mit einer Beamerprojektion, Fotograf: Pirmin Zimmermann.*

Bodypainting kombiniert mit einer Beamerprojektion auf den Hintergrund, Fotograf: Pirmin Zimmermann

Der Autor und die beteiligten Fotografinnen und Fotografen

Ein solches Fotobuch lebt von der Qualität der Bilder. Bei meiner Arbeit wurde ich von sehr engagierten und hervorragenden Fotografinnen und Fotografen unterstützt. Alle am Buch beteiligten Fotografen stellen sich mit ihren eigenen Worten vor. Und natürlich darf auch der Dank für die Unterstützung durch den Verlag und meine Familie nicht fehlen.

Der Autor

Kurzlebenslauf

Ich bin in Luzern (Schweiz) geboren und aufgewachsen. Nach dem Gymnasium studierte ich Architektur an der ETH in Zürich. Nach meinem Diplom eröffnete ich ein Archi-tekturbüro in Luzern. Später kamen weitere Tätigkeiten hinzu. Seit 1992 doziere ich Planung und Management am VSSM-Ausbildungszentrum Bürgenstock. Seit 1996 bin ich Auditor bei der SGS SA und zertifiziere Firmen und Schulen nach verschiedenen Qualitätsmanagementsystemen. Seit 2002 betreibe ich ein Fotostudio und eine Fotoschule in Ebikon bei Luzern. 2005 habe ich meine Ausbildung zum Ausbilder mit eidgenössischem Fachausweis abgeschlossen.

Fotostudio und Fotoschule

Seit meinem 16. Lebensjahr fotografiere ich mit Leidenschaft. Zuerst interessierte mich das familiäre Umfeld, dann dokumentierte ich die vielen Reisen in Europa, Asien und Nordamerika. Später fotogra-fierte ich mit der Fachkamera Architektur und Landschaften. Seit 2002 habe ich mich auf die digitale Porträt-, Akt- und Erotikfotografie spezialisiert (*www.fokus-fotos.ch*). Durch meine langjährige Erfahrung in der Erwachsenenbildung kam bei mir bald der Wunsch auf, mein Wissen anderen ambitionierten Amateurfotografen weiterzugeben. Ich habe deshalb 2003 die Aktschule.ch (*www.aktschule.ch*) gegründet. Die Ausbildung behandelt das Studiolicht, die klassische Aktfotografie, die Location-Fotografie (Indoor und Outdoor) mit Tageskursen in Ebikon sowie kürzeren und längeren Workshops im In- und Ausland. Ergänzend dazu werden weitere Themen der digitalen Fotografie wie die Bildbearbeitung mit Photoshop und Fragen der Bildgestaltung behandelt.

Aufgrund verschiedener Anfragen von Kursteilnehmern habe ich das Angebot der Aktschule auf die gesamte digitale Fotografie erweitert. Die 2005 gegründete Fotoschule.biz (*www.fotoschule.biz*) bietet nun verschiedene Kurse zur Fotografie mit digitalen Spiegelreflexkameras an.

Ich bin Präsident von nudeART.ch – Verein für Kunstvolle Aktfotografie. Der Verein setzt sich zum Ziel, das Ansehen und die Qualität der Aktfotografie in der Schweiz zu fördern. Informationen zum Verein findet man unter *www.nudeart.ch*.

Mit viel Freude und gutem Erfolg nehme ich an nationalen und internationalen Fotowettbewerben teil. Meine Bilder werden heute regelmäßig in verschiedenen Ausstellungen sowie in Zeitschriften und Büchern gezeigt.

Die beteiligten Fotografinnen und Fotografen

Ich möchte mich an dieser Stelle herzlich für die Unterstützung durch den DATA BECKER-Verlag und insbesondere den Projektleiter Herrn Hans-Peter Kusserow bedanken. Seine kritischen Fragen halfen mir, ein so umfassendes Thema wie die digitale Fotografie zu bewältigen. Dieses Buch ist nur möglich geworden dank der ausgezeichneten Zusammenarbeit mit hervorragenden Fotografinnen und Fotografen. Ich möchte mich hier bei allen herzlich für die vielen wunderbaren Bilder bedanken, mit denen sie das Buchprojekt tatkräftig unterstützt haben.

Ganz besonders danke ich meiner Frau und meinen Kindern für das Verständnis und die Geduld mit mir, wenn ich mit den Gedanken mehr beim Buch als bei der Familie war.

Roberto Casavecchia

Aus Genua (Italien).

Roberto Casavecchia wurde 1959 in Genua, Italien geboren. Als kleines Kind ist er mit seinen Eltern in die Schweiz gezogen. Seine Jugendzeit hat er in der Ostschweiz, in Arbon am Bodensee verbracht. In St. Gallen hat Roberto Casavecchia die Kunstgewerbeschule besucht und wurde zum Grafiker ausgebildet. Dort ist er zum ersten Mal mit der Fotografie in Kontakt gekommen und die Liebe zur Fotografie hat sich seither stetig entwickelt. Der jetzt in Thalwil (ZH) ansässige Fotograf arbeitet als Grafikdesigner in einer Zürcher Werbeagentur.

Mit dem Einzug der digitalen Fotografie hat sich seine Tätigkeit in eine neue Richtung verschoben und Roberto Casavecchia ist zudem als freischaffender Journalist für verschiedene Fotografie-Magazine im In- und Ausland tätig und leitet im Rahmen der Fine-Art-Print-Fotografie Workshops und Schulungen im Bereich „Digital Workflow & Printing". In der ihm wenig verbleibenden Freizeit widmet er sich hauptsächlich der Architekturfotografie, wobei er auf zahlreiche Ausstellungen und Publikationen zurückschauen kann.

http://www.robertocasavecchia.com

Heinz Dössegger

Aus Lufingen (Schweiz).

Im Sternzeichen des Wassermanns erblickte ich 1968 das Licht dieser Welt. Als ich zwölf Jahre alt war, durfte ich mit meinen Eltern nach Australien reisen. Bereits da hatte ich einen eigenen Fotoapparat, der mich vier Jahre später auch nach Neuseeland begleitete. Später folgten Reisen nach Amerika, Schweden, Israel, Irland, Myanmar, Kanada und weitere Reisen in diverse europäische Länder.

Neben dem Fotografieren praktizierte ich weitere Hobbys wie Computer, Airbrush, Auto-Modellbau, Discoveranstaltungen und Autosport. Seit Kurzem habe ich die Faszination der Bonsai-Kunst entdeckt. Als gelernter Fernseh- und Radioelektroniker machte ich mein Computerhobby bald zum Beruf. Mit 25 Jahren war ich Geschäftsführer einer kleinen Computerfirma. Dazu war ich an einem Radio-TV-Fachgeschäft beteiligt und nebenbei führte ich einen kleinen Laden mit schwedischem Designglas.

Nach fünf arbeitsintensiven Jahren ging diese Ära mit einem Konkurs jäh zu Ende. Mittlerweile arbeite ich als Leiter Kundenservice und Support in einer größeren IT-Firma. 2003 nahm ich an der TV-Singleshow „Swissdate" teil. Durch diesen Fernsehauftritt lernte ich meine heutige Ehefrau Karin kennen. Karins leidenschaftliches Hobby, das Tanzen, belebte bald auch meine Freizeit. In unseren Ferien leben wir gemeinsam unsere Reiseabenteuerlust aus. Die Fotoausrüstung ist dabei ein permanenter Begleiter.

Im Jahr 2005 begann ich mich für das Thema Aktfotografie zu interessieren. Um mich auf dieses sensible Gebiet gut vorzubereiten, besuchte ich einige Kurse in den Bereichen Studiofotografie, Porträtfotografie und dann Aktfotografie. Die Verbindung von Kreativität, Technik und dem Umgang mit Menschen faszinierte mich von Beginn an. Zwischenzeitlich sammelte ich einige Erfahrung bei verschiedenen Shootings. Seit Kurzem habe ich mir ein Fotostudio eingerichtet. Fotoshootings mit professionellen Models finde ich genauso spannend wie Shootings mit Privatpersonen, die das erste Mal vor der Kamera stehen. Ich fotografiere, so oft es meine Freizeit zulässt.

„Bilder sind mein zweites Gedächtnis."
www.fotocommunity.ch

Dominik Hodel

Aus Meggen (Schweiz).

Nach dem Tod meines Großvaters erbte ich eine Konica T3. Geduldig und sorgfältig gestaltete ich meinen ersten Schwarz-Weiß-Film. Leider riss der Film. Die Bilder konnten nicht entwickelt werden. Enttäuscht kehrte ich vorläufig der Fotografie den Rücken zu. Der Auslöser für eine erneute Beschäftigung mit der Fotografie war der Film „War Photographer", eine Dokumentation über James Nachtwey. Diesmal wurde mein Interesse richtig geweckt.

Beeindruckt von den Bildern investierte ich in eine Digitalkamera. Mithilfe von Fachliteratur, Unterstützung von Martin Zurmühle und ständigem Ausprobieren tauchte ich tiefer in die Welt der Fotografie ein. Mit einem Bauscheinwerfer, Backpapier und Alufolie improvisierte ich stundenlang. Es führte dahin, dass ich meine Diplomarbeit und später auch die Maturaarbeit über Fotografie verfasste.

Ohne Kamera gehe ich nur ungern aus dem Haus. Ich interessiere mich vor allem für Werbe- und Pressefotografie. Auf meinen Bildern steht meist der Mensch im Zentrum. Früher fotografierte ich Familie und Freunde, heute darf ich mich über erste kleine Fotografieaufträge freuen.
www.dasbild.ch.vu

Sebastian Kobel

Aus Winterthur (Schweiz).

2003 ohne jegliches Wissen über die Fotografie habe ich damit begonnen „Sehen zu lernen". Früher war es die Natur, die mich in den Bann gezogen hat, heute ist es das Thema Licht und Schatten, das mich zur Faszination Fotografie verleitet. Mit der Zeit habe ich gelernt, dass oft die einfachsten Dinge die interessantesten sein können – mit etwas Kreativität.

Ob nun eine Hausfassade in einer nordamerikanischen Großstadt oder einfach das Blatt eines Baums am Boden im Gegenlicht – die Fotografie ist so vielseitig wie das Leben auch, und genau das will ich mithilfe meiner Kamera umsetzen. Was mir dabei immer wichtig ist, ist, dass meine Fotos doch etwas speziell sind, sei es vom Motiv, von der Perspektive oder auch vom Bildschnitt her.

Meine erste Nachtaufnahme entstand am Atlantik, mit einer Verschlusszeit von 8 Sekunden und ohne Stativ – das Ergebnis war nicht sehenswert und die Kamera hat mir wenig dahingehend geholfen, wie ich mich verbessern kann.

Eine meiner letzten Nachtaufnahmen entstand am Pazifik mit einer Verschlusszeit von 4 Sekunden, mit Stativ um 6 Uhr morgens bei Eiseskälte. Es ist schön, wenn man auf seine Vergangenheit blicken kann und seinen Erfolg sieht – noch viel schöner ist es, wenn man seine Fotos in einem Fotobuch betrachten kann – danke Martin!
www.verschlusszeit.ch

Andi Kunar

Aus Wien (Österreich).

Mein Name ist Andi Kunar, Jahrgang 1960. Ich bin Technischer Informatiker und lebe in Wien. Ich arbeite in der Computerbranche, vorwiegend im strategischen Marketing für/in Europa. Die intensive Auseinandersetzung mit der Fotografie begann für mich 2004 während eines mehrjährigen Gastarbeitereinsatzes in Zürich. Mit den Themen Porträt, Fashion/Glamour bzw. Akt und einem Schwerpunkt auf der Beauty-Fotografie.

Als Techniker erhebe ich Anspruch auf Perfektionismus im Handwerk und habe einen ausgeprägten Hang zu Fotospielzeug. Martin Zurmühle ist mit seinem architektur-gestalterischen Zugang und seinen offenen Lehr-/Coachingmethoden der Fotograf, der mich bisher am meisten beeinflusste.
www.kunar.at/andi/

Daniel Rohr

Aus Messen (Schweiz).

Im Jahr 1961 wurde ich in Bern geboren. Heute bin ich wohnhaft in Messen (SO), im schönen Bucheggberg. Die Natur vor der Haustür, die zu allen Jahreszeiten schöne und vielfältige Motive bietet.

Beruflich bin ich seit bald 20 Jahren in der Welt der Computer zu Hause. Die Faszination der Bits und Bytes ist sicher mit ein Grund, weshalb ich mich seit vier Jahren intensiv mit der digitalen Fotografie beschäftige. In der Freizeit bin ich oft mit meiner Nikon-Spiegelreflexkamera und diversen Objektiven mit Brennweiten von 10–400 mm unterwegs.

Schon bald entwickelte ich eine Affinität zur Fotografie in der Nacht. Meine Herausforderung ist es, das Optimale aus den dunklen Ecken und gleißenden Lichtern herauszuarbeiten. Es ist immer wieder faszinierend, die verschiedensten Lichter der Nacht auf den Chip zu bannen. Langzeitbelichtungen für Motive, die für das Auge im Dunkeln kaum mehr erkennbar sind, haben für mich etwas Reizvolles.

Dämmerungs- und Nachtaufnahmen bearbeite ich mit Photoshop CS3 und der HDR-Funktion. Photoshop benutze ich als Ersatz der „altbekannten" Dunkelkammer, und es macht mir immer wieder Spaß, damit das optimale Ergebnis aus den Rohdaten (RAW) herauszuholen. Neben Nachtaufnahmen fotografiere ich gern die Natur, Sport, Konzerte und dokumentiere die Reisen durch Afrika.

Einige meiner Fotos sind in Büchern, Broschüren, auf Plakaten sowie als Postkarten erschienen. Stolz bin ich auf die Fotos des Bundesplatzes von Bern, die ich für den „Audioguide der Stadt Bern" liefern durfte. Die Stadt Bern besitzt somit den weltweit ersten bebilderten Stadtrundgang für den iPod.

Dieses Jahr fand meine erste Fotoausstellung statt. Unter dem Namen „Digitale Augenblicke" waren 20 meiner Arbeiten in der Firma PwC im Bahnhof Bern zu sehen. Ich bin gespannt, wohin mich die digitale Fotografie und das vielseitige Umfeld in Zukunft noch führen werden, denn:

„Ein digitales Foto ist die eindrucksvollste Art der Darstellung von Nullen und Einsen ..."
www.danielrohr.ch

Pirmin Zimmermann

Aus Rain (Schweiz).

„Das Wesentliche bleibt für das Auge verborgen." Auf meiner fotografischen Entwicklungsreise versuche ich, dem Essenziellen auf die Spur zu kommen und Unsichtbares für den Betrachter sichtbar zu machen. Diese Gedanken prägen mein Schaffen und begleiten mich bei meinen Arbeiten.

Pirmin Zimmermann fotografiert seit 1992. In den ersten Jahren entstanden hauptsächlich Werke in Schwarz-Weiß mit vielen Studien zur Naturfotografie und Experimentierstunden in der Dunkelkammer. Im Frühjahr 2003 erfolgte der Umstieg zur digitalen Fotografie.
Inzwischen wurden verschiedene virtuelle Ausstellungen seiner Werke mit Erfolg auf der Fine-Art-Website Dreamline-Art realisiert.
http://www.dreamline-art.ch/

Eliane Zwimpfer

Aus Sursee (Schweiz).

Eliane Zwimpfer wurde im Frühjahr 1972 im Tierkreiszeichen des Fisches in Luzern geboren. Bereits als Kind fotografierte sie im Urlaub gern mit der Spiegelreflexkamera ihres Vaters, und eigentlich wollte sie ursprünglich Grafikerin werden. Aber wie so oft im Leben schlug sie einen ganz anderen Berufsweg ein. Nach der obligatorischen Schulzeit absolvierte sie das Lehrerinnenseminar und arbeitet heute als Lehrerin.

Die Leidenschaft für die Fotografie entwickelte sich etwas später, als sie ihre ersten Fotokurse besuchte, noch ausgeprägter. So wurde ihre Kameraausrüstung auf Reisen eine treue Begleiterin, und nebst Reisedokumentationen widmete sie sich auch immer öfter der People-Fotografie. Heute fotografiert sie in ihrer Freizeit nach Lust und Laune als Ausgleich zum Berufsalltag, ist in einem Fotoklub aktiv und hat sich ein Fotostudio eingerichtet.

Die Kunst des Fotografierens besteht für sie im Wesentlichen darin, den Menschen ihre Wahrnehmungen mitteilen zu können. Sie möchte dem Betrachter etwas zeigen, was er vielleicht noch gar nicht entdeckt hat.
www.peoplephoto.ch

▼ *Aufnahme eines mit Tageslicht-Neonleuchten beleuchteten Hauses, Fotograf: Daniel Rohr.*

Glossar

Das Glossar erklärt die im Buch verwendeten Fachbegriffe und Abkürzungen. Sie erhalten eine kurze Beschreibung. Wenn Sie noch weitere Informationen zu technischen Details suchen, hilft meistens eine gezielte Suchabfrage bei www.google.de weiter. Auch folgende Internetseiten bieten gute technische Erklärungen:
www.wikipedia.de, http://www.foto-faq.de

A

Abbildungsmaßstab: Ist das Verhältnis zwischen der Größe eines Gegenstands und der Größe seiner Abbildung auf dem Sensor.

Abblendtaste: Sie dient der visuellen Kontrolle des Schärfebereichs vor der Aufnahme. Durch Drücken

der Abblendtaste schließt die Blende am Objektiv auf den eingestellten Wert, das Sucherbild wird dunkler und der Schärfebereich sichtbar.

Achromate: Ein optisches System aus zwei Linsen, einer Sammel- und einer Zerstreuungslinse. Damit können Farblängenfehler behoben werden.

Adobe RGB: Ein von Adobe im Jahr 1998 entwickelter RGB-Farbraum.

Akt: Die künstlerische Darstellung eines nackten menschlichen Körpers.

Aliasing: Bildfehler, die beim digitalen Abtasten von Signalen auftreten. Sie führen bei fein aufgelösten Originalbildern zur Darstellung von nicht enthaltenen Mustern.

Alphakanal: Alphakanäle werden in Photoshop zum Erstellen und Speichern von Auswahlen und Masken verwendet.

Amplitude: Physikalische Bezeichnung für die maximale Auslenkung einer Schwingung oder einer Welle aus ihrer Mittellage.

Analog: Analog bedeutet stufenlos. Analoge Daten können theoretisch unendlich viele Werte annehmen, während digitale Daten auf ihre Datentiefe beschränkt sind.

Artefakte: Bedeutet etwas, das von Menschenhand künstlich hergestellt wurde. In der digitalen Fotografie zum Beispiel der Treppeneffekt im Bild.

Astigmatismus: Unschärfe durch verschiedene Brechungen der Linse in senkrechter und horizontaler Richtung.

Atmosphäre: Gasförmige Hülle um die Erde.

Aufhellblitz: Die Belichtung und die Blitzleistung werden so aufeinander abgestimmt, dass Motiv und Hintergrund richtig belichtet werden.

Aufhelllicht: Licht im Fotostudio, auch Zweitlicht genannt. Hellt die Schatten auf.

Auflösung: Fähigkeit des Objektivs, feine Strukturen noch abzubilden. Mit Bildauflösung bezeichnet man die Anzahl der Bildpunkte (Pixel) des digitalen Bildes.

Aufnahmebetriebsart: Bestimmt die Steuerung der Blende und der Belichtungszeit (Programm-, Blenden-, Zeitautomatik, Manuell).

Auslöser: Mechanismus zum Öffnen des Kameraverschlusses und zur Belichtung der Aufnahme.

Auswahl: Ausgewählte Bildbereiche in der Bildbearbeitung mit Photoshop.

Autofokus: Automatisches Scharfstellen des Objektivs auf das Motiv.

B

Baryt: Häufig vorkommendes Mineral aus der Mineralklasse der wasserfreien Sulfate. Baryt wird zur Herstellung fotografischer Papiere verwendet, die eine sehr lange Lebensdauer haben und eine tiefe Schwärze zeigen.

Bayermuster: Fotosensor, der schachbrettartig mit einem Farbfilter überzogen ist. Der Sensor besteht zu 50 % aus grün- und je 25 % aus rot- sowie blauempfindlichen Pixeln.

Beamer: Spezieller Projektor, der digitale Daten analog wie bei Diaprojektoren in vergrößerter Form auf eine Projektionsfläche projiziert.

Belichtung: Das Produkt aus Lichtintensität (gesteuert durch die Blende) und Dauer der Lichteinwirkung (gesteuert durch die Belichtungszeit).

Belichtungskorrektur: Verändert die Belichtungsmessung der Kamera um einen festen Lichtwert (LW).

Belichtungsmesser: Entweder ein eigenständiges Gerät (Handbelichtungsmesser) oder Teil einer Kamera (interner Belichtungsmesser), mit dem die Helligkeit des Motivs gemessen wird.

Belichtungsmessung: Messung der vorhandenen Belichtung zur Bestimmung der passenden Kombination aus Verschlusszeit und Blende.

Belichtungsreihe: Mehrere Aufnahmen (meistens drei oder fünf), die jeweils mit abweichenden Belichtungswerten nach oben und unten aufgenommen werden.

Belichtungssteuerung: Bestimmt, nach welchen Kriterien die Kombination von Blende und Belichtungszeit bestimmt wird.

Belichtungszeit: Auch Verschlusszeit genannt. Gibt an (meist in Sekundenbruchteilen), wie lange das Licht auf den Sensor einwirken kann.

Beugung: Lichtstrahlen werden an einer sehr kleinen Blendenöffnung gebeugt, was zu unscharfen Bildern führen kann.

Bewegungsunschärfe: Engl. Motion Blur. Verwischte Bereiche im Bild aufgrund von Bewegungen während der Aufnahme.

Bildauthentifikation: Kontrolle der Authentizität (d. h. der Unverändertheit) einer Aufnahme durch eine entsprechende Software.

Bildbearbeitung: Digitale Bearbeitung von bereits vorhandenen Bildern.

Bildfeldwölbung: Eine ebene Fläche wird schalenförmig abgebildet.

Bildgestaltung: Entscheidende Tätigkeit beim Malen, Zeichnen oder Fotografieren. Kunstvolles und gezieltes Platzieren der bildwichtigen Elemente.

Bildgröße: Siehe Auflösung.

Bildkreis: Dieser beschreibt jenen Bereich (Kreis), den ein Objektiv imstande ist abzubilden. Der Bildkreis muss mindestens so groß sein wie das Sensorformat.

Bildmontage: Zwei Bilder werden in ein Bild zusammenmontiert.

Bildrauschen: Verschlechterung der Bildqualität durch Überlagerung von Störungen, die keinen Bezug zum eigentlichen Bildinhalt haben.

Bildstabilisator: Technische Systeme, die Bewegungen der Kamera und/oder des Objektivs ausgleichen, die zu Bewegungsunschärfen führen.

Bildwinkel: Die Größe des Felds (als Winkel), das vom Objektiv auf den Sensor abgebildet wird.

Blaue Stunde: Poetischer Begriff für die Zeit der Dämmerung zwischen Sonnenuntergang und nächtlicher Dunkelheit und für die Zeit kurz vor Sonnenaufgang.

Blende: Annähernd kreisrunde Öffnung vor, im Inneren oder hinter dem Objektiv. Sie regelt die Menge des auf den Sensor fallenden Lichts.

Blendenautomatik: Engl. Shutter Speed Priority, Vorrang der Belichtungszeit. Die Belichtungszeit wird fest eingestellt und die Blende von der Kamera aufgrund der Belichtungsmessung automatisch gewählt.

Blendenreihe: Eine Reihe von Aufnahmen mit unterschiedlichen Lichtwerten (oder Blenden).

Blendenstufe: Siehe Lichtwert.

Blendenwert: Siehe Blendenzahl.

Blendenzahl: Auch Blende, Blendenwert oder F-Zahl genannt. Gibt die Lichtstärke eines Objektivs an. Diese Zahlen sind bei älteren Objektiven am Blendenring angegeben.

Blitzgerät: Beleuchtungstechnisches Hilfsmittel. Mit einem starken Lichtblitz kann das Motiv ausgeleuchtet werden.

Blitzsynchronisation: Automatisches Synchronisieren des Zündens eines Blitzgerätes mit dem Ablauf des Verschlusses der Kamera.

Blooming: Als Blooming (von engl. Bloom für Blüte, also „Ausblühen") bezeichnet man die Überstrahlung bei besonders hellen Bildstellen.

Bokeh: Japanischer Begriff, der die subjektive, ästhetische Qualität von unscharfen Gebieten in einer fotografischen Abbildung kennzeichnet.

Breitengrad: Die als Winkelmaß angegebene nördliche oder südliche Entfernung eines Ortes vom Äquator. Die Breite kann Werte von 0° (am Äquator) bis ±90° (an den Polen) annehmen.

Brennpunkt: Auch Fokus genannt. Der Punkt, in dem eine optische Linse oder ein Hohlspiegel alle parallelen Lichtstrahlen sammelt.

Brennweite: Abstand, in dem sich parallel einfallende Lichtstrahlen (Objektivstellung auf unendlich) in einem Punkt (dem Brennpunkt) bündeln.

Bridge-Kamera: Eine große Kompaktkamera mit der Funktionalität einer DSLR. Sie schlägt eine Brücke zwischen den Kompakt- und den Spiegelreflexkameras (Bridge = Brücke).

Broncing: Kleine Tintenpfützen erzeugen einen bronzefarbenen Glanz in den Bildern.

Byte: Eine Maßeinheit für 8 Bit (**Bi**nary **D**igit, engl. für Binärziffer).

C

Candela: Fotometrische Basiseinheit der Lichtstärke. Candela gibt die Lichtstärke an, die von einer Lichtquelle in eine bestimmte Richtung ausgesendet wird.

Carbonpigmenttinte: Tinten für Tintenstrahldrucker mit verschiedenen Graustufen und höchster Lichtbeständigkeit.

CCD: **C**harge-**C**oupled **D**evice, ein lichtempfindlicher Halbleiterdetektor, der unter anderem in der digitalen Fotografie verwendet wird.

CC-Filter: **C**olor-**C**orrection, Filter zur Korrektur von Farbfehlern.

Chip: Fertig bearbeiteter Halbleiterkristall mit integrierten Schaltkreisen (auch Mikroprozessoren genannt).

Chromatische Aberration: Farbfehler aufgrund unterschiedlicher Brechung der verschiedenen Farben wegen ihrer unterschiedlichen Wellenlänge.

CLS: **C**reative **L**ighting **S**ystem, modernes System der Blitzsteuerung von Nikon.

CMM: **C**olor **M**anagement **M**odul, für das Farbmanagement benötigte Software im Betriebssystem des PCs.

CMOS: **C**omplementary **M**etal **O**xide **S**emiconductor, integrierte Schaltkreise, die in der Digitalfotografie als Fotosensoren eingesetzt werden.

CMYK: **C**yan (ein grünliches Blau), **M**agenta (ein zum Violett tendierendes Rot), **Y**ellow (ein mittleres Gelb) und **K**ey (Schwarz, zur Erhöhung des Kontrasts in dunklen Stellen), ein subtraktives Farbmodell, das die technische Grundlage für den modernen Vierfarbdruck bildet.

Cropfaktor: Größenvergleich zwischen dem Kleinbildformat und der Sensorgröße einer Digitalkamera. Der Cropfaktor wirkt als Brennweitenverlängerungsfaktor. Eine halbe Sensorgröße (Cropfaktor 2) verursacht eine Verdopplung der Brennweite.

D

Dauerlicht: Im Gegensatz zum Blitzlicht gleichmäßig und dauernd abgestrahltes Licht, auch Umgebungslicht genannt.

Dichtekurve: Beschreibt das Verhältnis zwischen Belichtung und der Reaktion auf dem Film oder Sensor. Die Steilheit der Dichtekurve wird als Gamma-Wert, der Unterschied zwischen der maximalen und der minimalen Dichte auch als Dichteumfang bezeichnet.

Diffusor: Aufsatz für ein Blitzgerät, durch den das Blitzlicht gestreut wird. Durch einen Diffusor bewirkt man ein weiches Licht und reduziert in Aufnahmen störende Reflexe.

Digital: Die Darstellung von Werten in Form von Ziffern oder Zahlen.

Dispersion: Physikalische Abhängigkeit einer Größe von der Wellenlänge.

Display: Anzeigefenster der Kamera.

Distorsion: Siehe Verzeichnung.

Dmax: Wert für die optische Dichte einer Tinten-Papier-Kombination.

dpi: **d**ots **p**er **i**nch, Punkte pro Zoll, Bildauflösung bei Ausgabegeräten, vor allem bei Druckern und Scannern.

DRI: Die **D**ynamic **R**ange **I**ncrease-Technik wird verwendet, um einen größeren Kontrast eines Motivs auf einem Bild abzubilden.

DSLR: Digitale Spiegelreflexkamera (siehe auch SLR).

Duplex: Druck mit zwei Druckfarben.

Dye-Tinte: Nicht pigmentierte Tinte. Chemisch eingefärbt, d. h., die Farbpartikel sind sehr kleine Moleküle. Instabile und sehr UV-Licht-empfindliche Farbe.

Entfesseltes Blitzen**Entfesseltes Blitzen**: Blitzen mit von der Kamera entfernten Blitzgeräten.

EV: **E**xposure **V**alue, siehe Lichtwert.

EXIF: Das **Ex**changeable **I**mage **F**ile Format ist ein Standard der **J**apan **E**lectronic **I**ndustry **D**evelopment **A**ssociation (JEIDA) für das Dateiformat, in dem Digitalkameras ihre Aufnahmeinformationen speichern.

F

Farbkanal: Der Farbkanal bietet Informationen über die im Bild enthaltenen Farbkomponenten.

Farbkreis: Der Farbkreis, präzise Bunttonkreis, ist eine in der Farbtheorie angewandte kreisförmige Darstellungsform von bunten Farben.

Farbmanagement: Mit Farbmanagement (engl. Color Management) wird erreicht, dass eine Aufnahme, die mit einem Eingabegerät (z. B. Kamera) erfasst wurde, an einem Ausgabegerät (z. B. Drucker) möglichst ähnlich wiedergegeben wird.

Farbmodell: Ein Farbmodell beschreibt den Farbraum, der von einem Ein- oder Ausgabegerät (z. B. Kamera, Scanner, Bildschirm, Drucker) erkannt und dargestellt werden kann.

Farbmodus: Digitaler Bildmodus wie Bitmap, Graustufen, Duplex, indizierte Farben, RGB, Lab und CMYK.

Farbraum: Menge von Farben, die von einem Ein- oder Ausgabegerät erkannt und dargestellt werden kann.

Farbraumkonvertierung: Umwandlung der Farben von einem Farbraum (z. B. sRGB) in einen anderen (z. B. CMYK).

Farbsättigung: Engl. Saturation, Grad der Buntheit eines Bildes.

E

Ebene: In der Bildbearbeitung mit Photoshop Begriff für eine separate Schicht von Bildinformationen.

Ebenenmaske: Maske, die einer Ebene zugeordnet ist.

Effektlicht: Licht im Fotostudio zur Betonung einzelner Bereiche (z. B. Haare) und zur Erzeugung spezieller Lichteffekte.

Einstellknopf: Drehknopf an der Kamera zum Wählen verschiedener Kameraeinstellungen.

Einstellscheibe: Siehe Mattscheibe.

Einstellungsebene: In der Bildbearbeitung mit Photoshop Begriff für eine Befehlsebene ohne Bildinformationen.

Einzelbild: Bei jedem Durchdrücken des Auslösers wird nur ein Bild belichtet.

Einzelfeldmessung: Für die Fokussierung wird nur ein Sensorfeld verwendet.

Elektronenblitzgerät: Siehe Blitzgerät.

Empfindlichkeit: Siehe Lichtempfindlichkeit.

Farbspektrum: Auch Lichtspektrum genannt, ist der Teil des elektromagnetischen Spektrums, den unser Auge wahrnehmen kann.

Farbtemperatur: Entspricht der Temperatur, die ein schwarzer Körper haben müsste, damit sein abgestrahltes Licht denselben Farbeindruck erweckt wie die tatsächliche Lichtquelle. Die Farbtemperatur wird in der Einheit Kelvin (K) angegeben.

Farbtemperaturmessgerät: Gerät zur Messung der Farbtemperatur im Fotostudio.

Farbtiefe: Die Farbtiefe ist der Speicherplatz, der für die Kodierung der Werte eines Farbkanals eines Farbraums verwendet wird. Sie wird in Bit pro Farbkanal angegeben.

Farbton: Der Farbton beschreibt die Farbe im Farbkreis.

Fernauslöser: Löst die Kamera mit Infrarot, Kabel oder Funk aus der Entfernung aus.

Festbrennweite: Name für ein Objektiv, dessen Brennweite fest eingestellt ist und sich nicht wie bei einem Zoomobjektiv verändern lässt.

Festplatte: Engl. **H**ard **D**isk (HD), ein magnetisches Speichermedium der Computertechnik.

Filmkorn: In der analogen Fotografie die kleinsten Strukturen des entwickelten Films, die bei starker Vergrößerung sichtbar werden.

Filter: Filter werden vor das Objektiv der Kamera geschraubt, um das Bild bei der Aufnahme zu verändern.

Fine-Art-Printing: Hochwertige Ausdrucke digitaler Bilder mit Tintenstrahldruckern und Spezialpapieren (vergleichbar mit Drucken aus dem Schwarz-Weiß-Labor).

Fischaugenobjektiv: Auch Fisheye genannt. Es hat eine sehr kurze Brennweite und damit einen sehr großen Bildwinkel (meist 180° in der Bilddiagonalen).

Fixfokusobjektiv: Fixfokusobjektive haben einen fixierten Fokus, also eine unveränderliche Entfernungseinstellung.

Fluchtpunkt: Im Fluchtpunkt einer perspektivischen Abbildung schneiden sich alle Geraden (Fluchtlinien), die in Wirklichkeit parallel zueinander verlaufen.

Fokussierung: Entfernungseinstellung, d. h. das Einstellen des Objektivs auf die Objektentfernung (auch Scharfstellung genannt).

Fovea: Bereich des schärfsten Sehens auf der Netzhaut bei Säugetieren.

Foveon-Sensor: Der von Foveon gefertigte CMOS-Sensor Foveon X3 Direktbildsensor verwendet drei Sensorelemente. Er zeichnet mit jedem Pixel alle drei Grundfarben auf.

Frequenz: Anzahl von Ereignissen innerhalb eines bestimmten Zeitraums.

Froschperspektive: Betrachtung eines Gegenstands von einem unter der normalen Augenhöhe liegenden Augenpunkt aus.

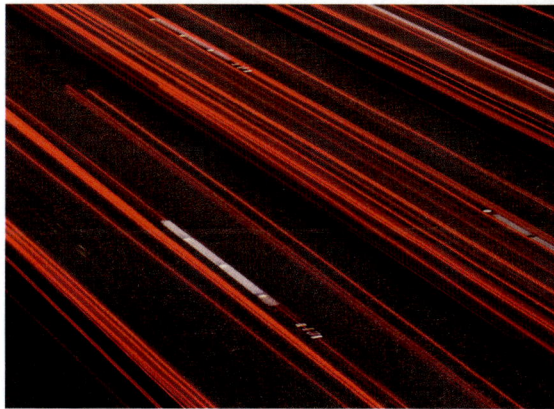

Funk-Fernauslöser: Löst die Kamera aus der Entfernung mit Funksignalen aus.

Funktionstaste: Taste an der Kamera, die mit einer ausgewählten Funktion belegt werden kann.

G

Gamma: Kurzbezeichnung für die Gamma-Korrektur. Es handelt sich dabei um die Anpassung oder Korrektur des Verlaufs der Graustufenwerte zwischen 100 % Schwarz und 100 % Weiß.

GByte: GB (**Gi**ga**b**yte) = 1.024 MByte.

Gegenlicht: Die Lichtquelle strahlt gegen die Aufnahmerichtung der Kamera.

Gloss: Engl. Glanz, glänzend.

Glühlampen: Auch Glühbirne genannt, ist eine künstliche Lichtquelle, in der ein elektrischer Leiter durch elektrischen Strom aufgeheizt und zum Leuchten gebracht wird.

Gobo: **G**raphical **O**ptical **B**lack**o**ut, ist eine Maske, die in einen Scheinwerfer oder Projektor eingesteckt wird, um Muster, Texte oder Bilder darzustellen.

Goldener Schnitt: Bestimmtes Verhältnis zweier Zahlen (ca. 5 zu 8), das in der Kunst und Architektur oft als ideale Proportion und als Inbegriff von Ästhetik und Harmonie angesehen wird.

GPS: **G**lobal **P**ositioning **S**ystem, satellitengestütztes System zur weltweiten Positionsbestimmung.

Gradationskurve: Dichtekurve. Dabei wird zeichnerisch eine Beziehung zwischen den Eingangswerten und dem Rechenergebnis dargestellt.

H

Handbelichtungsmesser: Siehe Belichtungsmesser.

Haptik: Als haptische Wahrnehmung bezeichnet man das aktive Erfühlen von Größe, Konturen, Oberflächentextur, Gewicht etc. eines Objektes mit dem Tastsinn durch Greifen und Berühren.

Hauptlicht: Stärkstes Licht im Fotostudio, das Licht- und Schattenwirkung beim Motiv bestimmt.

HDRI: **H**igh **D**ynamic **R**ange **I**maging. Techniken, um Bilder mit einem sehr großen Kontrastumfang darzustellen.

Helligkeit: Siehe Luminanz.

Hertz: Die Maßeinheit Hertz gibt die Anzahl der Schwingungen pro Sekunde, aber auch allgemein die Anzahl von beliebigen sich wiederholenden Vorgängen pro Sekunde.

High-Key: Technisch-gestalterischer Stil, bei dem helle Farbtöne vorherrschen.

Hintergrundlicht: Licht im Fotostudio zur Beleuchtung des Hintergrunds.

Hintergrundkarton: Rückwände aus Karton auf Rollen im Studio.

Histogramm: Grafische Darstellung der Häufigkeitsverteilung der Tonwerte im Bild.

Hochformatauslöser: Erlaubt das bequeme Auslösen der Kamera im Hochformat mit einem separaten Auslöser.

HSB-Farbmodell: Farbraum aus **H**ue (Farbton), **S**aturation (Sättigung) und **B**rightness (Helligkeit).

I

ICC-Profil: **I**nternational **C**olor **C**onsortium. Datei, die das Farbverhalten eines bestimmten Ein- oder Ausgabegerätes in einer vom ICC definierten Form beschreibt.

Imaginäre Linie: Nicht effektiv vorhandene, aber in unserer Vorstellung trotzdem zusammengesetzte Linie.

Individualfunktionen: Funktionen im Kameramenü, die individuell durch den Benutzer festgelegt werden können.

Infrarot: Als Infrarotstrahlung (kurz IR-Strahlung) bezeichnet man elektromagnetische Wellen im Spektralbereich zwischen sichtbarem Licht und den langwelligeren Mikrowellen.

Infrarot-Fernauslöser: Auslösung der Kamera oder der Studioblitzgeräte mit Infrarotstrahlen.

Intervallaufnahmen: Aufnahmen, die in einem festgelegten zeitlichen Abstand aufgenommen werden.

Iris: Die Iris, auch Regenbogenhaut genannt, ist die durch Pigmente gefärbte Blende des Auges. Sie reguliert den Lichteinfall in das Auge.

ISO: **I**nternational **O**rganization for **S**tandardization, internationale Vereinigung der Standardisierungsgremien.

ISO-Wert: Angabe der Lichtempfindlichkeit des Sensors.

J

JPEG-Format: **J**oint **P**hotographic **E**xperts **G**roup. Entwickelte ein standardisiertes Verfahren zur sowohl verlustbehafteten als auch verlustfreien Kompression digitaler Bilder. Im Web das am weitesten verbreitete Grafikformat für Bilder.

Joule: Joule ist die abgeleitete Einheit der Größen Energie, Arbeit und Wärmemenge.

K

Kabelfernauslöser: Dient dem erschütterungsfreien Auslösen der Kamera bei Stativaufnahmen.

Kalibrierung: Präzises Einstellen eines Gerätes durch Feststellung der Abweichungen von festgelegten Standardwerten.

Kanal: Ein Kanal ist in der Bildbearbeitung mit Photoshop ein Graustufenbild, das verschiedene Informationen enthält.

Kanalmixer: Auf der Basis der Prozentwerte der einzelnen Farbkanäle können hochwertige Graustufenbilder erstellt werden.

KByte: KB (**Ki**lo**b**yte) = 1.024 Byte.

Kelvin: Maßeinheit für die Messung der Farbtemperatur. 0 Kelvin = -273 °C. 273 Kelvin = 0 °C.

Kleinbild: 35-mm-Film (Kleinbildfilm), wurde ursprünglich für Kinofilme verwendet. Erst später wurde es als praktisches Fotoformat zum Standard in der Fotografie. Das Bildformat beträgt 24 mm x 36 mm.

Kleinbildäquivalenz: Umrechnung der Brennweiten von Digitalkameras auf die entsprechenden Größen des analogen Kleinbildformats.

Koma: Verzerrungen durch sphärische Aberration am Bildrand.

Kompaktkamera: Kamera mit einer geringen Größe und einem vergleichsweise geringen Gewicht.

Komplementärfarben: Begriff aus der Farbenlehre. Mit der Ursprungsfarbe gemischt ergeben sie einen Grauton. Beide Farben liegen sich im Farbkreis gegenüber.

Komprimierung: Datenkompression. Verkleinerung der Datengröße mit und ohne Datenverlust.

Konkav: Als konkav bezeichnet man in der Optik Formen (Flächenteile, Linien), die nach innen gewölbt sind.

Kontrast: Helligkeitsunterschied eines Bildes.

Kontrastumfang: Der Kontrastumfang oder die Dynamik beschreiben den Intensitätsunterschied zwischen dem hellsten und dunkelsten Punkt eines Bildes.

Konversionsfilter: Auch Farbfilter genannt, sind Vorsatzfilter für Kameras, die nur eine bestimmte Farbe passieren lassen oder die eine bestimmte Farbe herausfiltern.

Konvex: Als konvex bezeichnet man in der Optik Formen (Flächenteile, Linien), die nach außen gewölbt sind.

Kunstlicht: Künstliches Licht mit einer Farbtemperatur von ca. 3.400 Kelvin.

L

Lab: Das L*a*b-Farbsystem ist standardisiert, gleichabständig, geräteunabhängig. Es baut auf der Sehweise unserer Wahrnehmung auf.

Längengrad: Die geografische Länge oder der Längengrad beschreibt eine der beiden Koordinaten eines Ortes auf der Erdoberfläche, und zwar seine Position östlich oder westlich der Nord-Süd-Linie (Nullmeridian).

Langzeitaufnahme: Belichtungszeit von einer Sekunde oder länger.

Langzeitsynchronisation: Verfahren der Blitzlichtfotografie mit längeren Belichtungszeiten.

LB-Filter: **L**ight **B**alance. Korrigiert die Farbtemperatur einer Aufnahme.

Leitzahl: Die Leitzahl ist das Produkt aus dem Abstand zwischen Blitz und Motiv in Metern und der Blendenzahl.

Leuchtdichte: Fotometrisches Maß für Helligkeit. Eine Lichtquelle erscheint umso heller, je kleiner ihre Fläche im Vergleich zur Lichtstärke ist.

Leuchtstofflampen: Niederdruck-Gasentladungs-lampe, die innen mit einem fluoreszierenden Leucht-stoff beschichtet ist.

Lichtempfindlichkeit: Empfindlichkeit des fotogra-fischen Sensors einer Digitalkamera.

Lichter: Helle Teile (im oberen Drittel) eines digi-talen Bildes.

Lichtmessung: Messung des Lichtwertes mit einem Handbelichtungsmesser des auf das zu fotografie-rende Objekt fallenden Lichts.

Lichtschlucker: Dunkle oder schwarze Flächen, die das Licht absorbieren und so die Schatten ver-stärken.

Lichtspektrum: Siehe Farbspektrum.

Lichtstärke: Das Verhältnis der größten wirksamen Blendenöffnung zur Brennweite eines Objektivs.

Lichtstrom: Der Lichtstrom ist ein Maß für die ge-samte von einer Strahlungsquelle ausgesandte sicht-bare Strahlung.

Lichtwert: Kurzform LW (engl. **E**xposure **V**alue oder EV), bezeichnet eine Schar von Kombinatio-nen aus Blende und Belichtungszeit, die zueinander äquivalent sind.

Linse: Als Linse bezeichnet man ein optisch wirk-sames Bauelement mit zwei lichtbrechenden Flä-chen, von denen mindestens eine Fläche konvex oder konkav gewölbt ist.

Live View: Dauerndes Anzeigen des Bildes vor der Aufnahme im Display.

Lomografie: Stilrichtung innerhalb der Fotografie, eine Art lockerer Schnappschussfotografie.

Low-Key: Technisch-gestalterischer Stil, bei dem dunkle Farbtöne vorherrschen.

Lumen: Fotometrische Einheit des Lichtstroms.

Luminanz: Auch Leuchtdichte oder Bildhelligkeit genannt. Begriff, der als Maß die Lichtstärke pro Fläche angibt.

Lux: Einheit für die Beleuchtungsstärke.

M

Makroaufnahmen: Bilder von kleinen Motiven im Maßstab 1:2 oder größer.

Makroobjektiv: Spezielles Wechselobjektiv, das auch mit einem besonders geringen Objektabstand eingesetzt werden kann. Es ermöglicht Aufnahmen mit einem großen Abbildungsmaßstab wie z. B. von 1:1.

Manuell: Kameraeinstellungen ohne Automatikfunktionen.

Masken: Masken steuern in der Bildbearbeitung mit Photoshop, wie unterschiedliche Bereiche innerhalb einer Ebene oder eines Ebenensets aus- und eingeblendet werden.

Master-Blitzgerät: Blitzgerät auf der Kamera, das die Slave-Blitzgeräte steuert.

Matrixmessung: Siehe Mehrfeldmessung.

Mattscheibe: Die Mattscheibe oder Einstellscheibe ist eine Scheibe aus zwei Teilen, bei der eine Seite angeraut und die andere speziell als Fresnellinse geschliffen wurde. Sie dient der Motivbetrachtung im Sucher.

MByte: MB (**M**ega**b**yte) = 1.024 KByte.

Megapixel: Million Pixel.

Mehrfachbelichtung: Der Sensor wird mehrfach belichtet, oder mehrere Aufnahmen ab Stativ werden in der Bildbearbeitung zu einem Bild zusammengebaut.

Mehrfachblitze: Bei Langzeitbelichtung wird das Motiv mit mehreren Blitzen ausgeleuchtet.

Mehrfeldmessung: Auch Matrixmessung genannt. Mehrere Sensorfelder werden zur Ermittlung der richtigen Belichtungszeit berücksichtigt.

Mehrfeldsteuerung: Mehrere Sensorfelder werden zur Fokussierung verwendet.

Messwertspeicher: Speichert die aktuellen Messwerte.

Metadaten: Allgemein Daten, die Informationen über andere Daten enthalten.

Metamerie: Bilder wirken für uns unterschiedlich (evtl. mit Farbstichen), wenn sie von unterschiedlichen Lichtquellen beleuchtet werden.

Mischlicht: Aufnahmesituationen mit verschiedenen Lichtquellen mit unterschiedlichen Farbtemperaturen

Mittenbetonte Messung: Die Kamera misst die Lichtverhältnisse im gesamten Bildfeld, legt aber den Messschwerpunkt auf ein mittleres Kreissegment.

Mitteltöne: Mittelhelle Tonwerte eines digitalen Bildes.

Mitziehen: Technik, bei der man mit der Kamera dem bewegten Objekt folgt und dabei fotografiert.

Moiré: Ein Moiré-Effekt ist ein Interferenzmuster, das entsteht, wenn sich das Muster eines Motivs und das Pixelraster überlagern.

Monochrom: Ein Bild oder Medium, das nur Graustufen bzw. Abstufungen einer einzigen Farbe zeigt.

Motiv: Ein prägender Bildteil, oft zentral dargestellt.

Motivprogramme: Diese stellen die Kamera je nach fotografischen Motiven automatisch richtig ein (z. B. bei Porträt-, Landschafts- oder Sportaufnahmen).

Multiblitzsteuerung: Mehrere Blitzgeräte werden gemeinsam gesteuert und ausgelöst.

 N

Nanometer: Ein Nanometer (Zeichen: nm) entspricht dem Milliardstel eines Meters: 1 nm = 10−9 m. Oder 1 nm = 10−6 mm, also ein Millionstel Millimeter.

NC-Filter: **N**eutral **C**olor-Filter haben keine sichtbaren Auswirkungen auf die Farben. Als Objektivschutz eignet er sich für den Alltagsgebrauch.

ND-Filter: **N**eutraldichtefilter, auch Neutralfilter oder Graufilter genannt. Ermöglichen das Hervorrufen einer gleichmäßigen Abdunklung im Bild.

Netzhaut: Die Netzhaut oder Retina ist eine Schicht von spezialisiertem Nervengewebe an der hinteren Innenseite des Auges.

Normalobjektiv: Objektiv mit einer Brennweite entsprechend der Länge der Diagonalen des Aufnahmeformats (Sensorgröße). Sie haben einen Bildwinkel von etwa 46°.

Normlicht: Als Normlicht bezeichnet man die genormten spektralen Strahlungsverteilungskurven spezieller Leuchten.

Notebook: Auch Laptop (auf dem Schoß) genannt, ein kleiner, tragbarer Mikrocomputer.

Objektiv: Ein Linsensystem in der Optik bzw. Fotografie.

Objektmessung: Gegenteil der Lichtmessung. Bei der Objektmessung peilt der Fotograf mit einem externen oder in die Kamera integrierten Belichtungsmesser das zu fotografierende Motiv an (oder bestimmte Teile davon), um den Lichtwert für das vom Objekt reflektierte Licht zu ermitteln.

 P

PC: **P**ersonal **C**omputer.

Pentaprisma: Siehe Prisma.

Perspektive: Fasst die Möglichkeiten zusammen, dreidimensionale Objekte auf einer zweidimensionalen Fläche so abzubilden, dass dennoch ein räumlicher Eindruck entsteht.

Photoshop: Adobe Photoshop ist ein Bildbearbeitungsprogramm des US-amerikanischen Softwarehauses Adobe.

Pigmentierte Tinte: Hat Farbpartikel, die wesentlich stabiler und schwerer wieder lösbar sind als bei Dye-Tinte.

Pixel: Kleinste Einheit einer digitalen Rastergrafik sowie deren Darstellung auf einem Bildschirm.

Plug-in: Vom engl. to plug in „einstöpseln, anschließen", ist eine Bezeichnung für ein Computerprogramm, das in ein anderes Softwareprodukt eingeklinkt wird.

ppi: **p**ixel **p**er **i**nch, ein Maß für die Bildauflösung.

Primärfarben: Primärfarben nennt man die Ausgangsfarben eines Farbmodells.

Prisma: Unter einem Prisma versteht man in der Optik einen Körper, der zwei nicht planparallele Oberflächen und die Form eines Keils besitzt.

Profil: Siehe ICC-Profil.

Profilierung: Erstellen eines ICC-Profils zu einem Aufnahme-, Anzeige- oder Ausgabegerät.

Programmautomatik: Stellt die Blende und die Belichtungszeit automatisch ein, basierend auf der bestehenden Lichtsituation.

Programmverschiebung: Verschiebt die Kombination von Blende und Belichtungszeit bei Programmautomatik nach oben oder unten.

Pupille: Die Pupille ist eine natürliche Öffnung in der Iris des Auges, durch die das Licht in das Innere des Auges einfallen kann.

R

Rauschen: Siehe Bildrauschen.

Rauschunterdrückung: Software zur Reduktion oder Unterdrückung des Bildrauschens.

RAW-Format: Rohdatenformat in der Digitalfotografie.

RAW-Konverter: Wandelt RAW-Bilder meistens in das TIF-Format zur Weiterbearbeitung um.

Reflektor: Helle Oberflächen, die das Licht reflektieren und so das Motiv aufhellen.

Reflexion: Zurückgeworfene Lichtstrahlen von einer Oberfläche. Der Eintrittswinkel des einfallenden Strahls ist gleich dem Austrittswinkel.

RGB: **R**ot **G**rün **B**lau (engl. **R**ed **G**reen **B**lue), ein additives Farbmodell, bei dem sich die Grundfarben zu Weiß addieren. Eine Farbe wird durch drei Werte beschrieben.

Ringblitz: Ringförmig um die Kamera montiertes Blitzgerät.

RIP: **R**aster **I**mage **P**rozessor. Bindeglied zwischen Computer und Drucker, ermöglicht die perfekte Linearisierung des Druckers.

Rote-Augen-Effekt: Auftreten von roten Pupillen in den Augen von mit Blitzlicht fotografierten Lebewesen.

S

Sammellinse: Auch Konvexlinse oder Positivlinse genannt, eine Linse mit positiver, vergrößernder Brechkraft. Die Sammellinse sammelt das Licht und fokussiert es in ihrem Brennpunkt.

Sättigung: Siehe Farbsättigung.

Scanner: Ein Scanner (von engl. to scan = abtasten, untersuchen) ist ein Datenerfassungsgerät, das eine Vorlage abtastet und digital speichert.

Schärfentiefe: Oft auch Tiefenschärfe genannt. Bereich in Tiefenrichtung, in dem das Objekt noch vor und hinter der eingestellten Entfernung scharf erscheint.

Scharfzeichnen: Durch Scharfzeichnen wird die Kantendefinition in Bildern verbessert, und sie wirken so auf den Betrachter schärfer.

Schlitzverschluss: Der Schlitzverschluss wird durch zwei Jalousien (oder Verschlussvorhänge) gebildet.

Schwärzungskurve: Siehe Dichtekurve.

Schwingspiegel: Lenkt den Lichtstrahl der Optik zum Sucher um. Beim Auslösen wird er hochgeklappt und gibt den Strahlengang zum Sensor frei.

Selbstauslöser: Wenn man den Selbstauslöser betätigt, löst er die Kamera erst nach Ablauf einer fest eingestellten Zeit aus.

Sensor: Ein Sensor (oder Bildsensor) ist ein Halbleiterdetektor, der als lichtempfindliches Element eines digitalen Fotoapparats verwendet wird.

Sepia: Verblasste Schwarz-Weiß-Fotografien, deren Schwarzanteil bräunlich geworden ist und deren Weiß auf dem Papier mit der Zeit gelblich-cremefarben erscheint. Die meisten Fotografieabzüge, die 60 Jahre und älter sind, zeigen diese Farbe.

Sekundärfarbe: Sekundärfarben sind die Mischungen aus zwei Primärfarben.

Semigloss: Halbglänzend.

Serienaufnahme: Auslösen mehrerer Aufnahmen beim Drücken des Auslösers.

Silent-Wave-Motor: Objektiv mit Ultraschallmotor, der Ultraschallschwingungen in Rotation umwandelt. Dies wird für extrem präzise Scharfstellung bei Teleobjektiven genutzt.

Skylight-Filter: Haben eine leichte hellrosa Färbung und beseitigen leichten Dunst im Hochgebirge und am Meer.

Slave-Blitzgerät: Sklavenblitz. Blitzlichtgerät, das von einem Hauptblitzgerät (dem Master) ausgelöst wird.

SLR: **S**piegel**r**eflexkamera oder **S**ingle **L**ens **R**eflex. Als Spiegelreflexkamera bezeichnet man eine Kamera, bei der das Motiv zur Betrachtung über einen Spiegel umgelenkt auf einer Mattscheibe abgebildet wird.

Softbox: Blitzvorsatz mit einer großen Streuscheibe aus Stoff, der ein weiches diffuses Licht erzeugt.

Sonnenblende: Auch als Streulichtblende oder Gegenlichtblende bezeichnet. Sie verhindert, dass seitlich einfallendes Licht an Linsen oder Fassungsteilen reflektiert wird.

Spektralfotometer: Messgerät der Spektralwerte von Farben. Es wird der genaue Farbort der Farbe definiert und Farbabweichungen von einem Messpunkt zum nächsten werden berechnet.

Spektrokolorimeter: Einfacheres Kalibriergerät für Tintenstrahldrucker.

Spektrum: Siehe Farbspektrum.

Speicherkarte: Manchmal auch Flash-Card oder Memory Card genannt, ein kleines Speichermedium, das verwendet wird, um Bilder zu speichern.

Sphärische Aberration: Abbildungsfehler der Linsen aufgrund der unterschiedlichen Brechung außen und innen.

Spiegel: Siehe Schwingspiegel.

Spiegelvorauslösung: Möglichkeit, den Schwingspiegel zeitlich vor der eigentlichen Aufnahme hochzuklappen.

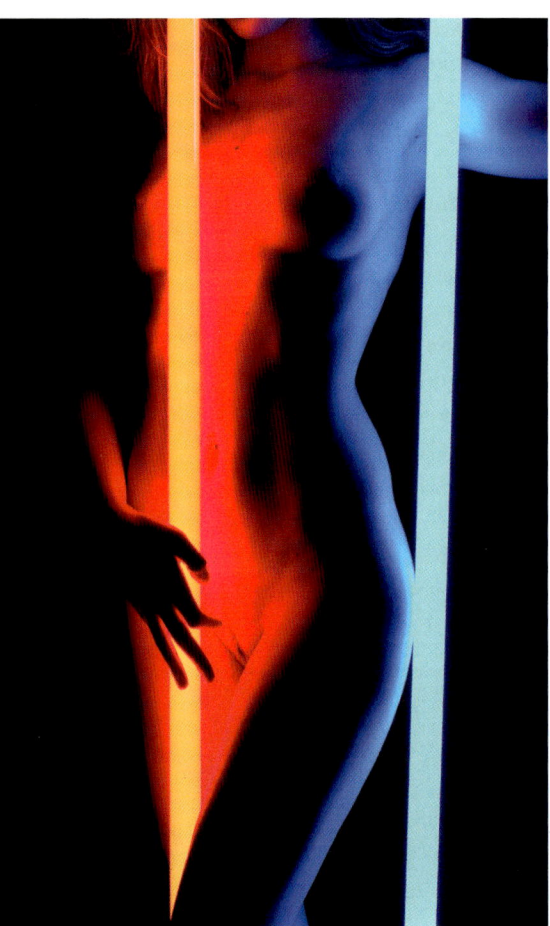

Striplight: Hohe, aber sehr schmale Softbox.

Stroboskopblitz: Serienblitz. Kurze Lichtblitze in sehr rascher Folge.

Studio: Gut eingerichteter Aufnahmeraum.

Studioblitz: Blitzanlagen im Studio mit integrierten oder separaten Generatoren.

Studiolicht: Licht im Fotostudio mit Studioblitzgeräten. Lichtsteuerung mit Haupt-, Aufhell-, Effekt- und Hintergrundlicht.

Stürzende Linien: Linien und Kanten, die aufeinander zu streben, obwohl sie in Wirklichkeit parallel verlaufen.

Sucher: Eine Vorrichtung zum Anvisieren des aufzuzeichnenden Bildausschnitts des Motivs.

Symmetrie: Ein Objekt wird als symmetrisch bezeichnet, wenn es gegenüber bestimmten Veränderungen (z. B. Spiegelung) im Erscheinungsbild unverändert bleibt.

Synchronbuchse: Auch als Blitzsynchronanschluss oder Synchronanschluss bezeichnet. Standardisierte Anschlussbuchse bei Fotoapparaten, an die systemfremde Blitzgeräte oder Blitzanlagen in der Studiofotografie angeschlossen werden.

T

Tageslicht: Licht mit einer Farbtemperatur von ca. 5.600 Kelvin.

Teilchentheorie: Die Teilchentheorie sieht das Licht im Gegensatz zur Wellentheorie als Bewegung von Teilchen.

Telekonverter: Zusatzgeräte für Kameraobjektive, die die Brennweite des vorhandenen Objektivs vergrößern.

Spotmessung: Die Kamera misst die Lichtverteilung in einem kleinen Kreissegment (ca. 2 % des Bildfelds des Suchers).

sRGB: Standard RGB (Rot Grün Blau), ist ein RGB-Farbraum, der durch eine Kooperation von Hewlett-Packard und Microsoft Corporation geschaffen wurde.

Stativ: Engl. Tripod, dient der stabilen Aufstellung von Kameras.

Strahlensatz: Der Strahlensatz befasst sich mit Streckenverhältnissen und ermöglicht es bei vielen geometrischen Überlegungen, unbekannte Streckenlängen auszurechnen.

Teleobjektiv: Objektiv mit einer gegenüber dem Normalobjektiv längeren Brennweite und damit einem kleineren Bildwinkel.

Tiefen: Dunkle Teile (im unteren Drittel) eines digitalen Bildes.

TIFF: Engl. **T**agged **I**mage **F**ile **F**ormat, ein Dateiformat zur Speicherung von Bilddaten.

Tintenstrahldrucker: Ein Tintenstrahldrucker spritzt feine, meist farbige Tintentropfen auf das Papier.

Tonwertkorrektur: Anpassung des Tonwertumfangs eines Bildes.

Tonwertumfang: Gibt an, wie viele Farbinformationen (Tonwertstufen) ein Bild oder eine Bilddatei enthalten kann.

TTL-Messung: Belichtungsmessung (Kamera und Blitz) durch das Objektiv (**T**hrough **T**he **L**ens).

U

Umgebungslicht: Ambivalentes Licht. Dauerlicht der Umgebung im Gegensatz zum Blitzlicht.

Unschärfekreise: Siehe Zerstreuungskreise.

USB: **U**niversal **S**erial **B**us, Schnittstelle zur Datenübertragung vor allem bei Windows-Computern.

USM: **U**nscharf **m**askieren, flexible Scharfzeichnung in der Bildbearbeitung mit Photoshop.

UV-Filter: Sind farbneutral, beseitigen Dunst und bringen mehr Kontrast ins Bild.

V

Verschluss: Lichtdichtes, mechanisch bewegliches Element vor dem Sensor.

Verschlusszeit: Siehe Belichtungszeit.

Verzeichnung: Tonnenförmige oder kissenförmige Verzeichnung (oder Distorsion) an den Bildrändern.

Vignettierung: Randhelligkeitsabfall (vor allem bei Weitwinkelobjektiven).

Vogelperspektive: Betrachtung eines Gegenstands von einem schräg darüber liegenden Augenpunkt aus.

Vollformatsensor: Sensoren in ungefährer Größe eines Kleinbildfilms (36 mm × 24 mm).

Vorblitz: Vor dem Hauptblitz zündende Blitze mit geringer Stärke zur Reduktion des Rote-Augen-Effekts.

Vorsatz: Vorsatzlinsen und Vorsatzobjektive erweitern die Möglichkeiten der Objektive in den Bereichen Weitwinkel-, Tele- und Makroaufnahme. Im Studio Bezeichnung für Softboxen, Reflektoren oder Schirme, die vor das Blitzgerät montiert werden.

VR-Drive: Engl. **V**ibration **R**eduction, Bildstabilisator.

Wellenlänge: Als Wellenlänge wird der kleinste Abstand zweier Punkte gleicher Phase einer Welle bezeichnet.

Wellentheorie: In der Optik als Wellenoptik bezeichnet. Teilbereich der Optik, der sich mit der Wellennatur des Lichts beschäftigt.

Wireless-Adapter: Schnittstelle zum drahtlosen Netzwerk (WLAN). Sie wird meist dazu verwendet, einen Computer mit einem Wireless Access Point (WLAN-Basisstation) zu verbinden.

Wischeffekt: Durch Mitziehen der Kamera wird der Hintergrund verwischt dargestellt.

Z

Zeitautomatik: Engl. Aperture Priority, Vorrang der Blende. Die Blende wird fest eingestellt und die Belichtungszeit von der Kamera aufgrund der Belichtungsmessung automatisch gewählt.

Zerstreuungskreise: Sie entstehen bei Unschärfe im Bild, wenn die Projektion eines Punktes eines Motivs außerhalb der scharfgestellten Ebene liegt.

Zerstreuungslinse: Auch Konkavlinse genannt. Parallelstrahlen werden so gebrochen, dass sie (scheinbar vom Brennpunkt auf der Gegenstandsseite kommend) divergent (zerstreuend) die Linse verlassen.

Zonensystem: Das Zonensystem ist ein Begriff aus der Fototechnik und bezeichnet eine Methode zur Optimierung der Belichtung bzw. Belichtungsmessung.

Zoomobjektiv: Ein Zoomobjektiv oder kurz Zoom, ist ein Objektiv mit variabler Brennweite.

Zweidimensional: Darstellung des Raums auf einer Fläche.

W

Weichzeichnung: Effekte, die gezielt zur Bildgestaltung eine nicht scharfe, verschwommene Abbildung führen.

Weißabgleich: Der Weißabgleich (engl. **Wh**ite **B**alance, WB) dient dazu, die Kamera auf die Farbtemperatur des Lichts am Aufnahmeort einzustellen.

Weißpunkt: Der Weißpunkt definiert den hellsten neutralen Bereich eines Bildes und wird zur Einstellung der anderen Bildbereiche genutzt.

Weitwinkelobjektiv: Objektiv mit einer gegenüber dem Normalobjektiv kürzeren Brennweite und einem größeren Bildwinkel.